Across the Universe
インドとビートルズ
シタール、ドラッグ&メディテーション
The Beatles in India

アジョイ・ボース　朝日順子 訳　藤本国彦 解説

青土社

インドとビートルズ

目次

登場人物

ボーイズ

ジョージ・ハリスンは、インドの音楽と文化、スピリチュアルな部分を愛した。彼の導きでビートルズは、リシケシュを訪れることになった。

ジョン・レノンは、内なる悪魔を鎮めるためにドラッグから古代のマントラまでを追い求めたが、自分の心に従った結果、愛する女に落ち着いた。

ポール・マッカートニーは、言葉とコンセプトを生む才能によりビートルズ・ブランドを確立したが、クール《cool》に振る舞う愚か者《fool》になり、周りを少しばかり冷たい世界にした《made his world a little colder》。

リンゴ・スターは、世界一のバンドでドラムを叩きたい一心だった――メンバーが自分たちの巨大なエゴを捨て去ってくれさえすれば。

ガールズ

ヨーコ・オノは、リシケシュには同行しなかったが、ジョンの心とともにあった。ジョンは家族とバンド仲間、グル（導師）を捨ててヨーコの元に走った。

シンシア・レノンは、心からジョンを愛していたが、ジョンの方は、彼女から逃げてサイケデリックの世界にはまった後、日本人前衛芸術家の胸に飛び込んだ。

パティ・ハリスンは、ジョージとみんなに超越瞑想を紹介したが、ジョージの方は、後に超越瞑想を離れ、クリシュナ神を気取ることになる。

ジェニファー・ボイドは、パティの美しい妹で、リシケシュでの彼女をジュニパーの木に喩えたラブソングに、永遠に刻まれた。

ジェーン・アッシャーは、ポールのステディな恋人だった――インドで彼がタージ・マハルに連れて行くことを拒むまでは。

モーリーン・スターは、飛び回る虫に追いかけられた末に、リンゴにせがんでリシケシュのアシュラム（道場）を脱出した。

指導者《グル》たち

マハリシ・マヘーシュ・ヨーギーは、ヒヒヒと笑うグルだった。秘密のマントラでビートルズを魅了したが、セクシー・セディーとしての正体を暴かれた。

ラヴィ・シャンカルは、ジョージにシタールの秘技を授け、インドの神秘を教えた。

ファローきょうだい

ミアは蝶で、アシュラムをひらひら舞いながらマハリシを魅了した。

プルーデンスは、天国に一番乗りしたいと自分の部屋に閉じこもって狂ったように瞑想し、ビートルズの曲に歌われた。
ジョニーは、ガンガ［ガンジス川のこと］でパティと遊んだ。マハリシの映画の監督の座を約束されたが、映画は作られることはなかった。

ロックスターたち
マイク・ラヴは、大胆にも聖者の谷でビーフ・ジャーキーにかぶりついたが、このビーチ・ボーイズのリードシンガーは、後に厳格なベジタリアンで熱心なヒンドゥー教徒になった。
ドノヴァンは、たっぷりとした黒いカールで頭部が覆われたスコットランド出身のバラッド歌手で、まわりのみんなを魅了したが、彼の目にはジェニファーにしか映らなかった。

ローディたち
マル・エヴァンスは、がっしりとした体でビートルズの一味を支え、アシュラムではリンゴのために卵料理を作った。
ニール・アスピノールは、ビートルズの代理としてマハリシと映画作りの交渉を進めるうち、マハリシにビジネスマンとしての才覚があり、値切り上手であることに驚いた。

信徒
ナンシー・クック・デ・ヘレラは、アメリカの社交界では有名人だった。ビートルズがアシュラムでくつろげるよう、マハリシは弟子である彼女を世話役に任命した。

ハンター

リック・クックは、瞑想から抜け出して虎狩りに行き、ビートルズに曲の中でバンガロー・ビルとして新たに命名された。

ギリシャ人

マジック・アレックスは、自称エレクトロニクスの天才だったが、リシケシュにやって来て、アシュラムで開かれたビートルズのピクニックを台無しにした。

インドのビートルズ

シタール、ドラッグ＆メディテーション

愛する義姉のリットに捧ぐ。亡くなるまでの数ヶ月の間、彼女を慰めたのは大好きなビートルズの音楽だった。

まえがき

ビートルズに関する書物は数え切れないくらいあるが、半世紀前に彼らがなぜインドにやって来たかを論じた本は、驚くほど少ない。むろん多くの本は、ビートルズがヒマラヤ山脈の麓にあるアシュラムで瞑想《メディテーション》するためにリシケシュに行ったことや、マハリシ・マヘーシュ・ヨーギーと繰り広げた有名な諍いについては触れている。しかし、映画『ヘルプ！4人はアイドル』撮影中にジョージがシタールを興味深げに手に取ったことから始まり、その三年後に彼とジョン・レノンがインド人のグルを捨て去るまで続いた、この素晴らしい冒険物語について、本格的に情報を集めて全体像をつかもうとする者はいなかった。

ビートルズの歩みにおいてこの三年間は、極めて大事な期間だ。彼らはこの間、世界一有名なポップ・スターから先駆的アーティストになり、重要な音楽ジャンルであり、現在でも人気のあるロックを生み出したのである。それでも、今日なおファブ・フォー〔ビートルズのこと。素晴らしい4人の意味〕が人々の記憶に鮮やかに刻印されているのは、彼らが音楽の天才であることが主たる原因ではない。ビートルズが何世代にもわたりファンにとって親しみやすい崇拝の対象となっているのは、彼らの人間関係と音楽にまつわる発想が、相互に作用しあっているからだ。幻覚剤の使用とともに勢いを増していったインドとの関係は、ビートルズの寓話において極めて大事な要素である。驚異的な量の曲作りをした後にドラマチックなエンディングを迎えたアシュラムでの滞在は、バンドが崩壊に向かっていく出発点としても重要だ。

リヴァプール出身の若者達が辿ったリシケシュまでの旅路には、２人の類い希なインド人指導者が登場する。伝説のシタール奏者パンディット・ラヴィ・シャンカル―ジョージによれば「ワールドミュージックの生みの親」―は、弟子であるジョージ（必然的にバンドも）にインドの文化と信仰を紹介し、ビートルズの物語に爪痕を残した。

西洋に進出したインドのグルは何人かいたが、そのうち最も影響力があったと思われるのはマハリシだ。彼の個性はユニークでいくらか怪しく、シャンカルとは好対照だった。これから私が皆さんにお見せするリシケシュでのビートルズを伝える影絵芝居には、他にも個性的な人物がひらひらと出たり入ったりする―ハリウッド女優ミア・ファロー、日本人前衛芸術家ヨーコ・オノ、そして忘れてならないのは、このヒマラヤ山脈の楽園でヘビの役割を果たしたとされる、疑惑の多いギリシャ人、マジック・アレックスだ。宇宙の隅々《across the universe》から呼び寄せられた、真に国際的な登場人物ばかりといえよう。

インド滞在時のビートルズの物語で鍵を握る人物の多くは、この世にいない。ビートルズのうち存命中であるポール・マッカートニーとリンゴ・スターは、インタビューに応じてくれなかった。しかし、ジョージの元妻パティ・ボイドにはロンドンで会うことができた。彼女こそ、最初にビートルズをマハリシに導いた人物だ。パティは親切にも一時間以上のインタビューに応じてくれ、リシケシュ行きだけでなく、その二年前にラヴィ・シャンカルが彼女と夫を案内してくれた、インド文化を体験する旅についても思い出を語ってくれた。この旅によってジョージは、インドとの結びつきを深め、その懐に飛び込み、古代の知恵を求める旅に他のメンバーを誘うことになったのである。

リシケシュには、昔のことを語れる者は誰もいない。数十年前にマハリシとその取り巻きが去って以来、アシュラムは廃墟となっている。幸いなことに、ヴィーナ奏者でプラタップ楽器店オーナーのアジット・シンを、デヘラードゥーンの近隣の街で探し出すことができた。このしわくちゃの顔をした八〇代の男は、アシュラムに滞在していたジョンとジョージと友達になった人物だ。彼は、アシュラムで行われたジョージとパティの誕生日パーティで演奏し、コテージでビートルズの2人と一緒に音楽を奏で、おしゃべりをし、彼らのために楽器を作った、とても楽しい思い出を鮮明に語ってくれた。

シタールの巨匠とジョージの関係についての洞察を披露してくれた、ラヴィ・シャンカルの妻スカンヤ・シャンカル、それからバーラト・ラームの息子達―ビナイ、アルン、ヴィヴェークには、特に御礼申し上げる。ビートルズ滞在時のアシュラムに潜入できた唯一のジャーナリストであるサイード・ナクヴィとの長い対話は、かけがえのないものとなった。

インドでのビートルズの目撃証言を得るのはかなり難しくなってしまったが、ビートルズについて書くことの利点は、彼らの音楽キャリアと私生活について何十年間も書かれ、録音されてきた膨大な数の資料に没頭できることである。ビートルズの歴史は、実に細かいトリビアも含め、現在でも大きなビジネスになっている。メンバーが直接語った言葉は、主に次の3つの資料から引用した―ポール、ジョージ、リンゴが出演した六時間のTVドキュメンタリー『ザ・ビートルズ・アンソロジー』、『ローリング・ストーン』誌に掲載されたジョンの2つのインタビュー（後に『レノン・リメンバーズ』として一冊にまとめられた）、ポールが友人のバリー・マイルズに思い出を語った、バリー・マイルズ著『メニー・

イヤーズ・フロム・ナウ』。他にも便利な二次資料として、「beatilesbible.com」、そしてキース バッドマン著『ザ・ビートルズ・オフ・ザ・レコード』の素晴らしい2冊（バンドの初期から解散まで、ビートルズと関係者の様々な発言を転載している）を使用した。

ビートルズの音楽やその意義について解析した多くの本のなかで、今のところ最も信頼できるのは、イアン・マクドナルド著『レヴォリューション・イン・ザ・ヘッド』だ。また一方で、メンバー自身や、バンド内、チーム内、パートナーとの関係における、困難に陥りがちで複雑な私生活の裏話に関しては、ビートルズのシニア・マネージャーを務めたピーター・ブラウンの書いた『ザ・ラヴ・ユー・メイク：アン・インサイダーズ・ストーリー・オブ・ザ・ビートルズ』に並ぶ本は無い。

ビートルズのリシケシュ滞在に関しては、実際にアシュラムで何が起こったのか、詳細に記した文献はほとんど無いといっていい。ビートルズの4人のなかで、マイルズの記録したポールの回想が最も詳しいが、パティとシンシアの書いた本も参考になる。しかし、何といってもマハリシの瞑想キャンプで起こった全体像を分かりやすく記したのは、ナンシー・クック・デ・ヘレラ著『オール・ユー・ニード・イズ・ラヴ：アン・アイウィットネス・アッカウント・オブ・ホエン・スピリチュアリティ・スプレッド・フロム・ザ・イースト・トゥー・ザ・ウエスト』だ。著者はアメリカ社交界の淑女で、マハリシは弟子の彼女をビートルズの一団のお世話役にあてがった。アシュラムに同時期に滞在したロックスター2人─ビーチ・ボーイズのマイク・ラヴとスコットランドのバラッド歌手ドノヴァン─の本やインタビューに含まれる証言は、当時の生の感想を伝える。

最後に、現場で偶然目の当たりにすることになったポール・サルツマンの記録『ザ・ビートルズ・イン・インディア』がある。若いカナダ人映像作家であったサルツマンは、傷心を癒すためにアシュラムに滞在していた間、思いがけずビートルズと友達になった。この本のハイライトは、アマチュアながら伝説ともいうべき当地でのビートルズを捉えた写真の数々だ。瞑想するビートルズを取材するために派遣されたジャーナリストのルイス・ラファムが書いた『ウィズ・ザ・ビートルズ』は、サルツマンよりもはるかに鋭くヒマラヤの避暑地で何が起きたかを伝えている。

ビートルズの物語は無数のやり方で何度も何度も語り続けられている。それは、決して色あせることのないおとぎ話なのだ。リシケシュの旅の五〇周年記念である今年は、伝説的なバンドが成功と名声の頂点に立つまさにその時、いつどのようにインドによって魔法をかけられたかを思い起こす、またとない機会なのかもしれない。本書を、めまぐるしく変化する一九六〇年代の西洋文化と、植民地独立後に新たにインドで生まれた世代を初めて革新的に近づけ、現在我々が生きているより親密な世界をもたらした、ビートルズに捧げる。

ニューデリーにて

二〇一七年一一月一四日

インドとビートルズ

あるインド人ビートルズ・ファンの日記

「それは、かさぶたの親玉みたいなものだった。吐き気がするほど醜かったが、それのせいでしばらく私は有名人だった。長さは10センチで幅は7センチ。肘のちょっと下にできて、五二日後には剥がれ落ちた。私はそれをビニール袋に入れ、戸棚の下着の隣に大事に取っておいたが、ある日誰かが戸棚を掃除中に捨ててしまった。ショックだった。あのかさぶたは博物館に収蔵されるべき品だったのに。なぜなら、それはジョン・レノンのせいでできたかさぶただったのだ。わざとじゃないが、彼のせいではあった。

一九六六年七月六日。私はちょうど一五歳になったところで、既に熱狂的なビートルズ・ファンだった。ティーンになったその二年前には、ジョージ・ハリスンみたいになりたくて、彼と同じ髪型にした。それはともかく、ジャーナリストである義兄が、ビートルズがデリーに少し滞在すると耳打ちしてきたので、あの運命の七月初めの朝、我がアイドルに会いにオベロイ・ホテルに駆けつけた。朝の六時に到着した頃には、それはもう秘密ではなくなっていた。ホテルの正面ゲートの前には、数千人の群衆が集まっていた。そのうち私を含む数百人がロビーに入ることができ、どのエレベーターから出てくるだろうと待ち構えた。長いこと待った後でブライアン・エプスタインだけが出てきて、私たちを見た途端にどこかに消えてしまった。誰かが、こんなに大勢のファンがいるなか正面ロビーから出発するほどビートルズはバカではないさと言い、ホテルの裏門から脱出することが判明した。

裏門に突撃することに成功した十数人が目にしたのは、通用口の横にエンジンをかけたまま停まっている、窓ガラスを目隠しした黒のベンツだった。すぐに100人以上に膨れ上がったファンは、皆泣き叫んでいた。私も叫んでいたと思う。とにかく車の窓を叩き続けた。タイヤが回り始め、車が発進しようとしたその時、驚くことに叩いていた黒い窓ガラスが、下がり始めたのだ。最初は15センチくらい、それからもっと下がった。ジョンだった。私の顔は彼の顔と10センチしか離れていなかった。彼は私に微笑みかけ、私は彼の手が口の方に動くのを見た。彼は手にキスをしてから手のひらをまっすぐにし、私に向かって投げキッスをしたのだ。群衆ではなく、〝私〟だけに！　窓ガラスは上がり、車は急に動き始めた。私はまだ車に手を掛けたままだったので、盛大に吹き飛ばされてしまった。仰向きの体勢からなんとか立ち上がると、肘の横の皮がひどく切り裂かれていた。私の人生における最も名誉な傷だった。

二年後、それまで以上にビートルズに熱中していた私の生活に、彼らは戻ってきた。ジャーナリストの義兄がリシケシュに行き、ビートルズにインタビューを試みることになったのだ。義兄は私が熱狂的なファンであることを知っていたし、肘の横の勲章も目にしていたので、一緒に行くか聞いてきた。聞く？　聞くまでもないよね？　つまらない生活しかないのに。のぼせあがった愚かなティーンエイジャーにとって、他に優先すべきことなんてある？

私が三日間過ごしたリシケシュのキャンプのコテージは、ビートルズのコテージからわずか90メートル離れたところにあった。ビートルズに会い、少しだけ話すことができた。彼らとは生きている世界が違ったので、肘の傷は見せなかった。彼らは私のことをキャンプの参加者の1人と思っていた。夜はビートルズと一緒にマハリシの講義を聴いたり、たき火を囲んで、彼らが歌ったりギターを弾くのを聴いた。私も一緒に歌った。パティ・ハリスンとミア・ファローも見たような気がするが、ビートルズしか目に入らなかった。

ジョージ・ハリスンはとても優しかった。寒さの厳しい夜、毛布を巻き付けた彼がやって来て、地面に座った。しばらくして彼はすぐ後ろにいる私の方を向いて、一緒に毛布にくるまらないかと聞いてきた。ありがとう、でもいいですと私は言った。イエスと言うべきだった。イエスと言っても良かったはずだ。なぜだか気後れしてノーと言ってしまった。ジョージと一緒に毛布にくるまらなかったことを、一生後悔するだろう。

リシケシュのキャンプから素晴らしい思い出とともにすごい戦利品を持ち帰った。ガンジス川の中を歩くヌードのジョン・レノンを写した写真だ。義兄の友人であるフォトグラファーがこっそり撮影し、私にくれたのだ。信じられないほどの幸運だった。

何年も経ち自分と同じように熱心なファンである男性と結婚した。彼はビートルズTシャツを持っていて、全てのアルバムを持っていた。いつも一緒にビートルズの曲を歌った。彼が私と結婚した本当の理由は、私がビートルズと会い、一緒にリシケシュでの時を過ごしたからではないかと思っている」

一九六〇年代半ば、コルカタに住む反抗的なティーンエイジャーであった私は、ビートルズと恋に落ちた。ベンガル政府の高級官僚で、私と兄たちに権威を振りかざしていた父は、ビートルズを嫌悪していた。そのせいで私たちは、もっとビートルズを好きになった。父は彼らの音楽をただの騒音とみなして嫌い、泣き叫ぶファンたちに驚きあきれていたが、もっとも忌み嫌ったのは、モップのようなビートルズの長髪だった。親父と激しく言い争いになるのは大抵、私の髪の長さが原因だった。もちろん私は、できるだけビートルズの髪の長さに近づけたいと思っていた。サイケデリック時代にビートルズがドラッグを摂取し始めると父は余計に心配するようになり、一九六八年、マハリシのアシュラムにビートルズが来ると、彼はビートルズが息子たちに深刻な悪影響を与えると信じた。その頃には私たちは、熱狂的なファンになっていたのだが。父は植民地時代に英国人とともに働き、彼らの規範意識と礼儀正しさに感銘を受けていたので、そんな英国人が、汚い髪の毛をしてドラッグやふしだらな生活をし放題にする軟弱な世代を生み出したことに、激しく怒り困惑したのだ。

父と私たちのビートルズをめぐる論争は続いていたが、一九六七年前半、記念すべき勝利が我々にもたらされた。当時、コルカタの古臭い日刊紙『ザ・ステイツマン』は、ロンドンの『タイムズ』同様、支配階級の価値観を色濃く反映したものだった。毎朝我が家に届けられる唯一の新聞だった『ザ・ステイツマン』は父のお気に入りで、息子たちが正しい英語と正しい価値観をその新聞から学ぶべきと彼は考えていた。信じられないことに、一九六七年二月、ザ・ステイツマン・グループはその時代遅れのイメージを捨て、新たな購買層である若者―体制側にあっかんべえをするような―に訴えかけようと、週刊の『ジュニア・ステイツマン』を発刊した。『JS』の愛称が付けられたその週刊紙は、都市部の英語で教える学校や大学の生徒の間で瞬く間に人気となり、すぐに全国的に有名になった。第一号のカバーストーリーはビートルズで、ステイツマンの刊行物がそこまで彼らを認めたことにより、我々は父に対して優位に立つことになった。

「あの頃ビートルズは英語をしゃべる若者の間で断トツに人気があったから、第一号の表紙にすることに異議を唱える者はいなかった」──創刊から『JS』の編集委員を務めたジャグ・スライアは言う。『JS』は、創刊号以降もビートルズの音楽を深く分析し、海外の刊行物や通信者から得た彼らのリポートや写真を細々と掲載した。創刊からちょうど一年ほどしてビートルズがリシケシュに来た時、『JS』はアシュラム滞在を詳細に報じ、他紙を圧倒した。実のところ『JS』は、インド滞在時にビートルズが読んでいた数少ないインドの新聞の1つで、特にポールは熱心に読んでいたと伝えられている。さらにマハリシは、リシケシュでビートルズを率先して密着取材していた『JS』の読者である若者に向け特別なメッセージを寄せ、超越瞑想の特集も組まれた。

『JS』に載ったビートルズの記事は、彼らを手放しで褒め称えるものばかりではなかった。アシュラムの快適な滞在先でマハリシ・マヘーシュ・ヨーギーの瞑想レッスンを受けるロックバンドを揶揄する曲を、編集局全員で一緒に作ったと、スライアは笑いながら言う。「出だしだけ覚えているが、こんな感じだった──『エアコン完備の超越瞑想』」。メロディも付けられ、『JS』のスタッフがとあるバンドに頼み、コルカタにある人気のロック・カフェ・バー、トリンカスで演奏してもらったこともあるそうだ。(1)

「もちろんビートルズは大好きだったよ！　ただ、彼らを使ったちょっとした風刺をしても害はないだろうと考えたんだ」とスライアは言う。

一九五〇年代のロックンロールや、エルヴィス・プレスリー、クリフ・リチャード、リッキー・ネルソンのようなポップ・スターとは全く異なるロック・ミュージックをインドに紹介したのは、ビートルズだ。「全てはビートルズから始まった。彼らは、新しい、長く曲がりくねった道に我々を連れて行ってくれたのだ。一九六二年にリリースされた彼らのファースト・シングル"P.S. I Love You"/"Love Me Do"、続いて翌年に出た一枚目のアルバム『プリーズ・プリーズ・ミー』は（同じ年にローリング・ストーンズのファースト・シングル"Come On"もリリースされた）、世界中の音楽を愛する若者に革命をもたらした。インドもこの新しい熱に浮かされるようになり、一年か二年もしないうちに、ファブ・フォーを真似たビート・グループがそこら中で生まれた」と、シドハース・バティアは『インディア・サイケデリック』（一九六〇年代のインドのロックバンドについて研究したおそらく唯一の信頼できる本）に記す。

インド南部のベンガルールは、ビートルズのフォロワーを自認する野心的な若いロックバンドの中心地だった。当時ベンガルールの学生だった若いビドゥ・アパイアは、まるで宗教のようにロックンロールを聴き、『ヒット・パレード』や、ラジオ・セイロン、ＢＢＣ、ラジオ・オーストラリアの他の番組でかかるポップ・ナンバーにより、スピリチュアルな体験を与えられたと言う。どの局だったか、初めて"Love Me Do"を聴いたのは、一九六二年の後半に英国でリリースされた直後だった。すでにシンガーになる決意をしていた彼は、ギターとハーモニーと心地よいメロディが特徴的な、ビートルズのマージービートに魅了された。それまで不遜な態度から腰の振り方までエルヴィスを真似ていたが、ビートルズやローリング・ストーンズのような他のグループの音楽の方が新鮮に思えたのだ。世界中の何百万人の若者と同様、バティアが「彼らにとっての歴史はいつまでも、ビートルズ前の時代とビートルズ後の時代に分けられる」と指摘した衝撃を、ビドゥは受けていた(2)。

ビドゥは自伝『メイド・イン・インディア』に、ファブ・フォーに熱狂した様子を記している。彼のバンド仲間はビートルズと全く同じような襟なしのスーツ（素材は、サイケデリックな色のエンボスプリントを施された〝泣きの〟マドラス・コットン）を着て、地元の靴屋の作った黒いキューバンヒールのブーツを履いた。若いバンドリーダーは、これがビートルズの衣装の安っぽい複製品に過ぎないことを知っていたが、おそろいにすれば間違いないと考えていた。メンバーそれぞれが、ビートルズ4人の誰かになりきった。スキニーは、カラスの巣のようなたっぷりしたモップ・ヘアーで鼻はオオハシの形をしていたので、リンゴ・スターになった。ケンは、バンドのなかでは大人しい方だったので、ジョージ・ハリスン役となり、〝とてつもない野心を抱えたスポークスマンで、プディング・ボウルのようなヘアカットをした〟ビドゥ本人は、マッカートニーになりきった。「才能のあるやつがベンガルールには足りなかったから、レノン抜きでやらなきゃいけなかった。レノンよりもレーニンを見つける方が簡単だっただろうよ」とビドゥは当時を振り返る。

ビドゥはまた、バンドは音楽的才能に恵まれなかったが、モップ頭を振りながら「イエー！　イエー！　イエー！」と叫ぶことでそれを補うに余りあったという。これでいつでも最前列の女の子たちは、「きゃー！」となったのだ。彼がジョンの有名なステージ上の動きを真似しながら、「ボーイズ、俺たちゃどこに向かってるんだい?」と叫ぶと、スキニーとケンがわずかな熱意を見せながら「てっぺんまでさ!」と答えた[3]。

一九六七年、ビドゥは大きな期待を抱いてインドからイギリスに向かったが、一番の目的はビートルズに会うことだった。結局ファブ・フォーには会えなかったが、何年も経ってからイギリスの音楽業界でソングライターと音楽プロデューサーとして、大成功を収める。

一九六〇年代の中頃までには、ビートルズはローリング・ストーンズとともに、商業都市ムンバイにも魔法をかけた。ムンバイの最初のロックバンドであるジェッツも、ファブ・フォーの影響を受けたバンドだ。リードシンガーのスレシュは"Love Me Do"を聴き、「他の何百万人の若者と同様に、ミュージシャンになり、ビートルズと同じように演奏したいと強く思った」とバティアは記す。彼はまた、自分たちだけのムンバイ版ビートルズがいることに、いかに地元の若者が興奮していたかについても触れている。「あなたたちが〝ビートルズ〟のように〝大人気〟だということは知ってるけど、…でのビートニック・パーティにあなたたちガーブ〔原文ママ:グループのスペルミス〕を招待したいの」と、女の子たちのグループが、たくさんの×〔キスの代わり〕とともにサインした手紙に記されている[4]。

ジェッツの他のメンバー、マイク・カービーは、バンドは主にクリフ・リチャードとエルヴィス・プレスリーを演奏していたと言う―「ある日"I Want to Hold Your Hand"と呼ばれる曲を、ラジオ・セイロンで聴くまでは。あの曲はなんだか新しく、爽やかで、元気があった。翌週、兄のダリルが、彼のお気に入りの場所、リズム・ハウスと呼ばれるレコード屋から戻った。片面に"I Want to Hold Your Hand"、反対の面に"She Loves You"の入っているシングル盤を買ってきたのだ。グループの名はビートルズで、この45回転のレコードを百回くらい聴き、全てのメロディと言葉を覚えてしまった(5)」

ビートルズはジェッツの野心に火を付けたとカービーは言う。「僕らはただ、ビートルズの音楽は電気が走るようにしびれるもので、我々でも再現できそうだと感じていた。そして何よりも大事なのは、僕らもビートルズのようになり、新しい音楽を創ることが出来る、と自信を持てたことだ(6)」

バティアによれば、ムンバイには他にもビートルズのクローンがいた。レ・ファントムズとメイベン・ブラザーズはビートルズを専門にし、このリヴァプールのグループだけを完璧にコピーしていた。ムンバイの中心マヒムのハスラム兄弟率いるモッド・ビーツは、地元のローリング・ストーンズだった(7)。デリーに住む一〇代のシンガーソングライターであったサスミット・ボースは、ビートルズのアルバム『ラバー・ソウル』の虜となった。彼はその後、インドのロック・バラッド歌手の第一人者になり、ピート・シーガーやボブ・ディランのように、社会性の強い政治的なメッセージを持つ歌を歌うようになる。「一九六五年の『ラバー・ソウル』で初めてビートルズに興味を持った。それまで彼らの歌詞はそれほど好きではなかった。名前のあるバンド―シンガー1人からのパラダイムシフトだね―の概念には、ワクワクさせられたが。大勢が熱狂するというのは、あの時代特有のことで、テンポの速い曲やダンス音楽にも興味がなかった。それよりも、ヒンドゥスターニー古典音楽、ベンガルのフォークであるバウルの歌、ピート・シーガーとボブ・ディランが好きだった。しかしその後、『サージェント・ペパーズ・ロンリー・ハーツ・クラブ・バンド』(以下、『サージェント・ペパーズ』)にはノックアウトされたよ。サイケデリックなものがピタっと来たんだろうね。今でも一番好きなアルバムだ。ちょうどその頃、最初の曲“Winter Baby”をEMI傘下のHMVでレコーディングした。あの曲は間違いなく

『サージェント・ペパーズ』の影響を受けていた」と、ボースは振り返る。

興味深いことにボースは、アジアン・ミュージック・サークルのオーナーで、ジョージにラヴィ・シャンカルを紹介した、アヤナとパトリシア・アンガディの息子、ダリエン・アンガディと仲が良かった。彼はこう言う「ダリエンは、なんと『サージェント・ペパーズ』について博士課程修了後に研究論文を書き、彼のビートルズについての話は、いつ聞いても面白かった。私は、同じようなジャンルで曲作りをするようになった。友人のC.Y.ゴピナスと彼の兄弟が、ヴィチトラ・ヴィーナを弾いてくれて、一緒にラーガ・ロックと名付けたバンドを結成した。私たちは"Within You Without You"をはじめ、インド音楽を土台にしたビートルズに似たスタイルの曲を書き、演奏した」

ロックに夢中になっていた他の多くのインドの若者同様、リシケシュにいるマハリシに会いにビートルズがやって来ると、ボースは大喜びした。「知り合いのサイケデリック・アーティストが、ビートルズに会いに大勢でリシケシュに行こうと誘ってくれた。その一団の唯一の共通点は、みんな一番大好きなロックバンド、ビートルズを愛しているということと、毎日大量の大麻《ガンジャ》を吸うことだけだった。なんとかマハリシのいる所からそれほど遠くないアシュラムのあばら屋に泊まることができ、外からビートルズの姿を一目見ようと、ただひたすら待ち続けた。大勢の泣き叫ぶファンがいて、厳重な警備体制が敷かれていた。誰かがビートルズは川の方に行ったと言ったので、みんなで走って川に向かった。夜になると、木に登ってマハリシのアシュラムで行われる瞑想の儀式を見ようとする者まで現れた。結局、どうやってもビートルズには会えなかった(8)」

ビートルズがリシケシュに来たことにより、インドのロック・ミュージシャン志望の若者の間で、新たな熱意が沸き起こる。アーヴィッド・ジャヤルもボースと同じように、後にインドのディラン直系のフォーク・ロック・シンガーとなる人物だ。彼は、マハリシのアシュラムからさほど遠くない所にある有名私立ドゥーン・スクールで学び、学校の友人らとロックバンドを組んでいた。バンドはアシュラムに駆けつけ、中にいるビートルズの注意を引こうと、門の外で演奏した。

コルカタのロックバンド、フリントストーンズは、ビートルズがマハリシのアシュラムに来ることを聞きつけ、会えないか手紙を出した。何ヶ月も返事が無かったが、リーダーのクレイトンがオーストラリア移住のためバンドを脱退するわずか数週間前、アップル・レコードから正式な手紙をもらった。手紙には、アップルがインドのバンドを売り出そうと探していること、フリントストーンズのサウンドを気に入ったことが書かれていたが、時すでに遅し、バンドは解散目前で、返答も出さないままインドのバンドにとって大きな機会を失ってしまった[9]。

インドで増え続けるファンがビートルズに心酔し、熱中する一方で、リシケシュ滞在をよく思わない人々もいた。インドにはマハリシと、彼のアシュラムに西洋から来るロックバンドやセレブリティに対し、公然と嫌悪感を示す人が大勢いた。ローク・サバー（インドの連邦議会の下院）では、野党がヨーギーはＣＩＡ[10]と結託していて、海外から来ている彼の客の多くはスパイだと主張。訴えていたのは主にインドの国会で野党の多くを占める共産主義者だが、リシケシュできな臭いことが行われていると感じていた社会主義者たちも、支持を表明した。

翌朝、『フリー・プレス・ジャーナル』紙の一面トップには、「スパイ活動の温床となったリシケシュ」と、見出しが躍った。「涅槃を求めるビートルズが押し寄せたことにより、リシケシュはスパイの温床となり、諜報員どもがインドの安全を徐々に脅かしていると、左翼共産主義のメンバーであるK.アニラドゥハンは本日、ローク・サバーで抗議した」と、記事の一段目にはドラマチックに書かれていた。

共産党マルクス主義派に属するベテランの議員は、議会での長い補充質問のなかで、「ビートルズとヒッピーは、リシケシュに独自の植民地を築いた。外国のシークレットサービスのボスが、ヨーギーの足下に座り、アシュラム内部のキャンプで涅槃を求めるふりをしている」と金切り声で警鐘を鳴らし、野党席では、左翼や社会主義の仲間たちがテーブルを叩きまくった。

アニラドゥハンはまた、アシュラムのなかでビートルズが泊まる豪華な宿舎に対しても、激しい怒りを向け、「あそこのバンガローは非常に快適に作られていて、宮殿の建つ一角なぞもある」と暴露した。[11]彼はまた、地元ウッタル・プラデーシュ州の政府が、中央政府の指導者からの強い圧力により、滑走路のための土地をマハリシに寄贈したことを激しく非難し、怪しい外国の団体により特別な航空機が手配されたと断言。インドの一部の議員にとって、ビートルズと彼らの空高く飛ぶグルが癇に障る存在であることは明らかだった。

＊＊＊

ヒマラヤ山脈の谷間であるリシケシュは、ウッタル・プラデーシュ州に位置する。一九六八年の二月にビートルズがマハリシのアシュラムにやって来た時は、社会主義者を含む連立政権が州を統治していた。マハリシが富と名声に彩られた弟子たちを海外から引き寄せるために滑走路建設用の土地を奪おうとしていると、地元の小作農民が抗議し、社会主義者らもそれを支持した。地元当局は、マハリシと海外から来た彼の客をもてなす訳にはいかなかったのだ。

さらに、インドの主要な通信社の1つであるユナイテッド・ニュース・オブ・インディア（UNI）が、地元警察からの情報として、ラッセル・ディーン・ブラインズと呼ばれる、CIAエージェントとみられる人物がアシュラムにいると配信。「警察によればMr．ブラインズは、アメリカ合衆国シークレットサービスの責任者とされるMr．ラウリーがサインした認定カードを持ち歩いている。カードには、Mr．ブラインズがコンチネンタル・プレス・インコーポレイテッドの特派員で、ホワイト・ハウスの担当だと書かれている。明白な理由から匿名を希望する地元警察官がUNIに語ったことによると、Mr．ブラインズがシークレットサービス（おそらくCIA）と繫がっていることを、今のところアメリカ大使館は否定していないとのこと。通常であれば、大使館はそういった記事が出れば直ちに否定するはずだ」とUNIは伝える。

アシュラムとCIAの関係を各紙が報じると、慌てたマハリシが急遽メディアを招集した。彼は、ビートルズ到着から数週間経った三月上旬のある日、ラッセル・ディーン・ブラインズと名乗るアメリカ人がアシュラムにやって来たことは認めた。マハリシはインド人の同伴者がMr．ブラインズのことを「アメリカからの作家でありジャーナリストであるとアシュラムのスタッフに紹介した、と言う。『私は個別の相談には応じなかったが、聴衆のなかに彼がいるのは分かった。彼とは話しもしなかった』とマハリシは言う」とUNIは付け加える。

スパイと対峙することは自分の役目ではなく、政府と出入国管理局がスパイの入国を阻止すべきだと、マハリシはアシュラムにいる記者たちに不満を漏らした。「なぜそもそも彼らはスパイの入国を許すのですか？　私は瞑想をしに来る者の職業や経歴を調査したりせず、誰であれ受け入れます。私の知る限り、アシュラムにスパイが潜入したことはありません」と、彼は断言した。[12]

外国のスパイをかくまっていると、議会でマルクス主義の議員が主張していることを笑いつつ、マハリシはこう反論した「マルクス主義者は親北京派だと思っていたが」。これは、数年前の中印国境紛争で左翼政党の党員が中国共産党政権に寝返ったことへの当てつけだった。

この論争にビートルズはひどく困惑したが、アシュラムのスパイ騒動に対しての私見をジャーナリストたちにぶつけたのはポールだけだった。「君ら本気でイギリスがインドを占領しに戻ってきて、僕らがそのためのスパイ活動をしてると思ってるの？」[13]。

マハリシのアシュラムでＣＩＡがスパイ活動を行っているとメディアが書き立て、議会でも騒ぎ立てられたにも関わらず、それを証明する具体的な証拠は何も出てこなかった。皮肉なことにそれから数年して、ビートルズや他の西洋のセレブリティがアシュラムに滞在した後で、どのような人々が超越瞑想を学んでいるのかを探るため、ＫＧＢがソ連のスパイのトップであるユーリ・ベズメノフをアシュラムに送り込んだと、ベズメノフ自身が西側諸国に亡命後に明らかにした。彼は、マハリシと一緒に写った色あせた白黒の写真を未だに持っていた。

「ＫＧＢはマハリシ・マヘーシュ・ヨーギーにも興味を持っていた。マハリシは、見方によって、偉大なスピリチュアル指導者にも、大いなるペテン師で悪党にもなり得る人物だった。ビートルズは、インドにある彼のアシュラムで瞑想の仕方を学んだ。ミア・ファローや、他のハリウッドから来た使い勝手のいいアホどもは、マハリシの学校を訪れ、マリファナとハッシシや、瞑想についての馬鹿げた考えで酩酊状態に陥って、アメリカに戻って行った…もちろんKGBは、そんな美しい学校があることに大喜びしたさ。愚かなアメリカ人を洗脳する、素晴らしい施設だからな」―ソ連のスパイ組織での活動について語った一九八五年のインタビューのなかで、ベズメノフはこう作家のエドワード・グリフィンに語っている。(14)

不思議なことにマハリシは、ビートルズのアシュラム滞在時に行われたインド人記者とのインタビューで、超越瞑想センターをいくつかソ連に開設したいと明かした。彼は既にソ連首相のアレクセイ・コスイギンに許可を求める手紙を出し、誘致の返事を待っている最中であった。(15)

マハリシがソビエト当局と直接関わりがあったとは考えにくい。ベズメノフはインタビューのなかで、「マハリシ・マヘーシュ・ヨーギーはもちろんKGBに雇われているわけではないが、知ってか知らずか、彼はアメリカ社会の堕落に大きく貢献している」と語っている。世界の2大スパイ組織が、インドのグルとヒマラヤ奥地にある彼のアシュラムに興味を持ったことは、マハリシが一九六〇年代末までに―とりわけビートルズがアシュラムに来て後―国際的に大きな知名度を得ていたことを証明している。

この論争は、インドでは他にも政治的に興味深い意味合いを持つ。ビートルズがリシケシュに来たのは、ちょうど当時のインド首相インディラ・ガンディーが、西側諸国よりもソビエト連邦寄りになっていった時期と重なる。特筆すべきは、一九六八年一月、ビートルズ到着の数週間前に行われた国の共和国記念日パレードである。パレードの主賓は、筋金入りの共産主義者であるコスイギンとユーゴスラビア大統領のティトー元帥であった。それから数年も経たないうちに、インドとアメリカ合衆国は公然と敵対するようになり、インディラ・ガンディーは、CIAがスパイをインドに送り込み、内政干渉していると糾弾する。

マハリシにとっては幸いなことに、その頃親しくなったガンディー首相の側近である内部安全大臣ビドゥヤ・チャラン・シュクラが、救いの手を差し伸べる。シュクラは、嫌疑を向けられたヨーギーを議会で粘り強く擁護した。警察やその他の治安当局の調べでは、違法なものやインドの安全保障を脅かすようなものがリシケシュのアシュラムに何もなかったと彼がローク・サバーで断言すると、国内安全保障の責任者である彼の言葉から、ある程度の信憑性が感じられた。

大臣はまた、マハリシに無罪証明を与えるため、議員3人から成る調査団を結成し、リシケシュのアシュラムに送る。各紙の報道によれば、メアリー・ナイドゥ、デヴィカ・ゴピダス、A.D.マイニ議員は、アシュラムで出会った数人から、血圧や心臓病で苦しむ人々にとって超越瞑想が「精神安定剤」になっていることを聞き出した。「インド哲学が海外で再解釈されることで、国が害を被ることは何も無いように思える。ヨーギーの哲学は、全ての主義、宗教、政治的思想を超越していると我々は考える。アシュラムは適切に運営され、よく手入れされている」―議員たちは、こう共同で声明を発表した。(16)

他にもマハリシにとって思いがけない展開があった。ビートルズがアシュラムに到着してすぐ、恐ろしい社会主義者のいる非国民会議派の連立政権が、内部抗争により倒れたのだ。州は中央の任命した知事の統治下に入り、それによりシュクラは、ニューデリーの国民会議派の政府内での影響力を使い、地元警察からヨーギーと彼のアシュラムに滞在する外国人の客を守ることができた。

しかしながら、大臣の圧力により地元警察がアシュラムと海外の客人から手を引いたとしても、この地には、依然として緊張を強いられる問題が残されていた。アシュラムの横に滑走路を建設しようと企てるマハリシを阻止しようと、地元の小作農民部隊が反対運動を起こしていたのだ。主に共産主義者と社会主義者で結成されたボーミ・セーナーとキサン・セーナーは、ヨーギーとインドの首都に影響力を持つ彼の支持者に全くひるむことなく、断固として戦うつもりだった。

『ナショナル・ヘラルド』紙は、「滑走路建設の依頼書があるのであればそれを廃棄し、『体と魂が乖離しないよう』土地に泣きすがっている耕作者の気持ちを静めることを求める覚え書きが、間もなく州知事に提出される。政府が指定の時期までにこれを行わなかった場合、2つの左翼反対派政党から成る地上部隊が、当該地を武力により占拠し、小作農民を入植させることが明らかになった」と報じている。志願兵が近隣の村から地上部隊の人員を集め始めると、ボーミ・セーナーのリーダーは、『ナショナル・ヘラルド』にこう語る「土地を持たない人々―多くは元軍人で、生計の手段が無い人々だ―の当然の願いに政府が耳を傾けるのではないかと、わずかな望みを抱いている。何が起ころうとも、我々は土地を手に入れるべき人々の力になるつもりだ[17]」。

さらに、聖者の谷で栄えていた他の多くのアシュラムやヨーガ・センターのグルやヨーギーが、ライバルであるマハリシに向ける敵意と怒りもすごかった。彼らのほとんどは、マハリシのアシュラムが、ビートルズの来訪により国内だけでなく海外でも爆発的な知名度を得たことに嫉妬していた。リシケシュでは、弟子である海外の有名人らからマハリシが巨万の富を得ているのではないかとの憶測が広まり、地元の聖職者の間では、何十年もかの地でアシュラムやヨーガ・センターを運営してきた自分たちが、脇に追いやられるのではないかとの不安が募った。

地域の緊張の高まりを受け、警察はアシュラムに4倍の警備を投じたと新聞各紙が報道した。[18] いかなる犠牲を払っても、マハリシと外国人の弟子たちを左翼活動家とライバルの聖職者から守らなければいけないと、シュクラは厳しく命じた。

世界中の通信社がビートルズとミア・ファローのアシュラム滞在を報じると、皮肉にも、初めてファブ・フォーに接近したインド人聖職者であるヴィシュヌデヴァーナンダ・サラスワティの激しい怒りを買うことになる。ロサンゼルスを拠点に活動するこのグルにビートルズが出会ったのは、三年前にバハマで『ヘルプ！4人はアイドル』を撮影中のことだった。後からスピリチュアル界隈にやって来たマハリシが、いとも簡単に世界一有名なロックスターたちを独占することに、サラスワティは苛立ちを隠せないようだった。彼は、「中身の薄いヨーガ」を教えていると、ライバルであるマハリシを激しく非難し、「若い人々に心の平安を得るのは簡単だと教える。酒を飲んでも、喫煙しても、何を食べてもよく、一日一五分の瞑想さえすればいいと言うが、これは大きな間違いだ」と不満を述べた。綺麗に髭を剃ったこのスワーミーはまた、マハリシのもじゃもじゃの髭も気に入らないようで、「髭をのばしているのは、注目を集めたいからだ」と断言した。[19]

インドでのビートルズをめぐる伝統とモダンの争いは、ヒンドゥスターニー音楽や宗教的思想にまで飛び火する。ビートルズのファンクラブが急増しているにも関わらず、旧世代のヒンドゥスターニー音楽の原理主義者らは、シタールのマエストロであるラヴィ・シャンカルが、ロックバンドとの関わりを持つことに失望した。[20] ヒンドゥー教徒も、外国のセレブリティを利用しててっとり早く金儲けするために、マハリシが聖なるマントラと瞑想のコンセプトを矮小化しているのではないかと怒りを燃やした。

ビートルズのインド旅行をマスコミが盛んに書き立て、注目が集まるのと時を同じくして、ラヴィ・シャンカルが集中攻撃を浴びる。これは、インドの伝統文化の守護者を自認する人々と、シャンカルが古典音楽の精神に持ち込んだモダンで国際的な影響のようなものが相容れなかったことを意味し、興味深い。ビートルズがインドに到着する頃には、伝説のシタール奏者であるシャンカルは、自国よりも海外で多くの時間を過ごしていると噂され、彼が海外の観客から拍手喝采を受けているのは、西洋に魂を売ったからだと見られていた。

数年後に出版された自伝でシャンカル自身は、インド古典音楽の伝統に刃向かっているのではないかと疑われていることを嘆き、こう記している。

「西洋で敬意を受ける一方、インドではデマに苦しめられた。常にニュースで取り上げられ、称賛されることも多かったが、ヒッピーに成り果てて—ビートルズのメンバーになったと書かれたこともあった—、西洋人に向けて『混じり気のない音楽』を演奏せず、インドの音楽を商業化し、アメリカナイズし、ジャズ化して冒涜していると非難された[21]」

この頃のシャンカルとインドの著名な音楽家たちとの対談からは、ビートルズや西洋の観客にのぼせ上がっていると嘲笑を受けることに、彼が深く傷ついていたことがうかがえる。『ザ・タイムズ・オブ・インディア』紙のV．パタンジャリによるインタビューでは、シタールの名をかたり西洋で表現されている音楽は、単なるパロディに過ぎないと仲間の音楽家に最近言われ、怒りを覚えたとシャンカルは言う。「プロとしての倫理はあるはずだ！」と嘆く彼はまた、こう主張する「何度でも言わせてもらうが、私は、我々の音楽の価値を落とすようなことは断じてしないと、強い使命感を持っている[22]」。

同じインタビューで彼は、ヒンドゥスターニー音楽の基本特性を変えようとは決して思っていないこと、少しいじることもあるが、それも「我々の音楽を表現する場でのみ」行うと語っている。「ご存じのように西洋の人々の観るリサイタルは、数時間以上に及ぶことはありません。そのため、我々の音楽を短くして演奏する必要がありますが、そうするに当たり、極めて古典的なものを最初にピックアップして演奏する、カルナティック音楽のコンサートの伝統からヒントを得ました。私がインドの音楽を現代風にしたのは間違いありませんし、その結果に満足しています。ニューヨーク、ロンドン、パリ、ロサンゼルスや他の都市の聴衆は、四時間以上のリサイタルでじっとしていることに慣れておらず、時間を短くするよう言われたことが何度もあります」と語っている。

「ビートルズの一員ではなく、一個人として」ジョージに教えていると念を押しながら、シャンカルは自身のシタールへの愛が「シタールの大流行」を引き起こし、「一夜にして私はティーンエイジャーのヒーローとなった」と語る。なぜ海外に長く滞在するのか聞かれ、彼はこう言う「私は恩師であるウスタッド・アラウディン・カーン、ガラナ〔流派のこと〕、インド音楽の名に恥じないようにしています。ヒッピーがシタールをギターのようにかき鳴らすのを、見過ごすわけにはいかないのです。シタールのブームを起こした責任の一端は私にあるのですから、我々の伝統が尊重されているか見守る必要があります。今のところそれは、上手くいっているように思います[23]」。

『ザ・タイムズ・オブ・インディア』紙の特派員K．C．カンナは、ビートルズによってもたらされた西洋での人気が一過性のものではないかと苦悩するシャンカルについて、深い洞察を加えた記事を書いる。「シャンカルは、ビートルズを通して彼のリサイタルを観に来た人の多くが、本気でシタールを好きになり、彼自身のようにまじめにそれを学ぶことを、インド人らしい忍従の心で願っている。ビートルズを味方に付けてイギリスで急成長しようとしているが、この理屈を信じることにより、シャンカルが自己に向ける疑いが晴れたかといえば、それは誠に怪しい。彼の自己不信は、より深いところにある葛藤から来ているようにみえる。シャンカルは、自分の行っている実験が、自分がその強大で誇り高き旗手であるはずの伝統に対する裏切りだと、インドで誤解されているのではないかと感じている[24]」

このシタール奏者に対し、より敵意を向けたインドの新聞記事もある。「ラヴィ・シャンカルにとって残念なことに、伝統主義者は彼が古典音楽の形式と表現を勝手に変えていると非難している。そのようなことを断じて行っていないと主張する彼にとっては、痛い所を突かれた形だ。彼はビートルズの世界での先生としての役割ばかり取り沙汰されることにも激しい怒りを燃やしていて、ジョージ・ハリスンは600人いる彼の生徒の1人に過ぎないと記者に言う[25]」。

インド記者クラブが入居する新しいビル建設のための寄付金を集める目的で、シャンカルの特別リサイタルがニューデリーで開催された。メディアに対する懐柔策だったようだが、批評家を大人しくすることはできなかった。当時ニューデリー最大の部数を誇っていた日刊紙『ヒンドゥスタン・タイムズ』の音楽評論家に、リサイタルは次のように酷評されてしまう。「シャンカルは、湧き上がる創作欲を押さえつけ、自然な冒険心を払いのけ、分かりにくいやり方でプルヤ・カルヤン・ラーガに取り組んでいた。まるで鎖に繋がれた巨人が、自分自身と格闘しているようだった[26]」。

一九六八年三月クアラルンプールをツアー中、ビートルズに対しての嫌悪感を示しながらシャンカルが報道陣に語った言葉から、彼が批評家の存在にストレスを感じていたことがはっきりと分かる。「インドのシタール・マエストロ、ラヴィ・シャンカルは、ビートルズの音楽の先生と呼ばれることにうんざりしている。『ビートルズからグル呼ばわりされ続けるのには怒りを覚える。これは搾取だ』と、彼は先週当地の記者に語った」――一九六八年三月の一週目、マレーシアの首都からAP通信がこう伝えている。

ビートルズのグルと称されることにシャンカルが強い拒絶反応を示したのは、当時ビートルズが、マハリシをスピリチュアルなグルとして崇め奉っていたことに対する不満の表れかもしれない。シタールの巨匠であり、ジョージの精神的な指導者であるシャンカルが、マハリシと超越瞑想について公にコメントすることはなかったが、そういった類いの手っ取り早く悟りを開くやり方に対し、彼が懐疑的であったことは知られている。

スカンヤ・シャンカルは、亡くなった夫がマハリシを密かに揶揄していたと明かす。「彼は物真似が上手で、よくマハリシのしゃべり方や、あの有名な笑いを真似て、みんなを笑いの渦に巻き込んでいました」とスカンヤは言う。彼女はまた、インドのグルであるマハリシが、超越瞑想を西洋に売ることにより世界に一大帝国を築いた事実に、夫が時々驚きの表情を見せていたとも言う。「シタールに無駄な時間をかけないで、聖職者の長衣を着ればよかったと、冗談を言っていました。『ああいった偽のグルになれば、はるかに少ない労力ではるかに多い金を得ることができただろうよ』と彼は私に言いました」。

西洋でスピリチュアルな啓蒙活動をする、インドのいわゆる聖職者のほとんどは、インドの本当の文化と宗教に対して無知で無垢な西洋人を利用しているに過ぎないと、夫は感じていたとスカンヤは言う。しかし彼女は、マハリシに対して感じていたことを、シャンカルが一度でもジョージに率直に伝えたことがあるかは、知らないと言う。「あの2人はとても親しかったのですが、ラヴィジ〔シャンカルのこと〕は、ジョージが自分で選んだことを尊重し、干渉しないようにしたはずです」と彼女は言う。[27]

ビートルズのリシケシュ滞在に対する賛否両論の世論は、当時大きくなりつつあった広告業界にも影響を及ぼした。アシュラム滞在をめぐっての論争を各紙が盛んに取り上げた直後、対照的な2つの面白い広告が、『ザ・タイムズ・オブ・インディア』に掲載された。1つは、有名なドイツの製薬会社ヘキストの広告で、ファブ・フォーのイラストに、「ビートルズ世代に伝統なんている?」の言葉が添えられていた。広告内に提示された答えは、次のようなものだった。「当社の信頼のおける社員は、伝統を必要としています。伝統は、未来への基準を定めるからです━卓越性の基準を」。明らかに、ビートルズによって揺るがされつつあった、確固たる古き伝統を守る必要性にかられた、年齢層の高い保守的なインド人消費者を狙った広告だ。

しばらくすると、同じ新聞に今度はビートルズにまつわる、はるかに熱意溢れる広告が載った。タオル製造で知られるボンベイ・ダイイング社の広告で、宣伝文句はこう書かれていた「リシケシュで使われているタオルのほとんどは、ボンベイ・ダイイング製です…細やかに作られた柔らかいタオルはあなたをやさしく包み、ジョージ・ハリスンの名前を言い終わるよりも早く、乾かしてしまう」。

古いものと新しいもの、伝統とモダンの闘いの影には、分かりやすい皮肉が隠されている。インドの若い世代――ビートルズ世代の愛称で呼ばれるようになっていた――が、ビートルズをモダンな西洋文化の象徴として捉え、親世代の堅苦しく古臭い道徳観を拒絶する一方で、ビートルズ自身は、同じように自国の文化的なしきたりを拒否した上で、インド古来の知恵を求め、リヴァプールからわざわざやって来たのだ。

シタールには弦がたくさんある

８本の腕を持つ女神、カイリがビートルズを狙う！　カイリを崇める悪漢どもが、リンゴを女神の生け贄にしようと追いかける。「東洋の女」から送られたファンレターに入っていた巨大な指輪をはめていたため、このドラマー・ボーイは暗殺の危機に遭っているのだ。指輪は、血に飢えた女神の、次なる供え物の目印だった。

ターバンとローブを身にまとった、かっぷくの良いクラング師率いる悪漢どもは、リンゴを捕え指輪を手に入れるまで追跡を止めないつもりだ。ジョン、ポール、ジョージは、ロンドン中の通りや脇道を容赦なく追いかけ回される友人の助けに向かうが、どうやってもリンゴの手から魔法の指輪が抜けず、大ピンチに陥る。東洋の謎を解くため、ファブ・フォーは壁にタージ・マハルの絵が飾られ、シタールなどのエキゾチックな楽器を弾くインド人バンドのいるインド料理のレストラン、ラジャハマに行く。ウェイターやレストランの責任者は、ターバンを巻いてインド人を装うイギリス人だったが、ビートルズは階下の厨房に、ヨーガの倒立をしている本物のインド人を発見。リンゴが指輪を見せると、彼は恐怖であえぎながら「カイリ」と叫び、急いで針山のベッドに横たわった！

ほどなくしてクラング師の軍団がレストランに襲来、従業員を脅しウェイターになりすます。ビートルズが前菜のスープに取りかかる頃、店内で騒動が巻き起こる。クラング師率いる偽ウェイターがジョンのスープをのぞき込む横で、背後から忍び寄った悪漢どもが、インド人バンドの首を絞める。リンゴの手から指輪を引き離すことに失敗すると、さらに手荒い展開になり、ビートルズの目の前で強烈な刀の一撃により、テーブルが真っ二つに割れる。世界一有名なロックバンドも、遂に一巻の終わりか？　ちょっと待った！　カイリ教団の見目麗しい女司祭長アーメが、すんでのところでボーイズを救うため、魔法のように現れた！

当初ビートルズは、凶悪なカルトの女司祭長に不信感を抱く。「君の汚らしい東洋のやり方になんで僕らが従わなくちゃならないんだ？」とジョンがかみつく。アーメの方は、明らかにボーイズに魅力を感じていて、とりわけポールに夢中だ。それに加え彼女は、指輪が無いことを理由に妹が生け贄の祭壇から降ろされて以来、自分はビートルズの味方だと言うのだ。ロンドンのストリートから氷に覆われたオーストリアのアルプス山脈、バハマのビーチからドーバー海峡の白い崖まで、冒険を重ねるリヴァプールからやって来たボーイズに、アーメは手を貸す。最終的には、ジョン、ポール、ジョージ、そしてリンゴが、この東洋の美女の助けを借りながら、クラング師を劣勢に追い込み、リンゴを窮地から救い──というか指輪からリンゴを救い、大脱走を成し遂げる。

ライト！　アクション！　カット！　ビートルズ2番目の主演作である映画『ヘルプ！4人はアイドル』[1]は、様々な屋外ロケ地とロンドンのトゥイッケナム・スタジオで一九六五年の二月から四月にかけて撮影された。監督リチャード・レスターの狙いは、これでもかと頭を使わないドタバタ喜劇を作り、ありとあらゆる人や物を風刺し、当時人気上昇中だった007ジェームズ・ボンドのアクション映画（ショーン・コネリー主演）のパロディにすることだった。後にジョンは『ヘルプ！4人はアイドル』を、

「素早く動く漫画」と切り捨てている。それだけでなくこの映画は、隠しおおせない人種差別に基づくステレオタイプのオンパレードだ―例をあげれば、エキゾチックな背景を加えるために選ばれた次のようなイメージが登場する―ヒンドゥー教の力の女神カーリーと、彼女を崇める遙か昔に廃れたカルト、タギー（中世の恐ろしい盗賊だ）に似た教団、インド人ウェイターがヨーガの倒立をして針山のベッドに寝るところ、ベートーヴェンの「歓喜の歌」が好きなロイヤル・ベンガル・タイガーにリンゴが襲われそうになるシーン。

初めてビートルズがインドの文化に触れる場として、これ以上ふさわしくないものもないだろう。映画は、インドの文化や伝統をほとんど理解することなく、グロテスクなほどに偏ったプリズムを通してこの国を描いている。

奇怪な東洋趣味で物語を味付けしようとし、レスターは血に飢えた宗教カルトと狂ったヨーギーの国として、インドをしつこく映画に登場させる。このような偏見は、植民地時代の遺物として英国に残っていたのかもしれない。極右が台頭した後のインドであれば、このようなイメージは、ひどい侮辱とみなされたであろう。

インドを非常に無礼でねじ曲げて描写したこの映画のなかで、ビートルズの少なくとも1人―ジョージが、遠い国の見知らぬ文化と出会う鍵となる物を発見する。トゥイッケナム・スタジオに作られたラジャハマ・レストランのセットで演奏するインド人バンドのメンバー、モティハールの抱えたシタールに突然ジョージが興味を示したことが、彼の人生と、おそらく他のメンバーの人生を変えることになるのだ。ヒンドゥスターニー音楽の重要な楽器であるシタールに、ジョージが興味をそそられたのはなぜか―おごそかな見た目か、弦の豊かな響きか―彼は自分自身でも、はっきり分からなかった。

ジョン[2]：インドの何かに初めて触れたのは、映画『ヘルプ！4人はアイドル』を作っていた時だ。レストランのシーンのセットに、シタールがあった。インドのバンドが後ろで演奏しているという設定だったんだけど、ジョージがずっと凝視しちゃってね。

ジョージ[3]：レストランで男がスープに投げ入れられるシーンを撮影するのを待っている時だった。後ろで何人かのインド人ミュージシャンが演奏をしていた。覚えているのは、シタールを僕が手に取って抱えようとしながら、「なんておかしな音なんだ」と思ったこと。偶然の出来事だった。

ミュージシャンたち（その1人はパンディット・シヴ・ダヤル・バティシュだった）にとっては、世界で最も有名なロックバンドの映画に出ることは、たとえ正式にクレジットされないとしても、大変名誉なことだった。「ビートルズと一緒に仕事をしたことにより、西洋で名声と人気を得ただけでなく、インド人コミュニティの中でも尊敬されるようになった」と、後にバティシュは回想する。[4]

三年後にビートルズをインドに向かわせる最初の一歩として、この映画の撮影が宿命だったと言わざるを得ないものが、他にもある。ラジャハマ・レストランのセットでジョージがシタールの魔力に取り憑かれる数週間前、バハマで撮影していた時だ。[5]小柄なヨーギーが自転車に乗りビートルズに近づく。驚く彼ら1人1人にヨーギーが手渡したのは、聖なる言葉「オーム」が表紙に刻まれたヨーガの本。あまりに突然のことで、映画のいかれた脚本の一部かどうかその時は分からなかったくらいだった。後になり[6]、ヨーガとヴェーダーンタ〔ヒンドゥー哲学の1つ〕を最初に西洋で教えた1人、ヴィシュヌデヴァーナンダが、バハマで修行キャンプを開催中で、自分の教えを宣伝するために、有名なロックバンドの協力を仰ごうとしていたことが分かった。ジョージも他のメンバーも、誰一人としてこのスワーミーや彼の本に興味を示さず、バッグにそのまましまった。

当時はスピリチュアルなものやインドのものに、軽蔑に近い無関心を抱いていたことが、次のジョンの言葉から分かる。

「バハマで撮影をしていた時、小さいヨーガが駆け寄って来た。どんな類いの奴らか知らなかったんだけど、このちっこいインド人が小走りで来て、僕らに小さい本をくれたんだ。1冊ずつサインがしてあって、ヨーガについての本だった。僕らはそれを見もせず、人にもらった物の山に積んでおいた」[7]

それでも後から振り返れば、それは単なる偶然ではなく、きっかけの1つになったように思える。インドの音楽とカルチャーは、ビートルズが麻薬にどんどん夢中になっていった時と同じくして、密かに彼らの意識下に入り込んでいった。4人が最初にはまったドラッグはマリファナで、一九六四年八月、ニューヨークのホテルでボブ・ディランに勧められて吸うようになった。葉っぱ、大麻、ヘンプ、ウィード、ポット、インドではガンジャなど、無数の名で呼ばれるマリファナは、昔から麻薬に使われた植物で、ヒマラヤ山脈発祥と言われている。ディランにビートルズ初のジョイントを巻いてもらって以来、マリファナは彼らに大きな影響を及ぼすようになる。結成時のビートルズは―ハンブルクのナイトクラブで演奏していた頃やそれ以前もベンゼドリンやプレルディンなどの精神刺激薬やアンフェタミンをよく摂取していた。[8] これら〝スピード〟錠剤は、寝ずに試験勉強するために学生がよく口に放り込んでいたもので、アドレナリン分泌と同様の作用で心臓の活動が活発になり、早朝まで続くハードなライヴで、疲れ切ることなく激しくロックするエネルギーをビートルズにもたらした。マリファナを吸うのはこれとはむしろ逆で、ゆったりとした高揚感で時空に漂うような、全くの新しい体験だった。ポットのもたらす新しい感覚を味わいながら彼らはクスクスと笑い、ポールの回想によれば[9]、「ちびるほど笑い転げた」。六〇年代が盛り上がりをみせるなか、マリファナを吸うのはかっこいいことのように思えた。何よりも、彼らにマリファナの洗礼を与え仲間に引き入れたのは、ロック・カルチャーの新しい聖なる予言者、ディランなのだから。

それから六ヶ月して『ヘルプ！４人はアイドル』を撮影する頃には、ビートルズはすっかりマリファナに夢中になっていた。後にリンゴの語った有名な発言を引用すれば、映画は「マリファナの煙」の中で撮影された。ジョンによれば、彼らは朝食からポットを吸い始め、昼食の頃には完全に酩酊状態になり、そこから先はほとんど何もできなかったそうだ。「『ヘルプ！４人はアイドル』の頃にポットにはまり、酒はやめた—分かりやすいだろ。いつでも生きていくためにクスリが必要だった。他のやつらも同じだったが、僕はみんなよりも、もっとやってた。錠剤ももっと、全てもっと。僕はみんなより狂ってたから。たぶんそのせい」と彼は言う[10]。

クスクス笑いながらラリっている４人のロックスターを撮影スケジュールに従わせるのは大変で、幾度も撮影を中断せざるを得なかったが、レスターは全く不満というわけでもなかった。『ヘルプ！４人はアイドル』の筋書きは奇想天外で、夢のようなシーンの連続であったため、ボーイズは日々、麻薬の力を借りて挑戦する必要があったのだ。実際、映画自体は厳しい批評にさらされたが（はるかに出来の良かった前作『ハード・デイズ・ナイト』との比較においては特に）、4人の演技は元気があると、概ね好評だった。

＊＊＊

ジョージがシタールを発見する数日前の一九六五年三月の終わり、奇怪な運命のいたずらにより、彼とジョンはLSDと予期せぬ出会いを果たし、大麻からよりハイになる幻覚剤へと手を染めることになる。ジョージとガールフレンドのパティは、ジョンと妻シンシアとともに、彼らの歯科医ジョン・ライリーの自宅―ロンドンの中心地、ハイド・パーク近くの高級なフラットだ―に招待される。後に4人が語ったところによると、1人1人に出された食後の珈琲に、1回分のLSDを染みこませた角砂糖がこっそり入れられていた。どうやらライリーとガールフレンドのシンディ・バーリー（4人以外でディナーに招待された唯一の客で、後にプレイボーイ・バニーになる）はロンドンのスインガー〔乱交愛好家〕で、ビートルズを最初に乱交させるカップルになりたかったようだ。ジョージとジョンは、このスインガー・カップルが自分たちのパートナー（2人ともとびっきりの美人だ）も一緒に乱交パーティをするために、LSDでハイにさせようとしているのを確信し、かかりつけの歯科医とのどたばたセックスに全く興味のなかった2組のビートルズ・カップルは、あわててフラットから逃げ出した[11]。

パティのオレンジ色をした小さなミニクーパーSになんとか4人が乗り込み、ジョージがハンドルを握る―それは、ロンドンを回る奇妙で非現実的な旅の始まりだった。LSDが効き始めると、彼らはどんどん正常な感覚を失っていった。最初に彼らは、お気に入りのナイトクラブ、ピクウィック・クラブに行く。クラブに着く頃にはすっかりハイになっていたジョージは、最初に恍惚状態に陥る。その時のことを思い出して彼はこう語る。

ただ座って酒を頼んだんだけど、突然、これ以上ないくらいに素晴らしい感覚が襲ってきた。今まで生きてきて感じた最高の気分を、全て集めて濃縮したような感覚だった。信じられなかったよ。恋に落ちたんだ――特定の人や物ではなく、全てと。全部完璧で、照明も完璧。店内を回って、そこにいる全く知らない人々に、どれだけ愛しているか伝えたい衝動にかられたよ。

しかし彼はまた、突然感情に変化が現れたことを思い出してこう言う「ナイトクラブに直接爆弾が放り込まれ、屋根が吹き飛んだみたいだった」。ジョージがLSDによる幻想から覚めると、ウェイターたちがテーブルやイスを片付け、ナイトクラブは閉店の準備をしていた。[12]
それから4人は、ロンドンではよく知られたディスコティークのアド・リヴ（レスター・スクウェアにある建物の最上階にあり、ロンドンのセレブリティに人気があった）に向かう。その頃には全員、最高にハイになっていた。

とある男（ライリー）が一緒に着いてきたんだけど、彼は何が起きているのか分からなくて、すごく怯えていた。僕らみんな気がふれていた。そんな状態でロンドン中を回るなんて、どうかしていたよ。クラブに着いたら、火事で燃えていると思い込んだんだ。その後でプレミア上映が開かれていると思ったんだけど、単に外にある普通のライトだった。「ここは一体どうなっているんだ？」と僕らは思ったね。[13]

パティは途中でリージェント・ストリート沿いの窓ガラスを割りたい衝動にかられ、ジョージを先頭になんとかディスコティークにたどり着くと、みんな狂ったように笑った。

最後は、早朝になってジョージが鬼のように集中力を出してミニを運転し（それでもカタツムリのようなスピードで）、バンガロー様式の自宅にみんなを連れて帰った。

ジョンもまた、幻覚に畏敬の念を抱き、この時のＬＳＤ体験を「恐ろしくも素晴らしい」と語っている。彼の記憶に残り続けたアシッド・トリップは、こんなだった—ジョージの家が巨大な潜水艦になり、他のみんなが寝床に向かうなか、自分の操縦する潜水艦は、ぐるぐると回りながら家の周りを囲む木製のフェンスを超え、空中を駆け上った。[14]

シンシアにとって、ＬＳＤとの遭遇はもっと気味の悪いものだった。ジョージの家に着いてからもずっと続いた悪夢を、後に思い出して彼女は次のように描写する。

ジョンと私がそこからケンウッドに戻るのは不可能だったので、４人で朝まで起きていましたが、壁が動き、植物がしゃべり、人間が人食い鬼のように見え、時間は止まることができ、とても恐ろしい体験でした。何もコントロールできず、何が起きているか、次に何が起こるのか分からない状態が、すごく嫌でした。[15]

＊＊＊

ジョージとジョンが、意図せず幻覚剤の世界に踏み込んだことにより、ビートルズの音楽と生活は、大きな変化を遂げる。世界中に旋風を巻き起こした初期のシンプルなラブソングから離れ、ロック・ミュージックに対する複雑で革新的なアプローチへと、ドラッグは彼らを高みへ連れて行くことになる。音楽キャリアにおいても、私生活においても落ち着きがなくなった4人は、突き動かされるように、他の人々の到達しない未知の域で実験を行うようになる。ビートルズがリシケシュのアシュラムに行くことになるのは三年先だが、一九六五年前半には既に、その旅の種が発芽していたわけだ。

初めてのLSDトリップがハードな体験で、仕組まれたものであったにも関わらず、ジョージもジョンも幻覚がトラウマにならず、その興奮を渇望するようになる。ジョージは、経験したことのない「深さと明瞭さ」を体験したと主張する。

「まるでそれ以前は、ちゃんと味わい、しゃべり、見、考え、聞いたことがなかったようだった。人生で初めて自我を意識しなかった」―彼はこう後に回想している。一二時間に及んだ幻覚トリップは、「目が開かれ、人生で大切なことは『自分は何者だ?』『私はどこに行くのだ?』『どこからやって来たか?』と自問することで、その他全てのたわごとは、たわごとに過ぎないと気づくこと」とジョージは言う。(16)

ＬＳＤとの予期せぬ出会いは、一〇代でドラッグを経験したジョンに、より高いレベルでのドラッグによる興奮をもたらした。生活の大半を占める、退屈で日常的なルーティーンに成り下がりつつあった曲作りとレコーディングとライヴから、一時的であれ逃れる手段として、２人はＬＳＤを歓迎した。

皮肉にもビートルズは、六〇年代半ばまでにはあっという間に世界中で華々しい成功を収めたため、想像を絶する富と知名度がもたらされた一方で、行き場のない孤独感を植え付けられていた。地元リヴァプールから引き離され、一夜にして世界のセレブリティと大衆のアイドルとしての役割を担わされた彼らは、突然の名声に押し流されていた。ひっきりなしに行われるレコーディングと、慌ただしく続くコンサート・ツアーは、彼らを成功から成功へと導いたが、同時にボーイズを精神的にも肉体的にも疲労困憊させていた。

単なる演奏ロボット以上のものになることが、とりわけジョージにとっては、急務だった。労働者階級出身で、フォーマルな学識があるわけではなかったが、彼はバンド内で最も思慮深い人間だった。ビートルズの富と名声が増せば増すほど、ジョージは自己の存在理由を問い、イライラした。大きな変化を遂げる人生に彼が深い意味を求めた理由は、知性よりも本能的なものであり、後に少なくとも１人の伝記作家により、彼は「労働者階級の神秘主義者」の称号を与えられる。[17]

「ジョージは、なぜ自分がこれほどまでの選ばれし有名人と成功者になったのか、取り憑かれたように考えていました。運命の介入がなければ、リヴァプールで単純労働をしながらありきたりな生活を送っていたことを、彼は知っていたのです。自分のなかの何が原因で、他の人と違う道を歩むことになったのか、ジョージは必死で探していました。これらのことを起こしたのは、どのような神の霊なのか、彼は本気で知りたがっていました」―パティは半世紀前のことをこう振り返り[18]、最終的にマハリシのアシュラムに2人を連れて行くことになる、元夫のスピリチュアルな探求について説明する。

ジョンが逃げたかったのは、ビートルズとしての退屈な生活だった[19]。彼は、側に居て安心感を与えてくれるはずの両親がいない、不安な子供時代を過ごしたことより、体制に激しく反抗し、危険に満ちた生き方を渇望する傾向にあった。マネージャーのブライアン・エプスタインが巧妙に世間に売り出した、リヴァプールからやって来た4人の好青年が大成功を収めるイメージに、ジョンは成功の果実を味わいつつも、密かに嫌悪感を抱いていたのだ。ほんの少し前までの彼は、イギリスの典型的な不良であるテディ・ボーイらしく、革ジャンを着て自信たっぷりに歩き、リヴァプール・カレッジ・オブ・アートで奇形の赤ん坊や身障者のひどい風刺画を描いて、みんなをぞっとさせていた。今や自分が何者になったのかも、彼は分からなくなっていたのだ。できるだけ多くの人を惹き付けるため、ビートルズがブランド化されて売られるのを、なすすべもなく見守るしかなかった。ジョンは本当の自分とは極端に異なる仮面を付けることが、耐えられなかった。彼はまた、過度に周りに合わせ、別の誰かを演じることにより、自分の中にある創作の源泉が枯れるのではないかと心配していた。

アート・スクールで過ごした一〇代から続く、ジョンとドラッグとの長い付き合いを考えれば、次なるステップとして彼がすんなりとLSDを受け入れたのは、当然のことだった[20]。ヴィックス・インヘラー〔嗅ぎ薬の商品名〕をこじ開けて取り出す精神刺激薬ベンゼドリンに始まり、ビートルズ初期にハンブルグのナイトクラブで演奏をしていた頃には、プレルディンなどのアンフェタミンを彼は摂取するようになっていた。バンドの他のメンバーが、パフォーマンス向上のために〝スピード〟錠剤を摂取していたのに対し、ジョンは「アッパー」と名付けたそれらの錠剤を、疲れるか落ち込んだ際にテンションを上げるため、四六時中口に放り込んでいた。ディランにマリファナを教えてもらって以降もその癖からは抜け出せず、初めてLSDを摂取した頃には、〝スピード〟錠剤の量を少し控えめにしていたくらいだった。

面白いことにジョージとジョンは、一緒にLSDのスリルを味わったことにより、以前よりもお互いに親しみを感じるようになる。[21]それまでジョージは、ジョンより3つ年下であることから、弟分としてかわいがられることはあっても、対等に扱ってもらうことはなかった。一方ポールは、2歳下であるにも関わらず、ジョン主導の2人組ブレーンのうちの1人として、バンド内の力関係を決める立場にあった。ミーティングで意見を言う時や作詞をする上で、ポールほどの言葉の才能を持ち合わせなかったジョージは、重要な意思決定の際に兄貴分たちに口を挟めない状況に甘んじていた。しかし、徐々にバンド内で自信をつけ、本領を発揮できるようになると、低い立場に置かれることに嫌気がさすようになる。

そんなことからジョージとジョンは一緒の時間を過ごすことが多くなり、ほぼ対等の気楽な間柄で、音楽や様々なことについて話すようになった。同時にジョンの心は、ポールから少しずつ離れていくようだった─友人として、また仕事仲間として親しかった関係に亀裂を入れる、目に見えない緊張感が2人の間に漂い始めていた。ビートルズを操り好まざる方向に仕向けた責任は、エプスタインと同じくらいポールにあると、ジョンは考えていた。彼はポールの、歌詞に対する陽気なアプローチや社会に向けたやや敬意ある態度が、偶像破壊とショックを求める自分の性分とは対極にあることを自覚していた。どういうわけか以前は、このような差異は問題にならず、むしろ2人の異なる性格が創作に多様性を増し加えていた。しかし今や、この絶妙なパートナー関係に年長者のジョンは息苦しさを感じ、忍耐力を失いかけていた。彼はジョージが同士となってくれたことを喜んでいた──小さい弟が突然、大人になったように。

ジョージとジョンが共に味わった初のLSDトリップ以降、バンド内の3人のバランスが崩れ、続く数年の間、ビートルズの進む道に大きな変化が訪れる。ポールは依然として曲作りにおいて中心的な役割を果たし、ジョンとポールが共に作る音楽は、捨て去るにはあまりにも重要であったが、ジョージの意見は年々聞かれるようになる。ソングライティング、レコーディング、演奏の面で遅れを取っていたジョージではあったが、ジョンと特別な関係を築いたことにより、彼の存在がバンド内で大きくなるのを、ポールも許さざるを得なくなったのだ。ここで重要なのは、ジョージとジョンの新たな関係がなければ、ジョージの勧めでビートルズが超越瞑想を受け入れ、数年後にインド行きを決めるには至らなかったであろうことだ。

＊＊＊

ポールとリンゴを自分たちの特権グループに入れようと、ジョージとジョンが次なるLSD体験を企てていたその時、政界からビートルズに正式な叙勲の知らせが届く。一九六五年六月の二週目、女王の誕生日を記念する叙勲リストが発表され、メンバー4人全員にMBE（大英勲章第5位）が授与されることになったが、それは明らかなパラドックスを抱えていた。[22] 悪名高いクリスティーン・キーラーのスキャンダルを含む激しい論争が保守党政権を揺るがしたため、労働党党首のハロルド・ウィルソンが前年に僅差で勝利し、首相の座に着く。あっと驚くロックバンド初の叙勲は、悪賢い政治家が若者を味方に付けようと起こしたことだった。目論見は当たったようで、翌年ウィルソンと労働党は中間投票で過半数を大きく上回る議席を獲得する。しかし、名誉ある勲章をロックバンドに授与したことにより、英国と海外の保守層から大いなる批判が集まることとなった。過去のMBE叙勲者には勲章を返還する者まで現れ、その中には、「育ちの悪いばかもの」と一緒にするなと不平を言うカナダ首相もいた。[23]

それでも、女王陛下による叙勲は、ビートルズが英国の支配者階級に広く受け入れられたことを意味する。さもなければ、女王がロックバンドの胸に勲章を付けてあげるなど、当時考えられないようなことを政府が依頼するわけがないのだ。数年前に見いだした薄汚いロッカーたちを、ひたすら磨き上げてきたエプスタインにとっては、大きな勝利であった。当然ながら有頂天になっているエプスタインとは対照的に、ビートルズ自身は、圧倒されつつも一連のことが何を意味するのか理解できずにいた。叙勲が発表された翌日の記者会見では、ジョンは寝坊して時間通り現れず、他のメンバーもMBEについてジョークを言ったり、ふざけたりするのに終始した。[24] ファンだけでなく、今や恥ずかしげもなくビートルズに夢中になっているメディア（栄誉ある勲章にあからさまに感心していた）は、不適切な冗談を喜んで聞いていた。

面白いのは、そのわずか数ヶ月前、『ヘルプ！4人はアイドル』のバッキンガム宮殿のシーンを撮影するため、ビートルズがひどくハイになってアスター卿の風格のある大邸宅に現れたことだ。[25] 彼らは涙が出るほど笑い転げていたため、カメラ・クルーは撮影に苦労した。同じ年の後半、今度は本物のバッキンガム宮殿に、MBEを受章するために行った際、手早くマリファナを吸おうとわざわざトイレに行ったと、ジョンは主張している。彼はまた、チャールズ皇太子にばったり会ったらこっそり差し入れしようと、ブーツに余分のマリファナを入れていたとも豪語している。[26]本当のところ彼は、他のメンバーよりも、勲章をもらうのが不安だったのだ―体制側に譲歩し、彼の忌み嫌うミドルクラスの規範に沿うことになると思っていたから。四年後にジョンは、ビアフラ戦争にイギリス政府が介入したことに抗議して、勲章を女王に返還する。

＊＊＊

ポールとリンゴも一緒にLSD体験をする最高のタイミングがジョージとジョンに訪れるまで、数ヶ月を要した。一九六五年夏の終わり、ビートルズは大成功を収めた2度目のアメリカ・ツアーの後半にさしかかっていた。屋外スタジアムや屋内アリーナは、泣き叫ぶファン（ほとんどは一〇代の女の子だった）で、ぎっしり満席だ。ビートルズ・マニアの最盛期で、大西洋の向こうの観客を席から吹き飛ばすほどの勢いがビートルズにはあったのだ。ツアーはニューヨークのシェイ・スタジアムで最高潮に達し、記録的な数の観客（5万5000人）が、彼らの演奏を聴きに集まった。[27]コンサートの規模も狂乱具合も前代未聞で、三〇万ドルを超す興行収入はショービジネス界の記録を更新。[28]女王の誕生日を記念する叙勲リストに彼らの名前があったとの最近の報道で、観客はより一層興奮していた。アメリカの有名なTVタレント、エド・サリヴァンが、「紳士淑女の皆様！　英国に讃えられ、女王陛下に叙勲を受け、ここアメリカで愛される―ザ・ビートルズです！」と幕開けを宣言すると、ファンは半狂乱になった。何千人もの女の子たちが叫び、わっと泣きだし、痛みに襲われたかのようにかがみ、失神する者まで現れた。

複数のグループが出演するショウでビートルズは三〇分間演奏。最後の曲で会場は興奮のるつぼと化した。ジョンは、成功の頂点で"I'm Down"を心底楽しみながら演奏しているようだった――めずらしくギターの代わりにひじでオルガンを弾き、横ではジョージが狂ったように笑い、ポールはトランス状態に陥っていた。

ジョンは後にこう回想する。

最高だった。今まで演奏した世界中のどこよりも観客が多くて。誰もこんな大きいショウをやったことがないと言われた。今までで一番、素晴らしくてエキサイティングだった。観客は大騒ぎしていたが、わずかに演奏を聴くこともできたんだ――大がかりなアンプを導入したから。プラグを差し込んでノイズが聞こえた途端、自分たちがビートルズであることや、どんなレコードを出しているかなんて忘れて、前みたいにそこいらで演奏するただのグループになり、一緒に歌っている気分だった。(29)

おそらくそれは、ビートルズが心底楽しんだ最後のコンサートだった。

歴史に残る記録破りの成功をおさめたシェイ・スタジアムの後で、五日間の休みをとることになった。ハリウッドのビバリーヒルズの斜面に位置するベル・エアーにある、アメリカの映画スター、ザ・ザ・ガボール所有の、絵画のように美しい馬蹄形をした邸宅を借り、オフ二日目には、種々雑多な人々を招いてアフタヌーン・パーティが開かれた。ゲストの顔ぶれは、フォーク・ロックバンドのバーズ、『へルプ！4人はアイドル』で女司祭長を演じた女優エレノア・ブロン、ジョンが招いたフォーク・シンガーのジョーン・バエズ（ディランの友人でもある）、ハリウッド女優ジェーン・フォンダの弟で自身も俳優のピーター・フォンダ、ブロンドのカリフォルニアンで女優兼モデルのペギー・リプトン（ポールのお気に入りだった）らグルーピーたちだった。門の外には、泣き叫ぶ幼いミーハーファンが大集合しており、警察と警備員を手こずらせていた。ビートルズに同行したスタッフが手配した女優の卵たちが、ボーイズに愛と慰めをもたらすために門の中に招き入れられた。ツアーの間、演奏から離れてリラックスするために、こういったことはビートルズや他の幾多のロックバンドの間では習慣的に行われており、妻やステディな恋人をめったにツアーに同行させないのは、そのためでもあった。言うまでもなく、どんちゃん騒ぎを盛り上げるために、無料の食べ物、酒、マリファナが大量に提供された。[30] 後にジョンは、ツアー中の享楽を、帝政ローマのデカダンスを描いたフェリーニの『サテリコン』のようだったと語っている。[31]

ふんだんに用意された薬物の中には、とびきりのものがあった――LSDを染みこませた角砂糖をアルミホイルで包んだもので、ポールとリンゴを幻覚天国に引き入れようと、ジョージとジョンがニューヨークからハリウッドに持ち込んだものだった。

ジョージは当時を次のように振り返る。

ジョンと僕は、ポールとリンゴがアシッドをやらないとだめだと思ったんだ――そうでないともうお互い分かり合えなくなっていた。表面的なレベルだけでなく、心の奥でも通じ合えなくなっていた――

アシッドはジョンと僕を大きく変えたからね。僕らにとってLSDは、それだけ重要だった。ハリウッドに行ったら、休みの日に2人にアシッドを摂取させようと計画した。ニューヨークで手に入れたのはアルミで包んだ角砂糖で、LAにたどり着くまでツアー中ずっと持ち歩いた。(32)

周到に計画し手間をかけたにも関わらず、ポールはLSDを頑なに拒む。他のメンバーと違い、彼は本能的に薬物を敬遠する傾向にあった。ハンブルグのナイトクラブで演奏していた頃も、気が向いた時に〝スピード〟錠剤を口にするようなことはなかった—必要以上に興奮状態になり、喉がカラカラに渇いてしまうからだ。必然的に大量の酒を飲むことになるのだが、それでも自分をコントロールできなくなるのが嫌だった。酩酊して夢の世界に迷い込むのを何よりも楽しんでいたジョンとは対照的だ。ポールがマリファナは大丈夫だったのは、突然驚かし、感覚に衝撃を与えるようなこともなく、徐々に緊張が解けてリラックスできるからだ。それに比べ、前触れもなく激しく気分が上昇するLSDを彼は怖がった。

後に振り返ってジョンは、ポールがLSDを摂取したがらないのを、彼の「安定した」性格のせいにした。

「僕とポールはおそらく2人とも最高にクレイジーだ。それでもポールは、ジョージと僕よりおそらくやや安定志向だ。堅物とまでは言えないけど。たぶんLSDには、心底ショックを受けていた！(33)」

リンゴはといえば、ためらうことなくLSDを染みこませた角砂糖を口に入れた。他にもビートルズのスタッフであるニール・アスピノールとマル・エヴァンスが、この特権グループに入るためにLSDを受け入れる。まあリンゴは、そういう役目をいつでも負わされていたわけだが。ニューヨークのホテルでディランがビートルズにマリファナを紹介した時も、ジョンはモルモットとしてリンゴに最初にジョイントを吸うよう命令した。リンゴはむさぼるようにそれを吸い、1人でほぼ一本吸いきってしまった。[34] 彼は小柄ながらタフな男で、極度の貧困と家庭崩壊と、子供時代をサナトリウムで過ごすほどの持病に見舞われながらも生き抜いてきたのだ。[35] ジョンと同い年だが、ドラムの腕を見込まれてバンドに加入したのは一番遅く、ジョージの存在に対する問い、ジョンの激しい怒り、ポールの支配欲といったものに振り回されることなく、ドラムに集中してきた。リンゴが喜んでLSDを受け入れたのは──後に彼がいつものごとく当然だろと言わんばかりに答えたところによれば、「何でもやってやろうじゃないかと思っていた」からだった。もちろんこれには例外もあり、慢性的な胃腸の弱さにより彼は辛い食べ物を受け付けなかった。[36]

ジョージとジョンにとって2度目となるLSD体験は、最初とはやや異なるものだったが、わけがわからないことには変わりがなかった。スインガーの歯医者やらナイトクラブやら公道をうまくすり抜ける必要はなく、高い塀とガードマンに囲まれたビバリーヒルズの豪邸で、プライバシーと安全が守られた中でのトリップだった。それでも、アシッドがまわるとすぐに、彼らは時間と空間の感覚を失い、トリップの記憶はまばらで不明瞭なものとなった。

ジョージの記憶によれば、最初みんなでバスタブの縁に腰掛け、ギターを回しながら歌を歌っていた。バーズのロジャー・マッギンも同様のことを語っているので、この話は裏付けされている。それから、庭に行きプールに入ると、突然、酩酊状態の彼らを注視するドン・ショート（イギリスのタブロイド紙『デイリー・ミラー』の記者で、ビートルズのゴシップばかり書く人物）の存在に気づく。

ジョンはその時のことを次のように語っている。

僕らは庭にいた。LSDをやるのはまだ2回目だったから、気取った場所でどう摂取し、どう冷ますかなんかも全部分からないまま…ただやった。そしたらいきなり、レポーターのドン・ショートが見えたから、考えたよ「どうやったら普段通り振る舞えるか？」って。自分たちが異常な振る舞いをしているんじゃないかと思っていたから。実際はそうじゃなかったが、「絶対誰かにばれるよな」と思っていた。[37]

ジョージも同じくらい心配しており、結局彼らは、アスピノールにその記者をビリヤードの方に誘わせたが、かわいそうなロード・マネージャー自身もハイになっていた。リンゴも、アスピノールがショートをおびき出すのを「プールでふらふら泳ぎながら」見たと語っている。

途中で全員が建物の中に入ると、ハリウッド俳優のピーター・フォンダを名乗る、新たな敵となる人物が現れる。彼もまたハイになっており、子供の頃に誤って自分を銃で撃ち、一瞬心臓が止まった経験から、LSDによる臨死体験に詳しいと、うっかり自慢してしまう。フォンダはビートルズの目の前に裸の腹を突き出して弾傷を見せ、死についてべらべらと喋り続け、彼らをうんざりさせる。その時のLSD体験をぼんやりとしか覚えていないビートルズであったが、このハリウッド俳優がどれだけ嫌な奴だったかは、しっかり記憶に残った。

夜遅くなり、みんながリビングルームで寝そべっていると—その頃には女優の卵たちも一緒に—誰かが、映画『キャット・バルー』(サクラの笑い声が散りばめられた、ドライブイン・シアター向けの西部劇)を上映し始めた。ジョージは魂が肉体から離れる不思議な光景を思い出しながら、次のように語る。

気がつくと、「離れる」んだ。どこかに行き、それから、どしん!と、自分の体に戻る。見回すと、ちょうどジョンが同じことをやっているのが見えた。並んでしばらく離れ、それからボーン!

まるで「一体何が起きたんだ?」

「ああ、まだ『キャット・バルー』をやってる」って感じだった。[38]

ジョンもまた、自分をコントロールができなくなったことを記憶している。「食べ物も食べられなくなった。どうやってもできないんだ。手で持ち上げて—家には給仕してくれる人が大勢いて、それでも僕らは、どんどん床に落としてしまう」。情けないほどに方向感覚を失っていても、彼らは自分自身を制御できる唯一のビートルであるポールよりも、先を行っている気分だった。「ポールはすごく疎外感を抱いていた。僕らは意地悪に『俺たちはやってるけど、お前はやってない!』と言っていたからな」と、ジョンは振り返る。

しばらくしてポールは、夕方ジョンが失礼な態度を取った、グルーピーでブロンド女優のペギーとどこかへ消えたが、うまくはいかなかった。何年も経ってから彼女がその時のことを振り返り語ったところによると、ポールは心ここにあらずの状態で彼女と寝て、愛されていないと感じた彼女が惨めになり、泣いてしまったという[39]。

ジョンもまた、自分が招待した女性、ジョーン・バエズと、微妙な状態になる。数年後に彼女が『ローリング・ストーン』のインタビューを受け、ビバリーヒルズの豪邸でビートルズとLSD体験をした一日について語ったが、その思い出話は抱腹絶倒ものだ[40]。どうやらバエズの寝るベッドルームがなかったようで、ジョンは自分のベッドルームで一緒に寝ないかと誘ったが、彼女によればその寝室には、「小型のプールくらいの大きさ」のベッドがあった。バエズはジョンに心配しないで、疲れて眠くなったらベッドの半分を使ってくれればいい、と伝える。

私は寝て、夜中になってジョンが入って来た。たぶん彼は、こんな風に義務感を感じていたのかも「僕が誘ったし、彼女はスターだし、どうしよう」。それでジョンは、情熱のかけらも無い感じでモーションをかけてきた。私は言った「ジョン、ねえ、私もあなたと同じくらい疲れてる。私のためにやろうと思わなくていいよ」

そしたら彼は、こう言った（リヴァプール訛りで）「ええ、ほんと？　待って、ほっとしたよ！　ほらだって、僕だってもう下でフック（ファックが訛ったもの）して来たかもしれないだろ？」。（笑いながら）それで2人で大笑いして、それから眠りに落ちた。

セックス、ドラッグ&ロックンロールのどんちゃん騒ぎが繰り広げられたビートルズ・パーティのさなか、[41] ヒンドゥスターニー古典音楽が話題に上る。[42] ジョージとジョンがバスタブの周りで、デヴィッド・クロスビーとマッギンと一緒に話したり演奏したりしていた時のことだ。ジョージがバッハから引用した、いかしたリフを弾いた直後、クロスビーがそれに触発され、ラヴィ・シャンカルの音楽から拝借して自分のレパートリーにしているリフを披露した。シタールについて言及されるのをジョージが聞き、ジョンもまた興味を示す。この時点では2人ともヒンドゥスターニー古典音楽の話を一度も聞いたことがなく、その第一人者であるラヴィ・シャンカルも全く知らなかった。またしても不可思議なタイミングで、インドがビートルズを手招きしていたわけだ。

バーズ[43]は一年前に結成された革新的なアメリカのロックバンドだ。彼らはフォーク・ソングをジャンルとしてのロックに融合させることにより（後にフォーク・ロックと呼ばれる）、大勢のファンを獲得し始めていた。ビートルズとディランの両方に大いに影響を受けた彼らの、数ヶ月前に出たデビュー・シングルは、ディランのシグネチャー・ソング“Mr. Tambourine Man”を興味深くアレンジした曲だった。ビートルズはバーズを気に入り、革新的な若いロック・ミュージシャンの集まったバンドとして尊敬していた。

そんなこともあり、クロスビーとマッギンが、ラヴィ・シャンカルを「音楽の天才」、シタールを「魔法の楽器」と褒めそやしたことで、ビートルズは興味をそそられる。バーズはレコーディング中のラヴィ・シャンカルにワールド・パシフィック・スタジオで出会い（バーズも同じスタジオで録音していた）、シタールの巨匠の素晴らしさに圧倒された。マッギンは12弦ギターを弾いていたので、18弦から21弦まであるシタールの演奏が、いかに難しいか把握できたのである。彼はラヴィ・シャンカルを見て覚えた、インドのラーガに不可欠なチョーキングの技法と、節のインプロヴィゼーションをギターで実演してみせる。ラヴィ・シャンカルが熱烈に支持されていることを知ったジョージは興奮して、ジョンも好奇心を覚える—彼はいつでも、バンドのレパートリーに新鮮で変わったサウンドを加えることに熱心なのだ。

面白いことに、何年も経ってからマッギンが、バスタブの周りでアシッド漬けの会話をビートルズと交わしたことを思いだしながら、(44) ビートルズはインド音楽の話には熱心だったのに、話題が宗教に及ぶと興味をなくしたと、次のように『テレグラフ』紙に語っている。(45)「神がいるかいないか、スピリチュアルの世界で何が起きているか、彼らは何も知らず、全く関心が無かった」。スピリチュアルなものに無関心だったビートルズが、わずか数年で超越瞑想にはまるまでに取り憑かれたことで、このフォーク・ロックのミュージシャンは心底驚かされる。一九六五年のビートルズは、インドの音楽には傾倒し始めていたが、精神的なレベルでインドとの繋がりができるのは、時間を要したことが分かる。

ロンドンに戻ると、ジョージは間髪入れずシタールへの探求を始め、ラヴィ・シャンカルのレコードを数枚買い、時間があれば熱心に聴いた。(46) 彼はまた、インドのアンティーク雑貨店、インディア・クラフト（オックスフォード・ストリートにある、古い木彫りやお香を売る店）に行き、極初歩的なシタールを購入し、(47) シタールを絶対にマスターすると決心する。彼がシタールを一九六五年秋、ビートルズのニューアルバム『ラバー・ソウル』のレコーディングに使ったのは、実際に上手く弾けるようになるだいぶ前――それどころか、指導者の下でちゃんとしたレッスンをまだ受けてもいない頃だった。

ビートルズの人生に新たに起こった幅広い影響を初めて反映した一枚として、『ラバー・ソウル』は彼らの音楽キャリアの中で重要な位置を占める。それは、心の琴線に触れるチャーミングなバラードを卒業し、もっとずっと知的で複雑なものへと音楽に対するアプローチを変える、ターニングポイントとなった。マリファナとLSDが生活の一部となり、インドの音楽と文化が徐々に忍び寄る課程で、彼らの個性が変わり、それを音楽として表す必要に駆られたのだ。

興味深いことに、ファブ・フォーのキャラクターの劇的な変化と、過去ときっぱり別れることへの決意を最も明確に表明したのは、それまでさほどイメチェンしたがっているようには見えなかった、ポールだった。「今じゃ僕らのアイディアは全部、前とは違うものになった」と、彼は説明する。(48)「誰かが二年前に撮られた写真を見せてそれが僕らだと言ったら、あの頃は本当にばかげていたと言い、新しい写真を見せる。最初の頃のことを僕らは今、そんな風に捉えているんだ。みんな僕らにずっと変わらないでほしいと思っているけれど、ワンパターンは嫌なんだよ。二三歳でピークに達することを期待される人なんていないだろ？　僕らだって同じさ。『ラバー・ソウル』は僕にとって、大人になる第一歩なんだ」。

明らかにポールは、ジョージがジョンと特別な絆を持ったことで、のけ者にされているように感じていた。彼はまた、ビバリーヒルズの豪邸で友人2人が幻覚天国に逃避し、バーズも一緒にしゃべったり演奏したりしている側で、よそ者のようにうろつかなければいけなかったことで、悔しさにさいなまれていた。しかし、バンド仲間に置いてかれないようにすることだけが、彼の動機では無かった。ポールは、イメージ戦略における鋭い感覚を持ち、競争で常にトップにいることに長けていたのだ。労働者階級の健全で善良な若者が、単純な歌詞をキャッチーなメロディに乗せて歌うことから得られるありったけの利益を、ビートルズが既に得たことに彼は気がついていた。世間から非難されることに極めて敏感なエプスタインさえも（同性愛者であるという不都合な秘密を抱えていることから来ていると思われるが[49]）、少し冒険をする時期が来たと感じていた。プロデューサーのジョージ・マーティンは、『ラバー・ソウル』を「成長を続ける新しいビートルズを、世界に紹介する最初のアルバム」と表現している。[50]

ニューアルバムの数曲を取っても、ビートルズが過去と大きく決別したことが分かる。その頃のアシッド・トリップが与えた衝撃が、手に取るように分かりやすく作品に表れているのだ。例えば、"Day Tripper"でジョンは、後に彼が「週末だけのヒッピー」と呼ぶ、トリッパーを装いながらも幻覚剤の効果をフルに楽しむ勇気の無い人々を揶揄することに、残酷な快感を得ている。[51]同曲では、"a prick teaser"（ペニスをもてあそぶ人）―後に不適切な表現を改めて、"a big teaser"（大いにもてあそぶ人）になる―と嫌みを言われる女の子が出てきて、数ヶ月前に発売されたローリング・ストーンズの"Can't Get No Satisfaction"との共通点が見いだされ、面白い。ビートルズと同じようにハードなロックに進化する、筆頭ライバルのストーンズと、直接対決する気満々だったことが分かる。

"Nowhere Man"でジョンは、自分の身に起こった変化について、もっと真面目で素直な告白をしている。著名な音楽評論家のイアン・マクドナルドは、ビートルズの歌詞と曲を、1曲ごとに見事な分析をした著作『レヴォリューション・イン・ザ・ヘッド』（「頭の中の革命」の意味）で、この曲を「自分とかけ離れた人物と、"太っちょエルヴィス"期にあった自分自身―ブライアン・エプスタインの決めたパブリック・イメージを演じるため現実から切り離され、何部屋もあるウェイブリッジの豪邸で隠居するうち迷子になり、夫婦関係も冷え切り、押し寄せるドラッグの波により着実にアイデンティティの境界線が崩されている自分[52]—の両方を観察した曲」と記述する。

マリファナとLSDがビートルズの生活に与えた衝撃や、新しいアイデンティティの投影だけでなく、新たに知ったインド音楽の影響もまた、『ラバー・ソウル』に顕著に表れている。ジョージは自身の曲"If I Needed Someone"を、ガールフレンドで間もなく妻となるパティに捧げたと言っているが[53]、長期の関係を持つことに消極的な気持ちを示唆する不可解な歌詞であったため、憶測を呼ぶ。これが、パティと結婚することに本気で疑いを持っていたことを表しているのか、ディランとディランのロマンチックなバラッド—甘美だが、好きか嫌いか決めかねているようなバラッド—を芸術作品として過大評価することから来ているのか、はっきりしない。はっきりしているのは、ジョージがヒンドゥスターニー古典音楽にますます関心を持っており、その影響が曲に表れていることだ。彼は、持続倍音のドローンがメロディを支える、ヒンドゥスターニー独自の手法を拝借し、ギターを高音域のタンプーラ(この手法で通常使われるインドの楽器)として使用している。マッギンのように12弦ギターを弾いているので、バーズにヒントを得てこの新しい手法を行っているのは明白で、ジョージ自身もそのことを認めている[54]。

同じ手法は、ジョンが過去の不倫の失敗談を描いた、ほろ苦い"Norwegian Wood (This Bird Has Flown)"(以下、"Norwegian Wood")にも使われている。しかしなんといっても一大ムーブメントを起こすことになるのは、ジョージの弾くシタールだ。ロックバンドのメンバーがインドの楽器を演奏してレコードを出すのは、全く初めてのことだった。それまでロックの文脈でシタールの音色が聴かれたのは、これもまたビートルズで、アルバム『ヘルプ！』〔アメリカ編集盤〕で雇われミュージシャンのグループが、シタールとその他のインドの伴奏用楽器を使い“A Hard Day's Night”を演奏した時のみだった。興味深いのは、ジョージではなくジョンが最初に、ジョージが数ヶ月前に買った新しいシタールを“Norwegian Wood”で弾くよう勧めた点だ。[55]

ジョンは次のように振り返っている。

「ジョージがシタールを持ってたから、彼に僕の書いた曲の『ディーディィドゥリーディィーディィー、ディィドゥリーディィー』の部分を弾いてくれと頼んだ。まだシタールをそんなに触ってなかったから、弾けるか自信が無かったみたいだけど、挑戦する気になってくれた[56]」

ジョージもまた、シタールを曲に使うのは試験的であったことや、演奏に満足しなかったことをこう記憶している。

「僕らみんな、あらゆる種類の音楽を聴いていた。彼らはシタールのサウンドを気に入ってね。あとちょっと何か足したいような曲がいくつかあって、“Norwegian Wood”もその1つだった。ロンドンのインディアン・クラフトという店で、とても安いシタールを買ってあったんだけど、それが“Norwegian Wood”に合って、必要な〝あとちょっと〟を曲に加えてくれた。シタールの音色は良くなかったけど、みんな大満足してくれた[57]」

ロックの世界にシタールの洗礼が授けられた場面としては厳かとは言い難く、ジョージの腕前はまだまだで、シタール自体の品質もひどいものだった。音響技術者にとっても最初は、耳慣れないシタールをはじく音を録音するのは、悪夢のようだった。「シタールはリミッティングの問題を引き起こした。鋭い波形により、満足な音質を出す前にVUメーターの針が赤に振れてしまった」と、マクドナルドは本曲の解説に記している。[58]それでも懸命に取り組み、何度か録り直すうち、このインド屈指の楽器の楽節がメロディに溶け込み、"Norwegian Wood"は『ラバー・ソウル』の最も人気のある曲の1つとなる。それだけでなく、ロックの世界にシタールを紹介し、とりわけアメリカとヨーロッパのフォーク・ロックのミュージシャンにとっては、象徴的な曲となった。はたしてローリング・ストーンズも、数ヶ月も経たないうちにシタールを"Paint It Black"に導入し、彼らがビートルズの行動を注意深く観察していることを証明した。

"Norwegian Wood"により、シタールはロックの世界でファンを獲得することになったが、この曲のレコーディング自体は、それよりもさらに大きく、予想外の結果をジョージとビートルズにもたらし、彼らは否応なくインドに引き寄せられることになる。それは、全くの偶然で始まった。スタジオで"Norwegian Wood"のセッションを重ねる間、ジョージがクオリティの低いシタールの弦と格闘するうちに、弦が切れてしまう。音響技術者とビートルズのチームがどうしたらいいか考えあぐねるうち、ロンドンにあるアジアン・ミュージック・サークルに換えが無いか聞いてみたら、とマーティンが提案。[59]

彼は以前、その団体からインド人音楽家を雇ったことがあったのだ。リンゴが団体に電話してシタールの弦のスペアが無いか聞くと、電話の向こうは大騒ぎになる。団体を運営するアヤナ・アンガディ[60]（ロンドンに長く住む、面白い経歴を持つインド人だ）と妻のパトリシアは、有名なビートルズが自分たちに協力を仰いだことに大喜びした。

ロンドンに本部を置くアジアン・ミュージック・サークルは[61]、インド（他のアジアの国も少し）の音楽とダンスと文化を西洋に紹介する目的で、一九四六年に設立された。団体は、インドから英国に移住して来たアヤナ・デーヴァ・アンガディと、イギリス人の遺産相続人パトリシア・フェル・クラークという、個性的な夫婦のアイディアの産物だった。アンガディは、二〇世紀初頭に裕福なマイソール家に生まれ、一九二四年、父親の命令でイギリスに派遣される。名誉あるインド高等文官試験を受験し、当時インドと世界に対して絶大な権力を持っていたイギリス領インドの役人になるためだった。しかし、他の裕福な家柄出身の若いインド人同様、アンガディは両親に反抗し、イギリス領インドに仕えるのを拒み、代わりに政治に飛び込んでいった。この若いマイソール家の末裔が仲間と違っていたのは、公務員のキャリアを捨て、インドに帰って独立運動に加わるのではなく、イギリスに残り、本国からイギリスの帝国主義と戦うことにしたことだ。アンガディは熱心なマルクス主義者で─インドに戻り、独立運動を率いる中道の国民会議に加わりたくなかった理由の1つかもしれない─次第に極左勢力に寄って行き、労働党から英国共産党からトロツキスト革命社会主義連盟へと、活動の場を移す。彼の展開した反帝国主義の記事やキャンペーンは英国当局の怒りを買ったが、日本の台頭、及びファシストとの繋がりについての書籍を書くことで、当局との衝突を回避しただけでなく、政府の職を得ることになった。

一九四三年、裕福なイギリス人実業家の娘であるパトリシアと結婚。彼女はアンガディ同様、反抗心旺盛だったが、政治よりも文化に興味があり、肖像画の絵描きになる野心を抱いていた。三年後にパトリシアが相続した遺産でアジアン・ミュージック・サークルを設立。サークルは一九五〇年代に、世界で最も偉大なヴァイオリニストの1人でインド古典音楽の熱心な愛好家でもあった、ユダヤ系アメリカ人のユーディ・メニューインの力を借り発展する。メニューインはインド古典音楽の代表的な演奏家と個人的な付き合いがあり、特筆すべきはラヴィ・シャンカルとも知り合いだったことだ。一九五〇年代半ばにサークルの代表の座に着いたメニューインは、潤沢なアメリカのフォード財団から資金を調達することに成功した。ラヴィ・シャンカルを含む、ヒンドゥスターニー音楽のトップの演奏家たちのコンサートを、西洋の様々な国で開催した。一九六〇年代半ば、ジョージのシタールの弦が切れた頃には、アンガディ夫妻はシタールの巨匠と親しい間柄になり、シャンカルがロンドンにいる間は、必ず夫妻を訪ねるようになっていた。

アンガディとパトリシアの2人は、換えのシタールの弦を渡すため自らスタジオに足を運び、"Norwegian Wood"のレコーディング・セッションを見守った。[62] このようにして、後に膨大な成果をもたらすことになる、ジョージとアンガディ夫妻、及び夫妻の周辺の音楽家グループとの関係が始まった。それは、ジョージがシタールに真面目に取り組み、ロンドン在住のインド人音楽家と知り合いになり、遂にはマエストロ、パンディット・ラヴィ・シャンカルとの対面を果たす足がかりとなった。さらにシャンカルとの関係により、ジョージはインドとその文化に計り知れないほど没頭していくのである。ほどなくアンガディと友達になったジョージは、一月の下旬に結婚するパティと2人でフィッツアラン・ロードにあるアジアン・ミュージック・サークルの常連となり、インド音楽のリサイタルなどの、文化的な催しに参加するようになった。若い夫婦は、パトリシアに2人の肖像画を依頼するまでになる。[63]

ジョージにとってアンガディ夫妻との関係は、願ってもないものだった。彼とパティはパトリシアと一緒の時間を楽しんだだけでなく、ジョージがシタールをきちんと習得するのに、サークルは理想的な場でもあった。アンガディはすぐにビートルのためにシタールの指導者を手配し、ジョージはサークルで定期的にレッスンを受けるようになる。[64]「当時アジアン・ミュージック・サークルに雇われていた現職のシタール奏者は2人いて、そのうちの1人がハリスンに紹介され、彼の指導者となった。残念なことに、誰も彼の名を覚えていないようだ。私たちが感心するほど熱心だったジョージに対し、彼はとても寛容だった」と、アンガディの息子シャンカルは言う。[65] ジョージはまた、アンガディがロンドンや他の地域で売り出したインド人音楽家のうち、何人かと仲良くなる。

パティさえも、ヒンドゥスターニーの古典楽器ディルルバを、パンディット・バティシュ（映画『ヘルプ！4人はアイドル』で演奏したインド人音楽家の1人）から習い始める。弟子に最適な個体を選び、購入するよう頼まれた彼は、ちょうどインドから輸入されたものを手に入れることに成功する。制服を着た運転手により豪奢なリムジンに乗せられた彼が、ハリスン邸に着き目にしたのは、車寄せに停まるサイケデリックな落書きでペイントされた立派なロールス・ロイスだった。仰天する彼にリムジンの運転手は、車がジョンのものだと説明しながら、こう嘆いた「素晴らしいロールスにジョンはなんてことをしたんだ」。ビートルズとの初会合は、バティシュにとって何十年経っても忘れない良き思い出だ。

ドアから入る私を見てハリスン氏は立ち上がり、インドのナマステ風に合掌しながらこちらへやって来て、握手をしてくれました。彼のすぐ後ろに立っていたとても美しく若い女性は、ミセス・パティ・ハリスンと紹介されました。彼女こそ、私の弟子として、ディルルバを学ぶことになる人物です。

ここで言いたいのは、彼女は弟子としてとても聡明で、最初に導入した初歩をあっという間に覚えたことです。演奏してみせた課題はほんの数日で習得してしまい、教えたことを忠実に再現していました。(66)

＊＊＊

ビートルズにとっては、とても重要な時期にさしかかっていた。彼らは既に、どんなロック・グループも到達し得なかった富と名声を獲得していたが、それでも再度ブレイクするために、大いなる変身を求めていた。『ラバー・ソウル』により最高の再出発を切ったビートルズの野心はますます募り、神がかった歌詞をしたため、革新的な音楽の創造を目指すようになる。これぞビートルズの物語が、他のロックバンドのヒストリーに比べ、圧倒的に壮大で素晴らしい所以だ。

一九六五年終わりの短い、結果的には最後となるイギリス・ツアーの後で、三ヶ月といつもより長い休みを取ったビートルズは、コンサートやレコーディングの心配をすることなく、生まれ変わった自分たちとゆっくり向き合うことができた。ポールは、シェークスピア女優であったガールフレンドのジェーン・アッシャーと、彼女の家族（教養ある上流階級の家族だ）の影響で、それまで最低限な知識しか持ち合わせなかった西洋の古典芸術と文化を学ぶことにする。(67) ジョージはサークルで、猛烈な意欲でシタールのレッスンを受け、同時に多面的なインド文化を吸収した。やっとありつけた休息を、奇想天外な思索にふける時間に充てたのはジョンだ。

一九六六年前半に３度目のアシッド・トリップを決行した彼は、[68]それ以降二年ほど定期的にＬＳＤを摂取し、それはリシケシュに行くまで続く。ここで重要なのは、彼が身体的な体験と並行して、ＬＳＤにより誘発される内的視覚を土台にした文化、アート、及び人生観の推進を求めるイデオロギーを受け入れたことだ。[69]もはやドラッグの力を借りて頭のなかで遊ぶようなレベルではなくなっていた。皮肉なことにまだＬＳＤを受け入れていない唯一のビートルであるポールが、ジョンをロンドンの新しくてヒップなインディカ（思考を変化させるドラッグなど、六〇年代のカウンターカルチャーを勧める本屋）に連れて行き、[70]ジョンは『チベット死者の書：サイケデリック・バージョン』を発見することになる。賛否両論を呼んでいたその本は、ハーバード大学の心理学者ティモシー・リアリーとリチャード・アルパートによる新しい論文から成り、２人はアシッド・トリップを宗教的なスピリチュアル体験のレベルまで高めようとしていた。どうもジョンは、本屋でその本を全部読み終えてしまったようだ。[71]ＬＳＤを「神聖なるケミカル」と呼ぶリアリーとアルパートは、西洋の知識人で最初にＬＳＤを試みた１人でもあったイギリス人作家で幻視者のオルダス・ハクスリーに影響を受けたと語っている。[72]ハクスリーは、ドラッグが大衆に手頃な神秘体験をもたらし、それが宗教に革命的なインパクトを与える未来を予言したことで知られている。ジョンはすっかり感心してしまった。彼は遂に、ジョージと一緒にロンドンとビバリーヒルズで体験した実験を、知的な枠組みで捉えることができたのだ。

ＬＳＤが宗教意識の扉を開くことを証明しようと躍起になるリアリーとアルパートは、チベット仏教からインスピレーションを得ていた。より正確に言えばそれは、知られざる八世紀の仏典『チベット死者の書』で、死にゆく人が生まれ変わる合間に迷うことなく次なる生に進めるよう耳元で唱えるものであり、仏教とヒンドゥー教に根ざす転生に関わるものだ。面白いことにハクスリーはまた、ＬＳＤが自己超越の状態を引き起こし、物質世界における個人の欲と思いと意識が消滅すると説いた。これは、仏教僧とヒンドゥー教のサドゥー（行者）が、長年にわたる瞑想で到達を目指す境地と非常に共通するものである。同じ至福の状態に達するのであれば、ＬＳＤをやった方がずっと早くて簡単だと判断したジョンが[73]、ことはそれほど単純でないと気づくのに、数年を要することになる。それでも、ビートルズのうち最低１人は既に、自己超越の境地を追い求めていた事実は（それが薬物を通してだとしても）、マハリシとの超越瞑想を予感させるものである。

東洋の神秘に対するジョンの執着が幼いものだったとしても、それは信じられないほどの創造力をもたらした。歌詞だけでなく作曲において非常に革新的なアルバム『リボルバー』でジョンは、大傑作“Tomorrow Never Knows”を作り、ロックの世界をゆるがす。新しく知ったアシッドにまつわるイデオロギーで強化された彼は、世界のトップを走るロックスターとしての並外れた名声と大衆受けを利用し、それまでハクスリーとリアリーの知的な世界にくすぶっていたサイケデリック革命の奥義を、西洋の若者とポピュラー・カルチャーに紹介したのである。イアン・マクドナルドは本作を、「ビートルズの作った最も社会的に影響力のあるアルバム」と呼んでいる。

“Tomorrow Never Knows”の最初の２つのヴァースは、『チベット死者の書』から引用され、ハクスリーの唱えるＬＳＤにより誘発された「自己超越」―後にリシケシュでジョンが超越瞑想により試みるーを投影している。思考の動きを止め、力を抜き、下流に浮かんでゆけ、とジョンは呼びかけ、「それは死ではない」が2度繰り返される。2つ目のヴァースでは、考え事を脇に置き、空《くう》に身を委ねよと聴き手に促し、今度は「それは輝いている」と繰り返される。

ジョンはまた、マーティンと彼の才能豊かなサウンド・エンジニア陣、ジェフ・エメリックとケン・スコットに無理な要求をし、彼らだけでなくバンドのメンバーにも、この挑戦を受けて立つよう発破を掛ける。[74] 例を挙げれば、ジョンの要求はこんなものだった—数千人の僧侶が詠唱するなか山頂に立つダライ・ラマのようなサウンド。[75] エメリックはその要求に応え、回転するレスリー・スピーカーにジョンのヴォーカルを通し、不気味なエコー効果を作り出した。特殊効果に興奮しながらも、まだ飽き足らなかったジョンは、天井から吊り下げられてぐるぐる回りながら歌ったらもっとサウンドが良くなるのではないかと思い始める。ジョージは、アジアン・ミュージック・サークルのおかげでインドの楽器をいつでも利用できる状態にあり、この時点で少しは演奏できるようになっていた。彼はタンプーラを入手し、『ラバー・ソウル』で12弦ギターを使いインドのドローンのサウンドを模倣した時よりも、もっと本格的なサウンドを奏でる。リンゴの思いついたかっこいいドラムプレイは電子的に加工され、マクドナルドの言葉を借りれば「嵐雲に乗ったヴェーダ〔インドの宗教文書〕の神が、宇宙的なタブラを叩いているようなイメージを作り上げた[76]」。ポールの持ち込んだギターをチューニングする音や鋭い音の入った変テコなミックス・テープは、マーティンと彼のボーイズにより正常または逆回転で再生されてコラージュにミックスされ、その上に乗ったジョンのヴォーカルが、ヴァースで人々に自分の夢の色に耳を澄ますよう促してから、「これは生ではない」と繰り返した。

『レヴォリューション・イン・ザ・ヘッド』でマクドナルドは、"Tomorrow Never Knows"を讃えるのに多くの紙幅を割き、音楽的な発明と文化的な改革における基準となるこの曲により、当時定番であった西洋の価値観に、東洋からの新しい概念が挑戦状を叩きつけたと説明する。「当該曲により先進国にもたらされたインドのドローンが挑むのは、七世紀の歴史を持つ西洋音楽だけでなく、西洋文明そのものの大前提だ。激しく圧倒するようなループの回転から立ち上るレノンの声が発する最初の言葉は、『思考の動きを止めよ』だ。進行するあらゆる知的な企てを、神秘主義に基づき否定している」。人々の思考こそ問題にすべきで、実のところ、思考を抱えるマインドそれ自体の質―それは空っぽであればあるほどいい―が問われるべき、とのメッセージをこの曲が伝えていると、マクドナルドは指摘する。彼はまた、後に西洋において当たり前の発想となるこの提案が、一九六六年の時点では、過激なまでに反体制的であったと言っている。

"Tomorrow Never Knows"は、それまでエリート層が温めてきた思考の拡張というコンセプトを、ポップの世界に導入すると同時に、知覚を高めるドラッグと古い東洋の宗教哲学に人々の関心を向けた。それらは、反物質主義、受動性への没頭、この世的には疑わしい夢に対する知覚にフォーカスするものであり、西洋の見方からすれば全く異質なものであった。(77)

『リボルバー』では、ますますインドの古典音楽に親しむ新しいジョージにも触れることができる。顕著なのは"Love You To"で、初めて他のメンバーが脇役となり、アジアン・ミュージック・サークルの用意したヒンドゥスターニー古典音楽の楽団が伴奏するなか、ジョージが本格的にラーガへの第一歩を踏み出した。ビートルズと演奏した外部ミュージシャンには珍しく名誉なことに、インド人奏者の中で唯一、パトリシアの連れてきたタブラ奏者のアニル・バグワットがアルバムにクレジットされている。[78] 当初バグワットは誰と演奏するのか知らされておらず、サークル本部から颯爽とビートルズのいるアビイ・ロードにあるEMIスタジオにロールス・ロイスで連れて行かれると、大喜びした。[79] ジョージは彼にメロディの構成を手短に伝え、もはやジョージのアイドルとなっていたラヴィ・シャンカルのような、16ビートのラーガで叩くよう指示した。[80] その場にはタンプーラ奏者とシタール奏者もいて、この曲でジョージに多くの手助けをしたのは明白だが、名前が知られることはなく、アルバムにクレジットされることもなかった。不慣れで非常に難しいラーガを演奏したのは、インド人シタール奏者の力を借りたとしても、1人のビートルにとっては目覚ましい躍進であった。何と言っても、映画のセットに置いてある興味深い小道具として、ジョージが恐る恐るシタールを手にしたのは、ほんの一年前なのだから。

ジョージから見れば、この頃がビートルズのキャリアにおける頂点であった。ますますインド音楽と文化に魅了されるジョージと競うように、年上のビートルであるジョンが、東洋の神秘主義にはまるようになり、2人の関係はより特別なものに発展した。ポールでさえも、ジョージの存在感がバンド内で大きくなったのを認め、[81] 結果として今までのアルバムでジョージの曲は1曲だけだったのが、『リボルバー』には3曲収録され、記録を更新した。また、ポールを驚かせたのは、ジョンの曲“She Said She Said”でポールが演奏するのを、ジョンがきっぱりと断ったことだ。[82] ビバリーヒルズでの2度目のアシッド・トリップの最中にピーター・フォンダと出会ったことを歌にした曲なので、ジョンはポールの代わりにジョージを選んだというわけだ。それから間もなくしてポールは、LSDに対する懸念を振り払い、初のアシッド体験をする。(83)

ポールが初めてLSDを摂取したのは一九六六年、友人のタラ・ブラウン（ロンドン社交界の有名人で、ギネスの若い遺産相続人）と一緒の時だった。ブラウンはこの数ヶ月後に、交通事故で亡くなる。(84)

友人がトイレで吸い取り紙に吸わせたLSDを摂取しているのを見かけたポールは、口にしないかと誘われる。「酒か少しのマリファナか何か」を求めていたからためらったと、ポールは次のように回想する。

「やりたくなかったんだよ。他の多くの人同様、先延ばしにしていたんだけど、同調圧力がすごくて。バンド内に至っては、同調圧力というよりも恐怖圧力だった。友人からのプレッシャーと違って、3倍の力で『なあお前、メンバーみんなアシッドやったんだぞ。何ぐずぐずしてんだ？　理由は何だ？　どうかしてるぞ』ってプレッシャーかけてくるからね。だから、友人からの圧力だけでも、やらなくちゃと思わされていた。その晩は、ああ、いつかやるなら今しかないと思って『いいよ、やろう』と言い、みんなでやった(85)」

ポールもリンゴも、ジョージとジョンがバンドにもたらした新しい影響が、自分たちの音楽を大いに豊かにしたことを分かっていた。いつも淡々としたリンゴでさえも興奮を抑えきれず、「僕らは音楽的に急成長していると感じた。このアルバムと『ラバー・ソウル』には、素晴らしいものがいくつもある。

今までと全く違う」と、『リボルバー』のリリース後に語っている。[86]

ここで重要なのは、ジョージがシタールとインド文化にますます傾倒していくのを、バンドが受け入れただけでなく、大いに喜ばしく思っていたことだ。インドの音楽や文化についてほとんど何も知らない彼らではあったが、常識を覆し、刺激を与える存在として、インドを捉えていた。逆回転は、ビートルズの音楽にユニークな弾みを加えるものとして頻繁に使われることになるが、この技を発見した時に感動のあまり叫んだことを伝えるポールの発言が、この事実を証明する。「ある日テープ・オペレーターが、テープを逆にして再生した…何てこった！　まるでインド音楽じゃないか！」[87]。

実際、早くも一九六六年三月にジョンが、イギリス人ジャーナリストで親しい友人でもあったモーリーン・クリーヴとの気の置けない会話で、インド音楽に対する称賛を述べている。

> ジョンをあのインド音楽にはまらせた原因は、ジョージだ。「ちゃんと聴いてないだろ？」と、レコードに針を落としてから二〇分して彼は叫んだ。「これは信じられない――とてもかっこいい。インド人は君にとってクールじゃないの？　聴いてる？　この音楽は数千年前からあるんだ。英国人があそこに行って、あれこれ命令するなんて笑っちゃうよ。本当にすごい[88]」

インドをバンドに紹介したことでジョージが大いに認められたことは、それまで一人前扱いされてこなかったこの静かなビートルには、特別な意味を持ったのではないだろうか。五月の終わりには、さらに良い知らせが待っていた。パティと共にジョージをディナーに招待したパトリシアは、彼にこう聞く

「誰がディナーにやって来ると思う?」[89]。それは、彼のアイドル、ラヴィ・シャンカルであった。ジョージは、人生において最も大切な存在となる人物に会おうとしていた。

カルマの繋がり

ジョージが最初に会った頃のラヴィ・シャンカルは、キャリアの頂点にいた。このシタールのマエストロは、四〇代半ばにして既に当代随一のシタール奏者であり、インド文化芸術界の最も輝かしいスターの1人として認められていた。ヒンドゥスターニー古典音楽の熱烈な愛好家から崇拝されていただけでなく、ボリウッド映画や、インドで芽生え始めた前衛映画（なかでも注目すべきは、かのサタジット・レイ監督の作品）のスコアをいくつも担当し、一般的な人気もあった。

シャンカルはまた、一九五〇年代半ば頃には、インドの文化大使として無数のコンサートをヨーロッパやアメリカ合衆国で行い、シタールの名手として世界で絶賛されていた。公演に訪れる一部の西洋人の間だけに名声は留まらず、一九五六年には、ロサンゼルスのジャズ・レーベル、ワールド・パシフィック・レコードからアルバムが続々と録音・リリースされる。『スリー・ラーガズ』で始まったそのシリーズは、ジャズ界隈で好評を得ただけでなく、アメリカのフォーク・ミュージックに影響を与えることになる。

西洋での成功に励まされたシャンカルは、インドと西洋音楽のスタイルを独自の方法でつなげ、ヨーロッパやアメリカの才能豊かな音楽家たちとコラボレーションをする。共演者には、ヨーロッパ人〔この時点でユダヤ系アメリカ人。80年代にイギリス国籍取得〕ヴァイオリニストのユーディ・メニューイン、アメリカの作曲家フィリップ・グラス、アメリカのジャズ・サクソフォーン奏者ジョン・コルトレーンが含まれる。一九五〇年代末までには、メニューインの助けを借りて、インドと西洋の楽器法を組み合わせたオーケストラを結成。(1) 一九六〇年代初めには、レイのデビュー作であり、今や代表作でもある『大地のうた』のために手がけた映画音楽を、ジャズ・アルトサックス奏者バド・シャンク(2)と組んで即興演奏した。世界的な文化現象にまでなったインド人アーティストは、後にも先にも彼をおいて他にいない。

ラヴィ・シャンカルのインド文化と西洋文化の垣根を超える能力は、彼自身の驚くべき人生により培われた。幼少期の彼は、(3) 母親と一緒にバナーラス（ヴァーラーナシー）にあるミドルクラスのベンガル人家庭で育つ。一〇歳まで地元の小学校でサンスクリット語とベンガル語で学んだ後、手厚い保護のある生活を離れてパリのフランス語の学校に入学。程なくしてインド舞踊団の一員として、ヨーロッパやアメリカ中を旅することになる。一八歳になり突然、中央インドの人里離れた村で、エキセントリックな天才音楽家ババ・アラウディン・カーンの下でシタールを学ぶことを決め、帰郷。カーンの一番弟子としてインドや海外で観客の心をつかみながら、著名人になっていく。

ジョージとの関係や、この若いビートルに与えた影響に関わるため、シタールの名人であるシャンカルの驚くべき多様なバックグラウンドを詳しくみていこう。ラヴィ・シャンカルに強い影響を与えた特別な人物は、3人いる。シャンカルは父親不在であったが、遠く離れて住む父シャーム・シャンカル・チャウダリーの強い影響下で育つ。父親はすさまじく幅広い才能と能力を持ち、サンスクリット学者であり、ヴェーダ語の詠唱《チャント》に長けたヨーギーであり、政治家、弁護士、哲学者でもあった。一箇所に留まらない冒険家でもあったシャーム・シャンカルは、権力を持つ大臣からマハーラージャ、そしてロンドンの主要な法廷弁護士と枢密院のメンバーになり、オックスフォード大学で哲学の学位、ジュネーブ大学で政治学の学位を取得した。父親よりも直接影響をラヴィ・シャンカルに与えたのは、長兄ウダイ・シャンカルである。彼は、二〇世紀前半に西洋にインド舞踊を広めた先駆者であった。ラヴィ・シャンカルの3人目の良き指導者は、彼の音楽のグルであったババ・アラウディン・カーンだ。カーンはおそらく、現代のインドから出現した最も才能ある音楽家だ。

シャンカルが最初に父親に会ったのは八歳の時、父が母を捨てロンドンのイギリス人女性と一緒になって大分経ってからだ。それから何十年もして、彼はベンガル人ジャーナリストとのインタビューで、初対面の際に父に抱いた畏敬と感嘆の念を語っている。シャーム・シャンカルは飛行機での旅の途中、バナーラスにある街で一番の高級ホテルで、末の息子を待っていた。完璧に仕立てられたスリー・ピースのスーツを着た父親は、3人の白人女性と朝食を取っており、少年シャンカルは生まれて初めて白人を目にする。ミス・ジョーンズは父のイギリス人妻で、ミス・モーラルは妻の妹、オランダ人のマダム・ヘンリーは目下の妾だった。女性達の香水と父のコロンに香りに少年は圧倒された。ベーコン・エッグの乗った皿が運ばれたが、少年が初めてのイングリッシュ・ブレックファストを喜んで食べようとすると、ナイフとフォークの使い方を覚えるまで食べるなと言われ、それまで手を使って食べたことしかなかった彼は、難儀した。父の身につけた西洋スタイルとの出会いに怖じ気づきながらも、わくわくしたラヴィ・シャンカルは、田舎じみたミドルクラスの我が家に戻る。母親は、夫の不在と遠い国での不貞、お金の無い状態が長く続いていることにより（父親の約束したマハーラージャからの年金が入らなかったことが原因)、よく泣いていた。

奇跡が起こり、数年もしないうちにシャンカルは、西洋の文化の中心地に移り住む。その頃には海外で著名な舞踊家になっていたウダイ・シャンカルが、母親と弟たちを含む家族全員を、パリに移住させることにしたのだ。ウダイとパートナーの裕福なスイス人彫刻家アリス・ボーナーは、パリでインド舞踊団を結成していた。長兄のキャリアは、ラヴィ・シャンカルよりもさらに輝かしいものであった。父親の勧めでロンドンのロイヤル・カレッジ・オブ・アートに入学したウダイは、ウィリアム・ローゼンステイン卿の下で絵画を学ぶ。熱心なアマチュア舞踊家であった彼は、伝説のロシア人バレリーナ、アンナ・パブロワに見いだされ、すぐにパブロワのバレエ団に入団、彼女と一緒にインド神話に基づき振り付けされた演目を踊るようになる。彼が独立して自身のインド舞踊団を結成する頃、西洋では、東洋のエキゾチックな文化に対する興味が高まっていた。正式にバレエを習ったことは無かった彼だが、傑出した才能の舞踊家や音楽家を率いて、「ヒンドゥー・バレエ」と呼ぶ新しいダンスで世界中の観客を魅了することになる。

フランス語が流暢にしゃべれなかったために、パリのエコール・サン・ジョゼフで数年の間苦労を強いられていた少年ラヴィ・シャンカルは、弱冠一二歳で兄のバレエ団に採用され、人よりも早く大人になる。最初は雑用係に過ぎなかった少年は、音楽とダンスの習得に類い希な才能を見せ、歌って踊り、バレエで必要とされる様々な楽器を演奏するメンバーとして、すぐにツアーに参加するようになる。これによりシャンカルは、世界中の面白い人々に出会い、新しい経験をするようになった。数度に及ぶ全米ツアーでは、48もの都市を訪れ、ハリウッドでは女優の華やかな集まりに遭遇、艶やかな黒い巻き髪と漆黒に輝く目をした若くてハンサムなこのティーンエイジャーを、かわいいと思う女優もいた。実際、弟を養子に迎えるとの女優マリー・ドレスラーの申し出をウダイが断り、弟をがっかりさせる（スターたちとハリウッドに残ることを熱望したのは弟の方だった）。思春期に入ってすぐ、ラヴィ・シャンカルは磁石のように女性に引き寄せられ、女性の方も彼に引き寄せられた。一四歳で童貞を失った彼は、パリのストリップ劇場を頻繁に訪れた。

夜のパリを徘徊するだけでなく、西洋のヴォードヴィルや音楽、映画を楽しんでいた彼ではあったが、バレエ団の何でも屋でいることに飽き、最も好きなシタールをちゃんと習得しようと、一八歳の時にインドに戻る決意をする。時は一九三〇年代半ば、ヒトラーの登場により、迫り来るヨーロッパの紛争の暗雲が、パリにいる兄のバレエ団を脅かし始めていたことも、帰郷の理由の1つかもしれない。しかし最大の目的は、敬愛し崇拝するインドの最も革新的なサロード奏者で、ヒンドゥスターニー古典音楽の指導者であるアラウディン・カーンであった。ラヴィ・シャンカルがカーンに初めて会ったのは、ウダイがカーンを自分のバレエ団の楽団に参加させようとパリに連れて来た時だ。若いラヴィ・シャンカルは、マエストロ、カーンの天賦の才に打ちのめされる。カーンの方も、才能豊かだが悪ふざけの好きなこのティーンエイジャーを気に入り、落ち着きがなく、年長者にいたずらを仕掛ける彼に「蝶」[4]と名付けた。蝶の一番ひどいいたずらは、カーンをだましてストリップ劇場に連れて行き、膝に裸のゴーゴーダンサーを座らせ、年老いた音楽家を狼狽させるというものだった。サロード奏者は、バレエ団のツアーに数年間同行した後、故郷の村に帰って行った。それから数ヶ月して、彼は自分の玄関にたどり着いた蝶を見て驚く。蝶は、カーンが自分を偉大なシタール奏者に育ててくれるなら、この世の快楽を全て捨て去るつもりだと告げた。

このようにして中央インドの人里離れた村、マイハールでの厳しい訓練が始まった。ゴキブリや蜘蛛、時にさそりやヘビの出る狭くみすぼらしい部屋に、シャンカルは滞在しなければならなかった。朝から晩までシタール習得に邁進した彼は、ラーガを完璧に演奏するために、シタールに伴うヴォーカルや他の楽器のトレーニングにも没頭した。カーンには数人の弟子がいたが、シャンカルと、カーンの子供達—息子のアリ・アクバル、娘アンナプルナには、特別な指導が施された。若い弟子シャンカルにとって、師匠と師匠の家族は、自分の家族同然であった—とりわけ両親の死後は。シャンカルの父は、ロンドンの裏道で不可解な殺人の犠牲者となり、それから間もなくして、母が悲しみの中で世を去った。ババはベンガリ語で「父」を意味する。カーンと彼の妻は、この若い弟子の養父母になった。彼らの結びつきを一層強くしたのは、シャンカルとアンナプルナの結婚だ。彼は二一歳、彼女はまだ一四歳であった。若い夫婦はアリ・アクバルと共に指導を受け続け、後にアリは、数々の有名なサロードとシタールの共演を義弟と発表し、一緒に世界をツアーするようになる。しかしながら、ババにより祝福された婚姻関係の方は、結婚から一年も経ないうちの息子シュボの誕生をしても、上手くいかなかった。数十年後に離婚した際は、シャンカルが妻をひどく不当に扱ったことが疑われ、シタールの巨匠の評判に汚点を残すことになる。夫婦関係の破綻は物議を醸し、音楽界での噂—極めて優れた才能を持つアンナプルナが、シタール奏者として夫よりも目立つことを恐れたシャンカルが、妻に人前での演奏をしない誓いを強要したというもの—が火に油を注ぐ結果となった。この噂を基にした、一九七〇年代初期のヒット映画『アビマーン』もある。

ビートルズのリシケシュへの道程を系統だって描くことから寄り道して、ラヴィ・シャンカルの人生について長々と書いてきたが、これにより、一九六六年六月一日に初めて会って以来、シタールのマエストロがジョージの人生に果たした重要な役割を明確にすることができるのだ。この出会いが、カルマによるものとしか例えようのない2人の結びつきに発展し、それがまずジョージを、次にバンドの他のメンバーを、スピリチュアリティを求めるインドの旅へと向かわせたとしか思えないからだ。マハリシ・マヘーシュ・ヨーギーは、ビートルズのスピリチュアル案内人として見出しを賑わすことになるが、インドの文化と信仰への扉をビートルズに開いたのは、ラヴィ・シャンカルだ。

ジョージとシャンカルのように全くタイプの異なる2人がすぐに打ち解けた理由は、簡単には説明できない。まるで2人の関係は、あらかじめ定められていたかのようだった。家族のバックグラウンドは大きく異なり、ビートルの方はバスの運転手を父に、[5]店員を母に持ち、両親とも収入はわずかで、最小限の学歴しかなかった。シタールのマエストロの父は、政治家・弁護士・学者で、母は裕福な地主の娘であった。ジョージは、リヴァプールの労働者階級の住むエリアで育つ。博学なベンガル・バラモンの一族の御曹司であったシャンカルは、一〇歳になる前にパリに移り、一〇代をヨーロッパとアメリカの都市を巡って過ごした。彼は4カ国語を流暢に操り、貪欲な読書家で、演劇・オペラ・絵画・芸術映画を含む古典芸術の熱心な愛好家だった。一方ロックスターの方は、読んだ本は12冊にも満たず、高尚な芸術の探求など全く無縁であった。シタール奏者の方は、数世紀に及ぶ伝統を継承する高名な指導者の下で、細心の注意を払って確立された音楽スタイルで鍛練を積んだ。ギタリストの方は、演奏しながら独学で技術を身につけ、ルールや伝統にとらわれず、観客の心をつかむサウンドや歌詞を、バンドの他のメンバーと共に即興で作り上げて行った。ラヴィ・シャンカルは、大胆で、はっきりと物を言い、いつでも新しい出会いや経験を求めていた。対照的にジョージは、物静かで多くを語らず、物思いにふけり、その思いを言葉や歌にするのが苦手だった。1人は支配的なやり手で、いつでもスポットライトを浴びることを望み、もう1人の方は、傍観者として補助的な役割を果たすことを好んだ。2人の違いの隔たりは深く、共通する点はほとんどない。

それでも2人は、信じられないほど短期間で、親密な間柄になる。最初の出会いからほとんど時を経ずして、大音楽家はビートルにシタールの個人レッスン（インドの上級者が何年も待たなければいけないほどの特権だ）をすることに同意。それ以降彼らは頻繁に連絡を取り合い、アンガディ家でのディナーから三ヶ月も経たないうちに、お互いの忙しいスケジュールをやりくりし、一緒にインドを一ヶ月半かけて旅した。

それから何年もしてラヴィ・シャンカルは、あっという間に芽生えたジョージとの絆の不思議を、詳しく説明しようと試みる。

出会った瞬間からジョージは質問攻めで、本当にインドの音楽と宗教に興味があることが分かりました。彼は優しく、率直な若者のように見えました。彼がシタールを演奏したことがあると聞いたこと、"Norwegian Wood" を聴いたことがないと伝えると、とても恥ずかしそうにしました。ロンドンに住むインド人から、シタールの抱え方や演奏の基本をほんの数回、習っただけであることはすぐに判明しました。"Norwegian Wood" で世間が大騒ぎしていると聞きましたが、ようやく私がその曲を聴いたところ、シタールの奏でる音が何とも変テコだと思いました！[6]

当初シタールの巨匠は、ポップよりもずっと構造上綿密な技を要するヒンドゥスターニー古典音楽に、西洋のポップ・ミュージシャンが取り組めるのかどうか、疑わしく思っていた。彼は次のように記す。

それからジョージは、私からシタールを習いたいと言いました。シタールの演奏は、西洋の古典音楽をヴァイオリンやチェロで学ぶのと同じだと、彼に伝えました。楽器の構え方とストロークやコードをいくつか覚えてから、（十分な才能があれば）自立して成功できる、西洋のポップ・ミュージックにおけるギターのようにはいかないのです。

ラヴィ・シャンカルはジョージに、シタール習得のために時間とエネルギーを捧げることができるか聞く。ビートルはできる限りやってみると答え、その場ですぐに予定を決めた。シタールの巨匠は、一週間のうち2度、ジョージのイーシャーにある自宅を訪れ、シタールのちゃんとした持ち方や、両手の正しいフィンガリング、運指練習をいくつか、といった基本を教えた。

我々はジョージがもっと深く学べるよう、インドに行く手配をしました。私は、彼が美しい魂を持つ人間であることを強く信じていました。そして気づいたのは、彼がある資質を持っていることです。それは、私がそれ以来ずっと彼の一番いい点であると感じ、インドの文化で最も大切にされているものです！―彼はとても謙虚で、子供のような資質を持ち、それは今日まで失われたことはありません。の―謙遜です。あれほど有名であるにも関わらず―後にも先にも世界で最も有名なグループの一員な

ラヴィ・シャンカルがまず若いビートルに伝えたこと―シタールの演奏は西洋の古典音楽におけるヴァイオリンやチェロを学ぶのと同じで、ストロークやコードをいくつか習ってすぐに即興演奏できるギターとは大きく異なる―から、彼が西洋のポップ・ミュージックを見下していることが透けて見えて面白い。シャンカルがロックにシタールを導入することを快く思っていなかったことも明らかだ。彼は、西洋にシタール革命を起こすきっかけとなった、"Norwegian Wood" におけるジョージの試みにも感心しなかったようだ。公の場では、この画期的な曲を「おかしな音を奏でる」とはねつけるに留まったシャンカルであったが、ジョージと2人の時はもっと辛辣だったようだ。ビートル自身が、『ローリング・ストーン』誌の創刊者であり編集者であるデヴィッド・ダルトンに明かしている。

「それで、僕らはインド料理屋に行った―他に選択肢は無いだろ？―それからジョージが、ピーター・セラーズ風のインド訛りで、ラヴィ・シャンカルの言葉を再現した。『何てことでしょう。ここでお弾きになっているものは何ですか、ジョージ？』。シャンカルは、"Norwegian Wood" でのジョージのシタールについて質問したんだ。『失礼を承知で言わせていただければ、何かこう、ぞっとするような、ビヨーンとした、ラジオ・ボンベイで聞く粉石けんの宣伝のようなあれです』」―ダルトンは記事にジョージの発言を引用する。(7)

ラヴィ・シャンカルはビートルズの音楽も好きではなかったようで、ずっと後になって次のように

語っている。

ジョージと会ってから、私はビートルズの音楽に興味が湧きました。彼らの歌声には、あまり惹かれませんでした。彼らはほとんどの場合、高いファルセットで歌っていたからです。それ以来ずっと、その流行は続いているようですが。彼らの歌う言葉を理解するのにも、何とも大変な思いをしました！[8]

普段、このベテラン・ミュージシャンが教えていたのは、卓越した腕を持ち、経験を積んだシタール奏者ばかりだったので、数回この新しい弟子を教えてみて、ちゃんとしたシタール奏者に育て上げるには、教える方に多大な忍耐力と努力が求められることに気づく。ジョージはまた、ヒンドゥスターニー古典音楽の基本的なエチケットも知らなかった。一度などは、電話に出るため自分のシタールを何気なく足でまたぎ、恐れおののいた師匠に、即座に足をバシッと叩かれる─自分の楽器に敬意を示さなかったからだ。[9] 西洋と違い、インドの音楽家にとってこれは、基本的な信条である。

ジョージは自分のアイドルの指導に従いながら、取り憑かれたようにシタールの練習をしたが、取り組み始めたものがいかに膨大であるか気づいたに違いない。それは、ラヴィ・シャンカルと出会った最初の頃の記憶から明らかだ。ジョージは、シャンカルの魅力的な力強さと、彼との精神的な繋がりを、シタールのレッスンそのものよりも、はるかに満足を与えるものと捉えていた。[10]

『ラーガ・マラ』の前書きでジョージは、シャンカルを話しやすくフレンドリーな人物と紹介している。ただのセレブリティに留まらないシタール奏者の魅力を、ジョージは次のように語る。

ラヴィは私をヴェーダの世界へと導いてくれた。彼は私を、現実全体に繋げてくれた。つまり、僕はエルヴィスに会ったことがある―子供の頃は彼をかっこいいと思っていたし、エルヴィスに会った時は、会えた興奮ですごい人だと思った―でも、後で彼の所に行って、「エルヴィス、宇宙では何が起こっているの?」と聞いてもしょうがないだろ?

ビートルは、シャンカルの人柄と、専門技術に捧げる熱意に圧倒される。

練習を始めてすぐ、忍耐強さ、謙遜、思いやりを彼から感じた。五時間のコンサートをやれちゃうのに、人に一から基本を教えることもできるんだ。シタールの持ち方、正しい座り方、ピックのはめ方、演奏の始め方を教えてから、スケールを教えてくれた。彼は、教えるのを実際に楽しんでいた。出し惜しみもしないし、見せびらかすようなこともなかった。

ラヴィ・シャンカルは、ジョージの家を訪れ、正しい座り方や、左足にシタールの丸い部分を当てるといった、弾き方の基本を教えた。ビートルは、初歩的なスケールや旋律を習っただけでなく、シタールが娯楽のためだけにある訳ではないことを教わる。シタールのマエストロは、インドではラーガは古代ヴェーダより伝わるもので、スピリチュアルな意図があり、音のパターンにより意識を高めることができると弟子に教えた。ジョージはうっとりする。

その日僕は、家から出て行き、コルカタへの片道切符を手に入れたいと思った。あの瞬間、パティさえも置き去りにしたい気分だった[11]。

バーラト・ラーム兄弟は、インドで何十年もヒンドゥスターニー古典音楽のスポンサーを続けて来た、デリーの著名な実業家一族の出身だ。ラヴィ・シャンカルとジョージの関係に、彼らが加えた洞察が面白い。ビナイ、アルン、ヴィヴェークの兄弟3人とも、ラヴィ・シャンカルの指導を受けた音楽家で、シャンカルがバーラト・ラーム家の豪邸に滞在する際、ジョージを頻繁に連れて来たので、このロックスターをよく知っていた。彼らは、2人の間の強い絆に心打たれる。

「あの特別な関係は、サンスカーラ（ヒンドゥー教に基づく輪廻転生のコンセプトで、前世の生活と、続く生まれ変わりの生活を繋げるもの）でないと説明が付かない。あれほど早く信頼関係と親密性を築いたのは、ラヴィ・シャンカルとジョージ・ハリスンが前世で繋がっていたからだと確信している。家族の間だって、関係を築くのに時間がかかるだろ？　言っとくけど、2人は血の繋がりはなく、文化やコミュニティを共有せず、性格もかけ離れている。彼らの関係を単純で合理的に説明するのは不可能だ。特別な域に属する関係だとみんな気づいていた」と、末の弟ヴィヴェークは言う[12]。

彼はさらにこう言う「ラヴィ・シャンカルとジョージの関係は、ただのグルと弟子《チェーラ》の間柄ではなかった。なぜなら、僕らも彼の弟子であり、彼は僕らのことをもっと前から知っていたし、僕らの家系は、彼だけでなく彼のグルであり養父であるババ・アラウディン・カーン、彼の妻アンナプルナ、彼の義弟アリ・アクバルと古くからの付き合いがあるんだ。実のところ、シタールや音楽の世界が、ラヴィ・シャンカルとビートルの間のもっと深い精神的な繋がりへの口実に過ぎないとは思わない」。

シャンカル自身も、ジョージが前世でインドと繋がりがあったのではないかと語っている。「彼には既に、何らかのインドのバックグラウンドがあったように思えてなりません。そうでなければ、彼がある特定の生き方や哲学だけでなく宗教にまで、あれほど惹かれたことを説明するのは難しいでしょう。とても不思議に思えてならないのです。生まれ変わりを信じるなら別ですが」――『ローリング・ストーン』誌はシャンカルの発言をこう引用する。

ヴィヴェークの兄、アルン・バーラト・ラームは、ラヴィ・シャンカルがジョージに対して、教師というよりも息子を溺愛する父親のように接しているように感じた。シタールの巨匠の妻スカンヤもジョージをよく知る人物だが、彼女も次のように発言している。[13]「彼らの感情の上での結びつきは、共通の音楽の趣味や知的な意見交換といった次元を超えた、もっと強いものでした。頻繁に手を繋いだり抱き合ったりする2人を見るのは、感動的でした。彼らは、互いへの愛情を全身で表現していました。私から見て、ラヴィジと実の息子シュボの間のぎこちない関係とは、非常に対照的でした。2人はお互いに、温かい感情を向けることはありませんでした。私はよくシュボに聞いたものです。なぜジョージみたいに、父親と抱き合わないのかって！」

実のところジョージは、彼のグルの心の隙間を埋めたかもしれないのだ。シャンカルは、父親に畏敬の念を抱いていたにも関わらず、遠く離れて暮らす親子の関係は、親しくもなければ、満足いくものでもなかった。シャンカルはまた、別れる原因となった夫婦間の醜い諍いが、シュボを苦しめたことに対する罪悪感に駆られていた。シャンカル自身がそうであったように、彼の息子は父親不在の子供時代を過ごす。シタールの巨匠は、子供に関わらないことへの償いとして、シュボに金銭や高価な贈り物をあげたが、父と子の関係は、敵対とまではいかなくとも、冷たいままであった。それにひきかえ、息子と一歳しか違わないビートルが、子供のように自分を信じ、頼ってくれるのは、シャンカルをとてつもなく喜ばせたに違いない。

ジョージの方は、大家族に囲まれて比較的幸せな子供時代を過ごしたが（親の離婚や死を体験していない、唯一のビートルだ）、大人になるにつれて両親の役割は、副次的なものになる。学校を中退した反抗的なティーンエイジャーの頃、彼はほとんど両親に胸の内を明かすことはなかった。一九七〇年代に亡くなるまで、父と母を慕い続けたジョージではあったが、彼らにアドバイスや導きを請うことはなかった。例を挙げれば、カトリック信者である父親は、息子がヒンドゥー教を信じたことに驚き、事実を受け入れ理解を示すまでに、数年かかった。対してラヴィ・シャンカルは、全く違った父親としての役割を果たした――全てを知り、保護すると同時に、刺激を与える存在であった。

ジョージがヒンドゥー教とインドの文化を認めたことも、2人の関係に大きな影響を与える。「ラヴィジはよく、ジョージが外国人ではなく、インド人のようだと言っていました。私達は、彼がインド料理を食べ、床で足を組む姿勢を無理なくやっていたので驚いたのですよ。彼が外国人であることを忘れてしまいそうでした。ジョージはまた、熱心なヒンドゥー教徒でした」と、スカンヤは断言する。

ジョージがインドのヒンドゥー教徒へと大変貌を遂げたことは、アルン・バーラト・ラームの話からよく分かる。シャンカルの依頼で、彼がティルパティにあるヴェンカツワラ寺院にジョージと行った時のことだ。シャンカルは、アルンにジョージをその寺院に連れて行き、可能であればアナンダ・ニラヤム（歓喜の住居の意）と呼ばれる奥の院が見える所まで忍び込むよう、特別に頼んでいた。ヒンドゥー教の聖地である当地の決まりでは、ヒンドゥー教徒以外の観光客はその場所に入ることを禁じられていたのだが。彼らが寺院に着くと、案の定、ジョージが外国人であり、信徒ではないので中に入れないと、寺院の職員により奥の院に近づくことを止められる。「でも、僕はヒンドゥー教徒でインド人なのです」と、ジョージはきっぱりと言う。自分に名前を聞くよう職員に促してから、顔色1つ変えずに彼は、「クリシュナ」と答えた。確信に満ちた彼の言い方に、それ以上騒ぐことなく、職員は中に入ることを許した。当然のことながら、誰もジョージに気づかなかったし、彼が世界的なセレブリティであるなぞ思いもしなかった。

ラヴィ・シャンカルに対しカルマに基づく絆のようなものを感じ、彼と出会って以降、異常なまでの熱意でシタールの習得に取り組み始めたジョージではあったが、ミュージシャンとしての彼は、気が遠くなるくらいの大変な修行にひるんでいたに違いない。「インド人音楽家の修行期間は、最低でも一日八時間の練習を五年間続けてから、さらに一五年経たないと、演奏家としてのスタートラインにも立てないのだ。ハリスンはすぐに、インド楽器の達人が音楽と完全に一体化し、演奏家としての役割を神聖な任務として捉えていることに気づく。まあまあ満足いくレベルの表現力にぎりぎり達するまでにも、厳しい訓練が必要で、西洋のポップ・ミュージックの気楽な姿勢とは大きく異なるのだ。ジョージ・ハリスンの目は、こじ開けられた」と、サイモン・レングは、『ホワイル・マイ・ギター・ジェントリー・ウィープス』に記す。

ラヴィ・シャンカルは最初から分かっていたに違いない―新しい弟子が、ヒンドゥスターニーの古典スタイルに適ったシタールの習得において、（卓越したレベルは言うまでもなく）高度な技術力に達する見込みの無いことを。初めから無駄な試みを追求するジョージに止めるよう説得することなく、[14]二年後にジョージ自身が止めようと決意するまで、シャンカルが待ったことは興味深い。意地悪な人であれば、有名人の弟子を失わないよう、わざとシャンカルがジョージに合わせたと思うかもしれない。しかし、彼が心底ジョージを慕っていたことを考えれば、そのような卑しい計算高さがあったとは考えにくい。シャンカルが、シタールの演奏をしたいという弟子の熱意をそぎたくなかったのは、シタールがジョージのスピリチュアルな探求における、シンボルかつ小道具となったと感じていた可能性が高い。シタールの経験が浅く、技術面で劣っていたにも関わらず、ジョージがインドの音楽的エートスの根本を直感で把握していることも、シャンカルは高く評価していた。熟練した音楽家であるシャンカルにとり、これら根本的なものは、ヒンドゥー信仰に深く根ざすもので、サンスクリット語の言葉「ナーダ・ブラフマー」（「音は神なり」の意味）で明文化されているものだ。

ジョージ自身も、不思議なことにインド音楽と精神的な繋がりがあることに気づいていた。

初めてインド音楽を聴いた時、まるでもうそれを知っているように感じた。僕が子供の頃、家には長波と短波を受信できる鉱石ラジオがあった。だから、ラジオでインドの古典音楽を既に聴いていた可能性もある。インド音楽はとても聴き覚えがあるように思えると同時に、頭で考えても、どこがどうなっているのか、全然分からないんだ。[15]

ジョージを妊娠中、母のルイーズは毎週放送されるラジオ・インディアをよく聴いていた。ジョージの伝記作家ジョシュア・グリーンは、次のように記している。

毎週日曜日になると、彼女はシタールやタブラの奏でる神秘的なサウンドにチューニングを合わせた。エキゾチックな音楽が、お腹の赤ん坊に安らぎと落ち着きをもたらすことを望んで。[16]

音楽を神聖なものに結び付けるインドの伝統に深く染まっていたシャンカルは、ジョージのスピリチュアルな飢え乾きに応えようとしたはずで、神のもとへと導く杖として、弟子がシタールを選んだことを、自然なことと受け止めていたに違いない。グレイアム・トムソンは、次のように書いている。

悟りの可能性を広げる無数の情報源から成る迷路を進む上で、シャンカルはハリスンの案内人となる。「私たちの文化と音楽は、伝統と宗教に深く結びついているのです」――二〇一一年、シャンカルはこう私に語り、寛大にも徐々にビートルズとの繫がりを紐解いてくれた。その繫がりは、まるで恋愛のようだった。

インドの文化と信仰を詳しく説明するシャンカルの話にこそ、ジョージは胸の高鳴りを抑えられなかった。クラシックのピアニストで作曲家のジョン・バーラムは、シャンカルの弟子であると同時に、インドのラーガを西洋音楽の記譜法でピアノ演奏可能にするなど、シャンカルとコラボレーションした人物だ。シャンカルにジョージを紹介されたバーラムは、知り合ったばかりのジョージが神の話をしながら興奮する様を覚えている。

ジョージと僕はいつも、ラヴィの教えについて話し合った。彼は、周り全てに神が存在することを信じていた―糞のなかにも。このことをいつ、どこで彼が僕に言ったか、一生忘れない。ジョージは腕力に訴えない、とても穏やかな人だったが、ぼやぼやしていると、言葉で揺さぶり、ショックを与えることもあった。[17]

シャンカルは、シタールのレッスン以外にも、彼が最も好んで共演したタブラの巨匠、アラ・ラカを伴って自宅でプライベート・コンサートを開き、ジョージを喜ばせる。ビートルの方は、ジョンやリンゴを含むロック界の友人や仕事仲間を、このようなコンサートに招待した。程なくして、シタールの巨匠は、ビートルズの他のメンバーだけでなく、当時活躍していた多くのロック・ミュージシャンと知り合うことになる。

ここで重要なのは、以前ラヴィ・シャンカルが、西洋のクラシックやジャズの音楽家と喜んでコラボレーションをするようになったのに対し、ジョージに紹介されたロック・ミュージックの世界には、同様の興味を全く示さなかったことだ。あらゆる音楽を鋭く理解する能力に長けた彼は、自分の属するヒンドゥスターニー古典音楽の流れにおいて鍵を握る3つの成分―システム・秩序・伝統―が、西洋のクラシックやジャズと違い、ロックには無いことを警戒した。常にインプロヴィゼーションし続ける、当時のロック・ミュージシャンの住むバベルの塔において、ロックの言語（そのようなものがあればの話だが）を学ぶのは不可能だと、彼は感じたのだ。[18] 多くのロックスターが持つ、生まれつきの才能や自然なエネルギーをシャンカルは認め、とりわけビートルズを評価していた。その一方で、ビートルズの創作物のほとんどが（全てではないにしろ）、ステージ上から巨大な群衆（麻薬で酩酊状態の観客もいる）に向けて集団催眠のようなものをかけるか、あるいは聴き手の1人1人（やはりドラッグでハイになっている）にこっそり魔法をかける目的で作られたようなもので、そのために、スタジオ内の技術革新により面白く新しいサウンドが発明され、ビートルズのやり始めた音楽の逆回転のような所まで行き着いてしまったことに、シャンカルは居心地の悪さを覚えていた。

音楽を演奏する、もしくは鑑賞するために、中毒性の薬物や化学物質を使用することに対し、シャンカルはあからさまな不快感を示したが、このことは、彼がロックバンド（当時ロックバンドの音楽は、マリファナやLSDと同義になっていた）と密接な関わりを持とうとしなかった、最大の要因であるかもしれない。ジョージと個人的な繋がりを持ち、シタールを西洋に広めたいと願っていたシャンカルは、六〇年代末にモントレーとウッドストックのロック・コンサートで演奏するまでに至ったが、シタールの巨匠は、ドラッグに対する嫌悪感をはっきりと打ち出していた。

「私が伝えようとしているメッセージは、我々の音楽は我々にとって神聖なものであり、アルコール依存症や、依存症者、不品行をする者に向けた音楽ではないということです。なぜなら、この音楽は聴き手のために、我々の宗教的背景から受け継がれてきたものであり…酒やドラッグの類いを摂取せずにこの音楽を聴けば、人は陶酔したように感じることができるからです。我々の音楽の美点はそこにあります」と、彼はジョージとビートルズに出会って数ヶ月経った頃のインタビュー[19]で宣言している。

ジョージがドラッグを止めるのはまだ先のことだったが、シャンカルは同インタビューで、彼を褒めちぎっている「ビートルズの一員であるジョージ・ハリスンが、私の弟子になって以来、多くの人々、特に若い人が、シタールを聴くようになりました。ジョージは心の美しい人です。我々の音楽に対する彼の態度は、とても誠実です。彼はとても謙虚で、どんどん上手くなっています。インドと、その哲学や精神的な価値観に対する彼の愛には、驚かされます」。ジョージがドラッグを止めるのは、シャンカルと初めて会ってから一年以上経過してからなので、師匠から自分が麻薬依存症であることを上手く隠していたのか、もしくは師匠の方が、シタールのレッスンにジョージが酩酊状態で現れない限り、見て見ぬふりを決め込んだのかも知れない。

シタール革命については、自分の"Norwegian Wood"の演奏が発端となったにも関わらず、ジョージは師匠を見習うように嫌悪感を示した。一九六六年六月、ラヴィ・シャンカルがロンドンのロイヤル・フェスティバル・ホールをぎっしり満席にしたコンサートを観た後で、大勢の観衆がパフォーマンスに温かい拍手を送ったにも関わらず、ジョージは観客に対する不満を口にする。

「シタールが流行のギミックになって、"いけてる"ようになるだけのために、みんなが乗り遅れまいと飛びついていて、うんざりする。たぶん大勢の人が、シタールが人気になり、商業的になったのは僕のせいだと、どっちにしろ言うんだろうけど。もう全て心底うんざりしているんだ。僕はただ、本当にあの音楽をちゃんと学び、真面目にやりたくて始めた。ラヴィのショウは、モッズやロッカーズで満杯で、奴らは多分、ラヴィ・シャンカルのショウにいる自分を見てほしいだけなんだ[20]」

ジョージの辛辣な発言は、おそらくシタールやインド音楽の形式を手軽に取り入れる、自分自身のバンドのメンバーや、ロック・シーンにいる他の人々に向けてのものであろう。これらの言葉は、ジョージがバンドのメンバーに都合よく使われ、シタールに対する自分の愛を彼らが矮小化し、バンドの音楽のエキゾチックな小道具として利用することへの、フラストレーションを反映している。彼は、インド音楽とヒンドゥー信仰に対する自身の激しいまでの献身や、シャンカルに対して抱く畏敬の念を、メンバーの誰とも共有できずにいることを知っていた[21]。

実際、ビートルズの他のメンバーは、ますます仲間がインドに関するあらゆることにはまっていくのは、彼の性格のなせるちょっとした奇行に過ぎないと思っていた[22]。よりクリエイティブで革新的な曲を作ろうと努めるバンドに、良いインパクトをもたらしていることは認め、評価もしていたが、彼らがインド音楽で実験していたのは、例えば音楽を逆再生して曲に新たなサウンドを重ねるのと、たいして変わらなかった。LSDに幻想を抱き、深い不安を抱えていたジョンさえも、礼儀と忍耐力欠如のため、ジョージのように良き指導者や信仰を持つには至らなかった。

ラヴィ・シャンカルと残りのビートルズの関係は、友好的とはいえ、近しいとは言い難かった。巨匠の天性の才能に感心するジョンではあったが、子分としてかわいがっていたジョージをシャンカルが影響下に置いたことで、用心深くなっただけでなく[23]、やや憤慨していた可能性もある[24]。その思いを公にすることはなかったが、シャンカルが崇拝されることにジョンが苛立っていたことは、ジョージにシャンカルを紹介されてから二年と少し経ってからのインタビュー[25]から分かる。真に幸せそうに見える人を探すのは難しいと話しながら、インタビュアーが、ラヴィ・シャンカルは実際に幸せそうに見える1人だと言うと、とっさにジョンは言い返した。「まあまあ幸せだろうが、どう考えても、全てうまくやっているわけではないさ。彼だって、ただの人間だろ?」。ベンガル人ジャーナリストのシャンカラル・バタチャリアは、数年にわたり何度もシャンカルにインタビューをし、シリーズ化されたシャンカルの自伝を書いた人物だ。そのバタチャリアに、ビートルズの中では、気持ちの上でジョージが一番のお気に入りだが、最も才能があるのはジョンだと感じていると、シャンカルは打ち明けている。

ジョージがインドに執着し、ラヴィ・シャンカルをヒーローと崇めることに対し、反発しなかったポールではあるが、最初の頃は、古くからの仲間であるジョージがバンドよりもシタールに時間と労力を割くことに、苛立ちを隠せなかった。[26]『サージェント・ペパーズ』のレコーディングと、ジョージが師匠と密接な関わりを持ち、シタールの習得を目指していた時期が重なったことで、2人の間に確執が生まれる。当時ポールがシャンカルのことをどう思っていたか、記録は残されていないが、仲間のビートルの気を逸らせる存在と捉えていたとしても、不思議はない。

リンゴはといえば、偉大なるシタール奏者を公に称賛していたが、それ以上に彼の心を捉えたのは、シャンカルの共演者であるタブラの巨匠、アラ・ラカだ。彼の素早い指の動きが、ピンと張ったインドの太鼓を叩く様に、ビートルズのドラマーは深い感銘を受ける。

＊＊＊

一九六六年七月の第一週、ジョージがラヴィ・シャンカルに出会って一ヶ月もしないうちに、ビートルズはインドの首都デリーにいた。他のメンバーと共に飛行機で当地を訪れたジョージにとっては、二四時間だけの滞在だった。レッスンを始めて数週間して、ジョージは師匠に、まともなシタールが必要で、それはインドでしか入手できないことを告げられていた。六月末から七月初旬にかけて、ビートルズ初のアジア・ツアーが決まっていたので、イギリスに戻る途中でジョージがデリーに寄り、良質なシタールを買い、初めてのインドを数日の間に体感し、それから帰国して、数週間後の全米ツアーに備える計画が立てられた。トラウマとなるドタバタのアジア・ツアーの後で、みんなでデリーに寄った方がいいか、ボーイズは議論をする。そこに運命が介入し、まるで最初から決められていたかのように、ビートルズは全員、インドの地を初めて踏むこととなった。

もうデリーで降りることは決めていたから、僕はデリーに着陸してこう思った「何の問題もない。少なくともインドでは、ビートルズを知る人はいないから。歴史ある素敵な国にお忍びで来て、少しの間、静かで落ち着いた時間を楽しむだけだ」。

他の奴らは、「また後でな。僕らはまっすぐ家に帰るから」とか言っていた。するとスチュワーデスが通路をやって来て、「すみませんが、皆さん降りていただかないと困ります。これからロンドンまでの席は、もう他の人に売ってしまいました」と言って、全員を飛行機から降ろさせたんだ。[27]

ジョージにとっては残念なことに、誰もビートルズを知らない国に静かに忍び込む望みは、飛行機を降りた瞬間、打ち砕かれる。インドに寄る前の公演地、マニラからビートルズが不愉快な思いをして脱出したことは世界中で報道されており、インドの首都に彼らが立ち寄ることを、地元のファンは漏れ聞いていた。ジョージはその時のことを振り返る。

それで僕らは、飛行機を降りた。夜だったね。立って荷物を待っていると、えらくがっかりすることに、どれ程ビートルズが有名かということを思い知らされることになった—金網の向こうの夜空に、無数の浅黒い顔が見えて、「ビートルズ！ ビートルズ！」と叫びながらついてくるんだ。

車に乗って走り去ると、みんなちっちゃいスクーターに乗って、シーク教徒はターバンを巻いて、「やあ、ビートルズ、ビートルズ！」と叫んでいる。僕は思ったね、「狐には穴があり、鳥には巣がある。でもビートルズには、頭を横たえる場所もない」と。(28)

当時デリーで唯一の高級ホテルだったオベロイ・ホテルの門の中にボーイズが逃げ込むと、ターバンを巻いてがっしりとした体格のシーク教徒の門番が、興奮するファンを追い払った。次の日の朝、辛抱強くファンが正門の外で待つ間、ジョージにシタールを買い、少し観光もしようと、ビートルズはスイートルーム448号室から裏口を通って抜けだす。ビートルズがデリーまで乗ったのはブリティッシュ・エアウェイズだったので、ホストとしてそこの従業員がビートルズを首都のツアーに案内した。(29)

シタール購入のための遠足は大成功で、ジョージだけでなく、他のメンバーも喜んだ。デリーのおしゃれなショッピング街、コンノートプレイスにあるパンディット・リキー・ラームの店は、インド楽器を売る、エリアで最も古い店の1つで、最も評判が良い。店主の息子パンディット・ビシャン・ダスが、ビートルズに接客した。(30) 店を勧めたラヴィ・シャンカルは、父と子の両方をよく知っており、彼らに自分の楽器をいくつか製作してもらっていた。ジョージがシタールを取り寄せただけでなく、他のメンバーも、インド楽器を取り寄せた。写真では、(31) ホテルでメンバーが楽しそうにしていて、ジョン、ポール、リンゴが床に座って、シタールを試すジョージを囲んでいる。少しぎこちなくシタールを試すジョージではあったが、楽器を売るだけでなく、腕のいいミュージシャンでもあったダスが、手を貸す。楽器を褒めるジョージから送られた黄ばんだ手紙(32)が、今でも店に保管されている。

それから何年も経ち、コンノートプレイスで他の買い物をした時のことを思い出しながら、リンゴは次のように語っている。

それからショッピングにも行った。店を見て回ったのは、デリーでの最大の思い出だ。巨大な象牙の彫刻物を勧められてね。高すぎると断ったけど—巨大なチェスの駒で、今あったらアンティークとして、一財産になっただろう。でも、買わなくて良かった。僕ら当時から、象牙だけは買わないようにしていたんだ。(33)

ビートルズがいかにしてファンの目を逃れ、タージ・マハルを見にアーグラまでちょっと足を伸ばしたかを報じた通信社の記事が、[34]インドの主要な日刊紙『ザ・タイムズ・オブ・インディア』に派手に掲載された。しかし実際のビートルズは、地元のブリティッシュ・エアウェイズのチームをガイドに、デリー郊外のいくつかの村を訪れただけで、遠足は大成功とは言えないものだった。リンゴによれば、「日陰でも三〇〇度あるのに全員ネクタイを締めた」チームは、ポンプから水をくみ上げるために円になって回り続けるラクダを見せに、ビートルズを近隣の村に連れて行った。

1人の男が、歩き続けるかわいそうな動物に飛び乗ったら面白いだろうと思いついてね。たぶんラクダは、生きている限りそれだけ―ハーネスを引きずって、水をくみ上げ続ける―をやり続けている。馬鹿げたことをやると、みんなでその男に腹を立てた。[35]

インドの文化と信仰を敬愛していたジョージが、かの地の貧困と巨大な経済格差に初めて触れた瞬間でもあった。

巨大な一九五〇年代末の古びたキャデラックにみんなで乗り込んで、小さな村に着くと、車から降りた。僕らみんな、ニコンのカメラを持っていた。その時だ、貧困のことを初めて理解したのは。体中を蠅で覆われた小さな子供たちが、「チップ！　チップ！」と言いながら僕らめがけてやって来た。僕らのカメラには、村人全員が生涯稼ぐであろう金額よりも金銭的価値があった。とても奇妙なものを見たんだ―キャデラックと貧しさと。[36]

七月のインド体験はあっという間に終わり、その二ヶ月後に、より長い六週間のインド旅行がジョージを待ち受けていた。インドの古典音楽を真剣に習得したいのであれば、その音楽を生んだ文化と信仰を理解しなければ習得は不可能だ。インドにしばらく滞在して一緒に過ごそうと、ラヴィ・シャンカルがジョージを招いたのだ。(37)大忙しのアジア・ツアーとアメリカ・ツアーの後で、ツアーとレコーディングの繰り返しから離れて、長めの休暇が与えられたジョージは、インド探訪の旅に出る。結婚したばかりの妻パティも、夫のスピリチュアルな冒険の旅に、喜んで着いて行った。パティの先祖はインドとの繋がりがあり、何人かはインド陸軍に従軍し、うち1人はイギリスの植民地時代にシーク連隊に属していた。(39)

(38)

シャンカルはジョージに、インドのファンにばれないように「ロひげでも付けて」変装するようアドバイスし、(40)彼は見事に見た目を変えてみせた。ボンベイ空港に到着した彼は、短髪にロひげで、美しい妻と腕を組み、どこから見てもインドに観光に訪れた若いイギリス人カップルに見えた。ミスター&ミセス・サム・ウェルズ(41)として、空港からホテルに何の騒ぎも起こさずたどり着き、ほんの二ヶ月前にジョージが他のメンバーとデリーに到着した時とは大違いであった。

当初の計画(42)では、ジョージはムンバイでほとんどの時間を過ごすことになっていた。シャンカルは、タージ・マハル・ホテルのスイートルームにいるジョージにシタールのレッスンをするだけでなく、上級者の弟子シャンブ・ダスを代理で派遣し、二四時間体制でビートルのお世話をするようにした。ジョージは後に、こう振り返っている。

床にずっと座っているから腰が痛くなってしまって、ラヴィがヨーガの先生を連れてきてくれて、ヨーガのエクササイズを教えてくれた。素晴らしい時間だった。外に出かけて寺院を見たり、ショッピングにも行った[43]。

パティにとっても忘れられない体験だった。「騒音と暑さと、人間の多さに圧倒されました」。空港と街の中心を結ぶ道は、どこかへ行こうとする車、バイク、カート、牛、犬、三輪タクシー、人間でぐちゃぐちゃになっていて、車のクラクションと自転車のベルが、無慈悲なほどに鳴り響いていたと、彼女は言う。この若いイギリス人女性は、インド門の向かいにある、壮麗なヴィクトリア調のタージ・マハル・ホテルに感動し、喧噪を離れて安全な状態で、ホテルの高層階にある自分の部屋から、用事に向かって行き交う男や女たちを眺めた[44]。

残念なことに変装に自信を付けたジョージは、どんどん大胆に出かけるようになる。数日もしないうちに素性がばれ、ただの英国人観光客サム・ウェルズとしての身分は、突然終わってしまう[45]。アイドルを見せろと、タージ・マハル・ホテルに大勢のファンが押しかけ、地元紙の記者が1人、スイートルームで、「ポップランドのヒーロー」であるジョージと話すことに成功する。彼の書いたコラム[46]には、「長髪の（ジョージはこの時点で髪を短く刈っていたはずだ）ティーン・アイドルは、タージの籐の椅子に足を組んで座り、不機嫌そうにしている」と記されている。熱狂的なジョージの信奉者の集団が、外で夢中になってヒステリックに叫ぶと、彼はイライラした。「彼らは何を望んでいるんだ？」

ジョージは感情を爆発させた。「僕は神じゃないんだぞ！」

『ただのポーズじゃないんだ』ジョージは隠すことなく、激しい口調で言う『冗談でここに来たわけじゃない。ビートルズから離れて、ラヴィ・シャンカルにシタールを習うために、特別に時間を割いた。サインをして回ったらレッスンなんて不可能だ…もう１０００万回サインしたけど！』

ファンの多くは、ジョージに一目会いたい女性たちで、彼に会うのを拒絶されると、スイートルームに電話をかけまくった。ジョージは回想する「ミセス・シャンカルを名乗ってジョージを電話口に出すよう要求する者までいました。私が電話を取ると、すぐにあきらめたようです」[47]。

ビートルズの女性ファンによる包囲攻撃を、ある地元紙のコラムが生き生きと伝える[48]。「ジョージの人生を惨めなものにするのは、主に女の子たちだ。あらゆる年齢の女の子。スカートまたはサルワールを履いた者や、サリー、はたまたカミーズを着た者。クスクス笑う幼い女の子たち、分厚い眼鏡をかけて何冊も本を抱えた真面目そうな女の子たち。彼女らは、ホテルの用心深い警備員を欺き、獰猛な激しさでジョージの部屋のドアを叩く。ドアの中ではジョージが、閉じ込められた動物のように感じていた。『どんなことをしてでも僕に会おうとする』と、殉教者のように苦しそうに彼は言った」[49]。

「僕は年中ビートルではないんだ。君が年中ジャーナリストではないのと同様に。有名になると、人に先入観で見られるようになる」と、自身のプライバシーが守られるよう、報道陣に懇願するジョージの言葉が引用されている。

遂にシャンカルのアドバイスにより、お忍びでムンバイに到着してから5日間後、ビートルは自分のスイートルームで急ごしらえの記者会見を開く。淡黄褐色の生糸でおられたクルタ［シャツ］と、白いパジャマ〔ズボン〕を着て、両足を組んで椅子に座るジョージの両隣には、パティとラヴィ・シャンカルがいる、と『ザ・タイムズ・オブ・インディア』は報じる。[50]

ビートルズの中で誰が好きか、学校の成績はどうだったかといった幅広い質問に辛抱強く答えたジョージではあったが、ムンバイの人々が自国の文化よりも彼に興味があることに関しては、怒りを隠せない様子だった。ある新聞は、次のように報じる「シタールを学びにはるばるイギリスからやって来たビートルのジョージ・ハリスンは、素晴らしい文化や伝統的な芸術が継承されているにも関わらず、多くのインド人がそれに気づいていないことに落胆している。[51]

『西洋の偉大な哲学者は皆、東洋に目を向けてきた』と彼は言う。『昔のインド人や中国人は、同時代の西洋人よりもはるかに進んでいた』

ジョージは、自分なりのシンプルな人生哲学を持っており、それは、一生はゲームのようで、人はそのゲームを精一杯プレイしなければならない、というものだ。人生哲学実践のために、彼は今、インドの哲学と文化にまつわる本を読んでいる。

彼の口調は、クルタとパジャマを着て両足を組んで座る姿にはやや似つかわしくないものであったが、主張を重ねるにつれてより辛辣になっていく。『僕はここにビートルとしてやって来たわけじゃない。宣伝半分でインドに来たと思う人がいたら、頭が悪いんじゃないだろうか。そのような人々のことを哀れに思う[52]』」

タージ・マハル・ホテルの中でファンが大騒動を起こし、記者会見は張り詰めた雰囲気の中で行われたにも関わらず、インドの報道はかなり好意的にジョージを扱った。地元の記者たちは、世界一の栄誉に輝くロックバンドの一員なのに、ジョージが名声から逃れようとすることに困惑したが、彼の誠実さには感心しているように見えた。ある記事で「スリムで、流れるような金髪と大きな青い目をして、青いプリントの短いワンピースを着た」と報じられたパティも、大人気だった(53)。記者会見にラヴィ・シャンカルがいることで、場に落ち着きを与え、ほとんどの新聞が、海外から来た弟子を褒め称える彼の言葉――「ジョージは素晴らしい生徒です。彼はとても誠実にシタールを習っています」を大きく報じた(54)。

インド旅行でジョージがメディアと接触した機会はもう一度だけあり、記者会見の翌日に行われた、BBCラジオのインド特派員、ドナルド・ミルナーとの短いインタビューだった。スピリチュアルな探求のためにインドを訪れたのかと聞かれ、「キリスト教から学んだどんなことよりも、インドの宗教の方が信じられる。こちらの何が違うかというと、インドの宗教は生活の毎分、毎秒に存在するものであり、信仰者自身と、彼らがどうふるまい、どう行動するか、どう考えるかに関わるものだ」と、ビートルは断言している(55)。

ファンの狂乱が落ち着いたため、ムンバイで行われたシャンカルのシタール公演を、ジョージはもみくちゃにされることなく観に行くことができたが、一箇所に何日もいて行動を知られ、報道されるよりも、ムンバイを離れてインド旅行をした方がいいだろうということになった。このようにして若いビートル夫妻は、ラヴィ・シャンカルの案内でインド文明の様々な名所を訪れる、驚異の文化体験の旅に出発した。この旅には、長年シャンカルと愛人関係にあったカマラも同伴。シタールの巨匠は、アンナプルナと結婚してすぐに、まだ10代だったカマラに夢中になり、2人の関係は、シャンカルが妻と仲違いする原因となる。インド中をジョージと旅した頃、シャンカルとカマラは実質、一緒に暮らしていた。

2組のカップルは、マハーラーシュトラにあるエローラ石窟群を訪れ、パティは壁に掘られた裸婦像に驚く。「寺院の壁の裸の女たちを見て驚き、それらが女神であることを知りました。神と女神が性行為をしている場面、悪魔と戦っている場面…本当にすごいと思いました！」と、彼女は振り返る。(56)

シャンカルは自身の故郷であり、インド文化とヒンドゥー信仰の中心地であるバナーラスにみんなを連れて行った。ジョージとパティにとっては格別な体験となり、インド文明の多様な面と、それがいかに生と死を祝福し、生と死の間を途切れること無く行ったり来たりしているかに開眼することとなった。

ロンドンからやって来た二二歳のパティは、イギリスのミドルクラスのカルチャーしか知らなかったため、神聖なるガンガの岸辺の火葬場のすぐ上で、市場が賑わいを見せるバナーラスの光景に驚く。彼女は、死者がガート〔川岸の沐浴場〕でおおっぴらに火葬されていることに仰天した。ガンガの川岸の最も聖なる場所で火葬されるため、国中から人々が死ぬためにバナーラスにやって来ると、シャンカルは2人に教えた。焼かれた遺体の灰が、泥色をした川を流れていく様にパティの目が釘付けになる。「本当にびっくりしたのは、死者が火葬されるガートのすぐ上にはたくさんの店があり、生命を象徴するかのように、色鮮やかなスパイスや色々な商品、衣類が売られていたことです(57)」。

パティはまた、バナーラスで群れをなしているサドゥー（その多くは、全裸で灰に覆われていた）に驚く。「サドゥーの1人が、竹の筒に口を近づけてキスをしてから、頭をそらしていました。何をしていたのかラヴィに聞くと、竹の筒の中には毒蛇が入っていて、毒蛇に噛まれることでハイになっているのだと彼は教えてくれました。びっくり仰天でした！(58)」

ビートル夫妻がバナーラスを訪れたのは、ラム・リラの期間だった。ラム・リラは、北インド最大のヒンドゥー教の祝祭、ディーワーリーの終わりに、何日にもわたって開催される、踊り・ショウ・野外劇から成る凝りに凝ったスペクタクルだ。ラム・リラを祝いにバナーラスに集まった何千人のサドゥーに興味津々だったジョージは、後にラム・リラの感想と共に、次のように述べている。

イギリス、ヨーロッパ、というか西洋では、こういった聖者は路上生活者と呼ばれ、逮捕されてしまう。だけど、インドのような所では、自由に歩き回っているんだ。彼らは仕事をせず、社会保障番号も持たず、名前さえも持たず、ただまとめて苦行者と呼ばれている。中には見た目が、キリストのような者もいる。(59)

壮観な眺めに圧倒されながらも、ビートルはユーモアのセンスを忘れず、次のように述べる。

サドゥーは本当にスピリチュアルで――だけど、アレン・ギンズバーグみたいに見える、いかれたやつらも大勢いるんだ。ギンズバーグのあのスタイルは、インドで覚えたものだ――もじゃもじゃ頭も、チラムと呼ばれる小さい喫煙パイプをくわえ、ハッシシを吸うことも。大英帝国は長年、インド人にハッシシを吸うのを止めさせようとしたけど、彼らはずっと吸ってきたわけだから、止めるなんてできなかった。あらゆる種類のグループを見た。チャントしている人が多く、信じられないことが、ごちゃ混ぜに起こっていた。象に乗ったマハーラージャが、群衆をかき分けながらやって来て、埃が立ち上って。ゾクゾクするほど興奮したよ。

一行は、タージ・マハル（ムガル帝国皇帝シャー・ジャハーンが、妃ムムターズのために建てた白く輝く大理石の記念碑）を訪れる。ジョージが魚眼レンズで自分自身の写真を撮ったのはここだ。写真は、一九六〇年代半ばには不可能に近かった今の自撮りに、気味が悪いほど似ている。特に印象に残った場所はダル湖で、シュリーナガルにある美しい湖でハウスボートに乗り、雪化粧をしてそびえ立つヒマラヤ山脈を眺めることができた。

「シタールの音色で朝目覚めると、ひんやりと爽やかな朝の空気に包まれ、湖の水にぐるりと囲まれていました。染み一つ無いクルタとパジャマを着たラヴィが、シタールの練習をしていました。彼は人を惹き付ける存在感がありました。本物の指導者で、とても魅力的でした」と、パティは振り返る。

シャンカルの方も、ダル湖のハウスボートに4人が滞在した時の良き思い出を次のように語っている。

それで我々は、カシミールのシュリーナガルに逃げました。美しいハウスボートに泊まりましたが、それぞれにバスルームが付いていている部屋が2つありました。カマラを連れて行っていたので、私は彼女と1つの部屋に泊まり、もう1つの部屋にジョージとパティが泊まりました。パティはとても美しく、子供のように純粋でした。[61]

しかし、シタールの巨匠のハートをとろけさせたのは、ジョージの方だった。

彼への愛で、私のハートはとろけました。彼の探究心は美しいものでしたが、子供のように幼かったのです。当時彼は、まだ大人になりきれていませんでした。それでも、我々の国の伝統―特に宗教、哲学、音楽の分野―に対する彼の興味と好奇心は、本物でした。彼はインド料理も大好きでした！[62]

カシミールでのどかな時を過ごしたことは、ジョージにとっても印象深い思い出となった。

朝起きると、カシミールの小柄な男、ミスター・バットが、僕らに紅茶とビスケットを持ってきてくれて…隣の部屋からは、ラヴィがシタールの練習をする音が聞こえてきて…ビートルであることや、ただの番号であることから解放されたと、初めて感じた瞬間だった。パトリック・マクグーハンの『プリズナーＮｏ．６』で「私を番号で呼ぶな」ってセリフがあるだろう？ 僕らの社会では、自分自身や、お互いを目立たないように番号付けする。政府もそうだ。アメリカで真っ先に聞かれる質問は、「あなたの社会保障番号は何ですか？」だ。ある日突然、紀元前五〇〇〇年に戻ったような場所にいるのは、最高の気分だった。[63]

パティも、カシミールの湖からイギリスがいかに遠く思えるかという事実に驚いていた。「ある晩、ボートの所有者が自宅のディナーに私達を招待してくれました。彼はイスラム教徒だったので、家にいる女性がジョージとラヴィに会うことを許しませんでした。家に着くとお茶が出されてから、カマラと私は女性達に会いに連れて行かれました。カマラも彼女たちの言葉をしゃべらなかったので、あまり意思疎通はできませんでした。それから男性のところに戻り、みんなでディナーをいただきました。後で料理人が現れ、彼の話をみんなで聞きました。彼は子供の時にそこに連れてこられ、女性と台所で働けるように、去勢されたとのことでした」と、彼女は振り返る。

シャンカルはジョージとパティを、エキゾチックな場所だけでなく、デリーを含む都市部にも連れて行き、裕福な権力者の家に案内した。バーラト・ラーム家の風格ある豪邸では、一族の大勢の親戚にも会った。それから何年もして、バーラト・ラーム兄弟のいとこである一七歳のガウリ・チャラトラムは、当時をこう振り返る「奇妙なことですが、パティ・ハリスンは私の人生を変えたのです[64]。ディナーの時、私は彼女の隣に座り、一緒にしゃべり始めました。私の両親は、会ったこともない実業家と私の結婚を決めていました。そのことをパティに言うと、彼女は驚いて『ばかなことを言わないで。あなたは結婚するには若すぎるし、痩せすぎているし、知らない人と結婚するなんて』と言いました。その言葉がなぜか心に残り、私は両親に結婚は早すぎると伝えました」。ガウリは、英国外交官と結婚することになる。

ジョージとパティは、行く先々のコンサートでの音楽愛好家らの反響を見て、シャンカルに対する畏敬の念を新たにする。「ラヴィはインド中で尊敬されていました。弟子達は、彼の足下に跪くのです。国の至る所でコンサートを行い、観客は、時には朝の四時まで座って彼の演奏を聴いていました。タブラはアラ・ラカで、他にはハルモニウムが1人、タイム・キープは弟子が担っていました。ビートをカウントするのですが、あれには困惑しました。西洋の古典音楽とも、ロックとも異なるものでした。ただのコンサートではなく、何か深く、スピリチュアルな体験で、とても感動しました。ラヴィ自身、瞑想状態に陥って何を演奏しているのか意識しなくなることもあると教えてくれました」――こうパティは振り返る。

多くのエキゾチックな場所を訪れ、様々な面白い体験をしたインドの旅路であったが、ハイライトとなったのは、シャンカルのスピリチュアル・グルであるタット・ババを訪れた時だ[65]。シタールの巨匠の人生において特別な存在であったタット・ババ――タット（麻布）を着ているため付けられた名前――を2人に紹介したことは、いかにシャンカルにとってビートルが近しい存在であったかを意味する。シャンカルの人生にグルが登場したのは、シャンカルが経済的にも精神的にも危機に陥っていた二八歳の時だ。当時の彼は[66]、過度の野心を持ち、音楽事業に金を注ぎ続けた結果、破産しかけていた。さらに不幸なことに、結婚生活もうまくいかず、始まったばかりのカマラとの関係も、彼女をあわてて嫁がせた家族により妨害されていた。ムンバイに住んでいたシャンカルは、神経をすり減らし、街を通る郊外電車の1つに飛び込んで命を絶つことに決める。家族に別れを告げる遺書も、下書きまで用意してあった。ムンバイのアパートで落ち込んでいたある日の午後、粗布でできた衣を着ておかしな身なりをした、ヒンドゥー僧のような男が玄関に突然やって来て、トイレを貸してくれと言う。ヒンドゥー僧は、シャンカルが手にしているシタールに気づき、演奏するよう頼む。トランス状態に陥ったかのように言葉に従ったシャンカルは、数時間演奏した後で、その夜ジョードプルの王子のために開かれるリサイタルに間に合わず、気前よくもらえるはずだった出演料も手に入らなくなったことに気づく。落胆するシャンカルにタット・ババは、その晩の出演料はもらえなくとも、これからお金がもっと入るようになり、人生ももっと良くなると告げる。シャンカルの驚くことに、それから間もなくして、奇跡的にデリーのオール・インディア・ラジオで実入りのいい仕事にありつくことができ、妻との問題だらけの関係も、一時的に改善する。それ以来、粗布をまとったヒンドゥー僧は、彼のスピリチュアルな指導者となる。

ジョージとパティにとって、聖者に会いに行くのは感動的な体験だった。「それまで自信と理性に満ちた音楽の巨匠で、私たちにとってはスピリチュアルな案内人だったラヴィが、グルの前では完全にへりくだっているのを見て、目を疑いました。彼は立ち止まってから自分の頭をタット・ババの足に着け、恵みを請うていたのです。まるで子供に戻ったようでした」とパティは言う。(67)

シャンカルの頼みで(68)ビートル夫妻に恵みを授けたタット・ババは、それだけでなく、カルマの概念と、前世での行いにより、生まれ変わりを通して、人間の魂が肉体を変えて何度も生まれることを、2人に短く講義した。

シャンカルはまた、鍵となるスピリチュアルな文献や、ヒンドゥー文学をジョージに紹介する。(69)その中には、西洋にヒンドゥーの精神を紹介した2人の著名なインド人ヨーギー、パラマハンサ・ヨガナンダとスワミ・ヴィヴェーカーナンダによる本も含まれた。ヨガナンダは、一九二〇年、自己実現同志会をカリフォルニアのエンシニータスに設立、西洋にヒンドゥー教をもたらした要人の1人だ。彼の『あるヨギの自叙伝』は、インドのスピリチュアリズムの代表的な手引きとなっている。一九世紀のベンガル人僧スワミ・ヴィヴェーカーナンダは、信仰と神に向けたアプローチのあり方を、シカゴ万国宗教会議のスピーチで世界に訴え、センセーションを巻き起こす。ラージャ・ヨーガに関する彼の本には、神と崇められる力強い全知全能の存在は全て、1人1人の人間の中に宿る神聖なるものと同等であると書かれている。学校では出来の悪い生徒で、読書家ではなかったジョージが、少し前であれば完全にまごついたであろう、これら形而上学的な論説に突然、高い関心を寄せる。[70]

ジョージが読むよう与えられたのは、ヒンドゥー教のオリジナルの聖典だった。トムソンは次のように記す。

『ヨーガ・スートラ』を読んだジョージは、初めてLSDを摂取した時に聞いた啓示と同じもの──魂は無限にあり、それは〝髪の毛の先の千分の一〟のサイズであるにも関わらず、〝1万個の太陽〟に相当する力を持っている──を聞くことになる。彼はまた、『バガヴァッド・ギーター』を読み、火や雷、嵐を起こすことができる、古のラーガの物語も読んだ。許容範囲を超える分量であったが、「あれを順に追っていくのは、えらく骨が折れたけれど、ラヴィが僕のパッチ・コードになってくれた。理解できるよう、間を繋ぐ役割を果たしてくれたんだ」とジョージは言う。

「最初ラヴィは、ひどく驚いたと思います。彼は古典音楽家で、ロックンロールは彼の領分ではないのですから」とパティは振り返る。[71]「ジョージがあれほど彼のことを好きになったことを、当初は愉快に感じていたのかも知れません。しかし、2人はあの旅行で、固い絆を築くことができました。ジョージが気まぐれで始めたことではなく、真剣であることに彼は気づいたのです。ラヴィは人格者で、尊敬すべき人物でしたが、同時にとてもひょうきんな人でした。彼のような人にジョージは会ったことがなく、ラヴィは、ジョージの関心を広げてくれました」。

「ラヴィはインドについて私達に本当によく教えてくれました。音楽だけでなく、文化やスピリチュアリティについてもです。ジョージは大いに啓蒙されていました。東洋哲学にはまると、自己との対話が始まり、いったんそうなると、後戻りはできないのです。自分自身に問いかけざるを得なくなります」とパティは言う。

インドから戻ると、遠く離れたかの地に自分を惹き付けるのは、シタールの練習とインド音楽習得の目的だけではないことに、ジョージは気づく。

「僕は次のラヴィ・シャンカルになりたいわけじゃない。あっちで大勢のシタールを習っている人や演奏家に会った。家に帰ってから、自分はシタール奏者のスターには絶対ならないことに、なんとなく気づいた。それでもまだ、他のどんな形式の音楽よりも、インド音楽が好きだ。僕の音楽生活の100パーセントを占めるようになったインド音楽は、とてもスピリチュアルで繊細、哲学と人生に直結している。インド音楽を否定することなんて、できないよ。最終的には、インド音楽が全てに勝るようになる(72)」

ジョージのインドに対する愛情もより深まった。

「インドといえば、誰でもすぐに貧困や苦難、飢餓に結び付けたがるけど、それよりもずっと、ずっと多くのことがある。例えば、人々の精神―美しく、善良だ。あっちの人々は、とても精神的にタフで、他のどの国とも比較にならないくらいだ(73)」

新しい生活への扉をシャンカルが開いてくれたことは、ジョージにとって、過去との完全な決別を意味していた。インドから帰って数週間後、『デイリー・メール』紙のドン・ショートとのインタビューで、クワイエット・ビートル〔静かなビートル、ジョージのあだ名〕は、容赦なく気持ちをぶちまける。

僕ら、休んで考える時間を持てたから、色んなことを見直すことができた。結局四年間、僕らはみんなが望むことをやってきた。これからは自分たちがやりたいことをやる。振り返ってみると、今までやって来たことは、全部ゴミのようなことだった(74)。

一緒にインタビューを受けていたジョンが、仲間が「ちょっと無遠慮になっている」とあわてて付け加えたが、ジョージの言葉は、全て本心から出たものだった。その年に経験した良いことと悪いことの両方が、過去だけでなく未来に対するジョージの見解を決定する要因となった。

セックス、ドラッグ&ロックコンサート

ラヴィ・シャンカルのうっとりするような性格。彼が若い弟子を案内した、息をのむようなカルチャー体験旅行。一九六六年夏のビートルズのツアーで相次いだ困難の直後に起こったことで、これらはより深い意味を持つ。ジョージにとってインドは、最後のツアーを苦難のうちに終わらせる間に受けたストレスとトラウマから離れる、精神的なシェルターとなった。ビートルズの最大の強みであった、生の観客を沸かせることに対する嫌悪が引き金となり、彼らはリシケシュへと足を向けることになる。

アジア、それからアメリカと続いたビートルズのツアー中、次から次へとトラブルが発生したことは、信じられないほどの不運としか言いようがない。ビートルズの将来を決めたあの夏、運命がボーイズに与えた無慈悲は、既にあったファンとの距離をさらに広げることとなった。それまでのバンド・スタイルから大きく逸脱し、全く新しいタイプの聴き手に訴えようとする結果、できた距離だった。ディランからもらったジョイント、歯科医に仕組まれたアシッド・トリップ、ジョージのインド行き、『ラバー・ソウル』と『リボルバー』の制作。これら一連の過程で、ビートルズは馴染みのファン層から離れていった。金切り声の合唱で何も聞こえないコンサートの最中に発狂するような、ヒステリックな女の子たちは、もはや聴き手のメイン層ではなかった。子供たちの多くは、忠誠心から依然としてビートルズのレコードを買ってはいたが。ビートルズの革新的な曲や反体制的な歌詞は、今や学生にアピール

し、学生に向けられるものとなった。アートや文学について議論し、全ての物と全ての人に疑問を突きつけるような、一九六〇年代のカウンターカルチャーにどっぷりつかった学生たちだ。ビートルズと彼らの創作物は、ステージから爆音で鳴らすには、あまりにも陰影に富み、技術的にも新しいものになった。ファブ・フォーは、アリーナで幼い情熱を焚き付ける少年魔術師から脱皮し、静かな暗い部屋で、1人でレコードを楽しむに最適な、空想の売人となったのだ。

それでも、一九六六年の夏に世界を回った際、思いがけなく受けたショックの数々がなければ、ビートルズがあれほどかたくなにステージ上での演奏を拒むことはなかったであろう。ツアーはタイミング悪く、準備不足のまま決行された。過去最高に野心的なアルバムのレコーディング・セッションが数ヶ月続いて疲れ切っていた直後に、適切な調査や根回しをしないまま、よく知らないアジアの国々に出て行かされた彼らは、ますます精神的に不安定[1]になったエプスタインにより、蹴られたり怒鳴られたりしながら、意に反してツアーに引っ張り出されたのだ。エプスタインは、自分がまだボーイズの役に立つことを証明しようと、彼らがレコーディング・スタジオに入っていない時は、できる限りツアーに出るよう仕向けた。

日本とフィリピン、初めてアジアを回るツアーは、ドイツでスタートした。ミュンヘン、エッセン、ハンブルグの3都市は、何事もなく回れたが、退屈なままに終わる。[2]ビートルズは叫ぶファンにも動じず、つまらなそうに演奏した。ミュンヘンのコンサートでは、ほんの一年前にニューヨークのシェイ・スタジアムで大盛り上がりを見せた躍動感ある最後のナンバーを、かろうじて焼き直しするにとどまった。ビートルズが歌詞を忘れたかに見える瞬間さえあった。[3]ファンがひどい目に遭うのを嫌う彼らは、ドイツで地元警察がファンを手荒く扱ったことを知り、驚愕する。ミュンヘンでは、ルールを守らないファンが、ゴム製の警棒で警官にひどく殴られ、エッセンの観客は、催涙ガスを浴びせられ、警察犬をけしかけられた。

以前よく行っていたハンブルグも、ボーイズのやる気に火を付けることはできなかった。エプスタインとビートルズのパーソナル・アシスタントで、ツアーに同行していたブラウンは、次のように記す。

ハンブルグが公演地として選ばれたのは、ノスタルジアのためだけだ。ただ、世界の多くの場所と同様に、ビートルズはハンブルグにも魅力を感じなくなっていた。かつて彼らが演奏したバーやクラブ（ほんの四年前だ）は潰れてしまって、スター・クラブも板が打ち付けてあった。夜は妖しい魅力に溢れる場所だったのに、日の光の下では、安っぽく古びて見えた。(4)

ハンブルグのナイトクラブで、生涯で最もワイルドなパフォーマンスをしたジョンは（下着だけを履いた彼が、便座を頭からかぶった忘れられないライヴもあった）、不思議なほど沈んでいた。「僕らの演奏を聴かない方がいい。近頃ひどい演奏をしているから」と、彼はあっけにとられる観客に暗く言い放った。(5)

ツアーで訪れる先々で、退屈な記者会見に臨む苦行もあった。会見での質問は、回を重ねるごとにありきたりで中身のないものになっていった。エッセンでジョンは、質問がばかげていると不平を漏らし、ハンブルグに到着する頃には、ビートルズと集まった記者の口撃は、しばしば滑稽、時に敵意むき出しになっていた。

記者：ハンブルグでは、何人の女性をいただいたのですか？

（笑いが起こる）

ポール：1人か2人。君は何人？

ジョン：「いただく」ってどういうことかな？

（笑いが起こる）

記者：ヘンリー・ミラーのことをどう思いますか？

ジョン：ヘンリー・ミラー？　別にいいんじゃない？（一瞬置いてから、ふざけて）彼とベッドは共にしないよ。

（クスクス笑う）

ジョージ：彼は、ヘンリー・マンシーニほど良くない。

記者：ポール、経口避妊薬についてはどう思いますか？

ポール：避妊なんだって？

ジョン：ピルのことだよ。

ポール：ああ、あれはいい。すごくいい。当たり前だ。

ジョン：数年前にあれがあればなあ。言いたいこと分かるだろ？

ポール：普通のことだよ。そうじゃない？　必要な人は誰でも使えばいい。

ジョン：そう。（詠唱する）ピル賛成(6)！

ビートルズとメディアが手当たり次第に攻撃し合うなか、女性ジャーナリストが怒り心頭でこう叫んだ「なぜあなたがたは、そんなにひどく鼻持ちならないんですか?」。記者会見はその後で、すぐにお開きとなった。

次の公演地は東京だったが、羽田空港に向けて離陸しようとしていたビートルズは、激しい暴風雨により足止めを食らう。日本では、六月の後半は雨期に当たり、ロック・コンサートを開催する環境に最適とは言い難く、絶え間なく東京に打ち付ける雨は、過去一〇年で最大の雨量を記録し、事態は悪化の方向に向かっていた。コンサート会場の日本武道館（皇居のすぐ裏にある、伝統的な武道のために建設された会場だ）が、深刻な論争の的になっていることをビートルズが知った瞬間、より一層どす黒い雷雲が、日本上空に立ちこめたかのように見えた。[7] 東京の皇室と宗教における中心地にある武道館は、天皇の居所と神道系の靖国神社に隣接し、第二次世界大戦中、戦地に向かう日本の兵士が、天皇に忠誠を誓った場所に位置することから、歴史的に重要な意味を持つ。愛国心に燃える人々、とりわけ旧世代は、戦争で原爆が落とされた後に、日本が屈辱的な降伏をした傷がまだ癒えておらず、外国のロックバンドが武道館を使うことに激しく抗議をしていた。反対派の中心にいたのは、他でもない日本国首相の佐藤栄作だ。主要紙も同調し、そのなかの1紙である『ジャパンタイムズ』は、悪意ある社説でビートルズのことを、「ドラッブ・フォー」（ぱっとしない4人）と書き立てた。

さらに困ったことに、暴力行為に及ぶと脅す、過激派も登場する。極右の大日本愛国党は、モップ頭のボーイズを、力尽くで「まともな髪型」にすると脅迫。[8] 怒っていたのは左翼も同様で、日本共産党はビートルズを「アメリカ帝国主義の手先」と呼んだ[9]。教育委員会が、ビートルズのコンサート行きを生徒たちに禁じるところまで来ると、いよいよツアーをキャンセルせざるを得ないかに思えた。だが皮肉なことに、ビートルズ全員が女王陛下から叙勲された結果、君主制がまだ崇拝の対象であったこの国での窮地を救い、ツアー続行を可能にした[(10)]。

過激派の脅威がまだ残っていたことから、日本の警察は慌てふためいていた。後にブラウンは、ツアー中のビートルズとスタッフが、東京に着陸した瞬間から味わった緊張感を次のように自著に記している。

権威的だが礼儀正しい、ビジネス・スーツを着た小柄な警視総監が、我々をVIPラウンジに案内してくれた。彼の説明では、西洋により日本文化が「堕落」させられるのに反対する、過激派右翼の無謀な学生グループが、ビートルズを生きたまま日本から出させないと宣言しているそうだ。警視総監はさらに、狂信的な学生グループによる脅迫を軽く見てはいけない、機会があれば実際にビートルズ殺害に及ぶだろうし、何かしら実行に移すだろうとのことだった[(11)]。

ビートルズは、滞在先の東京ヒルトンホテルに囚人のように閉じ込められ、ブラウンの言葉を借りれば、「日本を観光する代わりに、彼らのいる所に日本が届けられた」。礼装用の正絹の着物を着てスイートルームに座るビートルズは、「次から次へと運ばれる国の財宝を眺める、4人の若いローマ皇帝」のようだった。日本を代表するような大企業から、自社の商品を見せに重役たちが直々にホテルを訪れ、数時間のうちにボーイズは、カメラ、衣服、時計、宝石や細々した物に、何万ポンドも散財した。寿司職人は、魚の乗ったお盆をいくつも運び入れ、目の前でさばいて見せた。背中のマッサージや、その他の肉体的な喜びのために登場したのは、芸者ガールズたちだった[12]。

日本語の質問が英語に通訳された、東京ヒルトンでの記者会見は、大惨事に終わる。伝統武道のための武道館が、海外のロックバンドの会場として適切かどうかの質問[13]を、ポールは外交的に受け流そうとしたが、怒りを募らせたジョンが「どっちにしろ、取っ組み合いを観るより、歌っているところを観た方がいい」と割り込んだ[14]。

コンサート会場への道のりも、緊張感に包まれていた。慌ただしく武道館に向かうビートルズが通ったのは、封鎖された空っぽの道路で、巨大な警備部隊が投入されており、沿道にはずらりと機動隊が配置された。公演そのものは、事故も無く終わったが、通常のロック・コンサートにみられる熱狂が欠けていることに、バンドはややとまどいを見せた。日本のファンは、曲が終わるごとに行儀良く拍手をしてから、次の曲が始まるまでその手を止める。生まれて初めて、ビートルズは泣き叫ぶ観客のいないコンサートを体験したのだ。後にブラウンが自著に記したことによれば、「それは、ボーイズが自分たちの演奏を聞くことができる、数少ないコンサートの1つだった」。

＊＊＊

フィリピンのマニラに向かった一行を待ち受けていたのは、降り注ぐ太陽だけでなく、国を治めるマルコス・ファミリーの幼い3人の子供も加入する、巨大なビートルズ・ファン・クラブだった。5万人の群衆が空港でビートルズを出迎え、ようやくボーイズの緊張感が解け始めた途端、またしても事態は暗転する[15]。手配された車がホテルに向けて空港を出るよりも前に、アロハシャツを着て、いかつい体格をしたギャングのような見た目の警備員が、ビートルズを拉致したのだ[16]。何が起こっているのか分からぬまま、ビートルズは、マネジメント・チームや滑走路に置きっぱなしの荷物から離されてしまう。スタッフと離されたこと以上に深刻だったのは、バンド用に有り余るマリファナが、ビートルズの鞄1個に入っていたことだ。ハイになる手段を失っただけでなく、違法薬物所持で逮捕されるのではないかと、彼らはパニックに陥る。

「マニラに着くと、1人の男が僕らに向かって叫んでいた—『荷物はそこに置いとけ！　この車に乗れ！』。あんなに威張り散らされるのは初めてで、礼儀も何も無かった。どこに行っても—アメリカ、スウェーデン、ドイツ、どこでも—ひどく熱狂していたけど、いつでも敬意はあった。僕らはショービズの有名人だから。でもマニラは、飛行機を降りた瞬間からネガティブな雰囲気が漂っていて、少し怖かった」と、数年後にジョージは語っている[17]。

ビートルズはまずフィリピン海軍の本部に連れて行かれて[18]、形式的な記者会見を行い、その後でマニラ湾に停泊する豪華ヨットに乗せられる。ヨットのオーナーは、マニラの実業家ドン・マノロ・エリザルデで、親しい友人を呼び[19]、マニラ湾でビートルズとパーティをしようと企てたのだ。

「とても蒸し暑くて、蚊だらけで、汗をびっしょりかきながら僕らは怖くて震えていた。ビートルズ結成以来、初めてニール、マルとブライアン・エプスタインから切り離された。僕らのスタッフが1人もいなかっただけじゃなく、僕らのいるキャビンの周りのデッキを、銃を持つ警官が列を作って取り囲んでいた。うんざりすることばかりで、みんな暗くなっていた。こんな国に来なきゃ良かったと思ったよ。パスすれば良かった」。最悪のツアーを振り返って、ジョージは後悔の弁を述べる。[20]
ヨットのキャビンの中で心配しながらビートルズは、ジョージが持ち歩いていたインドの古典音楽のテープを聴いて気を静めようとする。

マネージャーたちがヨットからボーイズを助け出した頃には、すっかり精神的なトラウマを負い、肉体的に疲れ果てていた彼らであったが、検査を受けないままスーツケースが戻って来て、マリファナも無事だったと聞いて元気になる。地上に戻れたことに感謝し、マニラ・ホテルのスイートルームで、昼食まで爆睡する。だが、ビートルズが安らかに眠る間、彼らの知らないところで、それまでよりもなお一層厳しい試練が沸き起ころうとしていた―恐怖のマニラ滞在の全貌が、明かされようとしていた。

きっかけはフィリピンのファーストレディ、イメルダ・マルコス（大統領に当選したばかりのフェルディナンド・マルコスの夫人）とビートルズの間に生じた、大きな誤解[21]だった。ビートルズが到着した翌日、午後遅くに予定されていたコンサートの前に、大統領の住むマラカニアン宮殿でビートルズの歓迎会、及び昼食会を計画したファーストレディは、バンドに招待状を送っていた。間が悪いことに、招待状はビートルズがまだ日本滞在中に届き、過激派右翼の脅迫による混乱やパニックに巻き込まれ、ビートルズもエプスタインも、その存在を知らされないままだった。[22]

マルコス夫妻は、実業家や陸軍大将といった、少数の権力者から成るグループが実権を握るこの国で、政権の座に着いたばかりだった。夫妻は、以降数十年にわたりフィリピンを独裁支配し、その悪名が世界に轟くことになる。2人は当時から既に独裁者のようで、ビートルズがそれまで西洋の民主国家で接したことのない振る舞いをしていた。とりわけ横柄だったのは、後に浪費癖と数千足の靴を所有していたこと[23]でも有名になるファーストレディのイメルダだ。若い頃に美人コンテストでの優勝経験もあるマルコス夫人は、セレブリティの世界に対する憧れが強く、権力を持つ裕福な友人たちを頻繁にもてなし、海外から国を訪れる芸能人は、例外なく彼女のパーティに参加することになっていた。逆にビートルズとエプスタインはといえば、海外ツアー中は、政府や大使の主催するフォーマルな歓迎会に絶対に出席しないことを決めていた。公式行事に参加しない厳しい取り決めを採用したのは、大成功を収めた最初の全米ツアーに汚点を残したワシントンの英国大使館主催の歓迎パーティ[24]が原因だった。ワシントンのパーティでは、はさみを取り出してリンゴの髪の毛を切る者まで現れ、飛びつこうとする興奮した招待客を必死に払いのけながら、ビートルズは惨めな思いを強いられた[25]。いずれにせよ、到着時の厳しい試練の後で、午後と夜に2つのコンサートが控えていたため、ビートルズが公の歓迎会の出席に同意するとは、主催者が誰であれ到底思えなかった。

とはいえ、大統領官邸から届いた招待を断るのは簡単ではない上に、ファーストレディは当然ビートルズが来るものと思っていて、多くのマニラの新聞が既に、歓迎会の開催を報道していた。ビートルズ一行のなかに、地元の新聞をわざわざ読もうとする者はいなかったのだが[26]。

4人がぐっすりと眠る朝、彼らを宮殿に連れて行こうと、2人の政府高官がホテルに到着。ビートルズのマネジメント・チームの1人、トニー・バーロウは、その時のことを生々しく説明する。「高官たちは、冷たく言い放った『これはただの要請ではない。通達がここにある。ビートルズに会いたい子供は、一一時に集合することになっている』」。バーロウと同僚のヴィック・ルイスが、エプスタインに報告に行くと、彼は遅い朝食を取っている最中だった。ルイスは、バーロウとエプスタインに、「あの人たちはカッカしている」から、追い返すのは得策ではないと説明するが、エプスタインは従うことを拒否し、ビートルズを説得することも断る。

仮にあの時点で全員が前向きに素早く行動していれば、予定時間にボーイズは宮殿に到着し、惨事を免れることができただろう、とバーロウは言う。しかしエプスタインは、朝食の席を離れて高官の所に行き、もったいぶった調子で、そのようなフォーマルな招待状は受け取っていないし、午後のコンサートの準備までボーイズを起こす気は無いと告げる。高官は何も言わずに去ったが、数分もしないうちに英国大使のオフィスからエプスタインに電話がかかってきて、ファーストレディの願いにビートルズが応じない場合、非常に危険な橋を渡ることになり、マニラでビートルズの受ける「支援と保護」は、大統領の一存にかかっていると忠告される。バーロウによれば、それでもエプスタインは頑として譲らず、その件から手を引いた。[27]

その間、ファーストレディのイメルダと彼女の3人の子供、アイミー、ボンボン、アイリーンと、相当な数の子供とその親（ファーストファミリーと親しい、マニラの実力者一族ばかりだ）が、大統領官邸で、しびれを切らしながら[28]ビートルズの到着を待ち構えていた。数時間してもバンドは現れず、目撃者によれば、マルコス夫人は、怒りで青くなり、ハーハー言いながら出て行ってしまう。泣き出す子供たちもいた。[29] 個人的な侮辱と受け取ったマルコスの子供たちの発するファブ・フォーに対する怒りの声は、次第に大きな合唱になっていった。「ビートルズに飛びかかって、あいつらの髪の毛を切ってやる！　止めようとしたってだめだ。ビートルズの根性をためしてやろうじゃないか」と、八歳のボンボンが金切り声を上げた。[30] 五歳のアイリーンは、より恐ろしい言葉を放った。「ビートルズで好きな曲は1曲だけ。

“Run for Your Life”〔「殺されないように逃げろ」の意味〕よ」[31]。それは、これから起ころうとしていることを、気味悪いほどに暗示していた。

この頃には目覚めていたビートルズは、マニラ滞在が非常にまずい展開を迎えていることに、ゆっくりと気づき始める。

「次の日の朝、ホテルのドアを激しくノックする音で目覚めると、外は大混乱に陥っていた。誰かが部屋にやって来て、『早くして！ 今頃、宮殿にいるはずなんだから』と言う。『何のこと？ 宮殿なんて行くつもりないよ』と僕らが言うと、『宮殿に行かなくちゃいけなかったんだ！ テレビをつけてみな』と言われた。

テレビをつけると、宮殿から中継していた。大理石で出来た長い廊下の左右に、ずらりと人が並んでいて、めかし込んだ子供たちがいて、テレビのコメンテーターが『未だに彼らは姿を現しません。ビートルズはここにいるはずなのに』と言う。

僕らは目を見開いてテレビを観ていた。信じられない思いだった。大統領官邸訪問をすっぽかす自分たちを、テレビで観ていたんだから」と、ジョージは振り返る[32]。

ファーストレディを侮辱した罪で、マニラのテレビ局がビートルズを公然と非難し始め、エプスタインは、手に負えないほど事態が悪化したことに気づく。彼は急いでテレビ出演し、直接の謝罪を試みる。フィリピン全土に向けて生中継されるテレビ・カメラの前で、エプスタインが謝罪を雄弁に語り始めると、どう考えても宮殿からの要請で、突然放送が中断されてしまう[33]。ファーストレディからの宣戦布告だ。

マネジメント・チームの誰も、いかに深刻な状況であるかビートルズに伝えず、彼らはそのまま、その日のコンサートに向かう。初めの午後のコンサートは事故も無く終演したが、夜に行われた2回目のコンサートでは、嵐を予感させるような不吉な兆候がみられた。
バーロウは次のように振り返る。

2回目のコンサートの最後に、ホテルまで護送してくれるはずだった警察が撤退して、我々の車列の後ろの門が封鎖された。乗り込んだリムジンは身動きが取れなくなり、12人、というより20人はいたヤクザ者のグループが、脅すように窓ガラス越しに体当たりして来て、リムジンを前後に揺らし、ビートルズに向かって暴言を叫んでいたが、誰も何を言っているのか分からなかった。ようやく門が開いて、我々は猛スピードで逃げ去った。(34)

朝になり、ビートルズのマネジメント・チームが朝食をオーダーしようとすると、驚くことに断られてしまう。「もうルーム・サービスは提供できません。あなた方は、我々のリーダーを侮辱したのですから」と、ウェイターが無愛想に告げる。大急ぎで荷物を持ちロビーに降りると、ホテルのポーターだけでなく、警察や付き添いの警備員まで消えたことが分かり、全員愕然とする。ビートルズに対する扱いがなぜそんなにひどくなったか聞かれたホテルの従業員は、太字の感嘆符が踊る朝刊の大見出し―「ビートルズ、大統領を鼻であしらう！」を指さした。(35)
さらに追い打ちをかけるように、その日の朝、フィリピン内国歳入庁の担当者がエプスタインのもとを訪れ、開催されたコンサートの所得税として、八万ドルに及ぶ大金を要求。(36)地元のプロモーターとの契約書には、ビートルズのツアーで発生する税金は、全てプロモーターが支払うと明記されていたにも関わらず、だ。宮殿がビートルズをいじめるために起こしたことは明白で、この話は既にマスコミに漏れ伝わっており、『マニラ・ミラー』の見出しには、「支払が先、出国はその後、と告げられるビートルズ」の文字が躍った。[37]

それでもまだ、悪夢のようなマニラ旅行の、最もひどい行程が残されていた。到着してすぐに味わったぞっとするような体験を受けて、ジョンは、フィリピン人ジャーナリストに皮肉を言う「フィリピンについて学ばなくちゃいけないことが、いくつかある。まずは、どうやってここから出るか[38]、からだ」。この言葉が驚くほど未来を予言したものであることは、すぐに判明する。ビートルズは、マニラ空港から出国の際に、到着時の苦痛よりもはるかに辛い思いをすることになるからだ。ビートルズが空港に到着してすぐ、急いで空港税を払おうとするエプスタインは、空港の役人も職員も、一切の手助けを禁じられていることに気づく。エスカレーターは止められ、ポーターも利用できず、ボーイズとマネジメント・チーム、及び技術クルーは、楽器やアンプ、大型機材を自分たちで運ばなければならなかった。怒ったフィリピン人の集団が空港内に集まり（中には銃や警棒、こん棒を振り回すものもいた）、凄みを利かせながらビートルズ一行ににじり寄り、事態は深刻を極める。

ビートルズの一団は、暴徒の攻撃を浴びるしか他になく、エプスタインは顔面をパンチされ、股間を蹴られる。あばら骨に蹴りを入れられ、転倒したエヴァンスは、片方の足が流血した状態で、足をひきずりながら、飛行機を目指して滑走路を移動。ジョン、ポール、ジョージ、リンゴの周りをチームが身を挺して守ったので、ボーイズは直に一撃を食らうことなく脱出できたが、すんでの所だった。

出入国書類の不備で、土壇場までマニラ当局にお役所対応をされて出国が遅れ、やきもきさせられたが、やっとのことでビートルズとそのチームの乗った飛行機は、離陸を許される。空に浮かんだ機体から見下ろすと、滑走路で彼らに向かって拳を振り上げる群衆が見えた。大衆の間で名声を欲しいままにするアイドルでいることに慣れていたビートルズは、最初に東京で、マニラではさらに激しく、憎悪の対象となったことに、目に見えて動揺していた。穏やかなリンゴでさえも、「人生で一番嫌な体験だった…牢屋に入れられるかと思った」と当時を振り返る。根っからの平和主義者として知られるクワイエット・ビートルズのジョージも、後にマニラに戻りたいか聞かれて、声を荒げながらこう言う「戻ることがあるとすれば、水素爆弾を落としに行く時だけだ」[39]。それは、核爆弾反対を熱心に唱えて来た人物とは思えないような、脅しの文句だった。

ビートルズとスタッフの数人は、ツアーを推し進めて来たエプスタインが、これほどの惨事を起こしてしまったことにも苛立ちを抑えられずにいた[40]。激しい怒りに燃えたチーム・マネージャーの1人が、マニラのコンサートの集金にしくじったことを機内でエプスタインに詰め寄り、一触即発の状態になる。どっちにしろ、しばらくツアーをしたくないと思っていたビートルズは、海外で公式なコンサートをするのはもうごめんで、次のアメリカ公演を最後にツアーをやめたいと、エプスタインに伝える口実ができた。「どうせ誰も音なんか聞こえないんだから。もうお断りだよ。ツアーはこれでおしまいだ」とジョンが宣言するのを、ブラウンは覚えている[41]。

ボーイズを身体的な危険にさらしたことで自責の念に駆られ、彼らから責められることにも深く傷ついたエプスタインは、大きな不安に襲われて神経衰弱になり、全身にひどいじんましんができてしまう。

リヴァプールの4人の若者を、世界一の有名人に育てたこのマネージャーは、自分の手からビートルズが離れていくのではないかとパニックに陥り、一九六四年のツアーと翌年のツアーでビートルズが大成功を収めた、アメリカ公演に全ての望みを掛ける。

一方、ツアーにうんざりしていたジョージは、それほど楽観的ではなかった。マニラからロンドンに戻って、もう一度アメリカに向けて出発するまでの間、ビートルズが何をする予定なのかを聞かれ、いつも控えめなビートルは、こう苦々しく言い放つ「アメリカ人に袋だたきにされに行くまでの数週間、疲れを癒すのさ」(42)。そのジョージらしくない発言は、またしても不吉なことに、予言めいていた。

アメリカを横断する忙しい公演日程の中で、ビートルズが再びツアーに興味を持ってくれるのではないかというエプスタインの希望は、一九六六年の八月、ボーイズが大西洋を渡ろうとする約二週間前に、無残にも打ち砕かれてしまう。アメリカの売れないティーン雑誌『デイトブック』が、ビートルズは「キリストよりも人気がある」と言ったジョンの発言を七月の終わりに掲載し(43)、激しい論争を引き起こしたのだ。ジョンの発言は、ロンドンの夕刊紙『イブニング・スタンダード』の、数ヶ月前の記事から引用したものだ。元の記事を書いたのは、ビートルズと仲の良いジャーナリストのモーリーン・クリーヴで、とりわけジョンとは親しく、後にジョンは、彼女と短い間浮気していたことを認めることになる。ジョンを好ましい人物として親密な感じで描いた記事に含まれる、ジョンとクリーヴの間の自由なやり取りを長めに掲載した中から、ほんの一部を切り取ったのが、件の発言だった。

怒りに火を付けたのは、ジョンが組織としての宗教の未来について論じた部分だ。「キリスト教はなくなる。あれは、消えて小さくなる。反論してもしょうがないよ。僕は正しいし、正しいことは証明されるはずだ。今じゃ僕らの方が、キリストよりも人気がある。どっちが先になくなるか―ロックンロールか、キリスト教か。キリストはまあいい奴だったけど、弟子はまぬけで凡人だった。あいつらがねじ曲げたから、僕は嫌になった」[44]。

この発言は、アメリカ合衆国の特定の地域―とりわけ中西部のバイブル・ベルトと保守的な南部―にとっては、ダイナマイトのようなものだった。ティーン雑誌が「あなたが最も嫌い／好きな10人の大人」と題したカバーストーリーで、ジョンの言葉の趣旨を曲解して紹介し、不運なビートルに悪魔の烙印を押し、これを見たアメリカの福音派とキリスト教原理主義者の複数の団体（これらの勢力は、社会や政治にかなりの影響力を持つ）が、自分達の信仰に対する激しい攻撃とみなした、という訳だ。一九六〇年代半ばの南部で大きな勢力を持っていた、白人至上主義者のクー・クラックス・クランもこれを好機と捉え、ビートルズ反対運動に加わった。

中西部と南部では、ビートルズの曲を放送禁止にするラジオ局が増え続け、逆上した集団が大衆の面前でビートルズのレコードを燃やした。取り乱した[45]エプスタインは、残り一週間しかないツアーへの影響を考え、慌てて[46]事態の沈静化を図る。ニューヨークの記者会見で、ジョンが承認したコメントであると付け加えつつ、エプスタインは声明を読み上げる。[47]「レノンには、ビートルズの名声を自慢する意図はありませんでした。ビートルズの与える影響のスピードが速い―特に若者に対しては―ことを、彼は指摘しようとしたのです。ジョンは事態を憂慮しており、特定の信仰を持つ人々の怒りを引き起こしたことを、申し訳なく思っています」。

エプスタインの釈明は、アメリカの特定の地域で激しく吹き荒れる、ビートルズ対する怒りと恨みを沈静化することはできなかった。エプスタインとボーイズは、完全なパニック状態に陥る。ビートルズが世界に及ぼす影響の中では、ほんの一部を成すに過ぎない日本やフィリピンといったアジア諸国とは異なり、アメリカ合衆国は、ビートルズにとって一番の市場だった。実際、ビートルズ伝説の大部分が作られたのも、一〇代の女の子たちが泣き叫び、空前の集団ヒステリーを起こして、彼らに夢にも思わないほどの名声と栄光と富をもたらしたのも、この国なのだから。アメリカに背を向け、ツアーをキャンセルする訳にはいかなかった――そんなことをしたら、自分たちのミュージシャンとしてのキャリアに大打撃を与えることになることを、マネージャーの命令いかんに関わらず、ビートルズは知っていたのだ。ほんの数週間前に日本とフィリピンで、身体に及ぶ危険から間一髪で逃れた後でまたしても、今度はさらなる大きな試練に向かって、彼らは歩を進めることになったのだ。ボーイズを再び危険にさらすことに恐れおののいたエプスタインは、ツアーのキャンセルを真剣に考え始め、ビートルズのアメリカでの売り上げを管理する弁護士のナット・ワイスに、ツアーを直前にキャンセルした場合に発生する損失を算出してもらう。一〇〇万ドル以上になると告げられ、取り乱したエプスタインは、自分のポケットマネーから出そうとするが、ジョンが自分で謝罪すれば米国ツアーを断行できると、弁護士に説得される。ジョンは大きなジレンマを抱えることになる――宗教についての至極まっとうな意見を言うのは、自分の自由だと考えるジョンに向かって、集団で怒りの狼煙を上げるキリスト教の狂信者たち――彼らは、ジョンにとって軽蔑の対象でしかなかった。

ブラウンによれば、ブライアンが強引に説得を重ねた結果、少なくとも記者会見で発言の意図を説明することに、ジョンは同意する。(48)

アメリカに着陸してすぐにジョンは、メディアに向けて、長くてやや説得力に欠けた、彼の基準からすれば必要以上に下手に出た謝罪を表明。[49] ビートルズの広報担当バロウによればまた、ビートルズのなかでは明らかに一番自負心の強いジョンは、公衆の面前で辱めを受けたことで、人目の無い所で崩れ落ちるようにすすり泣いていたそうだ。「彼は実際に手に顔をうずめて泣いていました」「ジョンは、『どんなことでもするよ…言われたとおりにする。僕が言ったことのせいで、このツアー全部がキャンセルになったら、みんなに顔向けできない』と言った」と、ブラウンは記す。[50]

ジョンが歩み寄りの声明を出し、後悔する素振りをはっきりと見せたので、若干、怒りが収まったかのように見えたが、依然としてアンチ・ビートルズ・キャンペーンを張る狂信者はいた。ジョンがシカゴで行った、長くとりとめのない謝罪会見の翌日、テキサス州ロングビューのKLUEラジオは、「ビートルズを燃やせ」と、公開たき火を主催。KLUEのディレクターが公式に出した声明には、「我々は、地元のティーンエイジャーに呼びかけ、レコードやその他、ビートルズの人気を象徴するような物品を持ち寄ってもらい、八月一三日の金曜の晩、公開たき火で燃やします」とあった。鮮やかな脅しの彩りを加えるかのごとく、たき火の儀式の最中には、サウスカロライナ州のクー・クラックス・クラン、グランド・ドラゴンが、木製の十字架に掛けられたビートルズのレコードを燃やす。興味深いことに、そのまさに翌日、奇妙な出来事[51]が起きる―KLUEラジオの送電塔に雷が落ち、放送設備が破壊され、ラジオ局のニュース・ディレクターが意識を失い、数時間にわたって放送が中断されたのだ。

しかしビートルズ陣営の受けた心の傷は大きく、緊張で張り詰めていたため、いい気味だと思ったり、ジョークにする者はいなかった。

各地の都市や小さな街で散発的に公開たき火が行われ、クー・クラックス・クランによる反対運動の儀式も止まなかったが、ビートルズは全米中をあちこち公演して回るツアーを続行した。ちょっとした不運な出来事や、ひやっとするようなこともあった。クリーブランドのミュニシパル・スタジアムでは、群衆が1、2メートルはあるセキュリティ・フェンスを突破し、"Day Tripper" が歌われるなか、フィールドに突入した。地元警察は驚きで圧倒されてしまい、ファンの大群がステージと周りの「安全」エリアを占拠するのを、なすすべもなく眺めていた。ビートルズは慌ててステージ後方に停めてあったトレイラーに避難。民間の警備と追加の警官が新たに投入され、秩序を回復するまで、コンサートは三〇分間中断された。コンサートが終わると、今度はエヴァンスが、混乱に乗じてビートルズの楽器をくすねようとするファンを取り押さえるのに苦労した。[52] シンシナティでは、またもや体格のいいローディのエヴァンスが、トラブルに巻き込まれる。土砂降りのなか、濡れたアンプを電源につなごうとして、ステージ上を1m近く吹っ飛ばされるほどの強い電気ショックを食らったのだ。コンサートは突然のキャンセルを余儀なくされたが、ビートルズにとっては、ツアーをするようになって以来、初めての経験だった。ビートルズが、もし雨の中で演奏をしていたら、メンバーの1人が感電死していた可能性は十分ある。[53]

しかし、ビートルズ一九六六年夏の全米ツアーにおいて、まさにトラウマになるような決定的な事件は、バイブル・ベルトの真ん中、テネシー州に位置するメンフィスのミッドサウス・コロシアムで起こる。2公演連続で行う予定だったビートルズに対し、メンフィス行政委員会は、コンサートをキャンセルさせようと画策。全会一致で可決した決議には、こう書かれていた―メンフィスは、「教会の街」であるからして、ビートルズを歓迎しない。クー・クラックス・クランのメンフィス支部は、木製の十字架に釘付けにされたビートルズのレコードを燃やし、メンバーは「神無きビートルズ」に制裁を下すことを誓った。

エプスタインはといえば、コンサートを実現させる意志は固く、ビートルズは今にも爆発しそうな緊張下にある街に到着することになる。その時のことをバーロウは、こう振り返る「我々がそこに着いた時は、全て統制が取れていて、穏やかに見えた。でもどうやら水面下では、陰鬱な雰囲気が漂っていたのだ。[54] コロシアムの外では、『メンフィスはビートルズを歓迎しない』と書かれたプラカードを振りながらデモ隊が行進していた。当地の扇動者でバプティスト教会の牧師、ジミー・ストラウドが、長いローブを身にまとったクー・クラックス・クランのメンバー6人と共に、コロシアムの外で抗議集会を開いていた」。

最初のコンサートは、事故もなく進んだ。2回目の公演の途中、[55] ジョンが全力で"If I Needed Someone"を始めた時、銃声のように大きな音がして、眩しい光に包まれる。ジョンが撃たれたのではないかと恐れた他のメンバーは、凍り付く。ジョン自身は、このような状況下でもできるだけ平静を装うとしていたが、曲を急いで終わらせたことから、落ち着きを失っていることは隠せなかった。爆発音は銃声ではなく、誰かが客席から投げこんだチェリー・ボム（さくらんぼ爆弾）と呼ばれるかんしゃく玉の音であることが分かった。チェリー・ボムには人を殺すような威力は無かったが、ビートルズを震え上がらせるには、十分だった。メンフィスでのチェリー・ボム騒動は、ビートルズの神経に最後の一撃を与え、永遠に彼らがツアー用機材をしまい込むことに繋がった。振り返って見れば、偽物の銃声音は、一〇数年後にジョンがニューヨークの路上で本物の銃に撃たれる、不気味なリハーサルでもあった。

ビートルズ3度目のアメリカ行き（彼らの最終ツアー）は、彼らの冒険物語において、決定的な転換点となった。当時『ティーンセット』誌の編集者だったジュディス・シムズは、ビートルズが全米中をうねうね進み、最終的に八月二九日にサンフランシスコのキャンドルスティック・パークにたどり着くまで、バンドに同行した。熱烈なファンでもあった彼女は、三週間、自分のアイドルと共に過ごしたこの貴重な旅について、二〇年後に感動的な手記を『ロサンゼルス・タイムズ』に寄せている。

> 彼らが本当はどんな人たちだったかですって？
>
> 素晴らしい人々でした。面白おかしくて、フレンドリーで、不遜で、礼儀正しかった。
>
> ビートルズは、私たちにとっては生活の一部で、それ以前も、それ以降も、あんなグループは現れませんでした。私たちは、音楽・笑い・文化・ファッション・嗜好（彼らはスコッチのコーラ割りが好きだったでしょう?）・宗教でさえも、彼らにヒントを求めたのです。彼らのおかげで、または彼らのせいで―見方によって変わりますね―マハリシを知り、サイケデリックなロールス・ロイスを目にし、サテンとレースでできた奇妙な衣装を着て、必要なのは愛だけだと信じたのです。[56]

しかしながら、ビートルズのメンバーにとっては、人前でのパフォーマンスを止めることは、ファンとの間に距離ができ、自分が何者であるか発見することを意味していた。もはや彼らは、観客の前ではベストの演奏をできないと真剣に考え、公演旅行で再び厳しい試練に直面するのを避けたい思いが、自信喪失に一層の拍車をかける。後にリンゴは、なぜ全米ツアーの終わりにひどく幻滅した思いを抱いたのか、彼らしく淡々と説明している。

一九六六年になると、公演旅行がすごく退屈なものになって、自分にとっては終わりにしたい気持ちになった。演奏を聴いている観客なんていなかった。最初はそれでも良かったけど、演奏がどんどんひどくなって。僕がビートルズに加入したのは、彼らがリヴァプールで一番上手いバンドだったからだ。いつでも、上手いプレイヤーと演奏したい気持ちがあった。結局、理由はそういうことだよ。僕らは何よりもまず、ミュージシャン—シンガー・ソングライター・演奏家—だった。巨大でばかげた台の上に乗せられるためにやっていた訳じゃない。僕のプランは、最高の音楽を演奏し続けることだった。僕らはっきり分かったんだよ。もう意味が無いから、早いとこツアーを終わらせた方がいいと。(57)

ツアーに幻滅したリンゴではあったが、タフなサバイバーでもあったため、メンバーの中では、災い続きのツアーから最も影響を受けずに済む。彼は、他のメンバーが回復するのを忍耐強く待ちながら、ロンドンのナイトライフを楽しみ、高級車に金をかけ、一九六六年の冬まで第二子の男の子を妊娠中だった献身的な妻、モーリーンとの時間を過ごした。

バンド内でおそらく最もツアー後にトラウマを抱えたのはジョージで、ビートルズとしてのキャリアの、最終章の幕開けに繋がった。事実、キャンドルスティック・パークでのラスト・コンサートを終えて、ロサンゼルスに戻る機内で、既に彼はバンドをやめるつもりになっていたのだ。「やれやれ、やっと終わった。もう僕はビートルズじゃない」と、彼はエプスタインにドラマチックに宣言した。[58] ビートルズが二度とツアーしないことを厳粛に誓うエプスタインにより、ジョージはバンドを脱退しないよう説得される。しかし、クワイエット・ビートルの心の奥底で、何かがはじけた—それまでの彼は、長い間、バンドのためにコンサートで演奏することに息の詰まる思いをしていたが、表には出さずにいたのだ。身体的に攻撃されることに常に被害妄想的になっていたジョージは、3つのツアーに危険に対する不安がつきまとったことで、環境を変える決心が付く。

トムソンは『ジョージ・ハリスン』に次のように記す。

ハリスンの魂は、彼の肉体よりもはるか以前に、ビートルズから離れていた。彼は、まるで大都市の郊外を抜け出す汽車のように—ビルがどんどん少なくなり、空気がどんどん綺麗になり、遂には次の目的地が視界に入る—徐々に離脱の範囲を広めていった。ハリスンの情熱は、一九六六年の夏以降、次第によそに向けられるようになった。

ジョージの情熱が向けられた先は、無論インドだった。人前で演奏することから傷を負いつつ引退した、そのわずか二週間後に、ラヴィ・シャンカルが連れて行ってくれたカルチャー体験旅行は、分岐点で発生した、ジョージにとってまたとないものだった。三週間に及ぶインドでの滞在を終えて帰国する頃には、彼は活力を取り戻し、世界で最も有名なロックバンドからかけ離れた、新しい自己を確立していた。ラヴィ・シャンカルの祝福を受け、自国よりも遙かに魅惑的な新しい文化をかじった今、バンド存続のためにエプスタインが許可した四ヶ月間の休暇を、ジョージは有り難く、インド人になるための時間に当てる。
一九六六年の秋、メンバーがそれぞれの道を進む一方、残念なことにジョンには、避難所となるカルチャーなぞ存在しなかった。

「これで終わりだと思った」後にジョンは、こう言う。「もうツアーはしない。ビートルズ無しの生活は…まるで将来に黒い穴が空いているようだった」。当時彼は、ビートルズを脱退して独立することも考えたが、音楽面ではなく、精神面と、仕事を怠けないようにするお目付役として、ポールに依存しすぎていた。「この先何をするようになるんだろう?」、と彼は思い悩んだ。「終わりが来たら、自分はどこにいるんだろう? ラスベガスだろうか?」[59]。

暇を持て余し、シンシアとの結婚生活に対しても不満を募らせていたジョンは、面白半分でレスター監督の反戦映画『ジョン・レノンの 僕の戦争』に出演する[60]。『ヘルプ!4人はアイドル』を作ったレスターは、またしてもいかれたパロディ映画を制作、今回は、戦争を冒険として美化したアクションものだ。ジョンは撮影でドイツとスペインに滞在。彼は長い髪を切り、クルーカットにして(見た目は、ビートルから大きく変化)、コンタクトレンズを外し、楕円形のワイヤー・フレームでできた第一世界大戦時に軍の作った眼鏡を着けた。ジョンは自分の役と髪型を嫌がったが、眼鏡は死ぬまで付けることになり、とりわけこの眼鏡は彼のトレードマークとなり、それから何年もの間、世界中の若くてヒップな若者の間で流行する。

ロンドンに戻っても、依然として自分やビートルズの向かうべき道を見つけられなかったジョンは、不安から逃れるために、LSD[61]に依存する。当時、絶頂期を迎えていたスウィンギング・ロンドンでは、何でもありの状態で、サイケデリック・パーティは定期的に開かれ、様々な種類の幻覚剤が容易に手に入った。ブラウンによれば、「アシッドは、当時のジョンにとっては格好のドラッグだった。既にチラチラ光っている世界に、アシッドがちょうど良い活気を加えたのだ。いつも同様、ジョンはやり過ぎて、アシッドをほぼ毎日摂取した。本人の自白によれば、彼は何千回もトリップしたそうだ」。アシッドを通して答えを見つけると、ジョンは自分自身に言い聞かせたのだ。彼にとってアシッドは、問題を解決してくれる道具でもあった。ブラウンによればこの時、「ジョンは、購入、または人からもらった様々なドラッグの複合物の入ったすり鉢とすりこぎを、サンルームの棚に置いていた」。「歩く度に月桂樹のリースが投げ入れられるように、行く先々でジョンはドラッグをもらい、まるで彼をハイにさせることが、名誉の証であるかのようだった」とブラウンは記す[62]。

惨事続きだった直近の海外ツアーや、ビートルズが人前で演奏をしないと決めたことへのショックから、エプスタインは神経衰弱に陥る。ジョンがサイケデリックのもやのなかに逃げ込む回数が増えたのは、エプスタインに対する心配も一因だった。エプスタインは、世捨て人のようにドラッグとアルコールに狂っていた。悪いことに、彼のボーイフレンド[63]が、卑猥な写真を盾に評判に傷を付けるぞと、エプスタインを脅迫した。ジョージはラヴィ・シャンカルとインドにいて、ジョンは映画の撮影でスペインに滞在していた九月の終わり、エプスタインは、睡眠薬を過剰摂取して、全てを終わらせようとする[64]。

幸いなことに、大事に至る前にブラウンや他のビートルズ・チームのスタッフに発見され、病院で胃の洗浄を行い回復した。エプスタインの書いた遺書は、スキャンダルを引き起こさないように隠蔽された(65)が、エプスタインと特に親しかったジョンは、大きなショックを受けた。

他のボーイズは、それぞれのことに没頭し、バンドの助言者でありマネージャーでもあったエプスタインが精神的なダメージを受けるなか、ビートルズを再始動させることができるのは、ポールしかいなかった。彼は4人の中で最も安定していて、責任感があるだけでなく、音楽面でのバンドの将来に、一番大きな野心を抱いていた。ガールフレンドのジェーンと、ビートルズのローディのエヴァンスと一緒(66)に行った、アフリカのサファリ旅行からロンドンに戻る機内で、彼は次のアルバムの斬新なアイディアを思いつく」

「ビートルズでいることに、僕らはうんざりしていた。4人の小さなモップ頭の男の子たち、といったアプローチを、心底憎んでいたんだ。僕らはもうボーイズじゃなくて、大人の男性だった。あの男の子だの何だのクソみたいなやつは、もう全部終わりだ。あの金切り声ももうごめんだし、それに、マリファナを吸うようになって、ただのパフォーマーじゃなくて、自分たちをアーティストだと思っていた。それで突然、飛行機の中で思いついたんだ。僕らでいるのをやめてはどうかって。よく知られたイメージを投影しなくて済むように、別の自分たちを作ったらどうかって。別のバンドとしてのペルソナを実際に演じることほど、面白いことなんて無いよね(67)」

ビートルズの直面する袋小路を迂回するために、並行して別の人格を持つ空想のバンドを作り上げるというポールの奇怪な計画は、やや複雑なものであったかもしれない。しかし、サイケデリックのもやのなかからジョンを引っ張り出すことには、成功する。ジョンは、カッカした雄牛のように猛烈な勢いでもやのなかから出てきて、その頃何度も体験したアシッド・トリップが、彼のクリエイティブな才能を蝕むどころか、むしろパワーアップさせたことを証明してみせる。ニューアルバム『サージェント・ペパーズ』のために、最初にレコーディングした"Strawberry Fields Forever"は、ジョンの作り出した傑作で、彼が過去の人ではないことを証明した。

あからさまに幻覚剤の影響を混えた曲で、勃興しつつあったサイケデリック・ロックというジャンルにおいて、最も独創性のある主導者として、ジョンがはるか先を行く存在であったことが分かる。彼の卓越したパフォーマンスは、『ラバー・ソウル』や『リボルバー』を作っていた頃、たまにLSDを摂取していたのとは異なり、もっと近しく、ほぼ毎日のようにアシッドに親しんだ経験の産物でもあった。"She Said She Said"で彼が表した迷子の感覚は、物質社会における疎外感として拡大され、曲の中で彼は、リヴァプールの自宅近くにあった女児のための孤児院、ストロベリー・フィールドに逃げ込む、子供時代の空想を描いている。

マクドナルドの考察によれば、この曲の最も重要な点は子供の視点で、「なぜなら、イギリスのサイケデリック・カルチャーの真の主題は、愛でもドラッグでもなく、子供の無垢な目線へのノスタルジアだからだ(68)」。

音楽面でも、以前『リボルバー』でビートルズとマーティンと、彼の才能豊かなサウンド・エンジニアたちが編み出した革新性を継承しつつも、この曲はさらなる高みへ到達している。マクドナルドは、音楽のいくつかの面でインドの影響があると記している。「ハリスンは、インドのツィターともいえるスワルマンダルを、ラーガの下行音階に使い、それは、真ん中に置かれた2つのサビの終わりで、ステレオ・スペクトル内を横切っている。フェードアウト部分ではインド風の音調を受けて、ジョージ・マーティンが異国風にチェロを弾き、マッカートニーがギターで弾くシタール調のフィルインの周りに絡ませた」[69]。ジョージの導入したヒンドゥスターニー古典音楽は、以前はビートルズのレパートリーのなかで一過性のものに過ぎないと思われたが、今や、音楽上の想像を広げるのに不可欠なものになっていた。

飛び交うビートルズ解散説の沈静化を切望したエプスタインは、今でも4人が一緒に音楽に取り組んでいることを証明しようと、"Strawberry Fields Forever" をシングルとして（ディスクの片面は "Penny Lane"）、アルバム『サージェント・ペパーズ』よりも前にリリース。ビートルズのシングルでは初めて、UKチャートで1位にならず、ポップ・アイドルのエンゲルベルト・フンパーディンクの甘ったるく涙を誘う "Release Me" に阻まれ、最高位2位に終わる。批評家の間での評価は高く、後に『ローリング・ストーン』誌の選んだ、歴代最高のロック500曲に "Strawberry Fields Forever" は含まれている。ジョン自身、自分の曲のなかで最高の出来であると考えていた。

『サージェント・ペパーズ』でビートルズを復活させるポールのアイディアは、成功したかに見えた。ジョンとリンゴは共に、偉大なるプロの技を披露し、ついこの前まで不運なツアーの連続から落ち込んでいたとは思えないほど、一緒に創作することに熱意を持っていた。しかし、ジョージは違っていた。

彼は、インド旅行から帰ってきて、もうバンドもバンドの作る音楽にも、本物の情熱を注げなくなっていたのだ。後にロックの歴史における重要な功績と讃えられるようになる『サージェント・ペパーズ』を、他のメンバーと違いジョージは、冷めた目で見ていた。

何年もして、ジョージは『サージェント・ペパーズ』に熱意を向けられなかったことを次のように語っている。

「組み立て作業のようになってしまったんだよ。細かい部分があるだけで、オーヴァーダビングを重ねて—僕にとっては少し疲れる作業で、ちょっと飽き飽きしてしまった。楽しめる瞬間も何度かあったけど、全体としては、あのアルバム制作を楽しむことはできなかった。インドから戻ったばかりで、僕の心はまだインドにあったから[70]」

ジョージがアルバムで興味を示したのは唯一、自身の書いた "Within You Without You" だった。明確にインドの系譜に連なる曲である点が、アルバムの他の曲の中で際立っている。トムソンは、『ジョージ・ハリスン』に次のように記す。

シタール、ディルルバ、タンプーラ3台、タブラ1台、スワルマンダルをフィーチャーし、ストリングスはチェロ3台とヴァイオリン8丁がオーヴァーダブされた "Within You Without You" は、揺らめく煙霧の中で始まり、すぐにインド亜大陸の熱と埃が巻き起こる。実際、この曲の仮のタイトルは、シンプルに「インド」だった。それは、ハリスンが直接体験して得た知識を、実行に移そうと試みている音なのだ。「シタール・ブームで金儲けする」人々をばかにするハリスンは、「インド音楽をポップスに使うのではなく、インド音楽をインド音楽として演奏」したかったのだ。

ラヴィ・シャンカルが、何年か前にオール・インディア・ラジオのために録音したラーガを元にしたこの曲は、完全にインド指向である点で、アルバムの他の曲からかけ離れている。インド人音楽家を起用したことで、ビートルズの他のメンバーは蚊帳の外だった。ロンドン北部のフィンチリーにあるアジアン・ミュージック・サークルから採用されたインド人音楽家は、ディルルバのアンナ・ジョシーとアムリット・ガジャール、タンプーラのブッダデブ・カンサラ、タブラ奏者のナトワール・ソニ。歌詞もあからさまにスピリチュアルなことを歌っていて、ヒンドゥーのコンセプトの1つであるマヤ、つまり幻想のベール―それは、“within you”（人のなか）に霊的真実と幸せを見つけるためには、取り払われる必要がある―を説明しようとしている。

『サージェント・ペパーズ』に熱心にならないジョージに対し、次第に耐えきれなくなっていた[72]ポールとジョンであったが、シタールの演奏に向けたジョージの情熱と、“Within You Without You”の際立つクオリティには感心する。[71]ポールもジョンも、素晴らしい曲であると認め、ジョージが初めてビートルズの曲から2人を閉め出し、インド人音楽家たちにスタジオを占拠させたことも、気にならないように見えた。“Within You Without You”を、「インドの最高のやつ」と呼ぶジョンは、「ある晩、顔を出してみると、400人くらいのインド人がここで演奏していた。いわゆる、最高の夜だったな」と言う。[73] 彼はまた、後にこの曲について「ジョージのベストの曲の1つ。彼の曲で僕が気に入ってる曲の1つでもある。あの曲での彼は、はっきりしているんだよ。彼の頭もはっきりしているし、彼の音楽も。ジョージのおかげで、インド音楽がこの国に紹介された」と言っている。[74]

もうクワイエット・ビートルではなくなっていたジョージは、インドのスピリチュアルなものに想像力を刺激され、新しく夢中になっているものについての話が止まらなくなる。[75] 彼は、ジョンと共に出演した高名なテレビ番組「ザ・フロスト・レポート」や、様々な媒体に掲載された数え切れないほどのインタビューで、自分の新しい信仰について話している。『サージェント・ペパーズ』のアルバム・カバーに登場させるアイコン的な人物を選べと言われ、[76] 彼が指名したのは4人共、ヒンドゥー教の予言者だった。ジョージが最も好きなパラマハンサ・ヨガナンダに始まり、ヨガナンダ以前のグルであるユクテスワ・ギリ、マハー・アヴァター・ババジ、ラヒリ・マハサヤだ。ジョージの主張で、これら馴染みの薄い、遠い国の聖者と、何教かも分からない宗教が、人気のある様々な西洋のアイコン―マリリン・モンロー、エドガー・アラン・ポー、カール・マルクス、カール・ユング、ジョニー・ワイズミュラー（水泳のチャンピオン選手で、ハリウッド映画でターザンを演じた）を含む、多くの人物に混ざることになった。

ラヴィ・シャンカルとの出会いから一年も経たないうちに、ジョージは自分の生活からイギリスの労働者階級出身者としてのルーツの痕跡を、消し去ってしまった。アヒンサー（全ての生き物に対する暴力を禁ずる、ヒンドゥー教の誓い）に感化され、ハリスン家はベジタリアンになる。パティは地元イーシャーの健康食品店で、穀物や豆類、野菜、フルーツを買い求め、豆のカツレツやシチューだけでなく、パコラ、サモサ、ラッシーやラスマライまで作る。家にはハッシシと線香の匂いが充満していた。

ジョージの伝記を書いたトムソンによれば、居間には、装飾が施された水ギセルが乗る低いテーブルが置かれ、椅子の代わりにクッションと敷物があるだけだった[77]。

トムソンは、この時点で遠い国の文化と信条を完全に受け入れたビートルの様子を、説得力のある描写で書いている。自宅キンフォーンズで二四歳の誕生日パーティを開いたジョージは、自身のシタールの演奏に続き、偉大なるサロード奏者のアリ・アクバル・カーンがお祝いに捧げた演奏を楽しみ、録音までした。ビートルズの他のメンバーは、パーティに参加しなかった。ジョージは伝統的な綿のクルタを着ており、招待客には、写真家のヘンリー・グロスマンと、バーズのデヴィッド・クロスビーとマッギンがいて、各自ベジタリアン料理を持参し、食事はビュッフェ・スタイルで提供された。マッギンによれば、何かが起こりそうな雰囲気だった。「一九六七年に彼とパーティにいたのを覚えている。部屋の雰囲気が変わるのを感じた。何かが、あそこで起こっていたんだ。ジョージの方を見て、何が起きているのか聞くと、彼は『僕は今、超越している』と言った[78]」。

一九六六年、ヴィシュヌ派のインド人予言者スワミ・バクティヴェーダンタ・プラブパーダが、ISKCON（イスコン）と呼ばれるクリシュナのカルトを設立して西洋に旋風を巻き起こし、印象的な「ハレ・クリシュナ」のチャントで、何千人もの若い男女をとりこにする。スワミは、クリシュナ神の名を唱え続けるだけで、信者は神と直接繋がることができると断言していた[79]。このチャントのレコードを偶然手にしたジョージは、あっという間に心を奪われる[80]。ジョン[81]にも聞かせると、彼もまた「ハレ・クリシュナ、ハレ・ラマ」と、催眠作用のある抑揚で繰り返し唱えられるマントラに魅了される。このマントラはインドで、ヒンドゥー教のクリシュナ一派に属する何百万人もの信徒により、毎日必ず唱えられているものに過ぎない。しかし、2人のビートルにとって「ハレ・クリシュナ」のチャントは、まるで神へと繋がる魔法の階段のようだった。このマントラの探求もまた、リシケシュに近づく新たな一歩となる。ジョージとジョンは、会う度に一緒にマントラを唱えるようになり、LSDの初体験を一緒に行ったことで得られた絆に加え、2つ目の繋がりができた訳だ。

例えば、七月、絵のように美しいエーゲ海に滞在した際にも、2人はLSDとマントラを一緒に楽しんだ。島を買って自分たちの王国を作るという、奇怪な計画（後に失敗に終わる）のために、ビートルズはギリシャに行ったのであった。[82]「誰かが、何かにお金を投資した方がいいと言ったから、僕らはこう考えた『それなら島を買おう。島に行って隠遁すればいい』。最高の旅だった。ジョンと僕はずっと、アシッドでハイになりながら、船首に座ってウクレレを弾いた。左手にはギリシャ、右手には大きな島が見えた。太陽が輝いていて、僕らは何時間も『ハレ・クリシュナ』を歌った」。ジョージは、何年も経ってからこう回想する。[83]

同じ七月に、ジョージはスピリチュアリティとインドの両方について、ラジカルな地下新聞『フィフス・エステイト』に雄弁に語っている。[84] 彼がヒンドゥー信仰とインド文化を受け入れたことに関して、最も率直に告白した価値あるインタビューなので、ここに長く引用する。最近、なぜジョージが熱心にチャントしているのか、興味津々の世間に答えるため、彼はヒンドゥー教のカルマについてのセオリーを紹介する。

「みんな、言葉の放つ音よりも、言葉の意味にこだわっているんだ。『はじめに、言葉があった』とあるように〔聖書の引用〕、クリシュナも同じで、『クリシュナ、クリシュナ、クリシュナ』と言い、言葉を言うというよりも、『クリシュナ、クリシュナ、クリシュナ、クリシュナ、クリシュナ、クリシュナ』の音はただの音で、だから素晴らしい。音は振動であり、振動に多くを込めれば、多くを得ることができる。アクションにはリアクションがあると、人々には伝えたい」

ジョージは続けて、神についての見解と、ヒンドゥー教の輪廻転生を信じていることを述べる。インドでラヴィ・シャンカルにもらった、パラマハンサ・ヨガナンダの『あるヨギの自叙伝』が、「斬新〔当時の流行語"far-out"〕な本」で、「最高に面白いもの〔当時の流行語"a gas"〕」であると説明し、その本により彼が信じるようになったのは、次のようなことであると語る。「それは、自分の中にある神の部分が、最後に解放され、他の全てのものと一緒になる。ヨーガを実践すれば、誰でもそれに到達できる。神になれるんだ。ヨーガを実践するだけで—本気でそれをやればできる。言いたいのは、誰でもできるし、みんなやらなくちゃいけないし、アクションとリアクションの法則に従い、僕らは生まれ変わり続けるということ…何をやったとしても、その刈り取りをしなくちゃいけないのだから、やり続けるか、台無しにするかだ[85]」。

インドのスピリチュアリティと音楽に心酔するジョージの意思とは関係なく、彼は、一九六七年の夏のビートルズの成功物語で重要な役割を果たす。ファブ・フォーはロックの王であり、新しく起こった熱狂のフラワーパワーの使者であると、崇められるようになるのだ。ツイストしたり、シャウトしながら、前人未踏の名声を得るまで成り上がったポップ・アイドルから、スタジオで革新的な音楽を創る、反体制の知性派へと変身する賭けに出た彼らの、それは奇跡の勝利だった。初期の少年のようなおどけたしぐさを捨て、人前での演奏を止めたことにより、バンドは新たな高みへと上ることになった。批評家に絶賛された、内向きで想像力に富む『ラバー・ソウル』と『リボルバー』に続いてリリースされた『サージェント・ペパーズ』は、ロックの金字塔として、世界中で大いに称賛を受ける。それはまるで、一晩でメディア業界―その多くはアングラ雑誌―が、ビートルズと彼らの音楽の周りに、キノコのように群生したようだった。ビートルズの歌う言葉の全てに、隠れたニュアンスを求めて議論が沸き起こり、膨大なファン層が新たに出現した。ミーハーな少女ファンはどこかへ行ってしまったが、代わりに登場した学のある若者たちは、同じくらいの熱意を持っていた。

一九六七年、サマー・オブ・ラヴ[86]と称される新しい社会現象が、アメリカ合衆国に起こる。フリー・セックスとドラッグを支持し、大量消費社会とそれに付随する全ての害悪を拒否する、ヒッピーと呼ばれる新たに出現した反抗心溢れる若者が、サマー・オブ・ラヴを祝った。当時のアメリカが、ますます深く介入していったベトナム戦争をはじめとする戦争に断固反対することから、「フラワー・チルドレン」として知られたヒッピーは、デモを重ね、ヒッピーの首都として知られるようになるサンフランシスコのヘイトアシュベリーで、最大規模のデモを行った。ヒッピーの先頭に立っていたのは、ハーバード大学で物議を醸す[87]心理学を教えていたティモシー・リアリーで、高いレベルの意識へ到達する通行証としてLSDを崇めていた彼は、ジョンを感心させ、彼の曲に影響を与えていた。今や彼は、ヒッピーのスローガン"turn on, tune in and drop out"（覚醒し、波長を合わせ、ドロップアウトしろ）を生みだして若者を焚き付けていたが、その哲学は、ビートルズが多くの曲で発していたメッセージと、不気味なまでに通じていた。

大西洋を超えて激しく揺れ動く社会にあからさまに呼応するジョンの曲は、時風にマッチしたことから、あっという間に大海の両側でヒットする。“All You Need Is Love”は、サマー・オブ・ラヴを象徴するアンセムとなり、英米両国でチャート首位に輝き、世界中でNo.1ヒットとなった。有頂天になったエプスタインは、世界中継の番組「アワ・ワールド」でライヴ放映されるよう手配し、シングルとしてリリースされる前に、1億5000万人の人が観ることになる。彼はまた、サセックスに所有する、のどかな別荘キングズリー・ヒルで、派手なパーティを盛大に開き、ローリング・ストーンズやマリアンヌ・フェイスフルらロックスターを含む、大勢のセレブリティを招待した。

宴のハイライトは、サンフランシスコから密輸された特別に強力なアシッドで、あっという間に全員が、文字通りハイになった。ジョンとジョージなぞは、その日のもっと早い時間にトリップし始めていた。ジョンはこう告白している「この日初めて、朝食にアシッドを摂った。紅茶に入ったLSDだ(88)」。完全な酩酊状態のビートルズは、それぞれの妻を伴い、花や鈴の飾りの付いた、紫や黄色のサテン地でできた魔術師や妖精のお姫様の仮装を着て、空港に招待客を迎えに行った(89)。待合ラウンジで踊り、くるくる周りながら飛び跳ねたしりて、空港で騒ぎを起こした一行は、招待客を拾った後、けばけばしくサイケ色にペイントされたリムジンでキングズリー・ヒルに向かった。歌ったり、きゃーきゃー騒ぎながら田舎道をびゅーんと飛ばす彼らを、地元住民が沿道から好奇の目で見守った。

この時期のビートルズと彼らの音楽は、ドラッグとの強い関連性のなかで捉えられることが多く、サイケデリック・ロックの頂点と認められていた最新の大ヒット・アルバム『サージェント・ペパーズ』

が、その印象を強くしていた。ジョン、ジョージとリンゴは、一九六五年からＬＳＤでトリップし始め、しばらく抵抗していたポールも、先に触れたように、一九六六年末に友人と初めてトリップすることで、他の３人の仲間入りを果たしていた。ポールが他のメンバーとの絆をより強くしたのは一九六七年三月、２度目のトリップの時で、ジョンと一緒の面白い状況下での摂取だった。スタジオで『サージェント・ペパーズ』をレコーディングしていた時のこと。年上のビートルが―ジョンはこの頃には、毎日様々な種類の覚醒剤やドラッグを摂取していた―通常、音楽を演奏したりレコーディングする時は、アッパー系のアンフェタミンを摂取するのだが、間違えてＬＳＤの錠剤を飲み、幻覚症状に陥っていた。見るからにラリっているジョンは、レコーディングなぞ到底無理な状態で、ポールが自宅に連れて帰ることになった。(90)

「今こそ、彼と一緒にトリップすべき時が来たと思った。いつかこうなるんじゃないかと、長いこと思っていた。ジョンと一緒にトリップするのは初めてで、他のメンバーの誰ともしたことがなかった。だらだらと一晩中起きていて、何度も幻覚を見た。その間ジョンは、とても謎めいた雰囲気で座っていて、僕は、彼が王様になる大きな幻覚を見た。彼は、完璧な未来永劫の皇帝だった。いいトリップだったよ」(91)

ポールが数年前を振り返って語ったこのコメントから、一九六七年の夏までに、いかにドラッグがビートルズの原動力として、重要な役割を果たすようになっていたかが分かる。ＬＳＤを摂取した彼が皇帝になったジョンの幻覚を見たことも、年上のビートルと彼の個人的な力関係を表している。

数ヶ月も経たないうちにポールは、イギリスの社交雑誌『クイーン』のインタビューで（記事は『ライフ』誌に引用される）、ＬＳＤを数回摂取し、とてもそれを気に入ったと語る。「摂取したら、目が開かれた。我々は、脳の十分の一しか使わない。考えてみなよ、隠された部分をコッコツ叩いたら、みんなどれだけのことを成し遂げられるかってね！　全く新しい世界が開ける。政治家がＬＳＤを摂取したら、戦争も、貧困も、飢餓も無くなる」。バンドの他のメンバーが、アシッドによる幻覚体験に加わるよう誘っても、頑なに断り続けたポールは、今やＬＳＤ革命を起こしたいと願うようになっていた。

だが、ビートルズの常で、物事はコロコロ変わり続ける。この間ずっと、熱心にトリップし続けていたジョージが[92]、八月の第一週、アメリカ滞在中の予期せぬ出来事から、突然ハード・ドラッグを拒否するようになる。彼がアメリカを訪れた主な目的は、ロサンゼルスでヒンドゥスターニー古典音楽のコンサートを開催するラヴィ・シャンカルと仲間の音楽家たちに会いに行くことだった。何公演か観て、ラヴィ・シャンカルに会いに、ロサンゼルスにある彼のキンナラ音学院を訪れた後、ジョージはパティと、ロサンゼルスに住む彼女の妹ジェニファーを連れて、噂で散々聞いていたヒッピー文化の世界の中心地ヘイトアシュベリーに行くことを決める[93]。

そのわずか数日前には、麻薬や薬物を嫌悪していることでよく知られるラヴィ・シャンカルとの共同記者会見[94]で、今後を予感させるような発言をジョージがしている。「はっきりと言わせてもらいますが、ドラッグが答えではないことは、皆さんにとって自明のことと思います。分かっていることですよね、そうじゃないですか？　だから、できるだけドラッグを使わないで済ます方がいいんです。そうですよね？」。彼がこう主張する横では、シタールの巨匠が満足げにうなずいていた。

それでもジョージは、ドラッグとフリー・ラヴの中心地偵察の旅を始めた時には、ミッションに適したサイケデリックな服装をしていただけでなく、多量のマリファナとアシッドで武装していた。ところが、だ。ヘイトアシュベリーの通りを歩いてみると、自分自身がとてもハイになっていたにも関わらず、フラワー・チルドレンのいかがわしくて汚い暮らしぶりを目にして、彼は嫌悪感を覚える。ジョージが見慣れていたロンドンのアシッド・カルチャーは、インテリと富裕層が、自宅やクラブで隠れてたしなむ、優雅な娯楽だった。ヒッピーの聖地を歩き回りながら、彼は汚れてみすぼらしい男や女、子供たちに囲まれる。誰一人として、特別に幸せであったり、満足しているような者はおらず、深刻な苦悩の表情を浮かべている者もいた。最初のうちはヒーローとして迎えられたジョージは、数曲演奏し、うっとりとした拍手で讃えられる。だが程なくして、どんどん大きくなっていた群衆は、ジョージが、指導者として当地に残ることを拒み、突き出された致死量レベルの幻覚剤を飲むことを拒絶すると、敵意をむき出しにする。

その日ジョージと一緒にいたパティは、ヘイトアシュベリーが、クリエイティブで芸術的で特別な場所で、ビューティフル・ピープルで溢れていると思い込んでいた、と言う。代わりに彼女が見たのは、「学校をドロップアウトした顔色の悪い子供や、路上生活者、怪しい若者が大勢いて、みんな正気を失っている」状況だった。全員酩酊状態で――母親や赤ん坊でさえも――ジョージ一行の後ろにぴったりとくっつき、文字通りかかとを踏まれる状態だった。「踏み潰される不安から、立ち止まることもできない状況に追い込まれました。すると誰かが、『ヒッピー・ヒルに行こうよ』と言いだし、芝生を横切り、群衆が我々と向かい合う形になりました。まるでステージに上ったようで、みんなジョージをメシアか何かのように、期待しながら見つめました。

私たちはとてもハイになっていて、避けられないことが起こりました―群衆の頭上にギターが掲げられ、次々と伸びた手が前にそれを運ぶのが見えました。なんてこと、可哀想なジョージ。悪夢のよう、と思いました」。遂にギターは、ジョージに手渡された。パティは、ヘイトアシュベリー中を彼女らについて回った群衆が、ビートルズのレコードを聴き、それを分析し、自分が知るべきだと思ったことをそこから学び取り、ビートルズが歌っていると思い込んだ全ての種類のドラッグを摂取していたように感じた。彼らは、次に向かう方向を知りたがっていた。無論、彼らにとっては、ジョージがその答えをもって現れたのだった。

一行が立ち上がってリムジンに歩いて戻ろうとすると、パティは小声でこうささやかれるのを聞いた。「ヘイ、ジョージ。STP（強力なLSDの一種）いらない?」。

ジョージは振り返ってこう言った「結構だ、ありがとう。間に合っている」。

するとその男はみんなの方を向いて「たった今、俺はジョージに拒絶された」と言った。

すると群衆は、「なんだって!」と叫んだ。かすかな敵意を感じたジョージ、パティと他の仲間は、歩みをどんどん早めた。

一行がやっとの思いでリムジンを見つけ、走って道路を横切ってそれに飛び乗ったところ、走って追いかけていた群衆が、車を揺さぶり始め、窓ガラスに顔を押しつけてなかを覗いた。(95)

とりわけジョージにとっては、この体験はトラウマとなる。なぜなら、暴徒の脅威が絶え間なくバンドにつきまとった、日本とフィリピンとアメリカの悪夢のようなツアーを思い出させるものであったからだ。この事件の直前、ジョージがヘイトアシュベリーに足を踏み入れた時も、長い髪の毛と入れ墨に覆われた、とても体格のいい、フリスコ・ピートとタンブルウィードという名のヘルス・エンジェルスの2人組に話しかけられていた。(96) 2人ともすっかりハイになっていて、ロンドンに自分たちを招待するよう、ジョージに迫る。ジョージは、自分の名刺を渡し、ロンドンに来たら泊まる許可を与えることにより、追い払うことに成功したが、数ヶ月後に実際にやって来た彼らを見て、困惑することになる。小突き回されることを常に恐れていたジョージは、まるで顔面にパンチを浴びたかのように、ヘイトアシュベリーのアシッドの現場から後ずさりした。ジョージは、帰国するとジョンに、アシッド集団とのヒッピーの聖地での恐ろしい体験を話し、金輪際ハード・ドラッグを止めることを決心したと告げる。驚くことに、その頃LSDトリップがほぼ常態化していたジョンは、理解を示すように見えた。過去数ヶ月の間のアシッド・トリップが、悪い体験の連続であったことが原因かもしれない。(97)

ジョージが突然、ハード・ドラッグに対する方向転換をしたことは、ビートルズに多大な影響(98)を及ぼした。二年前にジョージとジョンが、アシッドにより結びつきを深めたことは、ビートルズの音楽と生活を変えてしまっていたのである。ビートルズの音楽キャリアの方向付けを、あからさまに主導し、口にすることは無かったものの、ジョージの静かな情熱は、水面下でビートルズに深い影響を与えていた。彼の強いこだわりにより、馴染みの薄いビートを持つ音楽であったにも関わらず、ビートルズの音楽革新に不可欠なものとして、インド音楽はバンドに受け入れられるようになった。悲惨な米国ツアーから帰国する機上で、ジョージがエプスタインに、猛然とした勢いで出した最後通告―ツアーを止めなければバンドを脱退する―は、ボーイズが公の場でパフォーマンスすることを永久に止める、大胆な政策をエプスタインが打ち出すことに繋がったのだ。今度は、アシッドに対するジョージの強硬路線が、全てを一変させることになる。

ポールとリンゴにとっては、アシッドに背を向けることは、さほど難しいことではなかった。最初にリンゴが、大分遅れてポールがトリップしたのは、もっと深刻なジャンキーであった他の2人との絆の証のためだった。LSDの渦に吸い込まれていたジョンにとっては、全くの別問題(99)であった。彼は自分で、すりこぎとすり鉢を使い、多種類の粉を混ぜて、致死量の幻覚剤を作っていたのだから。それでも彼は、自称何千回もアシッド・トリップをした後で、幻覚体験に飽き始めてもいた。危険な生き方を望む彼ではあったが、自己防衛本能が、このまま同じドラッグ摂取体制を続けていれば、頭ではなく体が崩壊すると、危険信号を出すようになっていた。それに加え、一箇所に留まらない性分の彼は、サイケデリック・ロックの王様と讃えられた後で、次なる大きいものに飛びつく準備万端だった。

驚くことに、ビートルズを次の大きな波に導いたのは、ジョージではなくパティだった。夫と、彼の見るLSDによる幻覚から、ますます気持ちが離れていったシンシアとは対照的に、パティは、夫の受け入れたインドの文化と神秘主義を、彼と共に全身全霊で受け入れた。インド中をラヴィ・シャンカルと旅したことが影響していたのは間違いなく、彼女はジョージと同様、シタールの巨匠の魅力に取り憑かれ、彼が思考と精神に開いてくれた、わくわくするような新しい展望に夢中になる。ロンドンに戻った彼女は、夫と共にヒンドゥー教の精神や、東洋の神秘主義者について書かれた本を読みあさった。一九六七年二月、夫には知らせず(100)、パティは、フランス人モデルで、新進女優の友人マリー・リーズ・

グレと一緒に、精神復活運動に加わる。精神復活運動は、内なる平安と精神の救いを約束する、超越瞑想と呼ばれるものを教える教室を、毎週ロンドンで開いていた。運動の創始者であるマハリシ・マヘーシュ・ヨーギーはいなかったが、特別な指導者たちが教え、パティは感銘を受けるまではいかなくとも、興味を覚えた。ある日、彼女はジョージに、自分もスピリチュアルになるよう努力していることを誇らしげに告げ、[101]超越瞑想の指導者たちが、秘密にしておかなければいけないマントラで、意識の扉の鍵を開けることができると、いかに主張しているか伝えた。半信半疑だが興味をそそられたビートルは、友人に秘密にしておくことを勧めるような運動をどうして信用できるのか、パティをからかった。ジョージはパティについていき、とあるクラスを受講するところまでは行ったが、コースに登録はしなかった。

片や運命の方は、独自の計画を練っていた。ヘイトアシュベリーでの不快な体験の後で、ジョージがアシッドを止める重大な決心をしたわずか数日後、パティが興奮気味に、その月の後半、マハリシが街にやって来ることが新聞で発表されたと言う。ジョージは、パティと一緒にマハリシに会いに行くことに喜んで同意し、一緒に誘われたポールも、子供の頃にテレビ番組で観たグルを思い出し、驚くことに乗り気になった。何か新しいことを始める気満々であったジョンも、やはり熱意を示した。当時妊娠中であった妻のモーリーンの側にいたリンゴだけが、行けるかどうか不確実だった。その時の彼らは全く予想だにしなかったが、ビートルズは新しい冒険に踏み出し、音楽と人生が永遠に変わってしまうような、思いがけない場所に運ばれようとしていた。しかしまず彼らは、もじゃもじゃの長い髪と髭で覆われ、しょっちゅうクスクス笑いをする、小柄なインド人僧に出会わなければならなかった。

マハリシ登場

スピリチュアル・リーダーになる以前の、マハリシ・マヘーシュ・ヨーギーの若年期は、ちょっとした謎に包まれ、情報がやや錯綜している。例を挙げれば、生まれた日付と場所には、様々な説がある。一九一七年一月一二日、ラーイプルにある古代ヒンドゥー寺院の街ラジム近郊の、パンドゥカ村の泥壁の家に、地元の税務調査官の息子として生まれたと断言する人々がいる。[1] しかし、マハリシのパスポートには、そこから400キロ近く離れたジャバルプル地区にあるポウナルラの町で、一九一八年一月一二日に生まれたと記されている。彼の父親は林野部の役人で、比較的裕福だったと言う証言もある。[2]

彼の名前もまた、一貫性がない。マハリシの卒業したアラーハーバード大学の記録では、名前はマヘーシュ・ヴァルマーではなく、M.C.スリヴァスタヴァと記載されている。一九五八年、初の海外渡航でビルマを訪れる直前に、ラクナウ旅券局で発行された最初のパスポートには、再度氏名を変えた彼が、バル・ブラフマチャリ・マヘーシュ・ヨーギーとサインしている。[3] いくつかある氏名のうち、共通するのはマヘーシュの名だけだ。全ての家族関係を断ち切るヒンドゥーの聖職者の習わしに従い、マハリシも決してこれらの相違点についてはっきり説明することはなかった。前半生について聞かれると、彼は決まって「僧としての誓いを立てた者は、過去のことは思い出さないものです」と答えている。

若いマヘーシュについて確実に知られていることは、二〇代前半でスワミ・ブラフマナンダ・サラスワティに出会うまでは、スピリチュアリズムや宗教にほとんど興味を示さなかったことだ。現代の最も有名なヒンドゥー予言者の1人であるブラフマナンダ・サラスワティは、九歳の時に家族の元を去り、神を求めてヒマラヤに行く。後に彼は苦行者の地位に任命され、何十年も森の洞窟に1人で籠もり、野生の動物だけを仲間に瞑想を続けた。一九四一年、七〇歳でインドのヒンドゥー修行で4箇所ある僧院の1つ、ジョティルマスの最高指導者、シャンカラチャリヤの地位に引き上げられた。ジョティルマスは、その教派では、北インドで唯一のヒンドゥー寺院であり、適した聖者がいないことから、一五〇年以上シャンカラチャリヤ不在であったため、これは大変な名誉であった。

大学生だった若いマヘーシュが、どのようにしてスワミ・ブラフマナンダ・サラスワティに出会い、お気に入りの弟子になったかについて正確に伝える文献は存在せず、代わりに様々なバージョンの聖人伝があるだけだ。ある文献によれば、宗教の行列を先導するためにめずらしく洞窟から出て来たその聖人を、マヘーシュが初めてを目にしたのは、大学1年生の時だったという。「その体験は、スピリチュアルな一目惚れのようなものでした。二〇歳の学生だったマハリシは、偉大なる指導者に近づき、仕えたいという強烈な欲望を抱きました」と、一九五〇年代のアメリカにおける、マハリシの精神復活運動の最初のメンバーの1人であったチャールズ・リューッは記す。(4)

マヘーシュは、すぐにヒンドゥーの聖者を探し出す。別のアメリカの初期の弟子、ジェリー・ジャルヴィスは、マハリシとの会見を元に、その出会いを詳細に述べている。(5) マヘーシュが最初にブラフマナンダ・サラスワティに会いに行った時、しばらく扉の外で待たなくてはならなかった。真っ暗だったが、突然通り過ぎた車のヘッドライトでポーチが照らされ、完全に黙して微動だにせず座っている1人の男が見えた。ジャルヴィスによれば、ぴかっと光るなか、マヘーシュは瞬間的に、この男が自分のグルになることを悟ったそうだ。

ジャルヴィスに語ったところによると、マヘーシュはグル・デヴ〔「聖なる師」の意味。ブラフマナンダ・サラスワティのこと〕とすぐにでも一緒にいたかったが、まず大学を終えるよう言われた。その間グル・デヴは、シャンカラチャリヤになったが、最初にこの聖人と会った時は、そうなるとは知らなかったと、マハリシは主張している。興味深いのは、マハリシがわざわざアメリカ人の弟子に、偉大なるスワミとあっという間にスピリチュアルな繋がりができ、それもスワミが高名なシャンカラチャリヤの地位に上げられる前に起こったことであると、自慢したことだ。

マハリシの伝記作家であり、彼から超越瞑想を学んだポール・メイスンは、ジャバルプルに住んでいたマハリシの叔父ラージ・ヴァルマーが、先にブラフマナンダ・サラスワティからイニシエーションを受け、これが若い学生だったマハリシが聖人を求めることに繋がったと示唆している。

何年も後にマハリシは、どうやってグルに出会い彼の側近になったか、自分の言葉で詳細に、とても面白く説明している。奇妙な言葉を散りばめて語られるその話は、要領を得ないものだが、彼の性格を知る貴重な手がかりではある。ベナレスにある高貴なジョティルマスの機関に最初に加わった時は（ここでシャンカラチャリヤに即位した、ブラフマナンダ・サラスワティを追って来たのだった）、自分は取るに足らない存在であったと、マハリシは明かす。

いっとう最初は、アシュラムに入りました。私は来て、30人か40人いるブラフマチャリ〔禁欲主義者〕やパンディット〔賢者〕やら全部、やら全部の中の1人になりました。彼らはとても賢い人でした。哲学の6つのシステム全てのパンディットがいて、スムリティやらシュルティやら、全部のパンディットがいました。シャンカラチャリヤ周りの修行の全てに、修練した大勢のお付きの者がいて、私は全くの取るに足らない存在でありました。ヒンディー語と英語の知識がややあり、サンスクリット語も少しだけ知っていましたが、知識を持つ者の巨大な集団のなかでは、完全に無意味な存在でした。英語は当然のことながら、全く必要とされませんでした。(6)

それでもマハリシは、比較的短期間のうちに、こっそりシャンカラチャリヤの部屋を掃除する存在から、彼宛に来た手紙を読む係になり、代わりに返事をする係から、遂には個人秘書に上り詰める。数年の間にマハリシは、ジョティルマスの長の全ての窓口業務を担うようになり、彼が公の場に姿を現す際には、ほぼ毎回、場を取り仕切るようになった。宗教的な環境で育たず、大学を出たばかりの物理専攻の若者が――ましてやヒンドゥー信仰の教育など受けたこともなく、最高位の予言者の1人に近づくことができたのは、驚嘆に値する。

自分の命令に従わせる驚異的な能力を使い（後に華々しく世に出ることに大きく貢献した、マハリシの特性だ）、どのようにして自分から、シャンカラチャリヤにとって徐々に役立つ存在になっていったか（最終的には、実質的に彼の分身にまでなった）、マハリシは次のように説明する。

私が用いた手段は、いつ何を彼が求めているのか、欲しているのか、察知することでした。私は、彼の考えや、彼の感情に沿うための手段として、やることを選びました。私の思考が、彼のそれとほぼ寄り添うように流れるまで、大体二年半かかりました。それがどれくらい完璧だったか、計る術はありませんでしたが、私は知っていました―ほとんど、ほとんど、間違えることがなかったこと。ほぼ失敗しなかったことを。それ以降は、全てのことが私にとって軽く美しく、障害もなく、透明で―全てが。(7)

マヘーシュは、シャンカラチャリヤの個人秘書、および広報主任として、会合やインド国内の旅の手配をし、権力と財産を持つヒンドゥー教徒が、この最も崇拝される聖職者の1人に一目会おうと群がるなか、独立したばかりのインド中を一緒に旅して回った。聖人のための広報活動におけるマヘーシュにとって最高の栄誉は、大々的に報じられた、一九五二年冬の首都ニューデリーへの訪問を取り仕切ったことだ。インド初の大統領で、熱心な正統派ヒンドゥー教徒だったラージェーンドラ・プラサードさえも、シャンカラチャリヤを表敬訪問した。通常、ヒンドゥー教の聖人は宣伝活動を避けるものだが、シャンカラチャリヤがデリーを訪れる数ヶ月前には、マヘーシュがクイーンズ・ガーデンにあるヤング・メンズ・テニス・クラブで記者会見を開き、主要な英語日刊紙さえも招かれた。インド最高位の聖者としてブラフマナンダ・サラスワティを讃えながら、マヘーシュはこう宣言した「彼は、巨大な超自然的エネルギーの、生ける化身であります。今日生きている聖人のなかで、誰が最も偉大であるか問われれば、個人的な経験に基づき、ためらわず私はこう答えます―それは、ヒマラヤの聖地の標識灯で、ジョティルマスのシュリ・ジャガットグル・シャンカラチャリヤ・スワミ・ブラフマナンダ・サラスワティ・マハラジであると」[8]。この会見は、それから数十年にわたり、自国だけでなく外国でも数多く主催することになるマハリシによる記者会見の第一歩となり、メディアと堂々と渡り合う生まれつきの自己宣伝の才能があったことを証明するものであった。

　しかし、マヘーシュの属するカーストが、ジョティルマスのヒエラルキーを上るうえで大きな障害として立ちはだかる。彼は僧として入門し、アシュラムに入ってすぐに独身の誓いを立て、バル（若い）・ブラフマチャリ（禁欲主義の）・マヘーシュ・ヨーギーと名付けられたが、これは、アシュラムに滞在するための絶対不可欠な条件だった。うまくだましてシャンカラチャリヤの内輪グループに入り込むことはできたが、マヘーシュの属するカーストのカヤスタは、書記や管理の業務を担うとされていたのだ（ヒンドゥーの聖なる規約《シャーストラ》は、それぞれのカーストに異なる職業を割り当てている）。カヤスタは、スピリチュアルな行事や信仰に関わる事柄を特別に任されるブラフミン〔バラモンのこと〕のカーストからは、はるかに低い身分だ。ジョティルマスのように名誉と伝統あるヒンドゥーの機関で、宗教上の務めをブラフミン以外のカーストが担うなど、あり得ないことだった。

　実のところ、ブラフマナンダ・サラスワティ自身が、ヒンドゥーのカースト制度の厳格な支持者であり、ブラフミン以外のカーストが聖なるローブをまとうのを見て、公の場であざ笑うことで知られていた。「近頃は、カヤスタやヴァイシャ、油売りだけでなく、酒屋さえも様々な色の聖者《サドゥー》の服を着て、弟子を沢山作ろうと躍起になっている。このような状況では、グルも弟子も破滅へ向かうだけだ。聖なる規約《シャーストラ》を踏まえて言っているのであり、単なる個人的見解ではない」と、彼が言ったとされている。[9]

　シャンカラチャリヤの信頼する弟子となり、長の側近であることを利用してジョティルマスで管理者として権力を振るっていたにも関わらず、宗教上の身分を前にして、マヘーシュの将来は絶望的であった。彼の運命は、全て主人の善意にかかっていたが、主人はマヘーシュを後継者に指名することも、弟子として正式に教えることもできなかったのだ。それから何年もして、マハリシはこう告白している「彼は一度も私に、修行のようなものを受けさせませんでした。私は、ただアシュラムに住まっていたのです」。

ジョティルマスでの将来の見通しが立たなかったにもかかわらず、いつかスピリチュアル指導者として独立した道を歩めるよう、マヘーシュはグルからありったけの知識を吸収した。興味深いことに、マハリシ自身が後に認めたことによれば、シャンカラチャリヤは、自分の知恵を公然と彼に授けることをせず、正式に彼の指導者としての役割を果たすこともなかった。マハリシによれば、代わりにシャンカラチャリヤは、言葉を使わない、何かスピリチュアルな浸透作用でもって、同じ効果を彼にもたらしたという。「ああ、彼はご存じであったに違いない。決して私には言わなかったが、言っていたら、計画を立てるだけで長い時間かかったでしょうよ。私たちの時間、計画する時間を、彼は無駄にしなかった。ただ、花開いて、花開いて、花開いただけ(10)」。

一方で弟子リューツの主張では(マハリシが彼に伝えたことに基づく主張と思われるが)、シャンカラチャリヤはもっと意図的に、自分の秘書であり下僕でもあるマヘーシュに、スピリチュアルのミッションを与えた。

リューツによればグル・デヴは、亡くなる少し前に、聖職者たちが実践し、教えているものとは全く別の形式をした瞑想の知識を、マハリシに打ち明ける。これは、最も時間を要さず、最も高尚なテクニックであり、自分自身が教えることはなかったが、インド中の一般家庭に広めるために、マハリシに伝授するとのことであった。この瞑想の目的は、僧の育成ではなく、ただ人々を元気づけ、スピリチュアルにし、日々の生活をもっと効果的に送るために授ける教えであった。

グル・デヴは、この秘密の瞑想の形式に再び焦点を当てるために自分を選んだのだと、マハリシはリューツに教えた。マハリシは、どこでグル・デヴがこの知識を得たのか—何年も前に自身のグルから授けられたものなのか、神との交流を通して会得したものなのか、知らなかった。マハリシが分かっていたのは、グル・デヴが全ての道に通じる主であり、全宇宙の知識を持つということだけだった。リューツは次のように記している。

マハリシが受け継いだのは、超越瞑想の神髄でした。それはまるで、熟練したカット職人と研磨職人の技を必要とする、高貴なダイヤモンドの原石でした。その時マハリシに求められていたのは、知識を整理して、実践できるようにすることでした。どのように教えるのが最善か？　実践の方法にはどのようなものがあるか？　大衆にアピールするようにするにはどうしたら？

他の僧や聖職者は、誰も彼を手伝うことはできませんでした。グル・デヴからメッセージを受け取ったのは、彼だけなのですから。(11)

面白いことに、マハリシは最後まで、彼のグルに何を教わったのか、話したがらなかった。どのような手順でマントラを考案しているのか質問されると、はぐらかすのであった。

1人1人にどうやって別々のマントラを作っているのか解説を求められる度に、マハリシは適切な回答も説明もせず、ヒンドゥーのスピリチュアリズムで認められている宇宙を構成する5つの基本要素（5大）―プリティヴィー（地）、ジャル（水）、アグニ（火）、ヴァーユ（風）、アーカーシャ（虚空）―のバランスを、各人の中に突き止めなければならない、と言うだけに終始した。どんな瞑想の技術を使っているのか、もっと詳しく説明するよう迫られると、毎回マハリシはブツブツと口ごもった。次に挙げるメイスンの引用した記録の抜粋が、その様子をよく伝えている。

質問者：お伺いしますマハリシ、どのようにして人は、自分のなかでどの5大が強いのかを知ることができるのですか？

マハリシ：あれは、あれは、メソッドがあって。ええと、その、彼らの知っている傾向から、顔の向きから、から、分かります。傾向からです。傾向からです。

質問者：マントラを与える時は、それを考慮に入れますか？

マハリシ：私は、伝わってくるものだの何だの、面倒なことはやりません。ただ「どの神が好き？」と聞いて、彼は「シヴァ」と答える。「オッケー、シヴァだな！」（ここでマハリシは大きな笑い声を上げる）。複雑なことだの何だのをやっている時間がどこにありますか？　ただ男に「何が好き？」と聞いて、それだけです。（さらに高い声で笑う）すると誰かがやって来て、「どうしましょう。誰も好きじゃないんです」と言う。すると私は、彼をさかのぼってから「若い時は？」と「どの寺院にもっと行った？」と「あなたの父上は誰を崇拝していたか？」と聞けば、彼はこっちに向き合ってくれます（マハリシは再び笑う）[12]。

同様のことが、一九六七年にあった。イギリスのテレビ番組の司会者デヴィッド・フロストが、マハリシに合計いくつのマントラを持っているのか聞くと、彼は曖昧に答える。

フロスト：その音を、どの人にもあげるのですか？
マハリシ：いや。それぞれ違うのをもらいます。でも、世界にいる人の数だけ多くの音がある訳じゃありません。だから、グループ化しています。
フロスト：いくつの音があるのですか？
マハリシ：おお、沢山の音がある。
フロスト：つまり、数百ですか、数千ですか、それとも…？
マハリシ：まあ、数千ですな[13]。

グル・デヴの教えたテクニックと、超越瞑想は全く同一のものなのか、生徒の1人に聞かれた時など、マハリシはよく分からないといった風に、超越瞑想の方が優れているだろうと答えた。その後で彼は、こう付け加えた―グルから誰が何のマントラを与えられたのか、全く知らないし、興味も無く「私はただ、自分に興味があるだけだ」。

一九七〇年、アメリカのポーランド・スプリングで行われたQ&Aセッションの間、古代ヴェーダから知識を蘇らせるのに、ブラフマナンダ・サラスワティが具体的に何をしたかという質問に答えることにしたマハリシは、素っ気なくこう言い放った「彼はアシュラムで私を作った」。マハリシは謙虚な人間ではなかったうえに、グルから譲り受けたものを明かすつもりもなかった。(14)

一九五三年夏にシャンカラチャリヤが亡くなると、当然のことながら、バル・ブラフマチャリ・マヘーシュ・ヨーギー（この時までには、マハリシはこの名前で知られていた）は、直ちにジョティルマスを離れる。カヤスタの部外者であったにも関わらず、シャンカラチャリヤのおかげで権力を振りかざしていた彼は、ブラフミンの聖職者の間で敵を大勢作っていたに違いない。過去一〇年の間に権力の座に上り詰めた彼が、今や無に近い存在になったのだから、その場に居座ることは到底不可能なことであった。利害関係も全く無かったため、シャンカラチャリヤの死後に様々なブラフミンの弟子の間で勃発した、醜い後継者争いに巻き込まれる必要性も感じなかった。代わりに彼が選んだのは、神聖なるガンガの川岸に位置するベナレスにあるジョティルマスのアシュラムから遠く700キロ以上離れた、ヒマラヤ山脈の前山、聖者の谷にあるハリドワールに移り住むことだ。ベナレス同様、ヒンドゥー教の聖なる町であるハリドワールには、アシュラムや寺院が多くあり、雪山の源泉も近いガンガ川が、近くを流れている。マヘーシュ・ヨーギーにとって大事なことは、ハリドワールの誰も彼のことを知らず、ジョティルマスの確立されたヒンドゥー階級から離れて、スピリチュアル指導者として成功する自由を得られることだった。アシュラムを去る際に彼は、亡き師匠のグル・デヴ・ブラフマナンダ・サラスワティにインスピレーションを受け、自分もまた一人で洞窟に籠もり瞑想すると宣言した。

だが、マヘーシュ・ヨーギーの洞窟は、野生の動物に囲まれた森の中にはなかった。それは、とあるアシュラムの部屋の階下にある狭苦しい地下室で、時々召し使いがそこを訪れて、彼に食事を作るのだった。そのヒマラヤ山脈の麓でマハリシは二年近く隠居したと主張する弟子もいたが、メイスンの見つけ出した証拠によれば、彼がそこにいたのは数ヶ月に過ぎず、どんどん南下するよう勧める内なる声に従い、南インドに引っ越したそうだ。病を患うコルカタ出身の年配女性に懐いたマハリシは、マタジと呼ぶ彼女に付いて、バンガロールにあるサナトリウムにたどり着く（女性は治療のために入所）。バンガロールでは、マタジの回復を待ちながら、すぐに友達を作った。最初に滞在先のホテルのオーナーと、次に地元の銀行のマネージャーと彼の友人と仲良くなった。ヒマラヤ山脈の地下隠遁所から優に2000キロを超える旅をしてバンガロールの知らない町に来た僧は、突然、当地でかなりのファンを獲得することになる。

人々が最も感心したのは、マハリシが笑顔で受け答えをし、声もよく、優しい笑い声で、宗教や哲学の大事な事柄を気軽に取り扱うことだった。縫われていない白の正絹をまとい、いつも無垢にキラキラ瞬く目をし、ソフトな澄んだ声で、宗教と哲学について優しく話す、黒く長い巻き髪と髭のマハリシは、一瞬にしてその集団に感銘を与えたのだ。最終的に人々は、この人間は熟達したヨーギーでなのだと結論づけるに至り、みな彼を「マハリシ〔「偉大な聖者」の意味〕」と呼ぶようになった。それ以降、この肩書きが彼の名前に不可欠なものとなり、「1人1人のため、みんなのために」、彼はマハリシ・マヘーシュ・ヨーギーとなった。(15)

サナトリウムでマタジが亡くなると、マヘーシュ・ヨーギーは、バンガロールから別の南の町マダナパルに行き、瞑想を人々に教えながら（人に教えようとしたのは、おそらくこれが初めて）、そこで数ヶ月過ごしたと信じられている。メイスンはこう記す「伝え知るところによればマヘーシュは、自分に関心を引くため『今すぐ悟りを開きたい人はいるか？』と書かれたサインを掲げ、噂によると、額に一撃を加えてそれを授けたそうだ！」

マハリシはどんどん南下し、初めに沿岸のタミルにある町ラーメーシュワラムに行き、有名な古代のシヴァ寺院で祈りを捧げ、それからインド最南端のカンニヤークマリに行く。ここで、別のインド南部の州であるケーララの州都、ティルヴァナンタプラムに行くよう、神の啓示を受ける。

放浪僧のマハリシは、ケーララでクイロン、アレッピー、コッタヤムを含む町から町へと移動しながら講義をし、問答セッションに加わり、瞑想の新しい形―家の伝統や個人の信仰に基づき入門者が選んだ神々に特別に合うよう作られた、特定のマントラを繰り返し口にすることが求められた―を教えた。それは至福の感覚を味わい、幸福になるためのシンプルで簡単、効果的な方法であると彼は約束した。話しに行く先々で新しい信奉者を生んだが、そのなかには、弁護士や教授、会計士や科学者といった、社会の尊敬を集める重要人物もいた。コーチンのマハーラージャ（高貴な血筋柄、地域の有力者だっただけでなく、一流のサンスクリット学者として尊敬されていた人物）の友人になることにも成功。キャリア初期に、地元の言葉も知らず、縁もゆかりもない南インドで、様々な社会集団の間に信奉者を生むことができたのは、マハリシが驚異的な対人スキルを持っていたからであり、それを証明するエピソードだ。

注目すべきは、マヘーシュ・ヨーギーが自分を独立したグルとして見せることを、あからさまに避けていたことだ。その代わりに彼は、伝道師として自分のグルであるブラフマナンダ・サラスワティの知恵を説いていると自分を紹介した。既にブラフマナンダ・サラスワティの名声は、国中に知れ渡っていた―最初は、ヒマラヤの洞窟に住む苦行者として、次に、国に4つあるヒンドゥー教を学ぶ機関の1つの、シャンカラチャリヤとして。従ってマハリシは、聖者の名声に便乗して、全ての者に個人の至福を約束する、新しい瞑想方法を有する優れた伝道者として、自分自身の名声を確立することができた訳だ。

大成功に終わったケーララでの宣伝活動の頂点となったは、一九五五年末、国中から集まったマヘーシュ・ヨーギーの追随者が、マハーラージャの助けを借りながら、コーチンで三日間にわたりケーララ・マハ・サメラン（偉大なるケーララ会議）を開催し、マヘーシュ・ヨーギーをヒマラヤから南部に古代の知恵をもたらしたマハリシとして、正式にデビューさせた時だ。それは、見事に練られたデビューだった。ケーララは、アディ・シャンカラの生誕地だ。彼は、八世紀に初めて不二一元論（アドヴァイタ・ヴェーダーンタ）の教義を集約し、ヒンドゥー教の様々な思考の流れをまとめた哲学者であり、神学者だ。現代では、ブラフマナンダ・サラスワティが、不二一元論の代表的な支持者であるとされている。2人の宗教上の中心人物を会議の土台に据えることにより、スピリチュアルの競争の場では新参者に過ぎなかったにもかかわらず、マヘーシュ・ヨーギーは、自分をオーラで包むことに成功した。次々と現れる登壇者が、アディ・シャンカラとブラフマナンダ・サラスワティを手短に讃えた後で、ヒマラヤから来た僧を天まで昇るほど褒め称え、全員が舞台上から彼を、マハリシであると宣言した。

マハリシは、会議のハイライトとなった自身の講演で、古代宗教と、日々どうやってそれを実践するかに関し、過激な解釈を提示し、その頃一般的に行われていた宗教談話からは、極端に逸脱する重要な主張をいくつか披露した。ヒンドゥー教が科学的に有効であると説明しながら、マハリシは、誰もが受けることのできるスピリチュアルな至福への、手っ取り早い方法を次のように提示した。それは、物質的快楽を放棄する必要は全く無く、オーダーメイドのマントラをチャントすることが基本となる。他の僧が信者に処方する、スピリチュアルな悟りへの複雑な道のりや、厳しい肉体鍛錬とは著しく異なり、マハリシが約束したのは、人々が日々の問題に対処するための、手軽で体のいい解決方法だった。

物理学科を卒業したマハリシは、物理の知識を使い、現代科学とヒンドゥー信仰の間に矛盾することは何も無いと論じた。「インド哲学の真実、またこれ、現代科学の発見で裏付けされてきました。現代科学の電子論によれば、電子と陽子は、究極の物質の実体です。これら異なる物質の形は、エネルギーにまつわるものに過ぎないのです」。

マハリシはまた、スピリチュアルな悟りは、富裕層に属する選ばれし少数の博学な人々のためにあるのではなく、全ての人々のためのものだと言い切った。続けて彼は、思考のトレーニングに音を使用し、「我々の生活様式に適していると認められる効果を持った振動を作り出すうえで、さらなる効力を発揮する特別な音」が必要である、と持論を展開。またしても彼は、1人1人にあつらえたマントラを使うことと、科学を結び付けたのだ。「これは、我々が言葉をランダムに選ばないことへの、科学的な根拠です。修行では、個人の神に適うマントラだけを選びます。そのようなマントラは、それぞれの神の恵みを我々にもたらし、あらゆる階層の人々を幸せにします」。

世を捨てた苦行僧よりもずっと活発な調子でマハリシは、物質社会に住む一般の家長に向けて、スピリチュアリズムへの異なるアプローチを説いた。

「苦行僧にとってマントラは、離れ、捨てる感覚を高める効果があり、この世への愛着となる対象物がまだ彼に残っているとすれば、それを破壊する力を持ちます。これとは全く逆に、これまた家長に適したことには、生活の物質的な面と調和を図り、それを高める効果のあるマントラがあります[16]」

科学的なやり方や特注のマントラ、そして何よりも、人生における物質的な快楽の必然性を唱えることに重点を置いた、ヒンドゥー僧としては最も異例なスピリチュアル談話だった。深い瞑想（スピリチュアルな至福を飲みやすくカプセルに入れて提供した、後に超越瞑想、またはTMと呼ばれるもの）に関するマハリシが出した最初の声明は、大勢のヒンドゥー信仰における同業者のなかで、彼が驚異的なオリジナリティの高さを誇り、型破りなスピリチュアル指導者であることを証明するものであった[17]。

以降二年間マハリシは、ラジカルなメッセージを携えてインド中をくまなく旅し、献身的な追随者の集団を生む。それでも彼は、魅惑的であるのは間違いない自分の処方箋が（物質的快楽をあきらめることなく幸福を得られるのだ）、何世紀も信心深さが自己否定と同義であるこの古い国にとっては、いささか過激過ぎることを思い知らされることになる。二年間の広範囲に及ぶ遠征と、国の様々な地方での会議をもってしても、深い瞑想のマントラ・プログラムに入門したのは、わずか数千人に過ぎなかったのだ。「マハリシがインドを席巻していたと、間違った印象を抱いてはいけない。全くそのようなことはなかった。彼の信奉者は熱心だが少数で、その独自路線を行く考えは、宗教組織のいくつかの派閥から批判を招いていた」と、リューーツは回想録に記す。

消費ブーム到来まで少なくともあと三〇年は待たなければいけない、一九五〇年代のインドのような発展途上国では、圧倒的多数の人々が、物質的快楽を拒否することにより信心深くなれるという、昔からの教えにしがみついていた。つまるところ、それは貧困に陥っている無数のインド人にとって、避けられない貧しさを美徳に代える、都合のいい教えだったのだ。反体制的な傾向のあるマハリシの教えは、ライバルのヒンドゥー僧たちだけでなく、既成の宗教体制を不安にさせる。マントラ・カプセルで人々をだましにかかる型破りなペテン師として、マハリシを仕立て上げる機会を、彼らは逃さなかった。

一方で、消費者向けの商品が劇的に増え、豊かさが爆発した一九五〇年代半ばの社会を生きていたリューツのようなアメリカ人にとっては、マハリシのメッセージと彼のやっていることは、解放感を味わえる非常に革新的なものであった。マハリシは、現代社会に適した瞑想のメソッドを編み出したのだ。それは、東西のオーソドックスな瞑想の実践――しばしば宗教的であり、難解な哲学を伴い、大抵は禁欲的で厳格なライフスタイルを要する――とは相反するものであり、男女問わず、子供でもできるものだった。ヒンドゥー教、キリスト教、イスラム教、ユダヤ教、どの宗教を追っていても構わず、火星人であっても問題無かった。マハリシはこう言った。必要なのはこれだけ――朝と晩に三〇分ずつ、座って目を閉じ、自分の教えた通りの瞑想をしなさいと。(18)

以上のことから、新しいものを取り入れ、新たな物的環境に適応するのが早かったマハリシが、またしても次なるステップに打って出たのは、不思議なことではなかった。もっと受容力のある聴衆を異国に探しに行くことになったのだ。ケーララの会議でマハリシとして自分を売り出し、深い瞑想のプログラムを発表してから二年、彼はブラフマナンダ・サラスワティの生誕八九周年を祝うためにマドラスに集まった信奉者を前にして、海外に行き精神復活運動を広めることを決めたと宣言し、人々をあっと驚かせる。

マハリシの最終目的地はアメリカであったが、資金が足りなかったので、東から一歩一歩近づくことになった。信奉者の1人が、ビルマのラングーンまでの片道航空券の代金を出し、そこからマハリシは、チケットを買ってくれる人に頼る旅をのろのろと進め、極東の様々な都市—シンガポール、クアラルンプール、香港—を旅しながら、遂にアメリカ合衆国の西に位置するハワイに到着する。それは、この放浪僧だけでなく、他の多くの人の人生とキャリアを一変させることになる旅だった。マハリシの荷物は少なく、彼が携えていたのは、驚異的な自信と、人を説得する技であった。

一九五八年四月二七日、コルカタから飛行機でラングーンに向かったマハリシが持っていたのは、パスポートと、絹のドウティ（腰布）を何枚か、サンダルを1足、鹿革1枚、グル・デヴの写真1枚、カーペットで巻いた目覚まし時計と洗面用具少しだった。インドを出るのは初めてで、金は少ししか持たず、スケジュールも白紙であった。

それでも、訪れる先々でマハリシに興味を覚える人が出現し、彼らがマハリシのメッセージを広めることとなった。一般家庭やホール、寺院で講座が開かれ、マハリシは興味を持った者は誰でも入門させた。人数にすれば少なく、弟子入りした者の自宅で間に合わせのスピリチュアル勉強会が開かれることもあったが、マハリシが別の場所に移ると、自然消滅した。とはいっても、マハリシは自宅でも寺院でも歓迎され、次の目的地へ移動するための寄付金集めが行われ、裕福な入門者が航空券代を出すこともあった。それは、長く辛い道のりの出発点だった、とリューツは記す。(19)

インド同様、極東の国々に住むほとんどの人々が、苦労せずにスピリチュアルなものを得ることができるというメッセージを受け入れる体勢に無いことにマハリシは気づく。それでも広報の才能に恵まれた彼は、どの国に行ってもメディアの関心を引くことには成功した。マレーシアのペナンの講座の日程を公表した地元紙『ガゼット』は、マハリシのテクニックを「忙しい家長のための、スピリチュアルへの近道」と報じた。

シンガポールの『ザ・ストレーツ・タイムズ』は、マハリシが鹿革に座る習慣があることを取り上げた。記者はこう報じている「インタビューを受けようと座る前に、彼はインド人の召使いが長椅子に鹿革を敷くのを待っていた。彼は私に、鹿革の上でなければ絶対に座らないこと、およそ一年で使い潰すことを教えてくれた」。

ハワイでは、マハリシがセントラルYMCAの4階の小さな部屋で、毎晩三時間眠り、一日一食の菜食を食べることを、『スター・ブレティン』の記者が突き止めた。「彼は、鹿の生皮に足を組んで座る、驚くべき男だ」と、記者は言う。「彼の目は、子犬の無垢さを思い出させ、子供のように無邪気だが、驚異の語彙力を持つ。彼は、無一文だが何も要求しない。自分に不可能なことは無いと思っているようだ」。

『ホノルル・サンデー・アドバタイザー』は、マハリシが自分の年齢を明かさないと指摘する。「年齢を推測するなら、年老いていれば年老いているほどいいと、彼は言う。彼がホノルルで作った友人の間では、推定二五歳から六〇歳ではないかと言われている」。

＊＊＊

一九五九年四月、インドを出発してからちょうど一年、マハリシはハリウッドを抱える西海岸の賑やかな大都市ロサンゼルスに到着した。長期間滞在することになるロサンゼルスは、それから何年もして、超越瞑想の海外での拠点となる。ハリウッド・スターのよく訪れる、豪華なアンバサダー・ホテルで記者会見が開かれたが、企画したのは、アメリカで新たに信奉者となった、地元の建築家リチャード・セドラチェックだった。集まった記者のほとんどは、そのインド僧が誰であるか全く知らず、会見は気まずい沈黙で始まる。記者の1人は、マハリシについて書かれた資料が何も無いので、何を質問していいか分からないと、文句を言った。「最初の質問としては上出来です」と、いたずら気味にマハリシは言った。「聖なる道においては、無知は最高の資質です[20]」と言ってから、彼がヒヒヒといつもの甲高い笑い声をあげると、会場中が笑いに包まれた。程なくしてマハリシは、クスクス笑うグルとして知られるようになる。

マハリシは自信のある口調で静かに、瞑想を通じて人々の日々の生活に内面の充足感をもたらすことにより、数年以内に世界に平和が訪れることを保証すると説明した。それは、常に変わり続ける政治には不可能なことである。なぜなら、変化し続けるものは、永続的なものを確立することはできないからだ、と彼は言った。

『ロサンゼルス・エグザミナー』は、「神秘的な東洋が、煙に巻かれた西洋と出会う」と見出しを付けた、冗談半分の記事を掲載。「インドのウッタルカシ出身のマハリシ・マヘーシュ・ヨーギーは、鹿革に座って愛想良く笑い、あっという間に瞑想を習得できる、自身の『スプートニク・メソッド』を説明しようとした。最初の簡単なレッスンだけで平安が得られると、彼は言う。『大急ぎでダンスを踊れるようになろう』と少し似たコンセプトだが、頭のなかで行う点が違う」と記事には書かれている。

ロサンゼルスのほとんどの人々は、マハリシを東洋から来た変わりものくらいにしか見ていなかったが、彼は、喜んで伝導の手伝いに尽力する、献身的なアメリカ人信奉者の集団の獲得に成功した。色々な種類の人間がマハリシの周りに集まり、講座を聴講し、ボランティアを買って出た。支持者には、家禽業に従事する者、法律、芸術、不動産や土地開発に携わる者、航空工学者、専業主婦さえもいた。マハリシの発するメッセージよりも彼の個性が、熱心な追随者にアピールしたのではないかと、リューツは感じた。

アメリカでの開業には、運が大きく作用したように思われるが、ジョティルマスのシャンカラチャリヤや、後にコーチンのマハーラージャにマハリシが好かれたのも、同じく運によるものだった。サンフランシスコからロサンゼルスへの機内では、隣に座る女性にロサンゼルスで講義を行おうと思っていることを伝えると、彼女は、夫が大きなホールを持っているからと、ボランティアを申し出た。なんとそのホールは、ハリウッド俳優に人気のマスカーズ・クラブであった。このクラブでマハリシはチャーリーとヘレン・リューツ夫妻に会い、彼らはそれから数十年間、最初にアメリカ、後に世界中に精神復活運動を広めるうえで、中心的な役割を果たすようになる。リューツと出会った同じ時、中年アメリカ人夫婦のローランドとヘレナ・オルスン――前者は電話会社の会計士、後者はグリーク・シアターの広報担当――に出会う。夫妻の家は、マハリシの仮住まいとなっただけでなく、それ以降数年にわたり、活動本部となった。

2組の夫婦とも、マハリシの人を惹き付ける魅力と、初めて会った時に発した言葉に圧倒された。彼は縫い目の無い白い絹のローブをまとい、茶色いショールを肩にかけ、手にはバラを何本も持っていた。

完全にマハリシに心を奪われたオルスン夫妻は、自宅—普通の人は入れない、高所得者向けの地区であるハーバード・ブルバードにある、2階建ての豪邸—をアシュラムに改造する。そこでの賑わいは、友人作りと、人に影響力を及ぼすことに長けた、マハリシの異様なまでの能力を浮き彫りにした。アメリカ人夫妻の家にたどり着いたインド僧は、与えられたゲストルームに入る代わりに、「良い気がある」との理由から、娘のティナの部屋に滞在させろと主張し、ティナと、彼女の部屋に居着いている2匹のシャム猫を激怒させる。彼はまた、部屋に専用電話を入れることを要求し、なぜ聖職者に電話が必要なのか分からないオルスン夫妻を困惑させる。もっと驚かされたのは、マハリシにかかった途方もない額の電話代で、彼は、インドや他の国に長距離電話を長々とかけていたのだった。朝から晩まで信奉者が家を出入りし、その騒ぎは平時静かな住宅街を一変させた。近隣の住人が不平を言い始め、警察を呼ぶ者まで現れた。それでもオルスン夫妻は、マハリシを受け入れただけでなく、彼が自宅にいることを楽しみ、ティナと一〇歳の妹テレサも同様であった。2匹の猫でさえも、ヒマラヤから来た見知らぬひげ面の男に懐くようになり、信奉者に講義する彼の足下に寝そべるようになった。

実際、マハリシが去る時が来ると、オルスン一家は別離を悲しんだ。退去の前夜、ローランドとヘレナはどうしていいか分からないでいた。聴衆が去り、家がやっと静かになると、書斎にいるマハリシに夫妻はお休みを言いに行く。

「そこに座りなさい」と言いながら、マハリシは彼らに近くに座るよう、手振りで伝える。ヘレナは、マハリシに行って欲しくないと自分が思っていることに気づく。「着ているものも考え方も異国に属すこの男は、まるで家族の一員のようになっていました」。オルスン夫妻は、マハリシにもっと居るよう説得しようとする。

「でも、大勢の人が…迷惑ではないですか？」マハリシは聞いた。

「いえいえ、ちっとも」ヘレナはどうにかなるだろうと考えていた。ローランドもまた、マハリシに夏中いるよう説得しながらこう言った「世界中を回りたいのなら、パンフレットや冊子、我々が『広報』と呼ぶ、あらゆるものの助けが必要です」。

一家の2匹の猫が、ほぼ同時に鳴き声をあげた。それでなぜかマハリシは、心からの深い喜びに溢れた、誠実で子供じみた笑い声をあげた。

「マハリシ、あなたのその素晴らしい笑い声は、まだここに留まることを意味しているのですよね」。

「私はまだ去る計画を立てていません」と言ってから、マハリシはまた笑った[21]。

マハリシは自身のスピリチュアルな教えを、アメリカの聴衆に合うように大幅に変え、シャンカラチャリヤ・ブラフマナンダ・サラスワティやジョティルマスが教える、ヒンドゥーの信仰と哲学にまつわる基本的な指針と信条から、どんどんかけ離れていった。シンシア・ヒュームズは、マハリシについてのエッセイで、彼が自身のグルとは異なり、不二一元論の中核を成すが西洋では人気のない、カーストや転生、女性の社会における地位などの哲学的な面を、西洋の入門者に教えるのを遅らせていたと、指摘する。例えば、前世について聞かれると、彼は「輪廻転生は無知な者のためにあるものだ」と、ややおどけて答えたという(22)。

特筆すべきは、瞑想の目標についての論考が、大きく変化したことだ。説教活動を始めて一〇年以内の、一九六〇年初めまでには、「悟り」それ自体について公然と話すことを止め、代わりに「超越意識」に気づくことをマハリシは目標に掲げ出す。とても賢いことに彼は、六〇年代初期にアメリカ人の関心を占めていた主な2つのこと—競争の激しい社会で成功者となった場合に対処するための活力をもっと得るにはどうしたらいいか、と同時に、内なる緊張を緩め、自分自身と安らかな調和を保つためにはどうしたらいいか—に焦点を絞るようになる。マハリシは、自身の提供する消化されやすいマントラを飲めば、両方の問題があっという間に解決すると主張。アメリカでのマハリシの助手のトップを務めたリューッは、当時、活力増大を強調して、より多くの人々の関心を瞑想に向けようとしていたと回想する。「アメリカ人は、エネルギーを強化できる錠剤や液剤にいつでも興味があります。我々は、純粋にスピリチュアルなメッセージよりも、この方が大きくアピールできるのではないかと思いついたのです。大勢の人が、エネルギー増大だけのために寄って来ました(23)」。

インドと極東では、無料で追随者にイニシエーションを施し、マントラを与えていたマハリシであったが、アメリカの地に踏み入れた途端—まずハワイで、金を取り始めた。集金を儀式にした彼は、白いハンカチ、果物を何個か、一週間の収入を捧げる者には、秘密のマントラを与え、肉体の健康と精神の至福を約束した。資本主義社会の中心地では、金が全ての価値を決める重要な尺度であると、このヒマラヤからやって来た僧は、正しく見定めたのであった。

アメリカに渡ってから数年もすると、マハリシの元に社交界の有名人が集まるようになる。そのうちの1人ナンシーは、ブロンドの髪をしたアメリカ人の中年主婦で、金と権力を持つ層に知人を多く持ち、異国のものを愛好することで知られていた。複数の婚姻歴があり、夫の1人であるアルゼンチン人のレーシングドライバーのコネで、エバ・ペロンの内輪グループに属していた。また、なぜか米国国務省と繋がりを持ったナンシーは、国務省をスポンサーに、高級ファッションの大使として一〇年間、世界中を旅したこともある。インドの駐米大使で、インド初代首相の親族であるB.K.ネルーから、パラマハンサ・ヨガナンダの『あるヨギの自叙伝』をもらった彼女は、一九六二年、スピリチュアルな救済を求めてニューデリーに降り立つ。何週間もヒマラヤで探し回ったにも関わらず、ちょうどいいグルを見つけることはできなかったが、ロサンゼルスへ戻ってから、ナンシーは探していたものを見つける──ヘレン・リューーツが、オルスンの家で彼女にマハリシを紹介したのだ。数ヶ月もしないうちにナンシーは、このインド僧の広報アドバイザーとして中心的な役割を果たすようになり、ビバリーヒルズにある自身の広大なランチハウスを開放し、彼の運動を広く伝えるよう、上流階級の友人たちを説得した。(24)

最有力の地元紙『ロサンゼルス・タイムズ』の社交欄を担当する、影響力のあるコラムニスト、コビナ・ライトや、多数の新聞に配信される美容コラムを書いているリディア・レインといった友人を、ナンシーはマハリシに紹介した。インドやスピリチュアリズムに関しては、2人とも全くの無知だった。ファッショニスタになった元アメリカ人主婦のナンシーはこう回想する「私たちの話にグルやマントラはあまり登場しませんでした」。老化の進む上流階級婦人で、外見を磨くことに取り憑かれていた2人は、聖職者から特別な扱いを受けることを要求した。コビナは、秘密のマントラが自分の歯を完璧にピカピカにしてくれることを望み、リディアの方は、肌を輝かせる美の秘訣を知りたがった。ナンシーはこのようなくだらない要望にとても気恥ずかしい思いをしたが、マハリシが全く腹を立てないことに驚く。彼は、深い瞑想のもたらす高いエネルギーとストレスの軽減により、自分のマントラが2人の見た目に変化をもたらすと、時間をかけて説明した。

とどめは、ナンシーがマハリシに紹介した、タバコ産業の相続人ドリス・デュークで、とても若くして一億ドル近くの遺産を相続した彼女は、しばしば「世界一裕福な女の子」と呼ばれていた。ドリスは既にインドのスピリチュアリズムに馴染みがあり、数回インドを訪れていた。彼女はまた、何年もヨーガを実践していた。当時彼女は、不運続きの恋愛によるストレスを乗り越える助けになる、新たなグルを探していた。明らかにタバコ産業の相続人の財産に感心したマハリシは、最初の出会いの際に、ドリスが無遠慮で小馬鹿にしたような質問をしたにも関わらず、彼女の養成に尽力することにする。すぐにマハリシの魔力に取り憑かれたドリスは、入門後、定期的な瞑想セッションをナンシーと一緒に受けるようになる。マハリシが肝心な質問をするまで、時間はかからなかった。

ナンシーの記憶によれば、インド人グルとアメリカ人相続人の間で交わされたその会話は、最初はぎこちなかったが、最後は彼にとって実り多きものになった。アメリカ人社交家のナンシーは、マハリシがドリスにこう質問するのを聞いて、息をのむ。「あなたの財産の多くは、タバコ産業から来ているとナンシーから聞きました」。ドリスは、顔をしかめながらこう返答した「タバコとか、他のもの」。ヨーギーは危ない橋を渡っていた。マハリシは持っていた花を振りながら言った。「タバコは、生命に危険を及ぼす植物です。それを他の人に売る人に、悪いカルマをもたらします。このカルマを相殺するため、自分のお金で生命の発展を助ける行いをしなければなりません」[25]。この会合がとてもいい成果をもたらしたことに、ナンシーはとても驚いた。

マハリシと親しくなった女性相続人は、彼の滞在場所近くに家を借り、一緒に瞑想セッションを続けられるよう、ナンシーも同居することになった。何ヶ月かすると、一〇万ドルの大金がドリス・デュークの慈善信託から精神復活運動に献金され、マハリシとアメリカ人信奉者を大喜びさせる。それまでマハリシの受け取った最も高額な献金で、彼の念願の夢だった新しいアシュラム（マハリシだけのための豪華バンガローも含む）を、リシケシュに建設することを可能にした。

たった1つの問題は、ドリスが絶対に内緒にするように頼んだにも関わらず、献金の事実が知られてしまったことだ。その後インドを訪れたドリスは、同様の寛大さを期待する知り合いのインド僧たちから、しつこく金をせびられてしまう。女性相続人は、腹立ち紛れにグルとナンシーとの接触を全て断ち切り、マハリシの運動との関わりを一切拒否する。ナンシーの回想によれば、マハリシは彼女にどうにかドリスを連れ戻すよう懇願したが、失敗に終わった。一方で、上流階級のコネクションによりインド僧を感心させたナンシーの方は、どんどん彼と近しくなっていく。数年後には、マハリシはナンシーを、ビートルズを初めとする国際的なセレブリティがリシケシュのアシュラムを訪れた際の、世話役に任命する[26]。

一九六七年八月にビートルズに出会った時点で、マハリシは一〇年近く西洋に住んでいた。その頃までに彼は、西洋の聴衆を抜け目なく分析しており、どうやって彼らにメッセージを売り込めばいいかも分かっていた。それまで相手にしていたのは、ほとんどアメリカ人で、ハリウッドの金ぴかな世界に住む社交家もいた。ロックスターを相手にした経験は少なく、とりわけイギリス産のロックスターは初めてだった。それでもこのインド僧は、どうやって人の心の琴線に触れるかを心得ていた。ジョージ、ジョン、ポールとの初対面は、ロンドンのヒルトンホテル（マハリシの本部が置かれていた）の宴会場で、マハリシが公開講座を開いた時だったが、誰に聞いても、3人がいっぺんにマハリシを気に入ったと言われている。

ブラウンによれば、ビートルズはヒルトンに着いてすぐに、千人を超す聴衆で満杯の宴会場の最前列に通される。

マハリシは、褐色の肌をした小柄な男で、きぃきぃと歌うような声をしており、ゆったりとした白い綿のローブを着ていた…彼はビートルズに、キリスト、仏陀、神のことや、永遠の幸せと平安について、内なる自分と、超越した意識について話した。それから、やっかいで違法な薬物を全く用いずに、極楽の境地に到達できることも話した。端的に言えば、彼が売り込もうとしていた商品は、超越瞑想を日に2回実践すれば、どんなことをやっていても、その分野においてより良い、幸せな人間になれるというものだった。(27)

ブラウンは自著でさらに、マハリシはおそらく、ヒンドゥー教の入り組んだスピリチュアル・メッセージの表面をなぞっているに過ぎなかったが、ビートルズにとっては、うってつけな人物だったと分析している。彼はまた、インド人グル・マハリシの提供する、即座に和らげ、救済するブランドを、霊媒バンドエイドになぞらえている。ビートルズが、目の前で深いトランスのような状態に一〇分間陥るマハリシを見て、非常に衝撃を受けたともブラウンは回想している。

詠唱できる魔法の言葉―霊媒ドリームランドに飛ぶことができる、神秘のトランスを与えることのできる聖人。とりわけジョンは感情を揺さぶられていた。彼は遂に見つけたのだ！　鍵となるもの、答え、ずっと探していたものを！　次の大いなるものを！[28]

講座の後で、ファブ・フォーに与えた衝撃を察知したマハリシは、自身の滞在するスイートルームで一時間半のプライベート・レッスンを受けないかと、ビートルズを誘う。ブラウンによれば、マハリシはビートルズに「あなたがたは、自分たちの名前を通して、魔法の空気を起こしました。その魔法の影響力を行使しなければなりません。あなたがたには、重大な責任があります」と告げる。マハリシのスイートルームを出たジョンが報道陣に言うことができたのは、「まだ呆然としている」だけだった。マハリシに会って興奮しているのは、ジョージとジョンだけでなく、ポールも同様だった。それから何年もして、彼は友人マイルズに次のように語っている。

「僕らは、何年も前に、グラナダTVの時事番組で彼を見たことがあった。テレビに映っていたのは、クスクス笑いをする小さなスワーミーで、彼は平和の伝導のために世界中を旅していた。だから、彼がまた現れて、誰かが会合があるって言うから、みんなでこう言った『ああ、あのクスクス笑うちっちゃな男か。見たことがある。最高な奴だよ』と。僕らは、スピリチュアルなものを体験し、成長したかった。それは無理でも、少なくとも当時興味を持っていた色々な物―インド音楽、アレン・ギンズバーグ、詩、マントラ、曼荼羅、タントラなど、見たことあるもの全て―に何らかのパターンを見いだしたかったんだ。それのおかげで、もっと知りたい気分になっていた(29)」

マハリシとの長めのプライベートな談話を終えると、ポールは、とりわけマハリシのスピリチュアルなイメージに、すっかり夢中になっていた。どうやらマハリシは、根が地中にあり、茎と美しい頭部があると、花を比喩に使い、自分の哲学を解説したようだ。彼はビートルズに、自分たちが、創造が形となって現れる花の開いた部分であると考えるよう、申しつける。彼は、地中にある滋養分の貯蔵庫から茎を通る液汁が、花のエネルギーの元であり、土の水と栄養分がどのようにして茎を上って花を作るのかを説明した。

マハリシはまた、「あなたがたは、自分たちの名で、魔法の杖を作り出したのです。それが正しい方向に動くよう、振りなさい。明日、北ウェールズのバンガーにある私の瞑想学校の1つに来なさい。列車のどこかにあなたがたの席を設けますから」とビートルズに告げた。呆然としながらも、ユーモアのセンスを忘れないジョンは、「荷物棚がありますしね」と言い放った。これを聞いたヒマラヤ僧は、死ぬほど笑い転げた。ボーイズはみんな、バンガーに行くことに同意した(30)。

リンゴだけが、この興奮するイベントを体験することができなかった。彼は、次男出産のために入院中だった妻に付き添っていたのだ。リンゴが帰宅すると、電話にはバンド仲間からの伝言が、沢山入っていた。「その夜帰宅すると、留守番電話に『バンガーに行くぞ。絶対に来なくちゃだめだ。あいつはすごい奴だ!』と、大量のメッセージが録音されていた」[31]。

翌日4人一緒に出かけたが、彼らは側近やボディガードを従えたリムジンに乗り込んだのではなく、ビートルズとして単独で初めて、公共の電車でユーストン駅から出発したのだった。いつも混み合っているロンドンの鉄道駅ユーストンは、イギリスのバンク・ホリデーの長い週末の始まりである金曜の午後、一層混雑していた。ビートルズが電車で旅するとのニュースが広まると、駅は完全な大混乱に陥ってしまった。ボーイズは妻やガールフレンドを連れ、金切り声をあげる群衆を押しのけて進み、出発時刻から数分過ぎて発車しようとする電車にどうにかたどり着く。シンシアは、マハリシに夢中のジョンに置き去りにされてしまい、夫の乗る電車が猛スピードで走り去るのを、ホームで泣きながら見守るしかなかった。後でアスピノールが、彼女を車でバンガーに連れて行くことになる[32]。

ローリング・ストーンズのスターであるミック・ジャガーと、彼のガールフレンドで、イギリス人シンガーソングライターのマリアンヌ・フェイスフルも電車に同乗していた。当時のミックとジョンは、ロックスターの2大巨頭としてライバル関係にあったにも関わらず、プライベートでは親しい友人でもあった。競争心と尊敬の気持ちから、2人はお互いが何をやっているのか、常にチェックする必要があったのだ。それでローリング・ストーンズのリードシンガーが同行することになったのだが、ビートルズの方に異存は無かった。しかし、ビートルズだけでなくミックと彼のガールフレンドも、この異常な電車の旅に圧倒される。ビートルズの伝記を書く許可を与えられたハンター・デイヴィスは、一行の乗る電車に同乗し、その時のことを生き生きと描写している。

デイヴィスによれば、旅は急に決まり、エプスタインは行くことは知らされていたが、全く関与はしていなかった。常にビートルズの側にいるエヴァンスとアスピノールでさえも、同行を求められなかった。ビートルズは過去五年間、エプスタインや他の誰か面倒を見る人無しでは、どこかに行くことは決してなかった。デイヴィスは伝記にジョンの発言を引用している。「まるでこれじゃあ、ズボンを履かないでどこかに行くみたいだよ!」

デイヴィスによれば、人にもみくちゃにされるのを恐れて、一行はトイレにも行かず何時間も座席にじっとしていた。彼らは、自分たちの荷物がどうなっているのか、知るよしも無かった。誰も一銭も持っていないようだった。全員、マハリシが何と言うのか気にしていた。マハリシは今までにも会ったことあるようなタイプで、ただ異なる次元に属しているだけかもしれない、とジョンが言う。「分かるだろ、EMIもあれば、デッカもあるけど、どれもレコードには変わりない」。

一方でジョージは―デイヴィスによると―自分はそうは思わない、今度こそ本物だという確信があると言った。ミックは静かに座り、真剣な表情をしていた。ジョンは、ビートルズとして働き続けるのをやめることができるから、インドに行って残りの人生を洞窟の中で座って過ごすようにマハリシに言われたいと言う。「でも、彼はそんなこと言わないよ、きっと。あっちに行って"Lucy in the Sky with Diamonds"を書け、と言われるだけさ」。

ビートルズは、ようやくマハリシのコンパートメントに入る決心をする。マハリシは彼らと雑談しながら、ものすごい勢いで笑った。彼は、バンガーで一行に教えることになる超越瞑想は、スピリチュアルな境地に素早く簡単にたどり着くための単なるメソッドで、自分の瞑想は一度学べば、毎朝三〇分だけの実践でいいのだ、と言う。マハリシはまた、一日それだけで事足り、銀行のようなものだ。銀行があれば金を持ち歩く必要はなく、欲しいものを取り出すために時々ぱっと寄ればいい、と言った。「もし強欲だったらどうするのですか？　昼食の後で三〇分瞑想し、夕食の後でまた三〇分こっそりやったら？」とジョンは聞く。

みんな大笑いし、マハリシは、今度は笑い過ぎて天井に頭を打ち付けそうになった。[33]

バンガー駅に着くと、巨大な群衆が一行を待ち構えていた。リンゴはこう回想する「（プラットフォーム3）で電車を降りると、言うまでもなくプレスが、我々がロンドンを発ったとバンガーに電報で知らせていた。それで5000人くらいの若者が駅にいて、（マハリシが）電車を降りながら『ワオ！　私はバンガーで大人気になっているじゃないか！』と思ったのさ。彼は本当に、自分への歓迎だと思ったんだよ。彼はそれくらい単純だった。ビートルズがあっという間にこれだけの群衆を集めることができると気づくと、彼の人生の目標は、世界中の人に瞑想をさせることになった。それで彼は思ったんだ『彼らを利用してやろう』と」。

ビートルズがバンガーに来ることは、文字通り一晩で決まったので、マハリシには、彼らの滞在場所を特別に用意する時間が無かった。そのため、夜になるとビートルズは、超越瞑想の特別コースに申し込みをした他の300人の一般会員と同様に、大学の学生寮に泊まった。「ビートルズにとっては、これが余計に冒険心をくすぐり、昔のような仲間意識の温かい波が、彼らを覆った」と、ブラウンは記す。

この旅と、マハリシによる最初のイニシエーションについて、4人の中でポールが最も鮮やかに記憶している。

「僕らがマントラをもらった、バンガーで行われた実際の儀式は良かった。マハリシが1人1人に施す間、彼の部屋の外で待たなければならなかった。至聖所─掛け布で覆われだけの部屋だ─に入ると、たくさんの花が置かれ、線香が何本か焚かれていた。お供え物のような感じで、切り花を何本かマハリシに持っていかなければならなかった。マハリシは何でもかんでも花だったけど、あの頃、花は時代のシンボルみたいなものだったから、花を用意するのはすごく簡単だった。それで花を手に、靴を脱ぎ、マハリシのいる暗い部屋に入って行った。すごくエキサイティングだったよ。ブラックプールにあったジプシー・ローズ・リーのテントを思い出したよ─『中にお入り！』と言われる、サンタの小屋とか、ああいうもの」

ポールは続けて、マントラの儀式についても詳細に語る。

「マハリシは何をやるのか説明するのに、こう言った─『私はあれこれ、ちょっとだけやります』。あれこれと彼は言ったが、もごもごと呪文を唱えるだけで、それからまた、こう言った『私はこれから、あなたに近づき、とても静かにあなたのマントラをささやきます』。彼のあげ方は、マントラを一度しか言わず、聞こえたか確認するだけのために、こちらも一度だけそれを繰り返すというものだった。それから、彼はこう言った─『はい、これで終わりです』。次はこう言った─『このマントラは、一生誰にも教えてはいけません。なぜなら、もし話したら、あなたは何らかの汚れを受けることになるからです。もし決して口外しなければ、それはいつでも、とても特別なもののままでいられます』。[34]」

バンガーに集結した大勢の報道陣は、その週末の一大ニュースと思われる事件―インド人グルと一緒に、ウェールズのスピリチュアル静養所を訪れるビートルズ―が、バンドの宣伝活動の一環なのか、何か重大な新事業なのか、最初は分からないでいた。それでも記者たちは、ビートルズが記者会見を開き、驚くような発表をしたため、じっと彼らを見守らざるを得なくなる。ビートルズは、ドラッグをやめると宣言したのだ。ジョン、ジョージ、ポールは、体内に異物が入っていると、スピリチュアルな調和を得ることが不可能であること、マハリシに公平なチャンスを与えたいため、ドラッグを全てあきらめることにした、と発表。「ジョンも他のメンバーと同じように、本心から言っているようでした。それで少なくとも数日間は、誓いを守ったのです」と、ブラウンは意味深に記している。[35]

そのニュースは人々に大きな衝撃を与えた。誰もその月の前半、ジョージがヘイトアシュベリーを訪れてトラウマとなる体験をした後で、ハード・ドラッグをやめると決意したことを、事実上知らなかった。ジョンが、日増しに悪質になっていったアシッド・トリップと、ドラッグの混合物を日々摂取することによる肉体へのダメージから、精神的ストレスを受けていることも、世間は知らなかった。実のところ、最近ポールが自分もＬＳＤを摂取したと告白し、それ以前にもバンドがマリファナ合法化を望んでいることを公にしたことにより、ビートルズは一九六〇年代半ばのドラッグ・カルチャーに深くはまり込んでいると、世間は認知していた。何しろ、サイケデリック・ロックの象徴として称賛された『サージェント・ペパーズ』がリリースされたのは、ほんの数ヶ月前なのだから。

しかし、ビートルズがドラッグを突然拒否し始めたことの重大性が十分に浸透するよりも前に、よりドラマチックな事件が起きる。ビートルズは遅い昼食を食べ終え、バンガーの緑豊かなキャンパスを散策しながら、マハリシからもらったばかりのマントラについて、あれこれ考えている最中、マネージャーのエプスタインに続く現場責任者であるブラウンから、電話が入る。

「悪い知らせがある」と、私はポールに伝えました。「ブライアンが死んだ。少し前にチャペル・ストリートで発見された。プレスが感づき始めたから、全員ロンドンに戻れ[36]」。

エプスタイン後の人生

一九六一年にビートルズを発見したエプスタインは、数年も経たないうちに彼らを世界一ビッグなスターに育て上げた。ビートルズを地方の無名の若者から、国際的なスターへと押し上げたのは、全てマネージャーである彼の功績だった。ボーイズとエプスタインには、リヴァプール出身であること以外に、共通点は何も無かった。イギリスの労働者階級出身の4人とは異なり、エプスタインは、リヴァプールで家具関連の事業を営む、リトアニアとロシア系ユダヤ人の一家の長男だった。一族の新事業であるレコード店を経営していたエプスタインが、もっと大きな仕事をしたいと燃えるような野心を持ち、ロックバンドのマネージャーになるべく、人材発掘のために様々なクラブを訪れていなければ、ビートルズと出会うこともなかった。エプスタインは、革ジャンを着た汚いティーンエイジャーたちが、リヴァプールのローカルなクラブで演奏しているのを見つけ、自分の夢を叶えてくれるスターになる素質が彼らにあると、ほとんどその場で見抜いてしまう。彼は、このリヴァプールのボーイズの見た目と態度を変え、音楽もかなり調整し（しばしば彼らの反対に合ったが）、成功の記録を全て塗り替える世界規模のブランドに作り上げた。皮肉なことに、夢にも見なかったような名声と富を、彼の作ったスターにもたらしたにも関わらず、成功の要因となった、まさにそのイメージを捨てようとしたビートルズにより、エプスタインは反乱を起こされてしまう。ビートルズが、ティーン・アイドルのままでいることを拒絶し、ツアーと人前での演奏を止めるという思い切った決断を下したことにより、マネージャーは、バンドにもはや必要とされていないのではないかと不安にさいなまれるようになる。それでも、ボーイズとマネージャーの間の感情の上での絆は、強かった。バンドが彼の支配から脱しようともがく間も、彼らの良き助言者であり続けた。エプスタインの方も、勇敢にもバンドが音楽上採用した新しい人格に馴染もうとし、彼らの悪ふざけにも加わった。エプスタインは、今度はインド人グルに夢中になっているビートルズに同調さえもし（そのふりをしていただけかもしれないが）、バンガーに行ってマハリシのイニシエーションを受けると約束していた。何年も後で、マネージャーとあまり良い関係になかったポールでさえも、5人目のビートルズがいるとすれば、それはエプスタインだと認めている(1)。

奇妙なパラドクスとも言えるのは、エプスタインの方は、ビートルズの1人1人が今何をやっているのか、必ず詳しく知ろうとしたにも関わらず、ビートルズの誰1人としてマネージャーの私生活がどうなっているのか知らず、また知ろうともしなかったことだ。全員、エプスタインがゲイであること、かなり荒っぽい客をボーイフレンドにしていたことも知っていたが、誰も彼が何度も脅され、脅迫状を送られ、金品を奪われ、暴行さえ受けていたことを知らなかった。ボーイズは自分たちの生活と、当然のことながら音楽で頭がいっぱいで、マネージャーが大量の酒とともに憂慮すべき量のドラッグや錠剤を摂取していたことに気づいていなかった。ただ時折、〝やり過ぎの〟エプスタインと、冗談にするだけだった。少なくとも2度の自殺未遂が早急にもみ消され、バンド・メンバーはエプスタインが問題を抱えていることに気づいてはいたはずだが、彼が崖っ縁に立っていることを知るよしも無かった。そのため、ドラッグの過剰摂取でエプスタインが死んだ（後に自殺ではなく、事故と認定される）との知らせがバンガーにいるビートルズに届くと、彼らは大変なショックを受ける。[2]

エプスタインの死をより一層不気味なものにしているのは、ビートルズが新しい精神上のグルを信頼するようになったばかりの瞬間に、起こったという事実である。全員、超越瞑想に入門し、生活の根本的な改善を保証する秘密のマントラを与えられたばかりだった。彼らはまた、マハリシに感銘を受け、以前とは異なる音楽を追究する上で頼みの綱であったドラッグをやめると公言していた。これら全ての出来事が、ビートルズの人生を全面的に変えるための備えであり、彼らの支えであったエプスタインが決定的な分岐点で亡くなったことは、ただの偶然よりも、もっと深い意味を持つように思えた。それはまるで、人生のある章が終わり、新しい章が始まるようだった。「ブライアンが亡くなったことを聞いたジョージは、まるで古風な映画のなかのように衝撃を受けたと言う。『あれだよ、ある節の最後のページをめくる時、次に行く前に、読者に終わりまで来たことを知らせるためのようなもの。ブライアンの死は、あんなようなものだった。章の終わりだ』」と、デイヴィスは記している。[3]

ビートルズがマハリシから秘密のマントラをもらって二四時間も経たないうちにマネージャーが亡くなったことにより、新たな興味の対象に過ぎなかった超越瞑想が、マハリシへの絶対的な信頼へと彼らの中で変化する。このことが大事なきっかけとなり、インドにあるマハリシのアシュラムに、ビートルズが半年以内に足を向けたのは、間違いない。その頃ジョージと結婚していたパティは、エプスタインが亡くなったニュースをバンガーで知った。彼女はその知らせが、ビートルズとインド人グルの関係に大きなインパクトを与えたと言う。

「ブライアンが亡くなり、ビートルズは途方に暮れました。みんなぶるぶると震えていました！　マネージャーであり、親友であり、完全に頼りにしていた人。自分たちの名声と富を築き上げてくれた人、人生のガイドが、いなくなってしまったのです。彼らのスピリチュアルなグルとなるべきマハリシが側にいたことは、考えられないようなことでした。ビートルズはマハリシをとても信頼し、彼が支えになってくれると感じたのです」

「その瞬間、マハリシはブライアンの代わりとなりました。なので、考えをまとめ、ビートルズを導いて大人になるのを助けてくれたブライアン無しでどうやって行くか、4人で話し合うために静かなリシケシュに来てはどうかとマハリシが勧めた時は、もっともな提案だと思いました」

「何と言ってもビートルズは、小さな男の子のようだったのです。彼らは父親のような存在で、長兄のようでもあるブライアンを、とてつもなく尊敬していました。彼に持っていたそのような大きな感情を、立ち直るまで、誰か他の人に向ける必要がありました」(4)

悲劇的な知らせを最初にポールに伝えたブラウンもまた、エプスタインを失った衝撃により、ビートルズがインド人グルにさらに近づいたと感じている。ブラウンによれば、ボーイズは混乱しているように見え、両親が突然消えてしまった小さな子供のように、その時、理に適った権威的存在に見えた人物ーマハリシに、慰めと導きを求めた。事件直後に、グルがビートルズに多くを語っていることに、ブラウンは気づく。マハリシは、エプスタインの死去は良いことで、嘆き悲しむことではないと感じていた。彼は、物質世界と精神世界の違いを短く説いてみせた。驚くことにマハリシはまた、1人1人に美しい花を持たせ、手のひらで握りつぶし、その美しさがいくつかの細胞と水でできた錯覚に過ぎないことを教える。彼はビートルズに、笑いは悪いカルマを遠ざけ、エプスタインの霊魂を旅立たせる助けになるから笑うように言い聞かせた[5]。

パティによれば、既にビートルズの頭のなかでは、大きなパワーを持つマハリシのイメージが出来上がっており、エプスタインの死がグルのオーラをより強めることになったそうだ。「私は、マハリシが素晴らしい存在であって欲しいと思いました。彼からは、スピリチュアルの知識がどんどん溢れていて、私は彼が何でも知っていると確信しました。マハリシは私にインドのエッセンスをほんの一滴くれ、専用の秘密のマントラと、活力の源をくれました。ブライアンが亡くなった時、マハリシに彼を生き返らせて欲しいと思いました。この頃には、私はマハリシが絶大な力を持っていると思い込んでいました。何でも出来ると信じていたのです[6]」。

突然のエプスタインの死に最もダメージを受けたのは、ジョンだった。両者の親しい友人で仕事仲間であるブラウンによると、ジョンとエプスタインは特別に親しい関係にあり、少なくともマネージャーの方は、ジョンを密かに性的対象として見ていたそうだ。事件から間もなく、マハリシと瞑想が悲劇を乗り越えるのに大いに役立ったと、ジョンは認めている。「ブライアンが亡くなって—言うなれば、僕らにとってはすごく大きなことだったから—瞑想が無ければ、事の重大性を受け入れ、一歩を踏み出し、どのようにやっていくか見定めるのは、もっとずっと大変だったろう。僕は、本当にうろたえてしまっていた。マハリシと話をすることにより—なんて言うか、みんな少し落ち着きを取り戻すことができた[7]」。

マイルズは次のように回想する。

普段のジョンは、ビートルズの中で一番シニカルで傷つきにくいように見えたが、ブライアンの死により彼はすっかり自信を失っていた。何年も後に、彼は『ローリング・ストーン』誌にこう語っている。「困ったことになったと思ったよ。僕らが音楽以外に何かをする才能が無いことを、はっきりと自覚していたから、すごく怖かった。『もう一巻の終わりだ！』と思ったね」(8)。

おそらくジョンは他のメンバーよりもエプスタインを父親のように思っていて、彼が亡くなったことにより、たまたま一番近くにいた権威的存在であるマハリシに助けを求め、彼に全ての望みをかけたと、マイルズは印象を述べている。

ビートルズのファンでブロガーのマイケル・バーガーは、次のように記す。

両者の関係性を正確に知ることは不可能だが、レノンの人生においてブライアンが、父親の役割を果たしていたと推測するのは、理に適っている。ブライアンは保護者であり、調達者〔ビートルズの「金」は、毎週彼から入って来た〕であり、レノンの最大の、最も忠実なファンだった。2人の男性の関係に潜在的に性的な要素があったことはいったん置いておくとして、レノンの欲しくても手に入らなかった父親の要素を、エプスタインが幾ばくか満たしていたように思える。彼の突然の死は、レノンの精神に最も大きな傷を与えたジュリア〔ジョンの母親〕の死に、不気味なまでに通じるものがあった。ブライアンの死の直後、レノンはありったけの力で静まり、全体を見渡す必要があった。

バーガーはまた、一番の心の支えであった人物を突然失うことにより、レノンが大いに動揺したと見ている。
　このことでマッカートニーはより自信を付け、レノンはグループの未来像を描けず、よりハードなドラッグへと溺れた。マハリシがいなければ、ジョン・レノンは、名声で他のロックスターを圧倒したように、早く亡くなることで偉大なるロックスターの犠牲者として、ジャニス、ジミ、ジムに先んじた可能性があるとの、疑いを禁じ得ない。

ポールもまた、危機に際してマハリシがバンドを落ち着かせてくれたと感じている。

「ブライアンが亡くなった知らせを受けて、僕らはショックを受けた。悲惨だったよ。みんなでマハリシの所に行って『ねえ、どうしたらいい？　すごい人が死んでしまった』と言うと、彼は『それなら、彼に良い波動を送るしかありません。それ以上、君らにできることはない。ただ瞑想して、自分が気持ちよくいるだけ。それ以外にないのです』と言った。それで僕らは、やや落ち着いた。僕の心は、少し落ち着いた。他の人がどうだったかは分からない。それでやっと出発した―ブライアンが亡くなった知らせに嘆き悲しみながら。ショッキングで悲しく、少し怖かった。みんな彼を愛していたんだ。(9)」

ビートルズの中で最も落ち着いていたのはジョージで、魂のスピリチュアルな旅に向けて良い波動を送るため、エプスタインの死で泣くのではなく笑えと言う、マハリシの助言を容易に受け入れた。ジョージは既に、ヒンドゥー教のカルマと転生の理論、生と死の現象を宇宙のサイクルとして見なければならないことを信じていた。その日新たに起こったドラマチックな出来事の感想を述べなければ、ビートルズを絶対に帰らせないと息巻くバンガーに集結した記者たちには、ジョージとジョンが対応した。集まったメディアと向き合う2人は、弱々しい笑みを浮かべていた。マハリシの指導で新しく得た精神の健康のおかげで、悲劇に立ち向かうことができたと両者は主張。「このようなショックに耐える自信を、瞑想が与えてくれた」とジョンは断言し、マハリシのトレーニングを二日間受けただけで、大いにメンタルが鍛えられたと主張した。

メディアの質問に答える形で、ジョージはざっと神学上のレクチャーを施す。「死は存在せず、あるのは肉体の死だけだ」と、記者の集団に彼は言う。「僕らは彼が今、安全な状態にあることを分かっている。彼は幸せに向けて努力し、至福を強く望んでいたから、絶対に戻ってくる」[10]。ビートルズの誰もエプスタインの葬式に出席しなかったが、数日後に巨大なヒマワリを一輪、ジョージが送り、棺にブライアンの遺体を納めた際に入れられた。

エプスタインの死を悲しまないようにと、インド人グルがビートルズに助言したことに関し、バンガーでマハリシのコースを受講した他の2人のロック界の有名人――ミックとマリアンヌは、さほど感心しているようには見えなかった。友人であり、ライバルでもあるビートルズが、悲惨な死の試練を受ける間、ミックはそつなく沈黙していたが、ガールフレンドのマリアンヌは、公然とマハリシに敵意をむき出し、悲劇を軽いものにしようとする、マハリシの手口を非難した。

「私からすれば、マハリシのやり方はとても悪く、ひどく不謹慎です。彼がビートルズに与えたのは、昔からあるインドの考え─『家族の1人が亡くなった。多くの家族があり、一つの家族がある。ブライアン・エプスタインは、次に移った。彼はあなたたちをもう必要としていない。あなたたちも、彼を必要なくなった。彼はあなたたちにとって父のようだったが、もういない。これからは私があなたたちの父親だ。今からみんなの面倒を私がみる』だ。もうぞっとした！」[11]

良き指導者が亡くなり、ビートルズが孤児となってから四日後の九月一日、バンドはセント・ジョンズ・ウッドにあるポールの家に集まり、ブライアン亡き後の人生について話し合った。会合は、マネージャーがいなくなったことでバンドの責任者としての役割を早々に受け入れたポールの発案だった。常に4人の中で一番行動的で、それぞれ独自にこだわりのあったジョンとジョージに比べ、ビートルズの継続に全力を傾けていたポールは、ツアーを止めて以来、バンドに新たな音楽のプロジェクトを持ち込むことに心を砕いていた。

「誰も決して、ブライアンの代わりにはなり得ない」とポールが言い続けていたと、ブラウンは回想しつつ、おそらくポール以外はね、と皮肉を付け加えている。ブラウンはまた、マネージャーの死後、ポールが手綱を握り、「みんなを乗せて無茶苦茶なギャロップに引き回した」と記す。ポールはブラウンに、次のプロジェクトに向けての話し合いのため、ビートルズを全員、セント・ジョンズ・ウッドにあるポールの家に呼ぶよう指示する。ポールは、アメリカから戻る途中の機内で思いついた『マジカル・ミステリー・ツアー』に、このまま取りかかるつもりで、一時間のテレビ特番にすることも決めていた。既に書きかけの主題歌があり、6曲ほどの新しい曲を加えれば、曲に沿った映像ができ、『サージェント・ペパーズ』に映画の付いたようなものになる。「このプロジェクトは、レコーディング、プロデュース、脚本、監督、編集をビートルズ、すなわちポール自身が、担うものである[12]」。

ポールのプロジェクトに全く関心のないジョージが、瞑想コースを続けるため、すぐにでもマハリシのアシュラムに出発した方がいいと提案するも、誰からも賛同を得ることはできなかった[13]。瞑想についてまだ半信半疑であったリンゴにとっては、妻と息子と、生まれたばかりの赤ん坊を置いて、遠く離れたインドの岸辺に行くなど考えられないことであった。彼は、至極突飛に思えるポールのテレビ夢物語のアイディアに、飛びついた[14]。

ここで重要なのは、全てを置いてマハリシのアシュラムに避難しようというジョージに、ジョンが全く同調しなかったことだ。年上のビートルは、エプスタインの死に打ちのめされるあまり、その時点では、バンド内で主導権を握る状態にはなかった。1人で夢中になっている新しいプロジェクト案を、ポールが最初に持ち出したのは数ヶ月前だが、その時のジョンは、ジョージ同様にあまり熱意を示さなかった。それが今では、新たに権力を振りかざす年下のバンド仲間に憤慨しつつも、マネージャーの不在を誰かが埋める必要があると感じていたのだ[15]。

ジョンは、『マジカル・ミステリー・ツアー』が見当違いのばかげたプロジェクトだとしても、今のバンドにとって必要なものだと感じていた。「ジョージと僕は、不満のようなものを口にしていてね。『くそ映画か。まあ、やるしかないだろうな』とね。こういったことを、大衆のためにやる責任があると思い込んでいた」[16]。映画の非現実的なプロットはまた、エプスタイン不在の陰鬱な現実生活からファンタジーの世界に逃げ込むきっかけを、ジョンに与えてくれた。

ブラウンが明かしたことによれば、プロジェクトに正式な脚本は存在しなかった。代わりにあったのは、大筋と、ポールの漫画のような想像から生まれた、小人とフェリーニ映画の焼き直しのような登場人物のスケッチだけだった。ジョンは半ば投げやりに、太った女性とスパゲッティの出てくる夢のシーンを考案した。印刷されたあらすじがあるとすれば、それに近いのは唯一、プレスリリースだけで、それにはこう書かれていた「空高い雲の上、4人か5人のミュージシャンが住んでいた。彼らが素敵な呪文を唱えると、普通のバス旅行が、マジカル・ミステリー・ツアーに早変わり[17]」。音楽ライターのクリストファー・スキャペリーティは、次のように記す。

グループの誰も、コンセプトを真剣に捉えていなかった。ビートルズは、大物の脚本家や先見の明がある監督を雇わず、制作に大金を投じることもしなかった。彼らがやったのは、性格俳優を何人か雇うことだけで――俳優には、好戦的で太ったリンゴの伯母を演じたジェシー・ロビンズ、痩せたバスター・ブラッドヴェッセルを演じた、エキセントリックなスコットランド詩人で音楽家のアイヴァー・カトラーも含まれた――バスを貸し切ってイギリスの片田舎に繰り出し、題名に含まれる2つのコンセプト、魔法と秘密に沿うよう、奇怪で滑稽な寸劇をいくつも撮影した。[18]

他にも出演者は、ブロンドの添乗員ウェンディ・ウィンターズ(マンディ・ウィート)、ナット〝ハッピー・ナット・ザ・ラバー・マン〟ジャックリーと名付けられたゴム足のダンサー、ニコラという名の六歳の女の子、ジャン・カーソンという名のストリッパー、アコーディオン奏者のシャーリー・エヴァンス、小人が何人か、ビートルズのチームの一員であるエヴァンスとアレックス・マドラス〔マジック・アレックスのこと〕がいた。

少なくとも筋書きのあった『ヘルプ！4人はアイドル』に比べ、『マジカル・ミステリー・ツアー』はより一層奇抜だった。ごちゃ混ぜで、しばしば支離滅裂な映像の寄せ集めには、ストリップ・クラブでジョンとジョージが、ストリッパーをいやらしい目つきで見るシーン、将校に扮したポールが部下と話すシーン、リンゴが太った伯母ジェシーと口論するシーン、ジョンが小さいニコラに風船をあげるシーンなどが続いた。

全員、監督としてクレジットされたビートルズではあったが、4人とも映画をどうやって監督するか、少しも分かっていなかった。実際に監督したのは誰かと後に聞かれ、ジョンは次のように軽口を叩いた。

「ええ？　監督って何のことだよ？　監督は雇わなかった。ふらりと現れた人をカメラマンに使った。僕らは彼に『君は監督なの？』と聞くと、彼らは『そうだ』と言う。『上手いの？』と聞くと、彼は『イエス』と言う。僕らは『なら採用だ』と言う。そんな感じで進んだ。くそみたいにくだらなくて、ばかげていた(19)」

撮影がやっと終わると、ポールは映画をビートルズのチームの前で上映した。ブラウンは「満場一致の反応だった。とんでもなくひどい作品だと。形式が無く、繋がりも無く、バラバラで、素人くさかった。私はポールにボツにするよう言った。『四万ポンド捨てるだけじゃないか』と。『恥ずかしい思いをするより、ボツにした方がいい』。だが、ポールのエゴがそうさせなかった。彼はビートルズの今までの全ての作品同様、『マジカル・ミステリー・ツアー』が大衆に温かく受け入れられると固く信じていた」[20]。

さらに悪いことに、ビートルズがテレビ上映の日に選んだのは、ボクシング・デー〔一二月二六日の祝日〕だった。映画のおどけたプロットやクレイジーなシーンが、クリスマスの浮かれ気分にぴったりだから、それに乗じる作戦に出たのだ。大きな誤算だった。クリスマス前後の一週間、屈託のないエンターテインメントを小さな画面で観るのに慣れていた視聴者は、ビートルズの用意したシュールな出し物を、全く理解できなかった。番組はコケ、ファブ・フォー初の明らかな失敗作となる。

批評家のレビューは、さらに敵意むき出しだった。「まったくのゴミ」と批判した『デイリー・エクスプレス』は、さらに「彼らの存在が大きければ大きいほど、コケ方も無残」と書き立てた。9000マイル離れたロサンゼルスでは『デイリー・バラエティ』が、反応を報じた記事に「批評家も視聴者もブーイング。クリスマス映画でビートルズ初の大コケ作品」の見出しを付けた。ブラウンによれば、マスコミがあまりにも「どういうわけか手厳しく悪意がある」ため、記憶の限り初めてアーティストが自身の作品について、公に謝罪しなければいけないように感じてしまうほどだった。翌日、ジャーナリストのレイ・コノリーと電話で話す、セーターとヘリンボーンジャケットを着たポールの写真が、『イブニング・スタンダード』の一面を飾った。大見出しには、「やっちまった、とビートル・ポールは言う」と書かれていた。

「まるで顔に強烈なパンチをくらったようなものだよ」と、ポールはコノリーに言う。「ボクシング・デー向けのエンターテインメントの観点からいったら、(『マジカル・ミステリー・ツアー』は)やっちまったとしか、言い様がない[21]」。

二年前にバンドのあり方を刷新して以来、ビートルズは驚異的な成功を収めてきた。彼らは、世界で最も有名なティーンエイジャーのアイドルから、西洋の新しい音楽ジャンル―革新的でやりがいのある、ポップよりずっと洗練されたもの―のパイオニアに生まれ変わったのだ。イメージと音楽性を一新する賭けに出た結果報われ、『ラバー・ソウル』『リボルバー』『サージェント・ペパーズ』のアルバムは、順にリリースされるごとに、他のバンドが目指すロックバンドのリーダーとして、着実にビートルズを押し上げて来た。

実際、一九六七年のサマー・オブ・ラヴの時期に『サージェント・ペパーズ』が、「西洋音楽における極めて重要な到達点」と讃えられ、ビートルズがただのエンターテイナーではなく芸術的天才であると認知されて以降、彼らの周りには無敵のオーラが漂っていた。短期間ではあったが、『マジカル・ミステリー・ツアー』の失敗は、このイメージに傷を付けることとなった。

それでもビートルズの魔法は計り知れず、ボクシング・デーに放映されたテレビ番組がコケたにも関わらず、『マジカル・ミステリー・ツアー』の曲は人気となり、A面に6曲収録され、一九六七年の早い時期にシングル発売された"Strawberry Fields Forever"、"All You Need Is Love"、"Penny Lane"をB面に含むアルバム版は、英米両国でとてもいいセールスを記録した。数回のアシッド・トリップの合間にジョンが書いた"I Am the Walrus"は、そのサイケデリックな歌詞により、最も熱心に議論されるビートルズの曲となる。ジョンが卵男になり、幼いペンギンがハレ・クリシュナを歌いながら、エドガー・アラン・ポーを蹴飛ばし、好色な女性聖職者がパンティを下ろす（この一文により、BBCはこの曲を放送禁止にする）といった、ジョンの奇怪なファンタジーが、彼のファンに大受けする。ジョージが自分の曲で、ポールのプロジェクトに参加する気にならないことを表現した"Blue Jay Way"は、友人が現れるのを待ちながら退屈することを文字通り歌っている。「何が起こっているのか、全く分からなかった。十分に注意を払っていなかったせいだと思うけど、僕のどこが問題だったかというと、つまり、他の世界に行ってしまっていたから」と、ハリスンは告白した。後に「熱心に加わっていなかった。僕はただの付属物だった」とも説明している。[22] それでもビートルズの熱心なファンは、この曲を催眠作用があるような、印象深い曲とみている。ポールが初めてLSDを摂取してから間もなく書いた"The Fool on the Hill"は、もの悲しいメロディを持ち、年を追うごとに評価を高めている。知恵者なのに絶えず笑っているため、間抜けと見られるマハリシのような人間のことを歌った曲だと、ポールは後年語っているが、実際に彼がインド人グルに出会うのは、曲を書いてから数ヶ月先のことだ。

グループ内に緊張が走り、集中力を欠いていたにも関わらずファンを喜ばせることができたことは、ビートルズが音楽的な天才であったことを、またしても証明している。最悪の状態においてさえ、素晴らしい歌詞と曲をたたき出すことが可能だったのだ。しかし、バンド内はうまくいっておらず、疲れが感じられるのは、ジョージの曲だけではなかった。「音楽には、疲労もにじみ出ている。夏への期待に満ちた『サージェント・ペパーズ』から、メランコリックな秋の気配に満ちた『マジカル・ミステリー・ツアー』へと移行した」とスカペリッティは、何年も経ってアルバムのトリビュートに記している。[23] 確かに、どこか不吉なものが音楽から感じられた――ジョンの"I Am the Walrus"での病的な叫びにしろ、ジョージの"Blue Jay Way"の方向感覚を失うような不気味なドローンにしろ、ポールの寂しげな"The Fool on the Hill"にしろ。ビートルズは季節の変化の狭間におり、音楽がそれを反映していた。

一九六七年末までには重々しい存在となっていたビートルズは、主流派の支配層にも一目置かれるほどロックの世界を超えたカルト的な崇拝対象となっていた。音楽のクオリティは絶え間なく上がり続け、音楽だけでなく文化の象徴の先駆者として、驚異的な自己改革を行うことで、西洋中の若い世代の気持ちを代弁し、英米両国でとてつもない評価を得ていた。分かりやすいのは、一九六七年九月の終わりに出た『タイム』(最も販売数の多いニュース雑誌)の5ページにわたるカバーストーリーで、次のようにファブ・フォーを褒め称えている。「新生ビートルズは、幼いミーハーファンに代わって、もっと別の、ずっとしっかりとしたリスナーを獲得している。新しいファンには、大学生や大学教授、企業の重役までいる。若者は、ビートルズが挑戦的なまでに正直であると感じ、彼らの自由で寛容なところを高く評価している。ビートルズのことを、何にでも挑戦し、常に思っていることをはっきり言ってくれ、聞きたいことを教えてくれる、仲間として見ているのだ。ビートルズの風刺に富んだからかいの対象である親たちはといえば、幾度となく直接パンチをくらっても、絶えずニコニコしているように思える」。

記事では、ビートルズがインド人グルの指導の下、超越瞑想に新しくはまっていることさえも称賛している。「結局のところ、ビートルズにとって超越主義よりもぴったりくる哲学などあるのだろうか？マスコミや大衆から押しつけられた、窮屈な自己像を何度も超越したビートルズは、キャリア全体を通して超越するエネルギーに満ちあふれ、ポップ音楽のヒマラヤ山脈を飛び越えたとはいえないだろうか」。このアメリカ最大のニュース雑誌によるビートルズへの感動的な賛辞には、少なからず皮肉が込められている。危険で過激な反体制の活動家として、ビートルズがアメリカ中をマスコミに追いかけ回されてから、まだ一年も経っていないのだ。

『タイム』の記事から数日の間に、さらにマハリシとビートルズの関係が広く知られるような出来事が起こる。イギリスで最も人気のあるトークショーの司会者フロストが、マハリシの事前収録されたインタビューと、超越瞑想についてのジョンとジョージの長い対談をITVでテレビ放映したのだ。1週間後には、同じ話題で2度目の放映がされた。この時点で、ビートルズと超越瞑想についての最も突っ込んだ公開審査といえるものであったが、ジョンとジョージが超越瞑想について、この特番以上に詳細に解説することはこれ以降なかった。

フロスト・ショウは、瞑想のメソッドについてまるでマハリシに尋問するように始まり、瞑想の有効性と、それがモラルと倫理に適っているのか、フロストが追及した。しかしフロストよりも一枚上手だったインド人グルは、瞑想の是非に探りを入れる質問を巧みにかわし、全てのことには関連があり、自身のメソッドは思考をコントロールするのではなく、最も自然なやり方で独自の深みを思考に探究させるものだと語る。厳しい追及に過剰反応するのではなく、フロストの面前でマハリシは何度もただ笑い、スタジオの観客もつられて笑う。これによりフロストの鋭い質問は鈍くなり、当然のことながら、このインド僧の西洋でのあだ名「クスクス笑うグル」がより知られることとなる。

フロストはジョンとジョージにはずっと優しく好意的で、2度の対談も長かったことから、ビートルズの地位の高さがうかがえる。対談は超越瞑想が2人にとってどのような意味があるのか知ろうとする、真剣な試みであるように見える。２人の答えは、インドのスピリチュアリズムを新しく知ったことにより自分たちの生活がどう変わったか、最も詳細に語ったものである。

例えばジョンは、瞑想を始めてから以前よりもずっとエネルギーが湧くようになったと言い、ジョージは、まだ始めて六週間なのに「効果を感じる確固たる証拠がある。本当に効き目があるんだ」と言う。瞑想によって金に対する態度が変わったかとフロストに聞かれて、ジョンは「僕らは、突然金を手にしたわけだが、それは思ったよりいいことではなかった」と答える。ジョージも「金持ちになって、金が答えではないことが分かった。物質的な物はたくさん手に入れたのに」と同意。

明らかにジョージの方が、ヒンドゥー信仰とその聖職者に夢中になっているようだ。フロストが聖職者は奇跡を行うことができるのかと聞くと、ジョージは次のように答える。

シェラポウリ・ババという名のヨーギーについて書かれた本を読んでいる。一三六歳まで生きた彼は、一一二歳の時に口腔がんになって、タバコを吸い始めたんだ！（観客の笑い）それから、もう１人いる。彼は今この瞬間も、ヒマラヤに住んでいる…こういったことを何も知らない普通の人からしたら、最高に奇抜に思えるかもしれないけれど。この男は、イエス・キリストよりも前からそこにいて、同じ肉体で今でもそこにいる。

瞑想で得られる至福と、ウィスキー１瓶飲むことによって得られる至福は同じかと聞くフロストに、ジョージは怒らないようにしながら、「瓶入りウィスキーは相対的なものだから、得られる至福もどれくらい酔うかにかかってくる。それに対し瞑想は、相対的な次元にある普通の体験の上を行くものだ」といたって真面目に答える。

インタビューの最後に、フロストはジョンに、数週間瞑想する前と後で何か違いはあったか聞く。

ジョン「以前の僕だったら、ここには来ない。前よりももっとエネルギーがあり、ずっと幸せになった。知性に関しては、分からない。ただハッピーになれたっていうだけ。より良い人間になれたし、前もそんなに悪くはなかった」

ジョージ「全く同感」(観客の笑い)(24)

ビートルズとの繋がりから、ほぼ一晩にして超越瞑想に興味を持つ人々が出現し、マハリシは新たに幅広い聴衆を獲得する。過去数年の間に、欧米で熱心な追随者を獲得していたマハリシだが、初めて無数のファンを持つロックスターと関わったことで、前代未聞の広告効果を上げることに成功したのだ。英国の2大ロックバンドであるビートルズとローリング・ストーンズとの関係を築いたことにより、ほどなくしてマハリシは、2大バンドの後に続く他のシンガーやグループも獲得する。スコットランド出身のフォーク・シンガー、ドノヴァンは、マハリシの熱心なファンとなり、翌年ビートルズと共にリシケシュに滞在する。彼は次のように回想している。

「アメリカにいた私は、ビートルズがバンガーでマハリシと呼ばれるインド人の師に会ったとニュースで知り、興味を持ちました。マハリシには、何か良さそうなところがありました。ビバリーヒルズの平地―平らなエリアで、イニシエーションを受けました。瞑想は何て素晴らしいんだろうと思いました。自分の中に入り、心拍数と肉体機能を落とし、とても穏やかな状態に持って行くことで、大きなパワーを得ることができます。あれ以来、マハリシには感謝しかありません。マハリシに『インドに来なさい』と言われ、『是非とも』と言いました(25)」

初めてマハリシに会った時の楽しい出来事を、ドノヴァンは次のように回想する。

「お付きの者が、『他にも面会希望者がいます』と言い、マハリシが『誰ですか?』と聞くと、お付きの者が『グレイトフル・デッド〔「感謝する死者」の意味〕』と言うと、彼は笑って『グレイトフル・デッドなどと名乗るべきではない。グレイトフル・リビング〔「感謝する生きている人」の意味〕と名乗るべきだ』と言った。いっぺんで好きになったよ。彼は冗談好きで、ユーモアがあった(26)」

グレイトフル・デッドは、マハリシの指摘によりバンド名を変更することはしなかったが、少なくともメンバーの1人、ボブ・ウェア〔リズム・ギター、ヴォーカル〕は超越瞑想の信者になり、同じようにアメリカを代表するロックバンドのドアーズから、それにつられて数人のメンバーが入門した。一九六七年一二月、ビートルズはパリで開催されたUNICEFの祝賀パーティで、アメリカを象徴するようなロックバンドのビーチ・ボーイズ〔サーフ・ミュージックで知られている〕を、マハリシに紹介する。リードシンガーのマイク・ラヴは、超越瞑想の熱心な弟子となり、ビートルズに付いてリシケシュまで行くことになる。なんとビーチ・ボーイズは、その数ヶ月後には、インド人グルに全米ツアーに同行してくれるよう、願い出るのであった。

一九六七年の末までには、マハリシは、電波媒体だけでなく紙媒体でも、セレブリティのように取り扱われるようになる。ビートルズとの繋がりで過剰報道された上に、マハリシ自身の広報担当がそれをあおり、髭だらけで微笑むグルの顔が、アメリカ中の有名雑誌の表紙を文字通り全て飾った。『タイム』、『ライフ』、『ニューズウィーク』、『ルック』、『エスクァイア』、『ニューヨーク・タイムズ』の日曜版だけでなく、『エボニー』や『ダンス・マガジン』といった専門誌にまで登場した。『ニューヨーク・タイムズ』の日曜版のカバーストーリーには、「西洋社会におけるグルの最高峰」の見出しが躍った。『ライフ』は中央見開きのグラビアページで、ビートルズとその妻たちに囲まれるマハリシの写真をカラーで掲載。アメリカ初のオルタナティブ系ニュース週刊紙『ヴィレッジ・ヴォイス』には、「アメリカの最新動向：マハリシと瞑想」と題されたレポートが掲載され、「バークリーで2000人の学生が、初級レクチャーとイニシエーションを、今か今かと待ち構えているのを見ると、マハリシがビートルズよりも人気になるのではないかと思えてくる」と、予測している。

インド人グルをめぐる狂乱は、テレビも同様であった。フロストの2度にわたる特番が成功したことにより、ゴールデンタイムにアメリカで放映される2つのテレビ番組、『ジョニー・カーソン・ショウ』と『トゥデイ・ショウ』（司会はジョー・ガラジオラ）で、マハリシの特集が組まれた。メディアの登場回数が爆発的に増えたことによりマハリシの精神復活運動が新たに活気づき、一九六七年冬のアメリカ東海岸の講演旅行は大反響を呼ぶ。ニューヨークのマディソン・スクエア・ガーデン内のフェルト・フォーラムでの講演は、3600人の観客で満席になり、すし詰め状態のハーバード大学のサンダース・ホールでは、アメリカの誇るクルーナー、フランク・シナトラの別居中の妻、女優のミア・ファローが最前列に陣取った。彼女もまた、数ヶ月以内にリシケシュのアシュラムに滞在することになる。

ビートルズのもたらした絶好のチャンスを、マハリシは瞬時に見定める。イギリス人ジャーナリストで作家のジョイス・コリン・スミスは、一九六〇年代半ばにマハリシと親しくしており、彼が『バガヴァッド・ギーター』を翻訳するのを手伝っただけでなく、お抱え運転手としてマハリシを乗せてロンドン中を走った人物だ。彼女は、面白い視点を提示する――マハリシは、それ以前の六、七年間、影響力を持つ有名人を運動に惹き付けようと繰り返し試みたが、自分の追随者が高級な場にほとんど影響力を持たないことを知り、がっかりしていたという。

マハリシの仲間の多くは、ビートルズが教養も無いのに成功しており、スピリチュアルな事柄など何も理解できないだろうと彼らを嫌悪していたが、とんでもない勘違いであったと、コリン・スミスは指摘する。

事実、頭の回転が速く聡明なビートルズは、あっという間に全てを理解し、彼らのマハリシに対する気楽で率直な態度は、まるで冬に縮こまっている運動に春風を吹かせたようでした。熱心なディスカッションと前向きなおしゃべりにより、若い世代の間に瞑想の世界が野火のように急速に広まりました。若者はあらゆる地域から集まって来ました。殺到する入門希望者全てに対応するのは不可能でした。

した。[27]

彼女が明かしたことによれば、マハリシはビートルズに自分の未来をかけていたが、彼らの良き指導者でマネージャーであるエプスタインが邪魔するのではないかと、心配していた。

マハリシは、ビートルズの名声を利用しようと考えていました。4匹のメダカで、現代の西洋の世界の大海でまだ泳いでいる鯖を捕まえるつもりだったのです。しかし、ビートルズのこの世における行動はブライアン・エプスタインが牛耳っており、ビートルズが自分達のキャリアを重要視していることも明らかでした。[28]

以上のことから、エプスタインの死去はマハリシにとっては幸運なことで、ビートルズが自分に大いに頼るようになるのだから、なおさらであった。

ショックと悲しみの中、死を冷静に受け入れることができず、4人のボーイズはマハリシに慰めと癒しを求めました。「これで、皆さんは私とインドに行けますね」。彼の口から出てきたのは、これだけでした。マハリシにとってエプスタインは、明らかに邪魔な存在でした。舞台からエプスタインが消えたことにより、ビートルズを使ってポップ世代全体を精神復活運動の組織に組み入れる、マハリシの計画に立ちはだかっていた大きな障害が取り除かれたのです。[29]

それでも、政治的に過激で極めて反体制である若い世代と、それに付き合う準備の出来ていないマハリシとの間で、信条をめぐり決定的に対立することもあった。当時は、欧米中の若者が、「"turn on, tune in and drop out"（覚醒し、波長を合わせ、ドロップアウトしろ）」と呼びかけるＬＳＤの高僧リアリーのスローガンにしびれていた時期だった。一方のインド人グルにとっては、一九六〇年代半ばのカウンターカルチャー・ムーヴメントが誇示するフラワーパワーは、受け入れ難い考え方だった。

ドラッグの使用に反対するマハリシは、「両親に従わなければいけません。彼らは、何が最善か知っているのですから」とアドバイスした。彼はまた、核軍縮に反対で、ベトナム戦争に賛成していた。熱心に活動していたアメリカでは、学生たちがこのようなマハリシの態度にショックを受ける。彼らがマハリシに、仲間の人間を殺さないように兵役を拒否した方がいいかと聞くと、「我々は、国の選ばれた指導者に従わなければなりません。彼らは人民の代表で、より多くの情報を持っていて、正しい判断を下す資質があるのですから」と彼は答えた。実際アメリカでは、マハリシのメッセージに愕然とした若い観客が抗議のために退席し、会合が急遽散会することも多かった。一九六七年九月にカリフォルニア大学ロサンゼルス校（ＵＣＬＡ）で行われた会合の後で、1人の学生が「二〇年瞑想した結果、マハリシのような意見を持つようになるのであれば、ざっと見積もって四〇年後には、ヒトラーの地位にまで上り詰めることができる！」とコメントしている[30]。

保守系主流メディアは、若者の関心をカウンターカルチャー・ムーヴメントの反体制的な指針からそらしてくれるのではないかと期待し、マハリシの体制寄りのメッセージを称賛する。対して急進的なメディアは、インド人グルへの敵対心を次第に強めていった。相当数の媒体が、マハリシの実体は、いかさまを働く詐欺師だと指摘した。マハリシを引きずり下ろそうと、リチャード・ゴールドスタインが『ヴィレッジ・ヴォイス』に書いた批判的な記事は、次のように始まる「目下の懸案事項は、正直者は詐欺師になり得るか?だ」。記事では続いて、ニューヨークのプラザ・ホテルの豪華なステート・スイートで開かれた、マハリシの記者会見を報道。会場にはビートルズから贈られたピンクのチューリップとカーネーションが飾られていた。「エリート主義を隠そうともしなかった」マハリシが、スピリチュアルな部分で人より進んでいるかを計るのに、富と成功を重要な証拠とみなしていると、ゴールドスタインは報じる。

成功は、心の平安により必然的にもたらされるものであり、失敗は、内面の葛藤によってのみ引き起こされると、彼は結論づける。つまり、裕福な人は、概ね健康で潜在的に賢いという訳だ。マハリシは行く先々で、流行を生み出す人々に自分の運動を持ちかけている。ロンドンではビートルズに、サンフランシスコではグレイトフル・デッドに、ハリウッドでは探究心旺盛な女優の卵の一団に、といった具合だ。ドイツに自分のテクニックを持ち込んだ際は、デア〔ドイツ語の冠詞〕・グルは、工場の責任者たちにアプローチした。超越瞑想が生産性を向上させると分かると、ドイツはマハリシの運動を国家資産として受け入れる…正直者は、それでも詐欺師になり得るか? 彼が、詐欺行為に追い込まれることを良しとすれば—答えはイエスだ。[31]

面白いことにビートルズは、自分たちのスピリチュアル・グルが、当時欧米社会を席巻していた反乱の動きと完全にずれているというパラドクスを、あまり気にしなかったようだ。ほんの数ヶ月前に『サージェント・ペパーズ』が、サマー・オブ・ラヴを代表するアルバムとして称賛されたにも関わらず、自分たちをカウンターカルチャー・ムーヴメントの中心人物と認めた支持層に背を向けることに、ビートルズは良心の呵責を感じなかった。バンド内で最も熱烈なマハリシの信奉者であったジョンとジョージは、マハリシの約束するスピリチュアルな至福に夢中になるあまり、彼が、政治的に正しいかそうでないか、気に掛けることもしなかったのだ。マイルズはジョンに、マハリシが自分を聖職者であると偽っているが、そうではない可能性があり、インド人の右翼政治家と関係があるかもしれないと警告するが、ジョンは聞く耳を持たなかった。グルがビートルズを使って金儲けを企んでいると告げられると、ジョンは「有色人種野郎に、俺の金で黄金の城なんて建てさせるつもりはない！　もしお前がそう思ってるならな！」と怒鳴ったそうだ。それでもジョンは、他のヒンドゥーのスピリチュアル指導者らが、マハリシが商業目的で信仰を利用していると批判していると、マイルズが指摘すると、「彼が商業的だからってなんだ？　僕らは世界一商業的なバンドだ！」と言い返す(32)。

ビートルズのマネジメント・チームはまた、マハリシが自身のブランドの宣伝にビートルズの名前を使っていることを憂慮していた。一九六七年一一月、マハリシはアルバムをリリースし、その広告には「ビートルズのスピリチュアルの先生マハリシ・マヘーシュ・ヨーギーが、愛、および自分の中にある眠ったままのパワーの源について、世界の若者に語りかける」と書かれていた。エプスタインの死後、マネージャーとしての任務の多くを担っていたブラウンは、マハリシのことを疑いながらも、ジョンとジョージを説得することができなかったと振り返る。

小柄なマハリシに向けたビートルズの信頼は揺るぎないものに見えたと、ブラウンは語る。ビートルズは一九六七年から六八年にかけての冬の間、サウス・ケンジントンにあったマハリシのロンドンの借家を頻繁に訪れ、可能な限り彼の講座に参加するよう努めていた。ブラウンによれば、ジョージとジョンは菜食主義者にもなったが、後者は、エプスタインが亡くなって再びドラッグを常習するようになった。さらにビートルズには、アップル・フィルムズの関連商品として、マハリシを主題にしたメジャー映画に出資し、興行収入をロンドンの超越瞑想大学設立の資金に充てる構想もあった。(33)

アップル〔ビートルズの会社〕設立のさなかに、ビートルズがマハリシと一緒にインドに行くことに意味があるのか、ブラウンは疑問に思っていた。私利私欲のためにグルがビートルズの名前を使っていると確信が持てるような出来事がいくつかあったため、なおさらであった。ある日ブラウンは、アメリカのＡＢＣテレビの弁護士から電話をもらう。電話によれば、マハリシがＡＢＣとテレビ特番制作の交渉をしており、彼がビートルズも出演すると言っているとのことだった。ビートルズの協力を確約することを、ＡＢＣはブラウンに求める。彼は、ビートルズはマハリシの番組に出演するつもりは全くないと告げた。

一週間後には、弁護士団が再び電話をかけてきて、ビートルズがこの話に乗るとマハリシが言い張っていると主張する。ブラウンはスウェーデンのマルメで講演していたマハリシに電話をかけて苦情を申し立てたが、彼は「曖昧で不確かな」返答しかしなかった。遂にブラウンは、マルメまで飛び、マハリシに自分のプロジェクトの一部にビートルズを使うことを止めるよう要求した。

翌週ロンドンで、またしてもブラウンはABCの弁護団からうるさく迫られ、マハリシがまだテレビ特番にビートルズが出演すると言っていて、それを条件にスポンサーを誘致していると伝えられる。それでブラウンは、マルメに舞い戻ることになったが、今回はポールとジョージを従えていた。マハリシと会った彼らは、自分の商売のためにビートルズの名前を使うのを止めるよう説得を試み、テレビ特番には絶対に出ないと告げるが、マハリシはただうなずいてクスクス笑うだけだった。「彼は現代人じゃないんだ」―帰国途中の機内でジョージは、マハリシを許すように言う。「彼は、こういったことを理解できないだけさ[34]」。

ジョージは許そうとしていたが、鋭いポールはマハリシがビートルズを利用して、自分の計画を推し進めようとしていることに気づいた。それでもポールは、インド人グルにますます引き寄せられてリシケシュのアシュラムへの旅を強行しようとする、ジョンとジョージの邪魔をしない腹づもりを決めていた。ポールは『マジカル・ミステリー・ツアー』がテレビ的に惨敗に終わり、バンド内での権威が地に落ちたことにより、劣勢に転じていたのだ。とりわけジョンは、過去一年の間に（とりわけエプスタインの死後）ポールが、他のメンバーにあれこれ指図してきたことに腹を立てており、彼の独りよがりなプロジェクトが失敗したことを公然と冷笑していた。2人の間の力関係は、またしても逆転したのであった。ジョージはといえば、自分の世界に閉じこもり、インドとそのグルたちに取り憑かれたようになるあまり、マハリシについての批判を、全く受け入れられなくなっていた。それに加えポール自身も、バンドが一緒に休暇を取り、リラックスした状態で事態を把握する必要があると感じていた。ポールとジェーンの関係は、先の見えない状態であったが、彼女でさえも旅行には賛成だった。ただはっきりしていることは、ポールが旅行を、骨の折れる仕事の連続から一時的に解放してくれる気晴らしとして捉えていて、マハリシと長期の関係を築くつもりは全く無かったということだ。

「ジョンとジョージは、スピリチュアルの爆上がりを期待して、リシケシュに行こうとしていた。彼らは、マハリシが何か信じられないくらい素晴らしいことを言ったら、2度と戻って来なくてもいいと思っていた。僕は少し現実的な考え方をするから、1ヶ月試そう。もし、本当に、本当に気に入ったら、帰国して身辺整理してから永住すればいいと、頭の中で考えた。『2度と戻らないかもしれない』なんてのは、ごめんだ。後戻り出来ないようになるのは。そういうのを嫌がるところが、すごく自分らしい。実利を重んじただけ。たぶんそう[35]」

ポールとはひどく対照的に、マハリシと瞑想に対するジョンの執着は現実的とは言い難いもので、ジョージよりも激しい有様だった。ヒマラヤ僧と、スピリチュアルの至福に達するために彼が処方する秘密のマントラは、ジョージにとってはインド版の聖杯〔中世ヨーロッパの騎士道物語の聖杯〕を探索する課程で、歩みを一歩進めてくれるものに過ぎなかった。彼は既に自分をヒンドゥー教徒とみなしていて、ラヴィ・シャンカルとのインド旅行以来、聖職者やマントラの世界に慣れ親しんでいた。リシケシュにあるマハリシのアシュラムに、ジョージが魅力を感じていた主な理由は、今や自分の国のように思っているインドに帰ることができ、自分の属する文化と信仰に浸かることができるからだ。

一方でジョンは、ジョージのようにインドとその信仰や文化に対する永続的な興味を持っている訳ではなく、頭の中の混乱を鎮める手っ取り早い解決策として、マハリシを追い求めた。欲望に対し常に激しく忠実であったジョンは、インド人グルと超越瞑想が、普段調合しているドラッグよりも自分の内に潜む悪魔に効果的に働きかけてくれることを熱望した。既成のカプセルに入ったマントラでスピリチュアルな至福を得られるというコンセプトは、アンフェタミンからLSDまで様々な錠剤やカプセルの入った巨大な瓶をベッドの脇に置いている男にとっては、ぴったりくるものであった。後に彼は、そのコンセプトをそのまま“The Happy Rishikesh Song”のAメロで描き、魔法のマントラで全ての答えを得ることができ、マントラは「飲み込む」だけでいいのだと歌った。興味深いことに、ジョンはフロストのインタビューで、文字通り全ての質問に対し、超越瞑想からいかに新たなエネルギーを得ているかと主張し続け、まるで新しいビタミン剤を見つけたような口ぶりだ。彼は素早い成果を求めていたのであり、スピリチュアルな悟りに向かう長く苦しい道のりを行くつもりは毛頭無かった。

ジョンがマハリシに傾ける情熱の大部分は、一九六六年の冬以降、彼が吸い込まれている感情の渦に起因していた。ジョンは日本人芸術家のヨーコに、彼女の展覧会で偶然で出会い、ゆくゆくはジョンの人生を変えることになる2人の間柄は、彼が今までに経験したことが無いような消耗する関係に発展していた。実験的な芸術家であり、クラシックの音楽家としての教育を受けたヨーコは、六〇年代の過激なアヴァンギャルド・ムーヴメントの流派に属し、作品のインスピレーションは仏教からダダ／シュルレアリスム・アートまで幅広かった。日本の保守的な貴族階級に生まれた彼女は、ニューヨークに移住。最初の結婚相手は日本から移住したピアニストで、2度目の夫は、アメリカ人のジャズ音楽家・映像作家だった。一九六六年にロンドンに引っ越した時のヨーコは、アヴァンギャルド・ムーヴメントでは既に有名な芸術家でありパフォーマーで、一年間の日数に合わせて男女の裸の尻を365個披露する、彼女の新作フィルム『ボトムズ』のニュースが、人々の関心を呼んでいた[36]。

ヨーコのような女性に出会ったことのなかったジョンは、彼女に夢中になる。バンドの他のメンバー同様、彼も多くの婚外交渉を持ったことがあるが、全てはカジュアルな性交渉で、主にツアー中の一晩限りの関係であった。ますますドラッグに誘発されて自分の世界に引きこもるジョンと、その世界に居場所の無かったシンシアとの結婚生活は、数年にわたり暗礁に乗り上げていた。シンシアは、感情の面でも知的な面でも、夫と波長が合わなかったのだ。着実に妻と気持ちが離れて行っているにも関わらず、不満を持ちながらも生活に欠かせないものとして、ジョンは妻と息子のいる家庭を受け入れた。生活をいいものにしてくれる人が、他に誰もいなかったからだ。

ヨーコと出会い、その全てが変わった。2人がいつ恋に落ちたのかはっきりしないが、最初に出会った瞬間から、彼女がジョンに影響を与えたことは疑いの余地がない。一風変わった2人の出会いは、ジョンがLSDの摂取で幾度となく見た幻覚に少し似ている。袋の中で女性芸術家が何か性的な行為をすると聞きつけたジョンは、好奇心から展覧会を訪れる。驚いたことに、全身黒ずくめの、みすぼらしい日本人女性が出てきて、「息をしなさい」と書かれたプラカードを無言でジョンの鼻先に突きつける。それを受けてビートルは、面白半分に荒い息をするが、展覧会を案内してくれるこの奇妙な生き物に、あっという間に心を奪われる。『釘を打つための絵』と題された作品に、ジョンが想像でお金を払い、想像の釘を打ち込んだ瞬間が、ハイライトであった。ヨーコがジョンの想像力を捉えたのは、間違いなかった[37]。

後にジョンの仲間は、ヨーコが何ヶ月も執拗にジョンを追いかけ回した結果、2人の関係が始まったと主張している。しかし、不倫関係に発展するのに、ジョンも共犯者であったと考えるのが妥当だ。彼は日本人芸術家と出会ってから数週間も経たないうちに、彼女の作品と、それをどうやって広めるかを話し合うことを口実に車を手配してヨーコを自宅に呼ぶようになる。程なくしてジョンは、ベッド・椅子・テーブルを含む様々な物を綺麗に半分に切り、白く塗って陳列したヨーコの個展に、宣伝費用として二千ポンドを提供し、ビートルズのマネジメント・チームを驚かせる。その一方で彼は、家族や友人には、ヨーコがただの変わり者の芸術家で、助けてあげようとしていると巧妙な嘘をついた。

ヨーコが初めて公の場にジョンと一緒に現れたのは、一九六七年八月、ビートルズがマハリシと最初に会った時だった。ビートルズの親しい友人で関係者であったピーター・ショットンは、「黙って笑いもしないヨーコは、取り巻きに毛の生えたような、ジョンの変人コレクションに新たに追加された人間に見えた」と振り返る。[38] ところが、シンシアの印象は違っていた。

「ヨーコを初めて見た瞬間から、ジョンは彼女と一緒になる運命にあると悟りました。ただの直感でした。2人の相性はぴったりで、ジョンとヨーコに取り巻く精神的なオーラは、ほぼ同一でした」[39]

数年後にジョンは、ヨーコと初めて会った日に恋に落ちたと告白している。一九六六年冬の、展覧会での偶然の出会いについて、『プレイボーイ』とのインタビューで語っている。「その時2人の目が合い、彼女は察知し、僕も察知し、僕らのインタビューで毎回書かれるように、その後はご存じの通り」。

同じインタビューでジョンは、ヨーコと出会った時には既に、ビートルズから抜け出したいと思っていたが、2人の関係がバンド仲間との絆を断ち切ることに繋がったと語っている。「言ったように、もう既に脱退を考え始めていた。ヨーコと会った時、まるで初めて女性に会ったような感じがした。そうなると、男友達はバーに置き去りさ」[40]。

出会って最初の数週間か数ヶ月のヨーコとの関係は、ジョンが後から、いい方に話を誇張している可能性がある。それでも、会って最初の数ヶ月でヨーコのことが頭から離れなくなり、当時ジョンの見せていた素振りとは裏腹に、彼女の存在が大きかったことは疑いの余地が無い。ヨーコがジョンのパンツではなく彼の頭に入り込んだことも、極めて重要な意味を持つ。ヨーコはジョンより七歳年上で、美人とは言えず、あえてラフな装いをしていた。彼女はシンシアをはじめ、ビートルズの他の妻や恋人のような、人目を引く美しさを持ち合わせていなかった。ヨーコはまた、ジョンが何年も浮気相手に選んできた派手な女性たちと違い、性的魅力を振りまくこともなかった。特筆すべきは、ジョンとヨーコが実際にセックスをするのは、出会ってから一年半以上経過してからという点だ。

当初のシンシアとヨーコとジョンの奇妙な三角関係を振り返り、ビートルがヨーコのことで罪悪感を持たなかったのは、シンシアに嘘をついていなかったから―ヨーコとジョンは恋愛関係ではなく、知的な関係だったからだ―とブラウンは回想する。ヨーコの、人を苛立たせるような機知に富む会話と、マイルドな狂気が、ジョンを性的に興奮させた。甘ったるい優しさを持つシンシアとの関係に飽きていたジョンにとって、自分の意見を持ち、賢いヨーコは、有り難い存在だった。ジョンが結婚生活に留まらざるを得なかったのは、シンシアに別れを告げて去ろうとする度に、信じて疑うことのない悲しい青い目で彼女が見上げるため、勇気を出せなかったのだ[41]。

女性と性交渉の無い濃密な関係にあったことは、ジョンの心の均衡に揺さぶりをかけ、マハリシと、彼のマントラに人知れず心酔することに繋がったように思える。一九六七年半ば頃までには、LSDはもはやジョンの熱に浮かされたような感情を鎮めることができず、質の悪いトリップを繰り返すようになっていた。ヨーコに抱く前例のない感情をどうするか決められないまま、マハリシが登場した頃には、ジョンはひどく脆弱になっていた。魔法のマントラこそ、内なるジレンマを解くために彼が求めていたものだと、ジョンは感じた。

リシケシュへ向かう時が近づくにつれ、ジョンは、シンシアと一緒にヨーコを連れて行くことを考慮し始めるが、妻だけでなくバンドの他のメンバーや、その妻と恋人がカンカンに怒ることが予測できたため、尻込みした。「元妻とヨーコを連れて行って、その先どうしたらいいかも分からなかったから、怖じ気づいた。だからやらなかった」と、彼は後に白状している。(42)

それでもジョンは、ヨーコを置き去りにすることを考えただけで、とりわけシンシアに対して、苦々しく恨めしい感情に襲われる。一九六七年一二月、ビートルズがロンドンで、『マジカル・ミステリー・ツアー』の放映を記念して豪華な仮装パーティを開いた際には、ジョンが公衆の面前で妻を侮辱し、人々に大きなショックを与える。次々と酒を飲み干して酔っ払ったジョンは、一晩中シンシアを完全に無視し、露出の多いベリー・ダンサーの衣装を着たジョージの妻パティに、おおっぴらに言い寄ったのだ。ビートルズの他のメンバーを含むパーティの参加者は、びっくり仰天しつつも、仲間を止める術を持たなかった。最終的には、当時イギリスで大人気だった一〇代の歌手ルルが（彼女はビートルズの親しい友人でもあった）ジョンの前に立ちはだかり、残酷な扱いを妻にしたかどで、みんなの前で彼を叱り飛ばす。叱責に対しジョンは、悪さをした子供のように反応する。シンシアが、泣きながらパーティから出て行ったにも関わらず、だ。[43] 翌日のイギリスのタブロイド紙は、最高に面白い年末の有名人スキャンダルでお祭り騒ぎになる。

大釜に入った自分の感情でジョンが煮炊きされる間、ジョージにとっては喜ばしいことに、一九六八年の初頭、ビートルズがリシケシュに行くよりも前に、インドを訪問する機会を得る。『ワンダーウォール』と名付けられた映画のサウンドトラックをプロデュースしないかと打診されたジョージは、ボンベイにあるEMIスタジオでインド人音楽家と仕事ができると、飛びついたのだ。トムソンは次のように記す。

一二月末、ジョージはシャンブ・ダスに電報を打ち、お正月早々にムンバイで始まるセッションに向けて、音楽家たちを集めることと、自分と「もう1人」の宿泊場所を探すよう依頼した。「その頃僕は、インド音楽にもう夢中になっていたから、与えられた任務を一部口実にして、インド音楽を広めるためのアンソロジーを作ろうと思った」と、ジョージは言う。「当時は今ほど西洋の人々に知られていなかった楽器をたくさん使った。シャハナーイ、サントゥール、サロード、スルバハール、タブラタランといった楽器に加え、タンプーラのドローンも使った」。[44]

一月の第一週の終わりまでには、ジョージは一九六六年秋と同じ偽名サム・ウェルズを使ってボンベイに滞在。アスピノールが同行し、ジョージがメディアに邪魔されないように取り計らった。ジョージは自費で五日間滞在し、ボンベイのEMI／HMVスタジオでレコーディングした。ジョージの必要を満たすため、2トラックのステレオ録音機材がコルカタから運び込まれた。映画のサウンドトラックをプロデュースする以外にも、将来ビートルズのアルバムに使えないかと、ジョージはラーガをいくつも録音した。そのうちの1つは、一九五八年の本『ランプス・オブ・ファイア』（世界の主要な宗教の経典から選ばれた三〇〇の文が引用されている）にインスパイアされて歌詞が書かれた、"The Inner Light" になる。『ランプス・オブ・ファイア』は、著者のファアン・マスカロ自身がジョージにあげた本で、ケンブリッジ大学で教えるサンスクリット語の学者だったマスカロは、超越瞑想についてのフロストのインタビューに参加していたのだった。ジョージはレコーディングで、あらゆるタイプの若く新進気鋭のヒンドゥスターニー古典音楽のミュージシャン──フルートとサントゥールのデュオ、ハリプラサドゥ・チャウラシアとシヴ・クマール・シャルマ、アリ・アクバル・カーンの息子アーシシ・カーンがサロード、ラヴィ・シャンカルの弟子であるシャンブ・ダス（一九六六年、最後にインドを訪れた時に、シタールを教えてくれた人物でもある）──を披露することに成功した。

『サージェント・ペパーズ』の "Within You Without You" 同様、"The Inner Light" は、全員インド人音楽家から成る一座とジョージの演奏で録音され、両曲ともビートルズがインドのラーガに没頭した時期を真に代表する曲とされている。"The Inner Light" は、一九六八年三月、まだビートルズがリシケシュにいた時に、シングル "Lady Madonna" のB面でリリースされる。この曲を最後にビートルズは、インドの古典音楽をロックに導入するのを止める。リシケシュに着く頃には、ジョージは、シタールの習得を諦めてしまうのだ。

リシケシュに出発する前に、最後にビートルズのやったことは、ジョンの曲“Across the Universe”を録音することだった。その頃ジョンの思考に押し寄せていた相反する感情や考えの洪水を、はっきりと表したような、心を打つ曲だ。後に彼は、曲の成り立ちを次のように説明―発作のようにしつこく文句を言うシンシアに嫌気がさして、寝室を抜けだし、俗世の苛立ちに流される代わりに、コズミック（宇宙の）・リタニ（連祷）に舞い上がり、（マハリシのスピリチュアル・グルの肩書きでもある）「ジャイ・グル・デヴァ」の名の下に神を讃え、ヒンドゥー教の聖なるチャント「オーム」で締めくくった。何度かレコーディングを試みても仕上がりに満足できなかったジョンではあるが、歌詞は誇りに思っていて、後に自分の書いた最上の詩の1つと言っている。

それから間もなくビートルズは、インドへとスピリチュアルな探求に旅立って行った。リシケシュまでの道程は長く辛いものではあったが、不思議なことに歩みを進めるための踏み石がいくつも置かれ、それはまるで運命の仕業だった。現代の西洋文化で最も有名なアイコン（崇拝の対象）が、ヒンドゥー聖職者に古代の知恵を学ぶため遠くインドまでわざわざ行くことを決心したのは、歴史的な出来事であると言わざるを得ない。欧米の若い世代は、この事件を新たな時代の幕開けとして、熱狂的に受け入れた。同時に、西洋人の中には、キリスト教の伝統と価値観に対する裏切り行為と受け取る者もいた。

アメリカで最もよく知られる保守思想家のウィリアム・バックリー・ジュニアは、ビートルズ、及び彼らが代表するポップ・カルチャーを何年も批評してきたが、インドのマハリシのアシュラムにビートルズが出発した後で手厳しい意見を発表している。

我々の時代の、誠に驚くべき特徴は、西洋人が信仰を失ったことではなく、キリスト教全体が、完全に無視されていることだ。ビートルズは生気の無い7つ目の手の偽物に、未知の考えと言葉を教えてもらいにリシケシュまで行く。彼らはスピリチュアリティを体験するためにどこへでも行く——近場を除いて。イギリス人は夕べの祈りをケンブリッジ大学のキングス・カレッジで聴き、シャルトル大聖堂で大ミサに出席し、聖パウロや聖ヨハネ、詩編作者を読むのに、遠くまで行く必要はないにも関わらず。(45)

バックリーは、嘆きながら次のように締めくくっている。

ビートルズにはキリスト教の知識よりも、キャブレターの知識があるようだ。だから彼らも、他の多くの人間同様、馬鹿丸出しでミスター・ガガ・ヨーギーに夢中になっているのだ。

リシケシュ到着

インドにあるヒンドゥーの聖なる都市や町の中でも、リシケシュは特別なステータスを誇る。ヒマラヤ山脈の麓に抱かれ、何世紀にもわたり無数の信心深い者が引き寄せられてきた、ケダーナスとバドリーナートの寺院への玄関口となっている。リシケシュを通って流れる、インドの最も聖なる川ガンガは、流れが速くて冷たく、壮大な山々の源泉に近い。古の時代から、国中の賢者や預言者が集まり瞑想してきたリシケシュには、寺院、アシュラム、ヨーガ・センターが、聖者の谷と呼ばれる、緑多く絵のように美しい谷間中に、キノコのように群集している。

リシケシュは、マハリシの長く辛いグルへの旅の出発点だった。彼は一九五三年、シャンカラチャリヤ・ブラフマナンダ・サラスワティの逝去に伴い秘書の地位を失い、ベナレスのアシュラムからリシケシュに退いて来たのであった。この地でマハリシは、スピリチュアル指導者になって自分のアシュラムを持とうと、夢見たのだ。一九六〇年代半ば、数年にわたりインドや世界の各地を旅した後、アメリカ人相続人のドリス・デュークから一〇〇万ドルが寄付され、棚ぼた式に夢が現実となる。

国際瞑想アカデミー、またの名をチャウラシ・クティヤ・アシュラムは、ウッタル・プラデーシュ州の森林部から借りた14エーカーの土地に、無秩序に広がるキャンパスから成る。ガンガ川の向かい、川面から45メートルの所にあり、ジャングルに囲まれている。アシュラムからの眺めは素晴らしく、ガンガ川と聖者の谷全体を見晴らせる。3方向を山に囲まれ、リシケシュから川を伝った丘にあり、夜には聖なる町の灯りが瞬くのが見える。

リシケシュの町からの道が途切れた後は、アシュラムまで、吊り橋を歩いて渡らなければならない。橋には、「象やラクダは通行不可」の大きな標識が掲げられている。聖者の谷の他の全ての物同様、橋には、計り知れないほど宗教的に重要な意味がある。ラクシュマン・ジュラと呼ばれるこの橋は、ヒンドゥー神ラムの弟ラクシュマンにちなんで名付けられた。ラクシュマンは、ケダーナスとバドリーナートへ向かう途中、ちょうどこの地点でガンガ川を渡ったと信じられている。

アシュラムの敷地内には、片側に部屋の集まる建物が6つ並んでいて、広々とした講堂があり、食堂と、イグルーのような円錐形をした石造りの小屋（ヒンドゥー僧が独り瞑想する、山の洞窟を模して作られた）もある。暗く、風の通らないこれらの洞窟は、インドの長く暑い夏に耐えられるように特別にデザインされ、照りつける太陽と、焼け付くような風から守ってくれる。マハリシのグル・デヴの生きた年の数に合わせて（ブラフマナンダ・サラスワティは四八歳で亡くなっている）、小屋は48個あるはずだった。アシュラムの名前チャウラシ・クティヤは、文字通り48の小屋という意味だ。反対側には、石造りのバンガローが並んでいて、有名人のアシュラム滞在者用に、各棟5部屋備えてあった。マハリシには専用の、高台に建てられた独立したバンガローがあり、川の絶景を眺めることができた。建物の間には公園があり、石を並べて小道が作られていた。スイミングプールも建設中であった。

敷地の周辺には木が生い茂っていて、鳥や動物（クジャク、オウム、カラス、猿、リス、時折鹿も来る）の隠れ場になっており、ニシキヘビやコブラ、野生の象も頻繁に近くを訪れていた。隣接する野生動物公園の奥深いジャングルには、虎やヒョウが獲物を求めてうろついているため、アシュラムの敷地から迷い出るものがいないよう対策が施されていた。

豪華なアシュラムを建設できたことに有頂天になったマハリシは、より壮大な計画を立てる。隣に草原になっている空き地があるのに気づいたマハリシは、政府からの許可が得られれば、仮設滑走路を建設したいと思うようになる。滑走路があれば、超VIPのゲストを飛行機でアシュラムに送迎でき、デリーからの長くトラブルの多い旅路を強いなくて済むと考えたのだ。マハリシの大胆な企てに唯一立ちはだかったのは、空き地を耕作地にしたい数千人の小作農たちだった。彼らは、裕福で有名なクライアントのために空き地を使おうとする自称グルに無償で土地が提供されることに、武装して抗議した。[1]

一九六八年が幕開けした頃、世界的なセレブリティを一〇年追いかけ続けた成果が、遂に実る時が来たと、マハリシは確信する。その根拠となったのは、ビートルズだ。彼らが、リシケシュのアシュラムに行くことに同意したことは、大いなる前進であった。実のところ、マハリシは既にビートルズについて、自分の所有物であるかのように言及し始め、この先何年も超越瞑想を通して彼らのキャリアを導いていくことを示唆するようになる。ビートルズが一ヶ月以内にリシケシュに出発しようとするその時、ニューヨークのマディソン・スクエア・ガーデンでの記者会見で、マハリシはこう宣言する。「ビートルズがこれから出すレコードには、より大きな、より良い歌を期待できましょう。瞑想によってもたらされる意識的な思考の拡大により、未来のビートルズのレコードは変化を見せ、今まで到達したことのないような深みを、彼らの才能にもたらすと私は考えます。間もなくビートルズが、私の後についてインドに行き、超越瞑想の学びを進め、将来実践し教える立場になるであろうことを、大変喜ばしく思っています」[2]。

さらにマハリシは、ビートルズがリシケシュを訪れるより前に、別の国際的なセレブリティをアシュラムにおびき出すことに成功する。テレビの人気メロドラマ『ペイトン・プレイス』の演技で、アメリカで人気を博し始めていた、新進気鋭の女優ミア・ファローだ。ミアは当時、ハリウッドで最も騒がれるセレブになっていた。一九六六年、二一歳で三〇歳以上年の離れたフランク・シナトラと嵐のように結婚をし、映画出演をしないことを夫に約束したミアが、名高いフランス・ポーランド人監督ロマン・ポランスキーの『ローズマリーの赤ちゃん』主演のオファーを受け、結婚から一年も経たないうちに夫婦関係の危機を迎える。激怒したシナトラが離婚届を若い妻に叩きつけ、ミアは精神的に参ってしまう。有名人の夫と、映画俳優としての輝かしい未来の間に引き裂かれたミアは、スピリチュアルな至福を得られると聞きつけ、マハリシと彼のマントラに救いを求めたのだ[3]。

ミアの三歳下の妹プルーデンス・ファローは、既に超越瞑想の信者であった。プルーデンスは麻薬依存症者だったことがあり、一〇代の頃には何らかの精神疾患を患い、病院で治療を受けたこともあった。ヨーガと出会い、瞑想についての様々な本を読んでいたプルーデンスに、兄パトリックの友人ピーター・ワラスが、彼女に適した瞑想スタイルかもしれないと、インド人グルの存在を教えた。ワラスはインドでマハリシに会っていて、彼のシンプルな教えに感銘を受けていた。一九六六年、ワラスはプルーデンスに、UCLAで開催された超越瞑想の夏期コースを受講するよう提案する[4]。

カリフォルニアで超越瞑想を学びながら、プルーデンスはマハリシに会いにインドに行くことを夢描くようになる。一九六七年の終わり、その機会は訪れた。ミアが電話をかけてきて、自分も超越瞑想に興味を持ったこと、マハリシに会いにインドに行きたいと言い出したのだ。数年後に『ローリング・ストーン』のインタビューに答え、プルーデンスはこう語っている。「インドに行こうとしていたところ、ミアが電話してきて、自分も行きたいが、ビートルズが行くと聞いたと言うのです。当時のビートルズは、六七年の夏から瞑想を始めたところでした。彼らの宣伝効果は絶大で…グルとインドとマントラといった、全体のコンセプトがメディアを賑わし、大ニュースになりました[5]」。

マハリシはハリウッド女優を弟子に迎えることになると大喜びし、時を置かずしてミアと妹を自分のゲストとして、インドのアシュラムに招いた。有頂天になったマハリシは、2人がビートルズと一緒に、インドのアシュラムで一月から始まる、超越瞑想に入門する海外の生徒のための三ヶ月間の特別コースのスター参加者になるよう要請した。マハリシの右腕で、世界中の精神復活運動を管理していたリューツが、この知らせを公表すると、ナンシーのような古くからの弟子の何人かは、セレブリティが受講生の気を散らすと、反対をする。

「出発直前のある日、突然チャーリーが言い出しました。『あの女優のミア・ファローと妹のプルーデンスも、アシュラムに滞在する』。びっくり仰天しました。『どうして普段瞑想していない人が、参加できるのですか？ グループ全体のレベルに影響するのではないですか？』と言うと、チャーリーはこう断言するのです『2人は単なるゲストで、入門する訳ではない。マハリシは良い宣伝になると言っている』。それだけでなく、ビートルズがアシュラムに滞在するという噂もまだありました」と、ナンシーは振り返る。

ナンシーを含む先行組が一九六八年一月二〇日にインドに行き、数日後にマハリシがファロー姉妹を伴って出発した。プルーデンスはグルに会えたこと、一緒にインドに行けることで、嬉しさのあまりヒステリー状態に陥る。「地面にひれ伏して、すすり泣き続けました」と、彼女は『ローリング・ストーン』に語る。

ミアの方は、自分がマハリシにとって重要な存在であることを十分承知していた。言うなればマハリシは、最初からミアを「ハリウッドのセレブリティ、取扱注意」と書かれた、特別な台に鎮座させたのだ。インド人グルと2人の姉妹の関係は、それぞれ全く異なるものであった。プルーデンスがマハリシを半神半人として崇拝し、瞑想に夢中になっていた一方、姉はマハリシの方が自分を敬っていることに気づいていた。姉妹は、似ても似つかない体験をリシケシュですることになる。

マハリシは自分のチームや生徒、有名人ゲストと一緒にリシケシュに出発する前に、主な関係者と会うため、デリーに数日滞在する。そのうちの1人は、観光局長のS．K．ロイだった。「でもマハリシさん、インドにもっと必要なのは食料と生産性で、宗教ではありません」と言うロイに対し、「違う、違う。生産性の無い人々に生産的になれと言っても無駄です。エネルギーが無ければ、生産性は上がりません。正しい瞑想をすれば、人はエネルギーを得て、インドが今置かれているようなグチャグチャな状態に我慢できなくなるはずです」とマハリシは反論した。

さらなる権力者が、マハリシの表敬訪問に訪れる—内務大臣のヴィディア・チャラン・シュクラだ。インディラ・ガンディー首相の側近として知られるシュクラは、国会の代表団を引き連れてグルを来訪し、国民会議中央政府が、海外の要人セレブ客のアシュラム滞在にあらゆる手助けをすることを保証する。国会で野党の一部が、マハリシとビートルズの滞在に激しく抗議し、数週間も経たないうちに大臣の後援が重要な意味を持つこととなった。

親しい友人でやり手のツアー・オペレーター、アヴィナシュ・アヴィ・コーリが、マハリシとその仲間の旅の手配を全て担っていたため、シュクラは個人的にもマハリシに便宜を図ろうとしたように思える。アドベンチャーツーリズムの先駆者であるコーリは、リシケシュ周辺のジャングルを拠点にしており、ジミーと名付けられた虎を大臣と共同で飼っていた。シュクラとコーリは、グルが海外のセレブリティを続々と顧客に迎えているのを見て、最善のビジネス・チャンスと捉えたようだ。ペルシャ系の航空会社オーナー、カーシー・キャンバタも同様だった。アシュラムの隣に仮設滑走路を建設するマハリシの計画が実現すれば、キャンバタも大儲けできる。ミア・ファローのようなハリウッド・スターが到着済みで、世界で最も有名なロックバンドが数週間のうちに到着予定とあれば、インドの金と権力を持つ者にとってマハリシは、前途有望な人物だった。

一月二九日、遂にマハリシ一行は、デリーから陸路でリシケシュを目指す。ミアと妹にだけ特別待遇が認められていることに対する恨みが、既にマハリシのチーム内で沸き起こっていた。「九時にはバスが集まって来て、出発の準備が完了しました。それからです、待たされたのは。ミアと妹が出発の準備が出来ていなかったので、六時間待たされたのです。発車する頃には午後三時になっていました。若い姉妹には専用の車があてがわれ、マハリシの乗る最後尾の車が続きました。後に分かったことですが、彼女たちにかかった全ての費用—ホテル、飛行機代、専用車—の支払いは、団体側が負担したのです。マハリシはどうして2人をそんなに特別扱いしたのでしょう?」とナンシーは記す。(6)

夜遅くリシケシュに着いた一行は、ハリウッドからの特別ゲストと、その他の者で宿泊の待遇が違うことを知り、姉妹に対する不満をつのらせる。ミアが妹と石造りのバンガローに消え、マハリシが川に臨む自分の家に退く一方、広大なビバリーヒルズのランチハウスに住むナンシーを含む残りの者は、自分たちの泊まる宿舎を見て落胆するしかなかった。

住まいとなるセメントでできた2部屋を見たナンシーは、暗澹とした気分になる。壁のペンキにはひびが入って剥がれ落ちており、漆喰の飛び散った窓には蜘蛛の巣が張っていた。こんな部屋で座って瞑想することを期待されるのかと思うと、あっけにとられるしかなかった。とりわけバスルームはジメジメしていて、ひどく不快だった。穴に台を乗せて手作りの便座で覆っただけのトイレにたどり着くには、シャワー室を通らなければならなかった。備え付けの家具は、小さなテーブルと、タオルと毛布の乗った板一枚のベッドがわびしく置かれているだけだった。弱々しい電球の明るさを補うために、ろうそくを3本ともした。古いヒーターは電力不足で使い物にならなかった。「釘の上に寝なくていいだけましでした」とナンシーは記す。(7)

ナンシーはまた、彼女によれば「まずい」食事に閉口した。グルの多くやヨガの伝統では、カロリーの高い動物性の食べ物を禁じているので、マハリシが一度も菜食を瞑想のための必須条件にしないことにナンシーは驚いた。肉好きの西洋人にとって菜食を取り入れるのは難しいことを、マハリシは知っていたのだ。しかし、事はそう簡単に運ばなかった。聖者の谷のスピリチュアル界隈全体で、肉と卵は新陳代謝を高める理由から禁止されていたのだ。

食事が突然変わったことにより、様々な問題が次々と湧き起こった。一行はみな腹痛を感じ、見るからに具合悪そうになっていった。ナンシーによれば、「瞑想を熱心にやることでこんな風になるなら、瞑想なんていらない」と感じる人々も出てきた。

瞑想キャンプの参加者のほとんどが西洋から来たので、おそらくマハリシは、インドの美味いベジタリアン料理を作れる地元の料理人を雇わなかったと思われる。代わりに調理を担当したのは2人の若いイギリス人で、キッチンと呼ばれていたのは、約360m×460mのついたてで仕切られた部屋で、土がむき出しの床に、レンガで出来た壁のようなカウンターが置かれ、たき火が2箇所で燃えさかっていた。「イギリス料理とブラフマチャリの中間の食事で、食欲の湧かない、味気ないメニューだった」とナンシーは記す(8)。

他にも国際色豊かな一行(とりわけ西洋人)は問題に直面する。アシュラムの悲惨な衛生状態を目にするだけで、「食欲を失った」とナンシーは記している。皿は犬がきれいに舐めた後で地面に積み重ねられ、砂糖壺をめがけて鳥が突進した。台所の少年2人は常に風邪を引いているように見え、鼻をほじったりかんだりする合間に、野菜の皮をむき続けた。ある日ドイツ人女性のグループがナンシーの部屋にやって来て、食事と不衛生な環境に文句を言い、「赤痢にかかって瞑想する」のは不可能だと言い放った。ナンシーが女性たちをマハリシの所に連れて行くと、マハリシは辛抱強く話を聞いた後で、台所の監督役を引き受けてもらえないかと要請する。「ここにいる人々は、貧しくて無知なのです。あなた方は今回このことを教えるだけでなく、これから先のコースも頼みます」と言いながら、マハリシは嬉しそうに手を叩いた(9)。

その頃ミアとプルーデンスは、それぞれアシュラムで異なる方向に向かっていた。ファロー姉妹の若い方は、1人で瞑想するか、皆と離れて座っていることが多かった。対してミアの方は目立つことが多く、マハリシの称賛を一身に浴びていた。あまりに違う姉妹の様子を、ナンシーは回想している。若さと持って生まれた美しさから、ミアには化粧が必要なかった。前髪のあるショートヘアが、その灰色がかった青い瞳の大きさを際立たせており、プルーデンスより際だった魅力を持っていることは間違いなかった。ナンシーによれば、プルーデンスは奇妙な動きをし、アシュラムにいる間、全く言葉を発しなかった。病気になって入院したとの噂まで流れた。(10)

マハリシはプルーデンスとほとんど関わらなかった一方で、姉の方の華やかな魅力に夢中になっているように見受けられた。ナンシーは、マハリシを見かけると大抵ミアが一緒にいたと記憶している。スターのオーラにやられたように見えるマハリシは、ミアの望みには全て応えようとしていた。ところがミアの方は、数日間インド人グルから特別扱いを受けた後で、「マハリシには全くイライラさせられる。しょっちゅう彼の家に呼ばれる。特別に気をかけてもらって有り難く思った方がいいのだろうけど、私はここに瞑想に来たのだから」と不平をもらした。

ナンシーが映画スターをちやほやしないようマハリシを説得するも、徒労に終わる。「ナンシー、ミアのような国際的なスターは、大きな宣伝効果をもたらしてくれます。彼女を特別な人として扱わなければいけません」と彼は言い張った。

数日して、ナンシーが部屋にアヴィといたところ、ミアが突然飛び込んで来てアメリカに緊急の電報を打ちたいと言う。「瞑想にはうんざりした。アシュラムを出て行く。デリーから電話する」と打たれた電報は、マイアミにいるシナトラに宛てたものだった。(11)

ナンシーとコーリは電報にショックを受ける。ミア・ファローがマハリシを見捨てて出て行ったことがメディアに知られたら、マハリシの大きなイメージダウンにつながる。ビートルズの到着まで後数週間であることを考えればなおさらであった。そこでコーリが、ミアを連れてアシュラム周辺の森に冒険旅行に行くことを思いつく。ビートルズ到着まで、彼女を思いとどまらせる作戦だ。ナンシーも同行するなら行ってもいいと女優は言う。問題はどうやってグルにこのことを知らせるかだ。何しろ大のお気に入りのゲストがたった数日にしろ、自分の元を去るのだから。

ナンシーがマハリシに伝えることになった。ミアが休暇に入ることを知り沈んだ表情を見せたマハリシではあったが、賢い案であることには同意せざるを得なかった。ミアがアシュラムに幻滅したニュースにマスコミが飛びつくのはマハリシも分かっていたが、悲嘆に暮れながらも彼はこう付け加えた「ミアの誕生日には大きなお祝いをするつもりでした。間に合うように戻って来てくれますか？」。それで、誕生日には戻ることになった。

別れを告げた時のマハリシは悲しげだったが、去り際のちょっとしたアドバイスは秀逸だった。「ナンシー、ニューデリーにいる間に、大きなステーキを食べなさい」。

それからの四日間、野生動物でいっぱいの森の観光コースで、ミアは元気を取り戻したように見えた。冒険旅行には虎狩りが含まれたが、ナンシーによれば、彼女とミアがマハリシに教えられた秘密のマントラを心の中で唱えてジャングルの王を意図的に追い払ったため、虎狩りは未遂に終わった。ハリウッド女優はまた、「本物のインド」を知ろうとして土埃の舞う田舎道で車を止めさせ、村々の家に入って手を合わせながら「ナマステ」と挨拶し、ヒンドゥー語を1語も知らないにも関わらず、地元の女性と会話をしようとした。

ミアの誕生日に間に合うようアシュラムに戻ると、誕生日を祝うために手の込んだ準備をしている最中だった。誕生日パーティの招待客がミアにあげる50個以上の贈り物を購入させるため、マハリシは60キロも離れたデヘラードゥーンに一団を送っていた。その日の夜にナンシーが見た光景は、グルがどれだけ女優にのぼせあがっていたかが分かるものだ。

その晩の講義でマハリシは、壇上で隣にミアを座らせる。彼女のブロンドの頭には、銀紙で作られた小さな王冠が乗せられていた。彼女はまるで、贈り物を1つずつ受け取る妖精のプリンセスのようだった。ミアは送り主1人ずつに、より一層白く輝く歯を見せながら小さな声でお礼をささやき、まるで全てに圧倒されているようだった。彼女の離れた目からは、愛と驚きが感じられた。それでもナンシーは、彼女が内心どう思っているのか心配し、他のみんなと同等に扱わずに彼女を崇拝するマハリシが、間違いを犯しているのではないかと感じる。プレゼントの時間が終わると、若い料理人たちが伝統的な北インドのスイーツ、ガジャルハルワ（ナンシーによればキャロット・ケーキのようなもの）を持って入って来た。デザートが給仕される間、マハリシはソファでニコニコしながら座り、特別な友人に敬意を表する夕べの成功を、明らかに嬉しく思っているようだった。[12]

ところが夜遅く、ミアがナンシーの部屋に、アヴィやその従兄弟のモニも一緒に内輪の誕生祝いをするために入って来た途端、ミアはマハリシとマハリシが彼女のために開いたパーティの悪口を言い始める。「私はクソみたいに怒ってるの！　あんなとんでもないもの見たことある？　ステージの上で、みんなに跪かれて、馬鹿になった気分！　アヴィ、あなたが明日出発する時に、私も一緒に行くからね。これで終わり。今度こそ思い直させやしない！」とミアが金切り声をあげたと、ナンシーは記す。

アヴィがこっそり持ち込んだケーキとシャンパンでミアを落ち着かせようとすると、彼女はあっと驚くことでマハリシを摘発する。

ミアはグラスをかかげながら「聖なる場所の最後の夜に乾杯！　あーあ、とんだお笑いぐさ。マハリシは聖人なんかじゃない。夕食前に彼の家にいた時、私を口説こうとさえしたんだから」と言う。何かの間違いじゃないかと問われ、ミアは彼らの面前で高笑いをしながら次のように言った。

「聞いて。私はクソぼけ野郎じゃない。言い寄られたら気づくに決まってる。誕生日を記念して、祈祷を捧げると彼専用のプジャ・ルーム（瞑想部屋）に招き入れられた。祭壇のようなテーブルとグル・デヴの写真の前に置かれた小さな敷物に跪くよう言われ、祈祷の儀式が終わると花輪を首にかけてきて、私の髪をなで始めた。聞いて。プジャとくどきの違いくらい私には分かる[13]」

「突然、驚くほど男性的な毛むくじゃらの2本の腕が私に巻き付いてきたのに気づいた。パニックになり、階段を夢中で駆け上がった」とミアは、数年後に自伝で回想している[14]。ミアは後から振り返り、あまりに突然起こったことで、マハリシが実際に性的に誘惑してきたのか判別が付かないと言っている。しかし当日の晩は、グルが体を使って表現するのは肉欲ではなく愛情からだとナンシーが説明しても、全く聞く耳を持たず、翌朝出発すると言い張った。アヴィは、ミアがゴアに行って楽しい休暇を過ごすことを提案する。ミアはまたしても出て行き、残されたプルーデンスは1人部屋に籠もり瞑想、マハリシは見るからに落ち込んでいた。しかしその前に、誕生祝いの夜に撮れなかった集合写真を、ミアも一緒に撮ることには成功していた。
ミアの誕生日の翌日、集合写真を撮るためにみんな早く起きた。おかしなことをするのをやめるよう、ナンシーはマハリシを説得するも失敗に終わる。あれこれ指図するのが好きなマハリシは、各人が座る場所を決めた。ミアはど真ん中で、再び銀色の王冠を頭に乗せるよう言われる。彼女が機嫌良く撮影に応じているのに驚くナンシーであったが、その日アシュラムから脱出できるのを喜んでいるのだろうと推察した。ミアはマハリシに、ゴアへの旅が終わったら戻ってくると伝えたが、ナンシーは戻らないことを祈った。

ミアが出発の準備をするのを悲しそうに見守っていたマハリシだが、デリーからの1本の電話により瞬く間に元気になる。それはシュクラからの電話だった。アシュラムの隣に仮設滑走路を建設し始めるための一時的な認可を、地方自治体の森林部から得ることに成功したと聞いたグルは、ミアに別れを告げた後、ナンシーに付いてくるように言ってから、大喜びで滑走路をどれ位の大きさにすべきか計り始める。マハリシは再び運が上向きになっていると感じ、ミアが間違いなく自分の元に戻ってくると信じていた。

数日後、マハリシがナンシーに、彼女によれば爆弾ニュースを告げる。ビートルズとその仲間が、翌週やって来るのだ。6棟をビートルズのために整えるのを手伝ってほしいと、ナンシーは依頼される。(15)

全てを任せる、経費の上限はないとマハリシに言われたナンシーは、アシュラムの全職員を動員して昼夜働かせ、ビートルズ用のバンガローを、豪華とはいえなくとも快適な居住区にリフォームした。特別な備品がいくつも村から運び入れられた。これで部屋には、セメントの床を全て覆うカーペットが敷かれ、鏡やドレープが壁に掛けられ、薄いウレタンのマットレスとベッドカバーがベッドに乗せられた。バスルームに設置された浴槽とシャワーは、かろうじて機能を果たすものもなかにはあった。クローゼットにはカーテンが掛けられ、なかにハンガーも入れられた。セレブご一行が到着する頃には、快適な空間が作られるまでにどんな苦労があったか、想像もつかないはずだった。[16]

その間、アシュラムで何が起こっているのかも知らないビートルズは、2組に分かれてリシケシュへ向かう準備をしていた。最初にジョンとシンシア、ジョージとパティ、パティの妹ジェニーが、二月中旬に出発。数日後にポールとジェーンが、リンゴとモーリーンを伴って出発した。出発前のジョンは、目的地にたどり着いたら何が待ち受けているのか心配して、イライラしている様子だった。それに比べるとジョージは、ずっとリラックスしていた。機内でジョンを落ち着かせようとして、ジョージはこう言う「ビリー・バトリンの休暇村みたいなところだよ！[17]」。イギリス全土で知られるバトリンの休暇村は、ミドルクラスの行楽客に手頃な価格の滞在先を提供していた。リシケシュ滞在を休暇村に例え、アシュラムに対する期待値を下げ、ジョンに一種のバケーションと思わせるジョージの意図は明らかだった。だが後にジョージは、リシケシュへの旅が自分にとってどんなに大事か次のように語っている。

「僕から見て、実際あそこ以外に行こうとは全く思わない。全ての人間にとり『なぜ我々はここにいるのか？　私は何者なのだ？　どこから来たのか？　どこへ行くのか？』の答えを探す旅に他ならない。それは、自分にとって人生で唯一大切なことになったんだ。他は全て二の次だ。他にはない[18]」

シンシアはジョンや親しい仲間と、インドの静養所に滞在することで、壊れつつある夫との関係を修復できないかと考えていた。何よりも、ジョンをヨーコとドラッグから引き離すまたとない機会だ。デリーに到着する頃には、既にシンシアは気分が良くなっていた。

ビートルズと彼らのアシスタント・チームは、前回のようにファンやマスコミにもみくちゃにされないよう、到着時のアレンジを用意周到に行った。ビートルズのローディの責任者エヴァンスは、ジョン、ジョージと2人の妻の荷物のほとんどを持って数日早くデリーに到着し、一行が空港を早く脱出できるよう計った。旅行中4人が用心のために、アップル・フィルム・カンパニーの最高経営責任者Mr.オデルと、アップル・ミュージック・カンパニーの最高経営責任者Mr.デイヴィスと、それぞれの妻の名前を使ったのも面白い。ボーイズはまた、いつもの派手なサイケ調の出で立ちをやめ、ジョンは白い無地のセーター、ジョージはストライプのシャツの上にコーデュロイのジャケット、妻たちは丈の長いワンピースにブーツを身につけていた。一行は誰にも気づかれぬまま、他の乗客と共に税関を通過した。ファンはどこにも見当たらず、マスコミもいなかったが、数人のカメラマンと、『デイリー・ミラー』の特派員だけが現れた。イギリスで最も売れているタブロイド紙『デイリー・ミラー』は、ビートルズがロックスターになってからというものの、偏執的に彼らを追いかけ回していたのだ。

デリー空港でビートルズ一行を出迎えたのは、驚くことにミア・ファロー本人であった。アシュラムを脱出した後のミアは、アヴィと共にデリーにいて、一緒にゴアに休暇に行こうと弟のジョニーがアメリカから来るのを待っていたのだ。弟と同じ日にジョンとジョージがデリー空港に到着するのを聞きつけたミアは、リシケシュに向かう途中のビートルズに挨拶しようとした訳だ。わざわざそのようなことをしたのは、ファブ・フォーと、彼らのリシケシュ行きの注目度が、いかにこのハリウッド女優にとって重要だったかが分かる。

しかしジョンとジョージには、ミアに構っている時間はあまり無かった。ミアと形だけの挨拶を交わした後で2人は急いで次の目的地へと向かい、空港から出るのに三〇分とかからなかった。それに比べアシュラムへの長い道のりは、古めかしいアンバサダー〔インドの国産車ヒンドゥスタン・アンバサダーのこと〕のタクシーに乗って、舗装の悪い道路を六時間以上もがたがた揺られるものであった。

数時間車で移動すると、一行はルールキー近郊で軽食をとるために道路沿いのレストランに入った。食したのはクリーム入りのトマトスープ、スクランブルエッグ、ポテトチップスと、味付けしてない白米の簡素なランチだった。勘定はたったの三五ルピー。彼らはレストランに置かれた旅の記念のノートに感想を記入。ジョンは「快適な三分間でした。ありがとう」と記したが、昼食にはもう少し時間がかかった。シンシアは夫とそのまま同じ文を記帳した。地元民を感心させたかったジョージは、"accha"（ヒンドゥー語で「良い」）とローマ字で書き、パティは大げさに「まったくもって美味」と書いた。(19)

その頃アシュラムでは、マハリシがビートルズ一行の先発隊がその日の午後遅く到着することを発表した。セレブリティが到着したら、アシュラムの1人1人がどのように振る舞うべきか、マハリシは厳しく指示した。

ビートルズが遂に到着すると、アシュラムは大きな興奮に包まれる。ナンシーはその時の印象を、自伝に記している。長い黒のコートを着た若い男性が数人、車から降りてきて、3人の若い女性が続いた。車の上には、シタールとギターや、あらゆるサイケデリックな色をした荷物が載せられていた。

夕食時、到着したのはジョンとジョージと妻たちであることを、ナンシーは告げられる。講堂に入るとそこは活気に満ちあふれており、最前列がロープで仕切られているのに気づいたナンシーは、2列目に陣取り待つことにした。ジョンとジョージがマハリシと共に入場する頃には、全員が着席していた。ジョンもジョージも灰色の長いローブを着て、フードからタッセルが背中に垂れ下がっていた。誰も身動きひとつせず、言葉も発しなかった。マハリシはプラットフォーム・ソファに座ると、2人を歓迎してから、何も特別なことが起こらなかったかのように、いつもの講義を始めた。ナンシーはまっすぐ前を見て、ジョージの艶やかで清潔な、美しくカットされた肩まで届く長い髪を観察した。隣に座る優美な女性はパティで、ビートルズをマハリシへ導いた張本人だ。その隣はパティにそっくりな妹のジェニー。3人目の女性は、ジョンの妻シンシアだ。眼鏡をかけてはいたが、3人のなかで一番美しいのはシンシアだった。その隣はジョンで、ナンシーによれば、おばあさん眼鏡をかけた厳しい学校の先生のように見えた。ジョンの白い肌は、不健康な灰色を帯びていた。講義の間中ジョンは手を動かすのを止めず、落書きをしているようだった。[20]

翌日、ナンシーはマハリシに呼び出され、正式にビートルズに紹介される。マハリシはビートルズに、何か大きな問題があればいつでも相談に乗るが、必要なことは何でもナンシーに申しつけてほしいと言う。西海岸からやって来た社交界の淑女は、世界一有名なロックスターとその配偶者の世話をできるかと思うと有頂天になった。妻たちは衣服を仕立ててほしいと言い、みんなでリシケシュに買い物に行く計画を立てた。ナンシーは買い物ツアーの日を鮮明に覚えている。その日の午後ナンシーは、ブラフマチャリの長の1人であるラグベンドラを通訳として従え、ビートルズと妻たちと一緒に川の向こうに出かけた。ジョージは花文字で"All you need is love"と書かれたシャツを着用、ジョンは色とりどりのストライプのズボンを履き、派手なプリントのシャツをアクセントに着ていた。ボーイズが地味でいるはずがなかった。彼らはナンシーの着ているパンジャビを気に入り、自分たちも購入したいと言う。ナンシーはビートルズに褒められて大喜びする。インドはまだ冬だったので、3人の女性は長く細身のワンピースにコートをまとっていたが、ガンガ川を渡りながら湿気を帯びた寒さに震えた。

古めかしいリシケシュの町で、魅力的な買い物をするのは不可能に思えたが、一時間もしないうちに、一行は腕一杯の購入品を抱えていた—色とりどりの布、サリー、袖無しの長いベスト、刺繍が施された薄いクルタ、大量の安手のベルベット、カシミアのショール。明らかに商人たちは、永遠に売れないと思っていた品々を大量に売りさばいたようだ。ジョンとジョージは買う物を決めるのが早かった。2人共自分の好みを分かっており、言い値で買った。妻たちは助言もしたが、購入を決めるのはボーイズだった。値切るのが決まりだとラグベンドラが言っても、2人は決して値段交渉をしなかった。彼らはとりわけカディの店を気に入り、手織りの布の数々にうっとりした。いつもはシニカルなジョンでさえも、大量のエキゾチックな布地を前にして興奮を抑えきれなかった。ジョンが選んだのは、最も明るい色だった。赤い斑点で覆われた金色のフラシ天の布地を指しながらジョンは「これで自分にコートを作るんだ」と宣言。誰からも有名人と思われず、誰にも邪魔されず、のんびりと買い物して周るのは、さぞかし楽しいのだろうとナンシーは思った。当面の間、彼らは完全にオフの状態でいられるのだ。

ジョージとジョンは女性のサリーをシャツ用に買い、ジョンは赤とオレンジの長いベルベットをロング・コート用に購入。妻たちは男性のドウティをおしゃれパジャマに、サリーを長いひらひらのドレスに仕立てさせた。袖なしベストの下からは長いシャツが垂れ下がり、たっぷりしたパジャマ状のズボンと組み合わされた。

リシケシュへの買い物ツアーは成功に終わったが、これによりビートルズがアシュラムに到着したことが地元のファンにばれてしまう。「ビートルズのファンがマハリシ・マヘーシュ・ヨーギーのアシュラムを取り囲んでいる。ストレッチの効いた鮮やかなズボンを履いた女の子たちが、両親を伴いアシュラム周辺を徘徊したが、何も無いまま失望して帰って行った。大きな集団がアシュラムの地べたに座り、自分たちの幸運を願った。なかにはマハリシの書いた超越瞑想の本を、アシュラムの職員から購入する子供たちもいた。門が閉まっているのを見て憤慨する者もいた」と、翌日『ヒンドゥスタン・タイムズ』の記者が記事にした(21)。

この頃には、ビートルズ一行がデリーに到着したことに気づいていなかったマスコミは、国際的な大ニュースを報道するためにリシケシュに駆けつける。アメリカとヨーロッパの全ての主要紙と通信社の特派員とカメラマンが、門の閉じられた入り口の外に野営しているも同然の状態になったのだ。ビートルズの滞在は、もはやタブロイド紙の興味の対象に留まらず、大手メディアも巻き込むことになった。例を挙げれば、ニューデリーに駐在する『ワシントン・ポスト』のハーバード大卒の特派員バーナード・ノシターは、ビートルズを一目見ようと必死にアシュラム潜入を試みているところを目撃されている。経済政策の知識で知られるノシターにとって、ロックバンドやグルについての記事を依頼されたのは、おそらく初めての経験であろう。しかし、世界中の編集局の編集者が欲しいニュースはただ1つ——リシケシュのビートルズだった。

マハリシの方は、2人のビートルズと妻たちに、マスコミを決して近寄らせない腹積もりだった。特派員やカメラマンの集団が押し合いながらアシュラムの正門の鍵を壊し、敷地内に力尽くで突入すると脅し始めると、グル自身が彼らを落ち着かせるために出てきた。マハリシは静かに、だがはっきりと「お願いです。コースが少し進んだら、皆さんを招き入れます。その方が実り多きインタビューになります。あなたがたを呼び入れ、全員インタビューできるように丸二日間あげます」と言った。

通信社のリポートがあれば、アシュラムでビートルズが何をやっているのか知りたがっているメディアを満足させるのではないかと、AP通信の特派員を1人招き入れたマハリシは、短いインタビューに応じた。「ビートルズはこちらで至極快適に過ごしています。欲しい物は何でも手に入ります。そうでなければ彼らがここにやって来ると思いますか?」――ビートルズが新しい住居に馴染むことができたのかと聞かれ、マハリシは逆にこう質問した。

2人のビートルズと妻たちがなかで何をやっているのか聞かれたマハリシは、各人が別々の「音の言葉」を与えられ、瞑想していると答える。彼はまた、音の言葉は宗教・言語・イデオロギーのいずれとも何の関わりも無いものだと言う。「どれくらい長くそれで瞑想し、どのように感じたかを私に報告するのも、彼らに委ねられています。これらは限定的な音の言葉――超越したレベルに到達するための近道なのです。その次の段階では、もう言葉も音も不要になります」とマハリシは断言した。[22]

アシュラムで数日過ごしただけで、ジョージは最高の気分になったと言う。「もう自分の寿命を二〇年は伸ばしたように思う。ヒマラヤには何世紀も生きている人間がいるはずだ。どこかにイエス・キリストよりも前に生まれ、まだ生きているのがいる」。

ジョージの隣に座っていたジョンは、「ジョージを見ていると、四〇歳になるまでには魔法の絨毯で空を飛ぶんじゃないかと思う」とジョークを飛ばす。[23]

ポールとジェーン、リンゴとモーリーンは、仲間に会うためにロンドンからデリーまでの飛行機に乗った。慢性的な胃腸障害を患っていたリンゴは、どんなマントラをチャントするのかよりも、リシケシュで何を食べさせられるのかを心配しているようだった。「行きの機内でポールと僕は、行きつくところまで行って菜食主義者になってしまうことにした。僕は卵だけは食べるけど、それだけ。その類いではそれだけ。僕らのことは、他の何よりも〝果物主義者〟と呼んでくれるのがいいかもしれない。僕らみんな、どっちにしろ、肉を食べるよりずっと健康的だろうと思っている」とリンゴは回想する。[24] リンゴはスーツケースを2つ携行し、1つには衣類が入っていた。もう1つのスーツケースには、アシュラムの食事が合わなかった場合に備えて、ベイクド・ビーンズのストックがぎゅうぎゅうに入っていた。

ジョンとジョージが数日前にデリー空港から素早く脱出したのとは対照的に、ビートルズの後発隊はありとあらゆるトラブルに見舞われる。まず、前回よりもずっと大規模なメディア部隊が彼らを待ち受けるために空港に降り立っていて、やり過ごすのに苦労した。テヘランでのストップオーバーを含む二二時間のフライトでへとへとになり、時差ぼけにも襲われながら、やっと空港を脱出できたのは数時間後だったが、彼らの苦労はそこでは終わらなかった。

リンゴが突然、インド旅行のためにロンドンで受けた予防接種のせいで鋭い痛みを感じ始めたのだ。デリーからリシケシュまでボーイズを連れて行く旅の見守り役を引き受けていたエヴァンスは、インドに降り立ってすぐに始まったドラマーの試練を、次のように回想している。

「『マル、腕が死ぬほど痛い。医者にすぐ連れて行ってくれ』と言われ、医者を探しに出発すると、運転手に野原の真ん中に連れて行かれて立ち往生してしまった。すぐに闇雲に後を追ってきたマスコミの車で辺りが一杯になったため、リンゴが予防注射で具合悪くなっているだけだと説明した。地元の病院に着いて、すぐに治療をしてもらおうとすると、インド人の医者にぶっきらぼうに『彼の症状は特別でないから、順番を守ってくれ』と言われてしまった。それで今度は個人で開業している医者の所に行き、良くなりますよと有り難いお言葉を言われるだけのために、10ルピーを払わされた[25]」

数時間後、リシケシュに行く道すがら、リンゴの乗る年季の入ったおんぼろタクシーがオーバーヒートして、道路脇で冷却するまで待たなければならなかった。インドに足を踏み入れてからずっと度重なる試練に直面していたリンゴではあったが、ファブ・フォーで最も精神的にタフな男の評判通りであることを証明する。車が出発できるようになるまで待つ間、『ヒンドゥスタン・タイムズ』にインタビューされた彼は、マハリシとインドに対して非常に前向きな発言をする。

「最初に会った瞬間から僕らは彼の弟子になったんだ。僕らの心がそうさせた。彼こそ僕らが求めていた男だ。マハリシは最高で、素晴らしく、驚くべき人物だ。マハリシが僕らに先生になってもらいたいと思えば、間違いなくみんな従う」と、どのようにしてグルに興味を持ったか聞かれ、リンゴはまくしたてた。

インドの印象を聞かれたリンゴは、最大限の賛辞を述べる。「インドには大きな魅力を感じている。

物質主義社会からはほど遠い平安があり、全く別の雰囲気を持っている。こういったこと全てがインドに惹き付けられる原因になっている。何よりも僕ら最大の関心、グルであるマハリシがこの国の出身だ。僕らにとってインドは、スピリチュアルな故郷だ(26)」。

一方でポールは、全くインタビューに応じず、リシケシュまでの長い道のりを行く車の中で、深い夢想に陥っていた。

「インド人運転手と、瞑想キャンプのラグベンドラが前にいて、僕とジェーン・アッシャーが後部座席に座っていた。長く埃っぽい道のりで、車もあまり良いものではなくて、といった類いの旅だったけど、最高にうきうきしていた。インド人の男たちが明らかにインドの言葉と思われる言葉で話し始め、僕は車の後ろでうとうとし始めた。二時間もすると旅の高揚感も薄れてくるからね(27)」

ポールが夢まどろんだことから、彼が慣れない環境に置かれていたことと、リラックスした状態にあったことが分かる。何年も後に彼は次のように回想する。

「眠りに落ちた。後部座席で座っていてありがちな、断続的な眠りだ。がたがた揺られ、男たちはおしゃべりに興じていたが、まどろんだ状態では彼らがリヴァプール訛りをしゃべっているように聞こえたんだ。聞き耳をよく立てると、リヴァプール訛りとほぼ一体化していった。すごく早い口語のリヴァプール方言に滑らかに音が移っていくようだった。くそ、俺は一体どこに居るんだ？　え？

ああ、ベンガリか、と言って僕はまた眠りに落ちた――『ぺちゃくちゃ、〔以下、リヴァプール訛りで〕お前さんそんで出てくんのか？』もうろう状態のちょっとした奇妙な体験だったよ。長い旅だった」(28)

4人のビートルズがアシュラムに揃うと、マスコミは彼らに接近しようと狂乱状態に陥る。ビートルズがアシュラムにいることを世界中の報道機関が察知すると、あらゆる国から記者がリシケシュに集まった。こうなると、上品でささやかなお願いだけで報道陣を制御することは不可能になった。門には警備員が配置された。ナンシーを初めとするマハリシの側近は、報道陣に配る文書を作成するようマハリシに懇願した。昼間の暑さのなか、記者たちが五時間タクシーに揺られ、ボートで川を渡り、丘を登ってアシュラムの門にたどり着いたことをナンシーたちは指摘した。ここまでして手ぶらで帰らされるとなれば、ただでは済まないだろうという訳だ。ナンシーはマハリシに、報道陣の努力の報いとして何か記録となる文書を配るよう促したが、マハリシは断固として応じなかった。

「プレスや誰からも手ひどい扱いを受けないようにすると、私はビートルズに約束しました。やることが山積みの世界から離れてビートルズは楽しんでいます。彼らがどれだけリラックスした表情をしているか見ましたか？」マハリシは微笑みながらこう付け加えた「だめです。世界は自分たちのビートルズがいなくても、あと数週間なら耐えられるでしょう(29)」。

有名人ゲストたちからメディアを遠ざけ、マハリシは自分だけスポットライトを浴びるのを楽しんでいた。「ビートルズのスピリチュアル・グルであるマハリシ・マヘーシュ・ヨーギーにとって、今が絶頂期である。ラクシュマン・ジュラ近くの木々に覆われたアシュラムの小道を歩きながら、彼は間違いなく、自分と、超越瞑想と、ビートルズが世界の多くの地域で話題に上っていることを確信しているはずだ。膨大な宣伝効果につながるレポーター、カメラマン、TVクルーが、アシュラムの周りをうろつき、一般の人々でさえも、多くのセレブリティが、最近まで無名に等しかった宗教家の弟子になろうとする瞑想とは何であるのか、知りたがっている」と『ヒンドゥスタン・タイムズ』は報じる。

インド人グルと親しくなったと思われる特派員は、なぜマハリシが自国の民よりも西洋人に興味があるのかを次のように説明した「マハリシはインド人について、自分の提案する瞑想に興味を持つような民族でないと言う。なぜか。知識と、やりがいのある活動と、高い収入を併せ持つ、世界を股にかけて活躍する人々だけが、超越瞑想を良いものとして理解できるからだ、と彼は言う。そういった資格を誇る人が相当数いるような段階には、国としてまだ及んでいないとマハリシは感じている。アメリカ、ドイツ、イギリスの順に、そのような人々を多く輩出していると、マヘーシュ・ヨーギーは見積もっている」[30]。

若いカナダ人映像作家のポール・サルツマンは、アシュラムに入場する際、門で待機するマスコミを相手にマハリシが毎日開いていた記者会見に遭遇し、自国の民をあざけるようなグルの発言にびっくりする。サルツマンは次のように回想する。

黄色とオレンジ色のマリーゴールドの花束を持って座るマハリシの頭上には、弟子の1人が黒い傘を差して日差しを遮っていた。アメリカ人レポーターが聞いた「あなたはインドでどのような成功を収めましたか?」。マハリシは「インドの人々は貧しく怠け者なので、瞑想をすればエネルギーと意欲が湧いてもっと勤勉になり、より良い人間になれるでしょう」と答えた。

私は彼の答えにひどく失望した。インド人は怠け者などでは決してなく、彼らの多くは焼けつく太陽の下で一二時間骨を折って働き、道路や家を建設し、土地を耕し、作物を収穫する。全て、私がグジャラート州とラージャスターン州で撮影中に実際に目にした光景だ[31]。

マハリシはまた、ビートルズをこれほど早く自身の超越瞑想のメッセージを世界に発信する提唱者に変身させたことを、次のように自慢している。

「三ヶ月も経たないうちに、ハリスン、レノン、マッカートニーとスターをヒンドゥー瞑想の十分な資格を持つ先生、または半グルに成長させることを約束いたします。ジョージとジョンは、こちらに到着して数日で目覚ましい進歩を遂げています。最初はあまりきつくしないようにして、一日数時間の瞑想にとどめています。私は簡単な言葉で、高度な哲学を彼らに注入しています[32]」

それでも、マスコミはマハリシだけの記者会見やインタビューに満足せず、ビートルズを出すよう要求した。「報道陣は本当にアシュラムへ入る門を蹴って壊そうとし、その最中にインドの人々が私を呼びに来たが、すぐにインド人レポーターに『自分の国で外国人めなぞに止めさせるか』と言われ、踏みとどまった。マハリシは有名人の生徒たちをメディアに会わせないようにしつつ、自分はインタビューを受け続けた」とエヴァンスは振り返る[33]。

下門での激しいやり取りを目撃したのはナンシーだ。ラグベンドラにきつく制止されたジャーナリストの1人が、門の中に入れろと言い張る。押し合いが続いた後でラグベンドラが思い切ってその新聞記者を放り出す。「マハリシの僧に暴行された」かどでマハリシを訴えると、新聞記者は脅した。[34]

このいざこざにより警察がアシュラムに入って来たため、マハリシは不機嫌になる。彼は国際通信社ロイターに「不当な警察の介入に心を痛めています。警察はアシュラムの雰囲気を台無しにします」と語る。[35]

大勢の興奮状態のビートルズのファンと、巨大なメディア部隊がアシュラムの門に集結し、中で不審なことが行われているのではないかと噂が飛び交うなか、犯罪捜査局（CID）の捜査官が門を強行突破した。マハリシは見るからに動揺しながら、諜報活動のために警察が度々侵入するなら「アシュラムをヨーロッパに引っ越しせざるを得ない」と報道陣に語る。[36]

ナンシーによれば、マハリシはニューデリーにいる友人のシュクラに、警察の嫌がらせに対する不満を伝えるよう彼女に頼んだ。[37]

常に協力的なシュクラ大臣は、すぐにでも実行に移すことを請け合った。「V.C.シュクラはまたしても、マハリシの良き友人であることを証明しました。私が伝えたことに対する彼の返答は、『そのような暴挙は許しません。ゲストの安全を守るために、グルカ兵を1人アシュラムに派遣しましょう。マハリシは彼に1部屋与え、食事を提供し、一日一〇ルピー（一・五ドル）あげるようにしてください。グルカ兵には日々メムサーヒブ〔「奥様」の意味。植民地時代にインド人が白人女性に使った言葉〕・ナンシーの指示を仰ぐよう伝えておきます[38]』」

アシュラムで何をやっているのか、ビートルズに直接取材できないマスコミは、閉ざされた門の外に漂う噂に基づき、様々な憶測記事を書き始める。スコットランド出身のフォーク・シンガー、ドノヴァンをアシュラムに連れてくるために、アヴィを伴いデリーに向かったナンシーは、インドの首都で卑猥な噂が流布していることにショックを受ける。

コンノートプレイスを車で通ると、ビルの柱に何枚もニュースのポスターが貼られているのが目に入ってきた。ナンシーとアヴィの目が釘付けになった2枚のポスターには、「アシュラムでの乱交パーティ」「アシュラムでレイプされるビートルズの奥方たち」と、日刊紙の見出しが踊っていた。2人は3〜4紙の新聞を購入し、デリーを出発するとともにお互い交代で記事を読み上げた。ある記事には「ウィスキーの入った大箱がいくつも、アシュラム滞在中のマハリシのゲストの所に運び入れられるのが目撃される。どうやらグルは、弟子がスピリチュアルな世界を学びながらも、快楽の追求を忘れないようにしているようだ。全ての欲望が満たされなければならないと、マハリシは教えている」と書かれ、他の記事には「リシケシュ上部のヒマラヤに位置する瞑想アカデミーに近い筋によれば、二日前にビートルズの妻の1人がレイプされた事実を隠蔽しようと画策しているとのこと。誰の妻が犠牲となったのか、現在特定中」と書かれていた。[39]

ドノヴァンと共にアシュラムに戻ったナンシーが、マスコミが広めているアシュラムでの行状の噂をビートルズと妻たちに伝えると、みんな一斉に大笑いした。ナンシーらが戻ったのはちょうどお茶の時間で、ビートルズは、親しい間柄にあり、尊敬もしていたドノヴァンを迎え入れる。彼らは新聞記事を一笑に付し、ドノヴァンが「誰がやられたのか教えてよ」と言うと、ビートルズの妻であるパティとシンシアが、まだそのような光栄に預かっていないと答えた。

「そのようなあからさまな嘘からアシュラムを守る技量が、マハリシに無いことは明らかでした。笑って忘れるのが一番でした」とパティは言う。(40)

フール・オン・ザ・ヒル

外で何が起こっているのか何も気づかないまま、ビートルズはアシュラムに腰を落ち着ける。このヒマラヤの静養所の門が襲撃されることもあったが、マハリシは自分の言葉に忠実に、熱狂してヒステリーを起こすファンやマスコミからビートルズを守ることに成功。4人にとってそれは、世界で最も有名なロックバンドであることから逃れられた、真に初めての機会だった。遠く辺鄙な場所で、容赦ない日々の慌ただしさと、飲み込まれつつあった名声と富から離れ、普通の人間でいることを楽しむ可能性に彼らは飛びついたのだ。

アシュラムの大きな魅力は、ロケーションだ。ヒマラヤ山脈の麓に隠れるようにしてある当地は、ビートルズが通常生活する賑やかな都会や、休暇中に遊びに行くエキゾチックな場所とは一線を画す。ナンシーにより綺麗に整えられた居住空間には、上品でつつましい快適さがあったが、奇妙な外観をした石造りのコテージは、ファブ・フォーが普段使用する豪華な自宅や贅沢なホテルのスイートルームには似ても似つかなかった。その上、森にこれだけ近く暮すことも初めての体験だった。ほとんどのインド人は、猿・リス・クジャク・オウム・カラスを野生動物とは思っていないが、ビートルズと妻たちにとっては、周りの景色をエデンの園のように見せてしまうエキゾチックな生き物だった。虎・ヒョウ・象・キングコブラがうろついているとされるインドのジャングルに囲まれていることも、スリル満点だった。景色の美しさからいけば、それまでバンドのメンバーが休暇を過ごした国際的なリゾート地に比べれば、見劣りするかも知れない。しかし、威厳あるヒマラヤ山脈が頭上にそびえ、聖なるガンガが下に渦を巻きながら流れることを考えれば、リシケシュには独自の魅力があった。
ビートルズとその側近にとっては、アシュラム内でドラッグやアルコール、ベジタリアンでないこってりした食事に簡単にありつけないことも新鮮だった。一〇年以上、よく考えることもなく、ほしいままにこれらに対する欲求を満たすことで、彼らの若い体は蝕まれてきた。少なくとも最初のうちは、全てひかえることで（陰でこっそり数本のタバコを吸う以外は）とても気分が良くなるのは、嬉しい驚きだった。それに加え、思いのままにできる自由時間が醸し出す心地よいムードのなか、聖者の谷での毎日はゆっくり過ぎていった。パティは次のように回想する。

毎日同じように過ごしていました。クジャクの甲高い鳴き声で朝目覚め、竹で支えられたキャンバス生地で覆われた屋外の食事エリアに朝食をとりに行きました。料理人は二一歳のオーストラリア人の男の子が何人か。世界中を旅している途中で、アカデミーが手伝いを必要としていることを聞いて来たとのことでした。料理は全てベジタリアンで、とても美味しかったです。時々猿がテーブルに飛び乗り、腕一杯に食べ物を抱えて跳ね戻って行きました。(1)

シンシアもパティと同じようなアシュラムでの生活を記憶している。

リシケシュでの一日は早く始まりました。七時から八時の間に起き、配管工事の不備のため凍えるように冷たい水で顔を洗い、宿舎から百メートルほど離れた屋外で朝ご飯を食べました。(2)

アシュラムでの食事が口に合わなかったリンゴでさえも、バケーション気分を味わっていた。

「僕らはシャレーに住み、たいてい朝起きるのは特に早い時間でもなく、朝食をとりに食堂に行った。それからよく、ちょっと散歩して瞑想するかシャワーを浴びた。もちろん常に講義だの何だのあったけど、ほとんどバケーションみたいなものだった。マハリシは僕らが快適に過ごせるよう、できるだけのことをしてくれた(3)」

アシュラムを最も高く評価したのはエヴァンスだった。がっしりとした体格のビートルズのボディガード兼ローディである彼は、普段の過密スケジュールとは大きく異なる、平和で静かなアシュラムを明らかに楽しんでいた。「もう一週間経ったなんて信じられない。心の平安と、瞑想によって得られる落ち着きによって、時間が飛び去るのかもしれない」と、エヴァンスは日記に記している。(4)

非常にリラックスしたビートルズは、全く知らない人—傷心を癒すためにスピリチュアルなものを求めに来たサルツマンと仲良くなる。ごく親しい内輪以外の人々から遮断されていたボーイズにとって、サルツマンと一緒に座って食事し、会話をしたことは、有名人でいる状態から離れていたことを意味する。カナダ人映像作家サルツマンの回想録には、ビートルズのくつろいだ様子が描かれている。

サルツマンの見かけたビートルズ一団は、白木のポールで支えられた平らな茅葺き屋根の付いた、崖近くに置かれたテーブルで食事をしていた。彼らが食べていた朝食は、シリアル、トースト、ジュース、紅茶、珈琲だった。昼食と夕食は、スープ、味付けをしてないバスマティ米、味気ないが栄養価の高いベジタリアン料理で、スパイスはほとんど使用されていなかった。時折サルツマンも一緒にテーブルにつくこともあった。近くの木々にはカラスがとまり、尾の長い銀白色をしたラングールが、近くのキッチンの平らな屋根に集まり、どちらも人間が食べ残した食物を奪う機会を待っていた。ジョンが"Everybody's Got Something to Hide Except Me and My Monkey"を書いたのは、この場所ではないかとサルツマンは想像する。ジョージとパティ、リンゴとエヴァンスは全員カメラを持参していて、テーブルでお互いのスナップ写真を撮っているのを見ると、まるで家族でピクニックに来ているようだった。ビートルズと出会った翌日、サルツマンはジョン、ポール、ジョージとリンゴそれぞれに、気が向いた時に写真を撮っていいか聞いたが、異論を唱える者は誰もいなかった。サルツマンが持っていたのはペンタックスの安価なカメラと50ミリと135ミリのレンズで、彼は映像撮影のプロであり写真家ではなかったが、写真を撮るのは好きだった[5]。完全にリラックスしたビートルズと妻たちの写真により、リシケシュで過ごすビートルズ一団の最も親密な姿を捉えた人物として、後にサルツマンは国際的に有名になる。

それでもファブ・フォーは、スターのオーラを失った訳ではなかった。もう1人ビートルズを端から見ていたラファム（ビートルズのアシュラム滞在を報道するため、アメリカの雑誌『サタデー・イブニング・ポスト』から派遣されていた）は、マハリシと一緒にいるビートルズを初めて見た時のことを叙情的な筆致で詳しく記している。

ホールの川に最も近い場所で、一揃いの花と並べられたマイクの後ろに、マハリシはプラットフォーム・ソファの上にちょこんと座っていた。コケティッシュな笑みを帯び、喜び溢れて手を叩きながら、マハリシは「世界の若者の祝福されたリーダー」と、グル・デヴの肖像画の真下、最前列に座るビートルズを紹介した。

ビートルズはマハリシがスピーチを始める数分前に到着していた。「紫のベルベットと金色の編んだ帯で鮮やかに着飾った、世界で最も有名な4人のミュージシャン」の後ろには、白とオレンジのシルクの衣装を着た妻たちが、「クリスマスのパレードかサイケデリックな夢の中の人物のように、ゆっくりと厳かな足取りでろうそくの灯火にすべり込んできた(6)」。

ビートルズの到着から数日のうちに、さらに2人の有名なシンガーがアシュラムにたどり着く。1人は「イギリスのボブ・ディラン」の異名を持つドノヴァンで、初のヒット曲をファブ・フォーに捧げていた。もう1人はビーチ・ボーイズでヴォーカルと作詞を務めるマイク・ラヴで、ファブ・フォーとビーチ・ボーイズはライバル関係にあったにも関わらず、プライベートでは親しい友人だった。2人共ビートルズがマハリシに夢中になった後で彼の魔力に引き寄せられ、リシケシュの瞑想キャンプに特別に招かれていた。2人が加わることにより、慌ただしい仕事から離れた、輝かしいロック・ミュージシャンたちの楽しい集まりになった。

「僕らは自分たちだけになり、ビートルズはおそらくこの一〇年間で初めて自由を味わっていた。彼らは元のシンガーソングライターに戻っていた。ビートルズは異常なまでの名声から解放され、みんな自由を手にして、ボヘミアンな自分自身に再び出会うことができ、同じ道のりを歩んだ。世間がビートルズに押しつけた音楽の理想像から解き放たれただけでなく、ただのソングライターに戻ることができたんだ。ただのミュージシャンにね」とドノヴァンが言うのを、サルツマンは聞いている。(7)何年もしてラヴが、自伝に次のように記している。

夜にはサソリが忍び寄り、残り物を求めてダイニング・テーブルの上を猿がうろつくような人里離れた施設で、彼らと一緒に過ごすことになった。奇妙な体験だったが、悪くはなかった。ライバルではあったが、4人とも大好きだった。

それから間もなく、もう1人の有名な西洋のアーティスト、ジャズ・フルート奏者のポール・ホーンが、この愉快なシンガーとミュージシャンのアシュラムの集まりに加わった。彼は、前年の夏にカシミール地方シュリーナガルでマハリシの超越瞑想に参加したことがある、経験豊かな瞑想者だった。インド人グルの大のお気に入りだったホーンは、シュリーナガルのキャンプで地元のカシミール人音楽家たちをマハリシに紹介され、一緒にフュージョンのアルバムをレコーディング。アルバムはマハリシに捧げられ、ジャケットに彼の写真が使用された。

ビートルズがリシケシュで瞑想していることが知られると、ミュージシャンだけでなく、あらゆる種類のセレブリティやジェット機に乗り世界を股にかける人々が集まった。世界で最も魅力的なファッション・モデルの1人、マリサ・ベレンソン（『ヴォーグ』の表紙をよく飾っていた）が、恋人であるフランス貴族のアルノー・ド・ロズネ男爵を伴って、ある日アシュラムに降り立ち、人々を大いに驚かせる。2人共狐の毛皮のコートを着ていて、スーツケースにはオート・クチュールがぎゅうぎゅうに詰め込まれていた。

どうやら写真家でもあった男爵が、デリーの動物園で乳白色の虎とポーズをとるマリサを『ヴォーグ』のために撮影していたところ、マリサが突然、スピリチュアルな至福を探しにリシケシュに行かなければいけない衝動に襲われたようだった。[8] 何年も経って、マリサはアシュラムへの旅を詳しく話している。

「インドは私の人生を変えました。スピリチュアルな導きを探していて、リシケシュのアシュラムでマハリシとビートルズと一緒に過ごすようになりました。夜、床に座っていると、ジョージとリンゴがギターを弾き、私たちは一日中瞑想し、一緒に食事をし、ベジタリアンになり、小屋に住みました」と、四〇年後に彼女は『ニューヨーク・タイムズ』のインタビューで語っている。彼女はまた、「でも本当に普通でした。『あ、ビートルズがいる！』とは思いませんでした。一番重要だったのは、超越瞑想でした。私は光を求めていたのです[9]」

「ガンジス川を下に眺めながらベジタリアン料理をいただき、一日中瞑想し、ジョージ・ハリスンが私たちのためにギターを弾いてくれました。彼の部屋に数人だけで。簡易ベッドの隣に座って。それからマスコミ無し！　本当に楽しくて素晴らしい体験でした」。トップ・モデルは、別のインタビューで

このように語っている。(10)

ラファムは世界を股にかける別のカップルについても、面白おかしく描写している。フレッドとスージー・スミスライン夫妻は、ニューヨーク州スカースデイルから瞑想するためにアシュラムにやって来た。アメリカ人のフレッドは、マハリシの実業家の友人カーシー・カンバタの弁護士で、夫妻はカンバタに誘われてリシケシュに来たのだ。

「夫妻は経済的に大成功を収めた人間の態度そのままで登場した。異常なほどの消費意欲を持ち続けることができるような人々だ」とラファムは記す。スージーは白のブーツを履き、黒のカクテルドレスに真珠を身につけていた。夫の方はサングラスをして、青いブレザーを羽織り、テニス・シューズを履いており、最新式の高級な映画撮影用のカメラで、着くなり辺りを撮影していた。

ラファムによれば、スージーは全てに対し大いに興奮しており、現実に起きているとは信じられない様子だった。彼女はインド人グルのマハリシを、最後の母音を省略してハッシシと韻を踏むような発音〔ハッシシの英語読みは「ハッシシュ」なので「マハリッシュ」〕で呼んでいた。彼女はスカースデイルの友人から出発直前に、タージだのなんだのなんか忘れて、マハリッシュに会いにだけ行かなきゃだめと冗談気味に言われたそうだ。それでアシュラムにやって来た訳だが、びくびくしながら左右を見渡し、ヘビか犬の死体でもいるのではないかと心配しているようだった。

フレッドは映像を撮り続け、芸術的なアングルの「最高のショット」のためにテーブルの周囲を歩き回り、励ましや褒め言葉だと自分では思っているような、快活な意見を発し続けた。「ニューヨークのカクテル・パーティなんかに行くでしょう？　そうするとインド音楽しか聞こえてこないんですよ」と彼が言い放つと、スージーもまた「インド人であることは流行の最先端ですよ」「嘘じゃないです。ウェストチェスターでは、ヨーガをやっている人が沢山います」と言った[11]。

瞑想キャンプのコメディのような雰囲気をさらに完璧なものにするかのように、これからマハリシとビートルズがヘリコプターに乗るとドラマチックに発表される。航空会社を所有するカンバタの仕組んだことだった。

グルはヘリコプターがアシュラムに来て、自分と有名人ゲストを遊覧飛行に連れて行く計画に有頂天になる。ヘリコプターが到着すると、マハリシは興奮して目をキラキラさせながら「丘を降りるみんなの先頭に立った。瞑想者にとっては午前中がオフになり、大興奮のイベントになった！ ヘリコプターが飛来すると、旋回する大きな音が聖者の谷の静けさと平穏を打ち砕き、サドゥーを含むアシュラムの周りにいる人々があらゆる方角から出てきた。いつもは歩みの遅い人々が、何が起きているのか、走って確かめに来たのだ」。

「少し後ろに下がって、マハリシ。ヘリコプターが着陸する時に砂が当たりますよ」と、機体が地面に近づく際にビートルズの1人が注意した。プロペラが動きを止めると、カンバタが微笑みながら出てきて「ジャイ・グル・デヴ、マハリシ」と言った[12]。

ラファムはこの出来事を、皮肉を込めて描写している。「マハリシとラグベンドラは、ポーター、キッチンの若者たち、怖がる牛のばらばらな行列の先頭に立って丘を歩いて降りた」。ガンガの川辺でジョンはインド人たちの映像を撮影し、彼らの方はジョンのスナップ写真を撮った。マハリシは「入り組んだ作りの巨大なおもちゃを眺める子供のように」ヘリコプターを眩しそうに見た。彼はうっかりマリーゴールドの花束を持ってきてしまったので、エンジンがかかると花は粉々に散っていったが、彼は全く気づいていないようだった。ラグベンドラはマハリシのレイヨウの皮を副操縦士の席に敷く。澄み切った空に向かってヘリコプターがゆっくりと離陸する間、ジョン・レノンは後部座席に座って映像を撮り続ける。どんどん高く上がっていくマハリシは、ゴミになった花束の茎を慈悲深く振りながら、下にいる人々に恵みを授けていた(13)。

何年も経ってから、アシュラムにヘリコプターが来て、ジョンがどれほど我先にマハリシと空に行きたがったかをポールは次のように振り返っている。

ヘリコプターが到着すると、元気いっぱいの信奉者が、ガンガへの埃っぽい細道を陽気に歌いながらぞろぞろと降りていった。ハレ・クリシュナの団体のように素晴らしく、おしゃべりしながら。ガンガにたどり着くと、ヘリコプターが降り立ち「誰かマハリシの前に軽く飛んでみたい人いますか？」と聞かれた。ジョンが飛び跳ねながら「はい、はい、はーい！」と叫んだから、彼が一番になり、残るはもう1席になった。

後でジョンに「何であんなに行きたがったの？　すごくヘリコプターに乗りたがっていたよね」と聞いたら、「そう。彼に答えを教えてもらえると思ったのさ！」と彼は言った(14)。

ジョンがに一番にヘリコプターに乗りたがった理由を、後にポールは次のように分析している。

「すごくジョンらしい。たぶん誰しも常に聖杯を探しているんだろう。ジョンは聖杯を見つけられると思ったんじゃないかな。うぶだよね、すごく。純粋だ。感動的なくらい(15)」

入信せず懐疑的に傍観する者にとっては、聖杯を手に入れること、つまりスピリチュアルな至福への近道をマハリシから教えてもらおうという魂胆は、うぶなだけでなく滑稽に見えたのだろう。『ザ・ステイツマン』の特派員サイード・ナクヴィは、信奉者を装ってアシュラムに潜入するのに成功した数少ないレポーターの1人だ。彼は正真正銘の弟子になる資格があることを証明するために、家族と友人までグルの精神復活運動に参加させるのを望んでいるかのように、妻と義理の妹、友人を同行させていた。ナクヴィには瞑想キャンプで行われていることがとてつもなく滑稽に思えた。

ジャーナリストから、政治と外交のコメンテーターになったナクヴィは、五〇年近く経ってからアシュラムでの体験を振り返り、派手に笑いながらマハリシと彼の笑い方を真似してこう言う「ヒーヒーヒー！　人生とは何だ！　ヒーヒーヒー！　あの世の意味を深く掘り下げると、結局それは現実の頂点であることが分かる。ヒーヒーヒー！」。

「『意味、意味、意味』とマハリシはよく、指を空中でくるくる振りながら言った。『意味を求めることは全て、空洞、空洞につながる。空洞であなたは独り、自分の体に捕らわれている魂の星間空間を掘り下げて考えることになる』。古代風の戯言をマハリシがしゃべればしゃべるほど、あそこにいた人々は感心したのさ！　あんなただのゴミ屑は聞いたこともない！　全くのでたらめだ！　彼の言っていることが意味不明になればなるほど、瞑想者たちはうっとりと拍手を送っていた」。ナクヴィによると、マハリシは時折、頭を振りながら独り笑いをして、「優しい目でビートルズや他の瞑想者を見ていて、まるで無知な彼らを哀れんでいるように見えた」[16]。

「魂をなだめる者としてのイメージを守ろうと、ヨーギーは印象操作に明け暮れていた。朝早くアシュラムを偵察する時、講義をする時、瞑想者に個別に指導する時など、マハリシはいつも片手に大きなバラを持ち、反対の手には数珠を持ち、安らぎを醸し出すために目は半分閉じ、まるで鷹と鳩がごちゃ混ぜになった新しい平和の象徴のようだ」とナクヴィは『ザ・ステイツマン』に書いている[17]。

キャンプの瞑想者たちは、マハリシのことをどう思うか、なぜビートルズはアシュラムにいるのかとナクヴィに聞かれると、様々な面白い返答をする。ドイツ人信奉者は、ヨーギーが物質的価値と精神的価値の両方に重きを置くところにドイツ人は感心しているのではないかと言う。超越瞑想が工業生産高を上昇させることが分かると、ドイツに二〇〇を超す超越瞑想のセンターができたそうだ。その一方でアメリカ人瞑想者は、「西洋に住む我々は、オートメーションやベトナム戦争、競争社会にうんざりしているのです。耳をつんざくような車の騒音から離れた、聞き取れない音量のドローンで発せられるマントラに、マハリシのおかげで触れることができます」と言い切った。

オーストラリア人のビートルズ・ファンは、ビートルズがアシュラムに来たのはエプスタインが突然亡くなったからだとナクヴィに教える。「ビートルズはそこまで洗練された若者ではなく、手に負えないほどの大金を手に入れるのが早すぎたのです。彼らは人生の意味を探そうと必死になっていて、この奇妙な男がそれを与えてくれると信じているのです」。

「『ポップ・グループの寿命は短いのです。ビートルズはこれで、新しいエキゾチックなイメージを身につけられます―僧院の聖なるシンガーのような』と、別のビートルズ関連の熱心な研究者は言う」とナクヴィは記す。

「『言っていることは馬鹿馬鹿しくても、マハリシのことは好きです』と、ある信奉者は言う。聖アウグスティヌスの言葉『クレド・クィア・アブスルドゥム―不合理ゆえにわれ信ず』を偶然引用していることに、彼は気づいていないようだった」とはナクヴィは『ザ・ステイツマン』の記事を締めくくった。[18]

ナクヴィの新婚の妻アルナも、マハリシを「うぶな西洋人を利用するちょっとした詐欺師」のように感じていた。マハリシはアルナにイニシエーションを授けるのに、彼女を自分のバンガローに連れて行き、耳にマントラをささやき、階下の特別な祈祷用の部屋―暗く人気のない地下室だ―に行くよう伝える。「マントラを唱え続け、内面から変化したように感じられたら上がってきてもいいと、マハリシは私に言いました。チャントし続けましたが、何も起こりませんでした。しばらくして閉所恐怖症のような状態になったので、上に上がってマハリシにマントラで何も起きなかったことを伝えました。しまったと思ったのは、彼は別のマントラを耳でささやいてから、また地下の個室に行くように言われたからです。今度は数分で戻り、マントラの効果が現れて、神々しくなったように思うと嘘をつくと、マハリシはとても喜びました」。

「マハリシは信奉者を騙していたかもしれませんが、それ以外の点では彼はとてもいい人で、いつもクスクス笑っていて、近頃新聞で目にするような、厳格で気味の悪い他の聖者とは大違いでした」とアルナは言う。[19]

ラファムもまた、マハリシが瞑想キャンプを導くやり方に好感を覚える。参加したある晩のセッションをラファムは次のように描写している。

マハリシは最初に、自分と前回会って以来どれくらいの時間を瞑想に費やすことができたか、参加者に質問した。スウェーデン人女性が一生懸命手を挙げると、マハリシはまるで生徒を誇らしく思い、かわいがる教師のようにうなずいてから、「それで？　どれくらい？　はいどうぞ」と聞く。「四二時間です、マハリシ」「調和のとれた瞑想でしたか？」「はい、マハリシ。とても調和のとれたものでした」「どんな瞑想だったか少しでも覚えていますか？」スウェーデン人女性は、申し訳なさそうに下を向いて自分の手を見ながら「いいえ、マハリシ」と言った。ヨーギーは彼女にそれで何も問題ないと言い、聴衆全体に向かって四一時間瞑想した人はいるかと聞いた。[20]

40、39、38、37と瞑想時間をカウントダウンしながら聞き続けるマハリシがとても面白かったと、アメリカ人ジャーナリストは記す。

三〇時間台になると、カナダ人女性がためらいがちに手を挙げ、一〇時間を3回、間に蜂蜜を入れたホットミルクとサンドイッチの一五分休憩を入れて瞑想したと報告する。「それでどう感じましたか？　はいどうぞ」。女性は、患者の血液か尿検査の結果を読み上げる看護師のように事務的に、「最初のセッションではいつものように幽体離脱が起きました」と言い、2回目のセッションでは「濃密で甘美な暖かさが駆け巡った」と言う。3回目のセッションで彼女は、古いミュージック・ホールの歌を歌い始めたが、歌詞を思い出せなかったと言う。

ラファムはまた、「英語をしゃべれない（ビートルではない）ジョージ」が、気絶しそうになってびっくりした体験を紹介している。

マハリシはそのような不都合はたいしたことではないと言い切った。「病院ではそれを気絶と呼びますが、リシケシュではそれを超越と呼びます」と彼は言った。

2人のジャーナリストは、マハリシとその弟子たちを見下しながら、皮肉を込めてレポートしているが、マハリシの瞑想技術がビートルズや他の人々に大きなインパクトを与えたのは、否定できない。

例えばジョージは、次のように回想している。

リシケシュにいた時に不思議な体験をした。神から授かるエネルギーに接続し、意識のレベルを高め、意識の捉えにくい部分に波長を合わせることが目標だった。何も失ったものは無いように感じると同時に、意識が完全なものとなっていった。(21)

超越瞑想にあまり興味の無かったポールでさえも、自分の思考に及ぼす影響に驚く。最も良かったと感じたある瞑想セッションについて、彼はこう述べている。

「気持ちの良い午後、バンガローの平たい屋根の上に茂る南国の木の木陰にいた時のことだ。自分が蒸気の出る熱いパイプ、温かいパイプの上に漂う羽根のように感じた。湯気だけで空に浮かんでいるようだった。おそらく瞑想と何か関係あるんだろう。子供の頃に戻ったみたいで、おっぱいを飲んだばかりか、お昼寝をする赤ちゃんが、安心感に包まれているような、そんな心地いい優しい気持ちを思いだした。あの時が一番気分が良く、今までで一番リラックスできた。数分の間、すごく軽く、浮かんでいるような、完成されたような感じを受けた」

ポールはまた、屋外で瞑想しても日焼けしないことに興味を覚える。

「完全なイギリス人だからね、暑い地域に行くと必ず日焼けする…ロブスターみたいに赤くなって、一日中痛い思いをする。でも今回は、午前中日焼けしても、数時間瞑想すると、あらあら不思議、ロブスターがいなくなっているんだ(22)」

ラヴはラヴで、次のような発見をしている。

瞑想はストレスや恐怖症を無くすことができる。僕はいつもナイフに恐怖を抱いていた—根拠もなくいつか刺されるのではないかと思っていた。ある日バンガローで瞑想していると、ナイフでももを刺されたような鋭い痛みを感じた。それでも瞑想を続け、自分の内面に深く入っていき、潜在意識の下にある謎を解き続けた──それは、自分でも理解できない恐れで、おそらく前世からの何か、または子供時代の何かで、誰にも分からない──最後にゆっくりと、問題の根っこが解消され、痛みが自分の体から去り、それ以来、ナイフに恐怖を感じることは全くなくなった。[23]

マハリシのマントラを唱え続けて抑えられた感情やトラウマが解放されることは、必ずしもいい結果をもたらさなかった。時には恐れや不安が暴力的に爆発することもあった。ナンシーは若いドイツ人が恐怖の叫び声を上げて、夜間みんなを起こしてしまった時のことを記憶している。若者はドアを封鎖していたため、窓越しになかを見ると、膝に大きな岩を置いてベッドに座っていた。彼は部屋に入る者は誰でも殺すと脅す。マハリシが落ち着かせると、ドイツ人の若者は「前世で近所の人々に殺された時の体験が戻って来たのです。恐ろしかった」と説明した。[24]

精神的に不安定な状態でアシュラムに来たプルーデンスは、癒されようと必死に瞑想を続け、様態が良くなるどころか悪化したため、マハリシは大きなジレンマに襲われる。「長い沈黙の後で発作のように叫び声や金切り声を上げるので、アシュラムにいるほとんどの人が、プルーデンスは気が触れていると思っていました。専門の医者による治療が必要なのは明らかでしたが、マハリシが彼女を放したがりませんでした」と、プルーデンスが狂っていると確信していたナクヴィは振り返る。[25]

プルーデンスが瞑想できるような状態にはなかったこと、彼女がアメリカで精神病院に入ってショック療法を受けていた事実をマハリシが知っていたことを、ナンシーも暴露している。リシケシュの滞在が1ヶ月を過ぎた頃には、プルーデンスの外見は劣化し、着るものはだらしなくなり、髪の毛もとかさなくなっていた。2ヶ月過ぎると意識が朦朧とするようになり、自分で食べることもできなくなる。この頃には「私を助けてマハリシ！　みんなあっち行って！　助けて！　助けて！」と昼夜叫び声を上げるようになる。プルーデンスが狂ったことをマスコミが聞きつけ、マハリシが彼女を狂わせたと書き立てるのではないかと心配したナンシーや他の側近が、プルーデンスをニューデリーの病院に連れて行くようマハリシに促す。しかし心配したマハリシは、彼女が病院で薬漬けになり、さらにショック療法を受けさせられることを心配した。いずれにせよ、マハリシはこの若いアメリカ人女性にアシュラムから追い出さないでくれと懇願されていたため、彼女の面倒をみ続けるほかなかった。ナンシーによれば、プルーデンスは文字通り手を引かれてマハリシの家に連れてこられた。「パジャマを着て、全くの無表情で、狂ったオフィーリアのようでした[26]」。

　ホーンはプルーデンスの状態を、「マハリシの言うことを聞かず瞑想し続けたために、半ば緊張病《カタトニア》になっていて、当時自分の兄さえも認識できなかった」と記している。

　ジョージの友人で映画『ワンダーウォール』の監督ジョー・マソットも、当時リシケシュを訪れ、プルーデンスの症状を目撃している。「ミア・ファローの妹プルーデンスがいて、小柄なインド人2人に支えられながら、文字通り壁をよじ登っていた。自殺する恐れがあるため、2人は見守っているようだった。彼女は完全にいかれていた[27]」。

　これまでみてきたように瞑想キャンプの参加者が深い内省を熱心に繰り返し、結果も様々であった一方、マハリシは嬉々として豪華なゲストたちの誕生パーティを開き、場の雰囲気を明るくするよう要求した。最初に盛大に誕生日を祝ってもらったのは、アシュラムにビートルズが到着して間もなく二五歳を迎えたジョージだった。ジョージの誕生日は、シヴァ神が妻パールヴァティーと結婚した日の夜を祝う、ヒンドゥー教の祭りシヴァラートリのほんの数日前だ。ロンドンから超越瞑想を学びに来た美術教師ジェフリーと一緒に、誕生祝いを眺めていたラファムによれば、それは盛大なパーティだった。

講堂が風船で飾られた晩、舞台にインド人音楽家がいたこともあり、最初はシヴァラートリの祝いと勘違いされる。音楽家の1人はターバンを巻き、つま先がカールした金色のスリッパを履いたシーク教徒だった。結局、風船と音楽家の一団はジョージの誕生日パーティのためだということが判明。ビートルズとその仲間が、マハリシのプラットフォーム・ソファの片側に置かれたクッションに着席するなか、リシケシュの賢者が叙情的なヒンドゥー・チャントを唱え始めた。マハリシが愛おしそうにジョージの髪の毛を撫で、ラグベンドラがステージ上を這いつくばりながら、黄土とサフランを混ぜた黄色い顔料をビートルズと妻たちの額に塗りつけていった。

するとマハリシは、誰か歌いたい人はいませんかと聞く。ビートルズは申し出を断ったが、ラヴはマイク無しのアカペラで、即興で「超越瞑想が人を解放できるのなら…」と歌い始める。ラファムによれば、それ以上言葉を思いつかなかったラヴに代わり、マハリシがCメジャーで独唱し始める。「鳥がいぶかしげに気になる音に耳をすませているか、種を探すかのように、頭をかしげながらマハリシは今まで聞いたことがないくらいに音楽的に歌っていた」。ジョージにプレゼントするため、全員がまだ湿っている、切ったばかりのマリーゴールドの花輪を渡された。(28)

パーティは次にマハリシの講義に進み、聖なるガンガの川辺で人間が生まれ変わり、良き時代の幕開けとなると彼は講釈する。マハリシは「ジョージ・ハリスンとその祝福された友人たち」と出会って以来、世界が新しい大いなる希望に満ちあふれ、自分の運動が成功すること、人間の苦悩がなくなることを確信したと主張。「天使たちが良い知らせで賑わっています。様々な国や地域の偉大なる予言者たちが、同じメッセージ―ジョージ・ハリスンの二五歳の誕生日に、全ての創造物が永遠なる至福の確約に目覚めた―を発信しています」とグルは高らかに宣言した。

ラファムによれば、マハリシがスピーチを終えると、全員が舞台に上りオレンジの花輪をジョージの首にかけ、その数があまりに多かったので、ジョージが救命胴衣を着る人のように見えたという。お世辞の嵐に決まりの悪い思いをしたジョージは、ぎこちなく微笑んでから「すごいのは僕じゃないんだよ」と言った。マハリシはジョージにケーキと、プラスチックでできた上下逆さまの地球儀を贈呈し、「これが今の世界です」「正さなければなりません」と言った。皆がジョージに「ハッピー・バースデイ」を歌い、笑いと拍手が収まると、「ヒンドゥーのポーターたちが笑って踊って、講堂の入り口でお互いに爆竹を投げ合った(29)」。

舞台にいたシーク教徒はアジット・シンで、ヴィチトラ・ヴィーナ(シタールの先駆けであり同種の、ヒンドゥスターニー古典音楽の伝統的な楽器)の奏者だった。彼はアシュラムからさほど遠くない所にある、一流校ドゥーン・スクールの音楽教師で、リシケシュ近郊で一番大きい町デヘラードゥーンで最も古く有名な楽器店プラタープ・ミュージック・ハウスのオーナーでもあった。半世紀経った現在、八四歳になったシンは、史上最も有名なロックバンドと初めて会った時の楽しい思い出をデヘラードゥーンの店で語ってくれた。

「ビートルズがアシュラムに到着してからというものの、デヘラードゥーンや地域の他の町は大いに盛り上がり、私の勤めていたドゥーン・スクールの少年たちも、当然大騒ぎでした。大勢の人がビートルズを一目見ようと出かけていきましたが、徒労に終わっていました。プライベートな訪問だと聞いており邪魔をしたくなかったので、私は行きませんでした。アシュラムのスワーミーが私の店に来て、ジョージ・ハリスンの誕生日を祝うため、アシュラムで音楽会を開いてくれないかと言われた時の私の驚きと喜びといったら！」

「ドゥーン・スクールの音楽学科長でヒンドゥスターニー古典音楽のヴォーカリスト、ヴァスデーヴ・デシュパンデと私の2人で行きました。夜ヴィーナを持ってガンガ川を渡り、日没の少し後にアシュラムに着いたのを覚えています。美しく飾り付けられたマハリシの講堂にみんな集まっていました。ジョージや他のビートルズと挨拶し、ステージに招かれました。忘れられない思い出です」

「ジョージが二〇分ほどシタールを演奏したのを覚えています。私がしばらくヴィチトラ・ヴィーナを弾き、デシュパンデが歌を歌いました。ビーチ・ボーイズのマイク・ラヴが瞑想への賛歌を歌い、フォーク・アーティストのドノヴァンさえもパフォーマンスをしました。誕生を祝う説教をマハリシがした後、花火が上がり、ご馳走が出されました。夜遅くまで祝宴が続きました。今でも鮮明に覚えています！」(30)

ビートルズ、とりわけジョージとジョンはヴィーナにすっかり魅了され、シンのリサイタルを褒めちぎった。またアシュラムに来て自分たちだけのために演奏してくれとビートルズは言い、シンの店に行って楽器を見てみたいとも言う。それはシーク教徒の音楽家シンと、アシュラム滞在中の2人のビートルズの間の、短くも親しい関係の始まりだった。

数日してビートルズ一団全員が、ラヴとドノヴァンを連れてプラタープ・ミュージック・ハウスに降り立ち、町が騒然となる。「スターたちを一目みたいと数百人の人が押しかけて来ましたが、群集に手を振るビートルズは、実にリラックスしてフレンドリーでした。彼らはしばらくいて、楽器や店に飾ってあるレコードを眺めていました。殺到したファンの多さにすごくあせりましたが、店にビートルズを迎えたことで、私の評判は大いに上がりましたよ！[31]」

シーク教徒の音楽家兼、店のオーナーのシンは、別の日にジョージとジョンが3輪スクーターとトンガ〔2輪馬車〕に乗って町に来た時のことを覚えている。「彼らはとても純粋で若く、全てを楽しもうと思っていました」と彼は言う。

シンはまた、ビートルズに会いにアシュラムを数度訪れている。「ジョンが調子の悪いギターを見てくれと私に言ってきました。店に持って行かなければならないと伝えましたが、彼はすっかり信用してくれ、全く問題ないと言いました。とても高価なギターで、当時の価格でも軽く一〇万ドルはしましたが、渡してくれました。修理をして返すことができ、彼はとても満足していました[32]」。

ギターの修理に気を良くしたジョンは、シンにペダルで操作する特別なハーモニウムを制作し、サイケデリックな花のペイントを施すよう依頼。「それでハーモニウムを作らせ、姪の画家に鮮やかなサイケデリック・フラワーの絵をジョンの指示通りに描かせました。彼はとてもハーモニウムを気に入ってくれました。ジョンの未亡人ヨーコ・オノが、まだアメリカで所有しているはずです。あれから何年も経ち、現物を見たい気持ちで一杯です」と、八〇代のシンは言う。彼はその後ドノヴァンにも、鵜の形をした特注のギターネックの制作を依頼された。やっと完成した頃には、残念なことにシンガーはアシュラムを去った後だった。

＊＊＊

ジョージの誕生日パーティのほぼ直後に、マハ・シヴァラートリが祝された。その日ビートルズが何をやっていたか、『ザ・タイムズ・オブ・インディア』のアシュラムからのレポート[33]により垣間見ることができる。「『本日はマハ・シヴァラートリ、シヴァ神の結婚式が行われた日です』と、アシュラムでビートルズに囲まれて座るマハリシ・マヘーシュ・ヨーギーは言う。ポール・マッカートニーがクスクス笑いながら『シヴァは誰と結婚するのですか？　もちろんミセス・シヴァですよね』と言うと、肘掛け椅子に敷かれた鹿の革に座るマハリシが、『パールヴァティーです』と答えてから、笑い転げた」。

同じ記事では、困った顔をしたリンゴと妻が、その日の午後遅く、個別に相談に乗ってもらおうとマハリシの所に来たと報じている。「リンゴが妻の手を取りやって来た。2人共心配そうだ。『グル・デヴ、二分だけいただけませんか？』とリンゴは聞く。マハリシは彼を自分の部屋に連れて行き、一五分後に夫妻を瞑想室に導いた。瞑想室に2人を置いてきた後で、マハリシは記者に『彼らはいくつか問題を抱えていましたが、今再び、喜んで瞑想しています』と言った」。

残念なことに、マハリシがリンゴ夫妻へ施したカウンセリングは実を結ばなかったことが、数日後に判明した。ロンドンに幼い子供2人を残してきたリンゴは、ビートルズの中で最もリシケシュ行きに消極的だった。それでも彼がリシケシュに来たのは、基本的に何でも受けて立つ精神を持っていたことや、ボーイズへの忠誠心を見せたい思いも理由の一部にあった。リンゴと、それ以上にモーリーンは、マントラを唱えることが幸福への近道になると騒ぐジョージとジョンの気持ちが、よく理解できなかった。最初はためらっていた夫妻ではあったが、仲間はずれにならないように、瞑想キャンプを試してみようと出発直前に思い直したのであった。興味深いことに、マハリシはリンゴが来ることを全く期待していなかったので、ビートルズが4人全員現れたことに驚き喜んだ。(34)

インドに着陸してからというものの、リンゴは度重なる痛ましい体験―腕に痛みを感じ、運転手が道に迷い、病院の横柄な医者にひどい仕打ちを受け、路上で車がオーバーヒートをしていた。立派なことにリンゴは、全てを冷静に受け流そうとし、最初の頃は実際、アシュラムのリラックスした雰囲気を楽しみ始めていた。しかし、問題が山積みになっていき、次第に疲れ果てていったのだ。

アシュラムでまともな食事が提供されなかったことも一因だ。リンゴは慢性的な胃腸障害を患っていて、スパイス・玉葱・ニンニクを毛嫌いしていた。どれもインド料理に含まれる主要な材料だ。リンゴはスーツケース一杯のベイクド・ビーンズの缶詰で身を固めてアシュラムに乗り込み、卵の差し入れを彼のためにこっそり持ち込んだエヴァンスが、目玉焼き、ゆで卵、ポーチド・エッグやスクランブル・エッグを作ってベイクド・ビーンズに添えてあげていた。しかしこのような食事に飽き飽きするようになり、残りの滞在を同じメニューで過ごすことを考えると、くじけそうになってしまったのだ。

さらに悪いことに、アシュラムに到着して以来、リンゴとモーリーンは、ありとあらゆる不快な生物や昆虫をなぜか引き寄せてしまったようだった。二月二三日付けのエヴァンスの日記から、ドラマーが到着してわずか数日で雲行きが怪しくなり始めたことが分かる。「ビートルズは全員、マハリシのコテージの屋上で彼と対面した…細かい諸々の不満は『信仰により解消された』が、ジェーンはまだ体調が思わしくなく、リンゴの部屋の引き出しからネズミの死体が発見された」[35]。ネズミがどこから来たかは分からないが、ドラマーは他の有害生物にも悩まされる。後にリンゴは、風呂に入る度にサソリや蜘蛛とバスタブで格闘した体験を鮮明に綴っている。彼は害虫を追い出すために、ドアや壁や風呂桶の横を叩いて大きな音を出し、害虫がバスタブのすみかに戻ってくる前に大慌てで風呂を浴び、バスルームを飛び出さなければならなかった[36]。

モーリーンの方も、飛ぶ昆虫、とりわけ大量に部屋に飛び回る蛾や蠅に呆然とする。彼女の不満に他のビートルズは同情を示しつつも、笑いや悪気の無いからかいのネタにした。ただでさえリンゴはバンドの道化役だったため、虫を怖がるモーリーンはバンド内で頻繁にジョークの対象となった。ドアの横にとまっている蠅に対する怒りのあまり、モーリーンが何時間も部屋から出てこなかったとポールは主張した。モーリーンが部屋にいる蠅を敵意むき出しでにらみつければ、全て死んで床に落ちるだろうと、ジョンはジョークを言った。

アシュラムで九日間過ごした後、遂にリンゴ夫妻は決心する。エヴァンスは日記に「突然…大慌てで…リンゴが出て行きたいと…モーリーンはこれ以上蠅を我慢できない」と記している[37]。

ビートルズの1人がリシケシュから突然出て行ったことで、瞑想コースとアシュラムでの生活にバンドのメンバーが不満を抱えているのではないかと、当然ながらマスコミは推測し始める。マハリシは急いで事態の収束に入らなければならなかった。リンゴがいなくなってから数日後の『ザ・タイムズ・オブ・インディア』は、バンドの他のメンバーも間もなく去るだろうと書き立てている。「ジョージ・ハリスンと彼の妻を除き、今超越瞑想を実践しているビートルズ全員が、瞑想コースが全く完了しない前に、マハリシ・マヘーシュ・ヨーギーのアシュラムから去るとの情報を得た。マハリシは記者に、ビートルズのジョン・レノンとポール・マッカートニーが妻を伴い間もなく出て行くことを決断したなどという噂は、聞いていないと伝える。マハリシは、ビートルズは忙しいのだから、好きな時にトレーニングを中断し、都合のいいタイミングで再開すればいいと言う[38]」。

『ヒンドゥスタン・タイムズ』は「マハリシ・マヘーシュ・ヨーギーは昨日、ビートルのリンゴ・スターがアシュラムに幻滅して去って行ったとの噂を一笑に付した。リンゴ・スターは急な仕事のために去らなければならず、すぐにアシュラムに戻ってくるとマハリシは言う。ビートルズのマネージャーのマルコム・エヴァンスは、リンゴが出て行かなければならなかったのは『小さな娘に会いたい妻モーリーンからのプレッシャーによるもの』だそうだ」と報告した[39]。

ロンドンに戻ったリンゴは、バンド仲間を置いてリシケシュを去ったことが大事になっているのを受け、騒ぐようなことではないと次のように強調する。

「早めに帰国した訳じゃない。元々、数週間も子供と離れようなどと思っていなかった。すごく楽しい滞在だったし、妻も喜んでいた。マハリシのアシュラムを誤解している人もいるみたいだけど、快適だし食事も問題なかった。全て良かったし、最高の休暇という感じだった[40]」

マハリシと超越瞑想を過度に褒めながら、リンゴは戻ってからも瞑想を続けたと主張した。

「マハリシは人々が一〇〇パーセントではなく、二〇〇パーセント人生を楽しむ手助けしたいと思っている。瞑想である種の内面の平安を得られることを教えてくれた。今は毎日瞑想している。しない日もあるけれど—遅く起きた日、遅く町に戻って来た日とか[41]」

ビートルズの1人を失ったことによるマハリシの失望を一部埋め合わせるかのように、ミアと弟ジョニーがアシュラムに戻って来ることになった。大喜びしたマハリシは、息子リックが同じ日にデリーに着くことになっていたナンシーに、ミアを空港で迎えてリシケシュにエスコートするよう依頼した。リシケシュまでの五時間の道中、おしゃべりの止まらないミアは、まるでアシュラムに戻れる日を指折り数えていたかに見えたとナンシーは記憶している。最初の晩に食事の席で「ビートルズのグループとドノヴァンと仲良くなったミアは、それ以降誰とも接触しようとしなかった[42]」。

マハリシもミアも、2人の間で何事も無かったかのように振る舞っていた。夜の講座でミアは、ビートルズ、ラヴ、ドノヴァンと一緒に最前列に座り、楽しそうにおしゃべりに興じていた。ラファムはミアが、アシュラムでの滞在を「おてんば」な子供に戻るようなものだと言っているのを耳にする。「花から花へと飛び回っているの」「私が私のままでいられる場所を探して」と彼女は言った[43]。

アルナ・ナクヴィは、アシュラムでの女優ミアの全く別の面を記憶している。「ミアの写真を撮ろうとしたカメラマンに対し、彼女がとても尊大で攻撃的な態度をとったのを覚えています。撮影を控えるよう丁寧に頼むことも出来たはずですが、カメラを奪い取り、フィルムを没収していました。とんでもなく横暴でした！」

リンゴが去ってしばらく後、イタリアのテレビ番組のクルーがアシュラムの生活を撮影した貴重な映像では、ミアが目立つように映されている。映像にはマハリシとビートルズや他の有名人生徒が、歌いながらガンガの川岸を降りていく様子も含まれる。冒頭ではアシュラムの外で集結してから、ギターを持ったジョンとポール、ジョージ、パティ、ジェーン、シンシア、ラヴ、ドノヴァン、ミアが一緒に歩く姿が登場。アメリカ人女優は、歌い、写真を撮り、川で顔を洗う姿が全編を通してフィーチャーされている。短いハイキングの後で、川縁にたどり着いた一行は、ミアのカメラに向かってポーズを取る。それからジョン、ポール、ジョージとドノヴァンがギターを回し弾きし、みんなで合唱しているが、ビートルズの曲は古いものも新しいものもやらず、ドノヴァンの曲は何曲か歌われている。ジョージが有名な黒人霊歌 "When the Saints Go Marching in" を力強く歌い始めると、全員がコーラスに加わり、そのまま黄金のオールディーズ "You Are My Sunshine" に移行し、ミアも賢明に声を上げて歌う。続いてクリスマスキャロルの "Jingle Bells" と、古いカントリー・ナンバー "She'll Be Coming Round the Mountain" が歌われる。この時マハリシがドノヴァンの特別な曲 "Happiness Runs" をリクエストし、スコットランド出身のバラッド歌手がすぐに応じる。それからボーイズがギターでディランの有名な反戦歌 "Blowing in the Wind" を含むメドレーを歌い、もの悲しい "Hare Krishna Hare Rama" のチャントが続く。イタリアのオペラ曲 "O Sole Mio" さえも歌われ、その後で一瞬、エルヴィス・プレスリーのヒット曲 "It's Now or Never" の奇妙なバージョンが歌われる。最後の曲では再びドノヴァンが、自身の印象深い"Catch the Wind"を歌う。

皆とても上機嫌だ。ジョージはリラックスしており、パティとその妹はただ微笑んでいる。ばか笑いをするジョンにつられてシンシアも笑うシーンがあるが、まるで夫婦間の問題が全て解決したかのように見える。ドノヴァンはずっとにこやかな笑顔を見せ、ミアはそこら中を飛び回っている。最も楽しんでいるように見えるのはポールだ。カメラは最初にギターを持ってふざける彼の姿を捉えた後、川岸の泥に足を入れ、つま先を覗かせて茶目っ気たっぷりに足の指を動かし、歌を楽しんでいるように見える猿に向かって変な顔をする様子を映す。両脇を側近に守られたマハリシは、川風に髭と髪を揺らしながら、慈悲深く微笑み、ガンガでしゃがみ、聖なる水を浴びるように皆に勧める。ほとんどの人がマハリシの言葉に従っている。

故郷から遠く離れ、景色も文化の感覚も異なる見知らぬ環境に置かれた西洋のセレブリティたちは、申し合わせていないのにキャンプファイアーで歌われる曲を一斉に歌い始めるところを見ると、ホームシックにかかっているようだ。それでも楽しい遠足であったことは確かだ。インド最大の聖なる川に集まったスターたちの気持ちが1つになっているのは明らかで、ぶれがちで粗い映像により、親しい友人同士のキャンプ旅行を撮影した質の悪いホームムービーにも見える。

ラファムによれば、ジョージはミアにギターを教える約束をしたそうだが、約束を果たす前に、彼女は当時ハリウッド一番のスター・カップルだったエリザベス・テイラーとリチャード・バートンと共演する映画の撮影のために、ロンドンに行かなければならなくなった。(44)

マハリシが企画した別の川への遠足はさらに魔法のようだった。ある日の昼食時、ラグベンドラが

「今夜は満月なので、夜の講座の代わりに月光の下でガンガ川下りをした方が縁起がいいとマハリシはおっしゃっています」と発表すると、計画はあっという間にアシュラムに広まった。

遠足にぴったりの爽やかな晩だったと、ナンシーは記憶している。巨大な2艘のはしけが、スワラグアシュラムの河畔の着船地に待機していた。ナンシーとリックは、セレブリティと一緒に船に乗り込んだ。マハリシは後部のやや高くなったベンチに座っていた。マハリシの横にはパンディットが2人いて、ヴェーダ語のチャントを唱えた。2艘は並んで浮かびながら川を下った。ナンシーは次のように回想する。

パンディットの調子外れのチャントは、すぐにもっと美しい音楽に取って代わられました。ビートルズがドノヴァンの歌を歌い、お返しにドノヴァンとマイク・ラヴがビートルズの歌を歌いました。ポール・ホーンがフルートを吹き、パティ・ハリスンにフルートを教え始めました。皆で合奏する曲もありました。

まるで魔法のような夜でした—川沿いに並んで立つ寺院は、月光に照らされてぞっとするほど神秘的でした。私たちは川のこちら側からあちら側へと進路を変え、どこに向かうでもなく、キラキラと光る川面と、月明かりと、頭上にそびえる山と、何よりもこの場にいることと、居合わせた人々に思いを馳せて、幸せに包まれました。[45]

パティもまた、この素晴らしいクルーズの思い出を語る。

ある晩、みんなを連れて、2人の聖人がチャントするなか川を下る計画をマハリシが立てました。ジョージとドノヴァンが歌い始め、英語やドイツ語の色々な曲をみんなで歌いました。3方向に山がそびえ、とても美しい眺めでした。日が沈むにつれ、西側の山が濃い、濃いピンク色に染まっていきました。(46)

リシケシュでビートルズと親密な関係を築いたドノヴァンは、彼らのスピリチュアルな探求に欠かせない存在だっただけでなく、ビートルズがアシュラムで作った曲や歌詞の結実に重要な役割を果たす。ドノヴァンが初めてラジオでビートルズを聞いたのは、グラスゴーに住む一〇代の時だった。曲は“Love Me Do”だったが、誰の曲か知らぬまま—「自分のなかで何かが共鳴した。アコースティックギター、ハーモニカ、ドラム、ベースとケルトのハーモニーのせいだ。ビートルズのデビュー曲にあったのはそれ—ケルト・サウンドだ」。それから一二ヶ月して、ドノヴァンはビートルズの隣に座っていた。ディランの泊まるロンドンのサヴォイ・ホテルのスイートルームの照明を落とした部屋で、彼にビートルズを紹介されたのだ。ドノヴァンは特にジョンに親しみを感じるようになる。ロック世代の預言者としてライバル関係にあり、ヒーローとしてあがめていたディランに比べ、ジョンは近寄りやすく、好感が持てたのだ。

スコットランド出身の吟遊詩人ドノヴァンは、マハリシのヒマラヤの静養所でジョンや他のビートルズと一緒に味わった体験を鮮明に記述する。「それでもっと学びたいとインドに向かった。向こうに着いた僕らは、とても勇敢だったといえるが、自分の頭のなかの思いも寄らない場所に飛び込んだ。そして、人生への疑問が曲の形をとった答え―人々が一体となれるような歌の数々―となって湧いて出てくるようになった」。

既に知り合いだった両者は、アシュラムで固い友情で結ばれるようになる。一九六五年に最初に会った時、ジョンと自分は似たところがあると感じたと、ドノヴァンは言う。「ジョンとポールはアイルランド系リヴァプール人、僕はアイルランド系グラスゴー人だから、古代ゲール人の伝統である、吟遊詩人、シャーマン、トルバドゥール、最高位の詩人、平安や智恵を授ける目的を持った人々の系統にあるわけだ(47)」。

『アンカット』誌のインタビューでドノヴァンは、「ジョンはよく絵を描き、2人で瞑想し、プレスもメディアも不在、ツアーもやらず、プレッシャーもなく、名声とも無縁だった。僕は新しいスタイルを身につけ、彼らも同様だった。ビートルズのソングライティングのスタイルは変わり、僕のも変わった。延々と何時間も演奏し、その成果の多くが『ホワイト・アルバム』の一部になった。どんな風にしろ『ホワイト・アルバム』に影響を与えたことを誇りに思っている」と言う。

アシュラムでドノヴァンは、アコースティックギターを弾き続けた。ジョン、ポール、ジョージはアコースティックギターしか持参していなかった。ドノヴァンはジョンにアコースティックギターの「フィンガー・スタイル」を教えた。

「二日間にわたって、秘技をジョンに授けた。それから最初に彼が書いた曲は、母親のジュリアに捧げる感動的なバラードだ。『母と一緒に体験できなかった子供時代についての曲を書きたい』と彼は言った。何か使えるイメージはないかと聞かれたから…『曲を思い浮かべる時、自分はどこにいると思う？』と言うと、ジョンは『海岸にいて、自分のお母さんと手を繋ぎながら歩いている』と答える。それで数行手伝った──『貝殻のような瞳　海風のような笑み』。ジョンがとても愛していたルイス・キャロルの『不思議の国のアリス』のような雰囲気にして。曲は…素晴らしい "Julia" になった[48]」

ドノヴァンはまた、他の2人のビートルズともコラボレーションしている。

「ジョージがアシュラムにインド楽器を持ってきて、インドのベース楽器タンプーラをくれた。彼は僕の曲 "The Hurdy Gurdy Man" のヴァースの1つを書いてくれて、僕はタンプーラをその曲で弾いている。お互い学び合っていたんだ。僕はビートルズから、ビートルズは僕から[49]」

ドノヴァンによればポールは、卓越した音楽的な耳を持っており、特別なギター奏法をドノヴァンから教わる必要はなかった。ジョンがドノヴァンから教わるのを聞くだけで、数日のうちに奏法を会得してしまった[50]。

ポールはマイルズに、長いことメロディはあったが歌詞は無かった "I Will" を完成させるのを、ドノヴァンがリシケシュで手伝ってくれたと語っている。

「ドノヴァンと、ひょっとしたら他の人も数人、一緒にくつろいでいた。ある晩、一日瞑想をした後でみんなで座りながら、僕がその曲を弾いたら彼が気に入り、一緒に歌詞を書こうとした。もっといい言葉はないかと探し続け、とてもシンプルな言葉、まっすぐなラブソング用の言葉ばかりの歌詞を自分なりに仕上げた。とても印象的な歌詞だと思う。メロディの方も、未だに自分の曲で一番好きだ」[51]

興味深いことに、ドノヴァンの記憶はポールと食い違っている。「歌詞は手伝わなかったと思う。コードの形を手伝ったかもしれないし、その時期インドで書いた僕の曲から、イメージのヒントを与えたかもしれない」[52]。

英国植民地時代の探検帽からコサック帽まで、バラエティに富んだ帽子をかぶり、背が高く、威勢のいい「ビーチ・ボーイ」ラヴもまた、ビートルズがアシュラムで繰り広げていた音楽のどんちゃん騒ぎに加わる。ある朝、ラヴが朝食を食べていた時、ポールがアコースティックギターを手にバンガローから出てきた。彼はマイアミ・ビーチから「U.S.S.R.（ソ連）に戻る」飛行機の旅で始まる歌を歌っていた。ラヴはビーチ・ボーイズが"California Girls"で歌ったように、モスクワのいかしたお姉ちゃんや、ウクライナの女の子たちが出てくる歌詞にしたらと提案した。

それから何年も経って、90年代初期にソビエト連邦が崩壊した後で、ビーチ・ボーイズのヴォーカリストは「"Back in the U.S.S.R."はどえらい曲で、ソ連よりも長生きした」と発言している[53]。

マイルズによれば、アシュラム滞在中はビートルズ全員の生産性が甚だしく高まり、合わせて40曲以上書かれたという。彼はまた、過去数年で初めてジョンの頭がドラッグから自由になり、音楽が流れ出るようになったと言っている。ジョンの書いた曲は― "Julia"、"Dear Prudence"、"The Continuing Story of Bungalow Bill"、"Mean Mr. Mustard"、"Cry Baby Cry"、"Polythene Pam"、"Yer Blues"と、時差ぼけで眠れなかった最初の数日間に書かれた"I'm So Tired"だ[54]。

後にジョンは少し愉快そうに、こう振り返る「マハリシのキャンプで面白かったのは、美しい景色のなかで八時間瞑想していたにも関わらず、僕は“I'm So Tired”や“Yer Blues”のような地球上で最も惨めな曲を書いていたことだ[55]」。

ジョンの書いた曲は、当時彼の頭が混乱していたことを反映している。ビートルのままでいる熱意を失ったこと、脱退したら何をしていいか分からなくなるのではないかという恐れ、この2つの間の葛藤がよく曲に表れている。その上、故郷に置いてきた女性への報われない情熱も当然のことながらあった。

後にジョンは次のように回想している。

「当時すごく『何になるというんだ？　曲作りなんて無駄だ！　無意味なことをやっているし、才能も無いし、自分はクソだし、ビートルでいる以外に何も出来ないし、どうしたらいいんだ？……僕のエゴは巨大で、三年か四年エゴを壊そうとし続けたら、何も手元に無くなってしまった。インドに行ってマハリシに会ったら、彼は『自分で面倒をみられるのなら、エゴはいいものです』と言っていた。でも僕はもうエゴを破壊し尽くしてしまっていて、パラノイアに陥っていて、弱っていた。もう手の施しようがなかった[56]」

例えばジョンの曲“I'm So Tired”には、アシュラム到着から三週間、内なる悪魔が自身を苦しめる間、眠れないままベッドで寝返りを打ち続け、煙突のようにタバコを吸い続けた嘆きが歌われている。メンタルの疲労感が表れたこの曲を、後にジョンはリシケシュで書かれた曲の中でも上出来のものだと評価している。「一番好きな曲の1つだ。サウンドがとにかくいいし、よく歌えている」。ポールもこの曲がお気に入りで、ジョンらしいと言う。

「"I'm So Tired" はジョンが世界へ向けたメッセージに他ない。スペシャルな言葉『サー・ウォルター・ローリーを呪ってやる　間抜けなくそったれだから』が出てきて最高だし、これ以上ないくらいジョンで、彼が書いたのは間違いない。100パーセント、ジョンだ。疲れは彼のテーマの1つだ。ジョンは "I'm Only Sleeping" も書いたしね。僕ら全員すごく疲れていたと思うけど、あえてそれを歌にしたのはジョンだ[57]」

パティの一〇代の妹ジェニーは、ジョンと――彼は不眠、彼女は扁桃炎で――お互い慰めあったことを次のように回想する。

「彼はよく遅くまで起きていました。眠れないので、ビートルズの『ホワイト・アルバム』に収められることになる曲を書いていました。私が一番辛かった時、魔法のランプから出てきた、ターバンを巻いたシーク教徒が大蛇を持つ絵を描き、『内なるパワーと外なるパワーにより、そなたの扁桃腺の灯台の灯りよ、消えろ!』と厳かに唱えてくれました。ああいった晩にジョンが書いた "I'm So Tired" のような、悲しい歌を彼が歌うのが、今でも時々夜中に聞こえるのです[58]」

"I'm So Tired" のジョンが、疲れた不眠症の人のように聞こえるとしたら、"Yer Blues" での彼は紛れもない自殺願望を抱いており、生涯彼の書いた曲の中で最も陰鬱な歌詞になっている。冒頭の数行で明らかにされた死に対するある種の願望は、曲全体に響き渡っている。ジョンはさらに、ディランの有名曲 "Ballad of a Thin Man" の中で嘲られ怒られるミスター・ジョーンズに自分をなぞらえている。「インドで自殺したい思いに駆られながら、ブルースの曲を書こうとしていた」と、後にジョンは不気味なことを言っている。

不眠と絶望が、彼の皮肉をより辛辣にさせる。リシケシュでジョンの書いたもっと覚えやすい曲の1つ "The Continuing Story of Bungalow Bill" は、ナンシーとその息子リックの絡むアシュラムで実際に起こった事件に基づいている。好き嫌いのはっきりしていたジョンは、ナンシーをそれほど好まず、ややお節介ではないかと感じていた。ナンシーの回想でこれまで触れてきたように、彼女はビートルズの住まいをリフォームし、買い出しに連れて行きさと、彼らの無事を見守り世話をしていたにも関わらず、だ。クルーカットをして短パンとブーツを履くリックが到着してからというものの、ナンシーに対する反発は強まる。瞑想者のほとんどはカジュアルなインドの装いをしていたため、リックは悪目立ちをしていた。

"The Continuing Story of Bungalow Bill" には、この母子が表向きはただの第三者として、人知れず近くのジャングルに虎狩りに行き、物議を醸したことが歌われている。リックは虎を撃ちたかった訳ではなく、森の密生した下草からその野獣が襲いかかろうとしたので仕方なく撃ち殺したと、後にナンシーは釈明している。だが、殺された虎の横で誇らしげにポーズをとる、母子の写真が残されている。

後ろめたさを感じたリックは、アシュラムに戻ると、マハリシに事情を説明すべきだと思い、ビートルズもいる前で「何か悪いカルマ」になるようなことをしてしまったかとマハリシに聞く。ヨーギーは寛大にもこの若いアメリカ人に、何であれ自分の欲に落とし前を付けたことはいいことだと言って、リックを安心させる。ビートルズのメンバーやその妻、および恋人は黙っていたが、ジョンだけがあざけるように「でも、それって生命の破壊に近いことしたんじゃないの?」と言い、銃殺は自己防衛のためだったとするナンシーの弁明を一笑に付した。

母子との対立にインスパイアされて書かれたのが、"The Continuing Story of Bungalow Bill"だ。それは「弾丸頭をした純正アメリカ人で　アングロサクソンを母に持つ息子」―クルーカットをしたマザコンのリックをからかう言葉だ―による虎狩りの物語で、ジョンはヴァースに皮肉をたっぷりと散りばめている。後に彼は、この曲を大いなるジョークだと言っている。「この曲では、マハリシの所にいた野郎がキャンプをしばし中座し、可哀想な虎を何頭か撃ちに出かけ、神と交わるために戻って来たエピソードを描いた。ジャングル・ジムと呼ばれるキャラクターがいるから、バッファロー・ビルと混ぜて名付けた。ティーンエイジャーの社会的なメッセージソングのようなもので、ちょっとしたジョークだ」(59)。

ビートルズが初めてあからさまに政治を歌った曲"Revolution"も、ジョンがリシケシュで書いたものだが、アシュラムを去った後で様々に書き換えられ、歌詞は1種類ではない。若い平和主義者で占められるビートルズ・ファンの圧倒的多数は、ベトナム戦争を拡大させるアメリカ政府に公然と反対し、ビートルズ自身も反体制のグループと認識されていたにも関わらず、それまで彼らが政治的な曲を歌うことは無かった。公平さを欠くイギリスの税務当局を、ジョージが皮肉を込めて批判した『リボルバー』の"Taxman"を除けば、ビートルズはベトナム戦争をはじめとする主要な政治問題について、あからさまに発言することを避けてきた。ビートルズが戦争に反対すれば、アメリカにおけるツアーやアルバムの売り上げに影響する恐れがあるとして、エプスタインから厳しく規制されてきたのだ。エプスタインの死により抑制が解けたのだが、ジョンが"Revolution"で歌うリベラルな中道左派のメッセージには、若い活動家の中でも過激派が支持する、革命に向けた反乱に対して疑問を抱く思いが散りばめられている。それでもやはり、時は反戦運動で、ロンドンや他のヨーロッパの都市では、一九六八年夏のパリ・コミューンによる暴動に向けて気運が高まっていた。

ジョンは次のように回想している。

それ（革命）について、もうそろそろ発言してもいいだろうと思った。同じように、ベトナム戦争に対して黙っているのもそろそろ終わりにした方がいいだろうと思っていた。インドの丘でそんなことをずっと考えていた。「神が守ってくれる」「大丈夫、大丈夫」の思いがまだあったから実行できたし、しゃべりたかった。革命についての自分の考えを述べたかった。(60)

革命と反体制運動が向かうべき方向性について歌った曲で、微妙に相反する見解を示したことにより、ジョンはもっとラジカルな姿勢を望む左派メディアから批判されることになる。

ジョンと同じくらい制作意欲に恵まれたポールは、マイルズによれば、アシュラムで15曲も書いた。題材は幅広く、時に同じテーマに面白い変化を付けて歌詞が書かれた。例えば、"Mother Nature's

Son” は、人間と自然の関係についてのマハリシの講義に基づいている。“Why Don't We Do it in the Road?” は、アシュラムの屋外で気軽に交尾する猿のカップルを、茶目っ気たっぷりに、刺激的に書いた曲で、人間も生物の本能に忠実になり、猿からロマンスを学んだ方がいいのかと質問を投げかけている。「屋上で瞑想していたら、猿の群れが見えた。雄がひょいっと雌の背中に飛び乗り、お国言葉で言えば、一発かました。二、三秒してからまたひょいっと飛び降り、『やったの僕じゃないよ』とでも言いたげに周りを見渡し、彼女の方も、『何か起こったの？』とでも言いたげに周りを見渡した…それで思った…生殖とは、これほどシンプルな行いなんだと」と、ポールは後に語る。[61]

リシケシュで書かれた “Rocky Raccoon” は、ポールの最も愛すべき曲の1つだが、ウェスタン映画によくあるテーマ―女の子を取り合って銃で決闘―を描いた、単なるおふざけのパロディともいえる。「“Rocky Raccoon” はひねりが利いていて、とても僕らしい曲だ。トーキング・ブルースが好きだから、それで始め、自分流のウェスタンのおとぼけパロディをやって、笑える歌詞を何行か放り込んだ」と、後にポールは曲について語る。[62]

ポールの書いた曲のいくつか―例えば “Blackbird” などは、早朝まだ暗いうちから、やかましい鳴き声をあげる黒い大きなカラスのように、予測不能なことが起こるアシュラムでの生活にインスパイアされたのかもしれない。[63] 瞑想者の多くを叩き起こしたカラスは大問題になり、ポールはマイルズにこう語っている「みんな『カラスをどうにかできないですか？　すごく気が散るんです』と不満を言い、マハリシは『撃ち殺すしかないですね』と言い、僕らは『えっ、じゃあいいです。そのままにしておきます』と言う。『マハリシ、うるさ過ぎるのですが、どこで瞑想したらいいのでしょうか』と言うと、彼は『ああ、心配はいりません。よく瞑想すれば、どっちにしろ、いなくなります』と言った」[64]。

"Blackbird"がレコーディングされ、発売されてから何年も経ってから、ポールはこの曲が公民権運動についての曲で、曲名は黒人女性の意味だと言っている[65]。

"Ob-La-Di, Ob-La-Da"の歌詞はアシュラムでの生活に全く関係がないが、ポールの手で当地で書かれた。風変わりだが軽快なフレーズ"Ob-La-Di, Ob-La-Da"は、レゲエ・シンガーのデスモンド・デッカーの言葉を拝借したもので、リシケシュでの楽しい日々をポールに思い起こさせてくれる。「ある晩、村で映画が上映されるので、みんなで出かけて行った。移動映画館が大型トラックで来て、スクリーンを設置したんだ。インドのとても気持ちのいい夜だったから、マハリシが来て、みんな来て、行列を作って歩いて行った。とっても、とっても気持ちが良かった。ジャングルの小道を瞑想キャンプから、土埃のなかをやや下り気味に降りていって、行列の横で僕はギターを弾きながら、当時書きかけだった"Ob-La-Di, Ob-La-Da"を歌った」と、ポールはマイルズに思い出を語る[66]。

取り憑かれたように瞑想を繰り返すのを止めて外に出てくるよう、プルーデンスのコテージの外で歌ってくれないかと、ビートルズは頼まれる。ビートルズが選んだのは"Ob-La-Di, Ob-La-Da"で、おそらく思いつく限り最も元気のいいナンバーだからであろう。もちろん、後にジョンは、プルーデンスを励まそうとした体験に基づく"Dear Prudence"を書いたが、ドノヴァンに教わった特別な奏法を使った曲であるためなおさら、ビートルズの最も有名な曲の1つとなった。

ジョージもリシケシュで何曲か書き、少なくとも2曲—"Sour Milk Sea"と"Long Long"は、インドでのスピリチュアルな探求と瞑想に基づく。前者は超越瞑想に対する直接の支持表明をした曲で、不快で意味のない人生から抜け出すように勧めている。後者は、信仰心を神との神秘的な恋愛関係として描く、ヒンドゥー教のバクティの伝統に乗っ取り、神への私的な愛の賛歌になっている。マクドナルドは、この曲を高く評価しており、「ハリスンが疲れ、安堵しつつ神との和解を達成した、感動的な記念となる作品」で、『ザ・ビートルズ』、通称『ホワイト・アルバム』における「彼の最高傑作[67]」であると記している。“Dehra Dun” の歌詞も傑作で、アシュラム近郊の町への賛歌になっており、ビートルズのアルバムに収録されたことはないが〔ジョージ・ハリスン『オール・シングス・マスト・パス』五〇周年記念スーパー・デラックス・エディション収録〕、後に発見され、今はYouTubeで聴くことができる。このデヘラードゥーンへ捧げた歌で、ジョージとコラボレーションしたようにアジット・シンは感じている。アシュラム滞在中に気分転換のため、何度かシンはジョージとこの町を訪れていたのだ。

シンは何度もジョージとジョンを訪ねにアシュラムに行ったが、よく彼らはコテージで2人で演奏していて、演奏中の曲について夢中になって活発な意見を交わすこともあったそうだ。「むろん、彼らが何を議論しているのか正確には分かりませんでしたが、新しい曲の作曲に関しての話し合いであることは分かりました。ビートルズの曲はほとんど聴いたことがありましたから、聴いたことのない、まだ断片的なものでした」。

時に2人は、シンにインドのラーガを演奏するよう頼むこともあった。彼らを感心させたシンのラーガは、『サージェント・ペパーズ』の “Within You Without You” の土台となる。「彼らはとても興奮しながら喜び、そのラーガを高く評価すると言い、それをまるごと使って1曲作ったと言いました。私の方も、もちろん何度かその曲を聴いたら分かりました。『サージェント・ペパーズ』がインドで発売されたばかりの時、自分の店で地元のビートルズ・ファンに何枚もアルバムを売りました。実を言うと、2人のビートルズを感心させるために、その特別なラーガを演奏したのです！」茶目っ気のある笑みを浮かべながら、八〇代のシンは言う。

ジョージとジョンと12回近くセッションをしたシンは、前者の方が、ヒンドゥーの信仰とスピリチュアリティに対する知識と熱意があるように感じる。「ジョージの方がずっと、スピリチュアルな事柄に熱心で、ジョンはそれよりも自分の音楽の方に興味がありました。2人共とても穏やかで、素朴な人々で、大変な有名人なのに、そのような態度を全くとりませんでした。リシケシュを去った後は彼らに2度と会うことはありませんでしたが、彼らとの思い出は素晴らしく、一緒に時間を過ごせたことは私の宝物です(68)」。

ジョージの方が瞑想キャンプを真面目に捉えていたというシンの見解を証明するのは、ポールがマイルズに語った、ジョージが他のメンバーを怒りに満ちて非難した一件だ(69)。数週間アシュラムで過ごした後、ポールとジョンは当地で創作した曲の数とクオリティに大満足する。あまりに好調だったため、2人はバンドの将来の大きな計画を立て始める。

「ジョンが壮大なテレビのシナリオを思いついたんだ！　すごいテレビ番組。僕は次のアルバムのタイトル『アンブレラ』を思いついた。全てを覆う傘ね。確かこの時点で、ジョージが僕に腹を立てたんじゃなかったかな。2つのものを混同したから。次のアルバムについて構想を練っていたら、ジョージに叱られた。彼はこう言った『次のアルバムのためにここにいるんじゃないんだぞ、くそ！　瞑想しに来たんだ！』。『あら、息をしてごめんなさいね！』って感じだったよ。ジョージはそこらへん厳しくて。

いつもそういった方向に行きがちだから、『勘弁してくれよ、ジョージ。この場での考え方を決めるのは君だけじゃない。僕にも自分の見解を持つ権利がある』と思った」と、後にポールは語る。[70]

リシケシュにビートルズがやって来た主な目的が瞑想であるとジョージが強く主張したにも関わらず、ポールが音楽作りを呼吸に例えた比喩は、的を射ている。それぞれ個人的な悩みはあったが、バンドのメンバー、得に音楽の面でリーダーであり、芸術的感性が深く刻み込まれていたジョンとポールにとって、アシュラムでの規則正しい生活が与える創作の好機を逃すことは不可能であった。

リシケシュで生み出された曲のクオリティと幅は、ビートルズの作った全レパートリーの中でもユニークなものであり、彼らのキャリアのなかで頂点であると考える人もいる。1週間ちょっとしか滞在しなかったリンゴでさえも、初めて曲を作ることができたのだ。これらの曲の最大の特徴は、それぞれ独立しており、アルバムという枠を想定して書かれていない点だ。めったに手にできなかった自由と自発性の精神が曲に満ちあふれ、ビートルズとその妻や恋人、ドノヴァンやラヴやホーンといった他のミュージシャンを魅了した、聖者の谷の雰囲気が反映されている。恋する若者ドノヴァンが、恋い慕う年下のジェニーに捧げたセレナーデも象徴的だ。愛がリシケシュで花開いたのだ。黒い巻き髪をした穏やかなスコットランドのバラッド歌手が、パティの可愛らしい金髪の妹のために書いた"Jennifer Juniper"の歌詞とメロディは、超越瞑想時代の究極の愛の賛歌であり続ける。

失楽園

マジック・アレックスがなぜマハリシのアシュラムに現れたのか――それはビートルズが到着して六週間経った頃だ――誰も正確な理由を知らなかった。ビートルズの仲間の1人で、エレクトロニクスの発明を専門としていた彼が、ヒマラヤの瞑想キャンプを訪れる表向きの理由はどこにもない。マハリシがビートルズを乗っ取り、私物化しているのではないかと心配したアレックスが、何の前触れも無く、招待もされていないのに、自発的にアシュラムに突入したと言う人もいる。他にも、ビートルズが許可しなければ来訪できなかったはずで、犯人はジョンで、アレックスに会いたがっていたか、何か隠された目的で彼を呼んだのではないかと言う人もいる。ジョンからエレクトロニクスの天才であると聞いたマハリシ自身が、最新鋭の通信と放送システムをアシュラムに設置してもらうために呼んだのではないかという説さえもある。

突然マジック・アレックスが聖者の谷に現れた理由が何であれ、彼はビートルズのリシケシュ滞在にドラマチックな結末をもたらす上で、欠かせない役割を果たすことになる。それは、型破りなギリシャ人修理工アレックスの、世界で最も有名なロックバンドを操る異様なほどの才能と関係している。アレックスの良き助言者であったジョンは、何年も後にこう嘆く「それから僕がマジック・アレックスを仲間に加え、ただでさえ悪い状況がさらに悪化した(1)」。

全くの部外者だったヤンニ・アレックス・マルダスが、ビートルズの人生に登場し、あっという間に彼らに近づき、親しくなり、信頼を得たことは、進取の気性と創造力に富む人間を、ビートルズが無邪気なまでに簡単に受け入れていたことを証明している。莫大な富と名声を得た後でも、ビートルズは驚くほどの平等主義者であった―正規の資格を持たないような者でも、これと思う人物は文字通り誰でも仲間に入れるのをいとわなかったのである。まだ二〇代のギリシャ人で、比較的最近イギリスに来たばかりのアレックスには、ビートルズに仕えるためだけに用いているかのような、強い目的と尽きることのない想像力があった。常に新しいアイディアや事業を探していたジョンは、大きく考え、言うことはさらに大きいアレックスの一面に、特に騙されてしまった。

アレックスのジョンへの売り込みが成功した一因に、ジョンがテクノロジーに圧倒的な興味を持っているにも関わらず、全ての科学的な事に対し底抜けに無知であったことがある。程度の差はあれ、ジョンの一面は一九六〇年代イギリス特有のものだ。科学の研究に対しほとんど知識の無い人々が、最新鋭のテクノロジーに執拗な興味を持つようになったのだ。書籍やシリーズもののテレビ番組、映画は、未来的で科学的なテーマに溢れていた。実のところ、ジョンに比べて劣るとはいえ、他のメンバーも科学技術の驚異や躍進に大いに興味を持っていた。ビートルズが西洋の物質主義に背を向け、遠く離れた技術的後進国でスピリチュアル・グルから古代の知恵を授けてもらおうとしていたことを考えれば、これは奇妙なパラドクスである。

「さっきも言ったように、ジョンの仕業だ。アレックスはジョンのグルだったけど、僕らみんな彼のしゃべりに魅せられた。SFっぽいアイディアではあったけど、今すぐ実現可能だと言われればね。

六〇年代にはモダンでなければいけない雰囲気があって、それがあまりに強かったから、今これから六〇年代が始まるのではないかと錯覚に襲われるくらいだ。未来の時代だったみたいだ。過去の時代じゃなくて」。ポールは何年も後になって、なぜマジック・アレックスのテクノロジーのほら話に騙されたかを説明するのに、こう語っている。(2)

ギリシャ人の軍人(クーデターにより実権を握るようになったばかりだった)の息子で、ガリガリに痩せた、薄茶色の髪をした二一歳のこの男は、一九六〇年代前半に初めてイギリスに来た時にはアレックスと呼ばれていた。ブラウンによれば、アレックスは訛りの強い英語で、音節ごとに舌がもつれながらも、ものすごい速さでしゃべったが、そのアクセントは「無駄話をする才能の妨げには全くならなかった」。彼は休暇でロンドンに寄っただけの、世界を旅するエレクトロニクスの天才を自称していたが、真実は明らかにもっと地味なものであった。(3)

制限付きの学生ビザでイギリスに入国したアレックスは、パスポートが荷物から抜き取られて以来、その期限が切れてしまったと主張していた。ギリシャ大使館にこの問題を報告に行くと、大使館員は彼がパスポートを売ったと非難する。その間、アレックスはオリンピック・テレビジョンと呼ばれるテレビの修理店の地下で、修理工として違法に働く。同じ頃、ジョン・ダンバー(交際範囲を広め続けていた彼は、ビートルズとローリング・ストーンズ両方の友人であった)が、アレックスと知り合い、彼の電気と電子に対する知識を活用できるのではないかと思い始める。当時キネティック・アートとその彫刻が大流行しており、タキスという名の若い芸術家が、キネティックの光の彫刻を使ったショウで大儲けしたばかりだった。ダンバーはアレックスに取引を持ちかけ、ダンバーが彼の「エージェント」となった。

アレックスの最初のプロジェクトは、閃光灯の詰まった箱が、透明な皮膜で覆われたものだった。２人はこれを「サイケデリック・ライト・ボックス」と呼び（当時は全く新しいアイディアだった）、ローリング・ストーンズに売った。ストーンズはすぐにこれをパフォーマンスに取り入れ、アレックスはリード・ギタリストのブライアン・ジョーンズのお気に入りとなる。

ジョーンズはアレックスをビートルズに―最初にジョン、次にジョージに―紹介。アレックスはジョージに、インドと神秘主義と宗教の話を長々と講釈し、ジョンには自分が魔法のような発明や驚異的な物―光で色づけた空気、夜空にかけるレーザーでできた人工の太陽、ファンを寄せ付けないようにする力場、紙のように薄いステレオ・スピーカーでできた壁紙―といったアイディアに溢れ、既に制作方法も思いついていると言う。言うまでもなく、２人はアレックスの魅力に完全に取り込まれてしまう。

ある日、アレックスがジョンにクリスマスツリーのライトが詰まったプラスチックの箱を持ってきた。バッテリーが無くなって自ら瞬き死ぬまで、ただランダムに灯りが着いたり消えたりするものだったが、ジョンは大興奮した。ブラウンは次のように回想する。

LSD狂にとってはまたとない贈り物だった。お礼にジョンは、アレックスを宮廷の魔術師として高貴なる内輪に入れ、彼を「マジック・アレックス」と名付けた。ジョンはまた、私に一本の電話をかけることで、アレックスの労働と移民問題を解決した。アレックスが大英帝国に合法移民となれるよう弁護士に手配してくれと、彼は言ってきたのだ(4)。

ドラッグの影響が静まるまで、ジョンがそのアレックスから贈られた「何でもない箱」や、壁や影をただ眺める姿をブラウンは描写している。頭のどこかから、かつてビートルズが辛い時にお互いを慰めるために問答式に呼びかけていた応援フレーズ―「おいみんな、俺たちどこに行くんだ？」「頂点さ、ジョニー！」「みんな、頂点ってどこだ？」「ポップのてっぺんのトップのてっぺんさ！」[5]―が、かすかな皮肉混じりにブラウンの耳に聞こえてきた。

アレックスをイギリスの2大ロックバンドに紹介したダンバーは、このギリシャ人テレビ修理工が新しい環境であっという間に友人を作り、人々に影響を与え始めたことにひどく感心する。「自分の物を売り込むずる賢さがすごくあった」と、ダンバーは記憶している。「アレックスは、どうやったら人を巻き込めるか、どの程度まで巻き込めるかをよく知っていた。彼はただのクソTV修理工で、ヤンニ・マルダスだった。〝マジック・アレックス〟なんて野郎なんかじゃなかった！」[6]。

マジック・アレックスの第一印象を、ポールはマイルズに次のように語る。

「ある朝みんな、レコーディング・セッションか何かの前だったと思うけど、僕の家に集まっていたところに、ジョンがアレックスと一緒に現れた。2人共ネックレスをして、ブロンドの髪をたなびかせたフラワー・チルドレンみたいで、ジョンはポシェット―当時よく持ち歩いていた、小さな小銭入れだ―を身につけていた。ジョンが僕の前で床に座りながら『俺の新しいグル、マジック・アレックスだ』と言ったのを覚えている。ジョンがグルと紹介したせいか、アレックスはグルのように振る舞わなきゃいけないプレッシャーを少し感じていたかもしれない。僕はグルのように接しなかったけ

どね。面白いアイディアを持つただの男に見えた」(7)

当時ビートルズの側近だったマイルズは、アレックスの最初の発明は、現行のテクノロジーを使えば全て論理的に実現可能だが、当時のコンピュータの処理能力では、お金がかかり過ぎて不可能だと感じたそうだ。アレックスの提示した発明品の長いリストのなかには、その後数十年の間に商品化できるようになるものもあった。話したい相手を教えると音声認識を使って番号をダイアルする電話や、受話器を取る前に、かけてきた相手の番号を表示する電話もあったが、どちらもニューヨークにあるベル電話会社の研究所で、既にプロトタイプが作られていた。ビートルズはそんなことを知るよしも無かったが。それから、一連のただの想像の産物もあった―壁が透けて見え、ベッドやシャワーを浴びる人々を覗くことができるレントゲンカメラ、色の付いた空気で囲み建物を見えなくしたり、車の後部を追突から守る一種の圧縮空気。さらに、見えないビームで支えられた、空に浮かぶ家―まるで映画『フラッシュ・ゴードン』のようだが、実際当該映画からアイディアをもらっていたのではないかとマイルズは言う。(8)

ジョージは自伝で次のように指摘する。

マジック・アレックスがやっていたことといえば、最新の発明に気づくと僕らに紹介し、僕らは彼が発明したものと思い込んだ。僕らは全くもってうぶだった。僕は自分のフェラーリ・ベルリネッタからV12エンジンを彼にあげ、ジョンも自分のをあげ、アレックスはその2つのV12エンジンを使って空飛ぶ円盤を作れると思っていた。「ほら、やってみて!」と実際にあげたんだ。とんでもなく愚

かだったよ。(9)

マイルズによれば、ビートルズの友人でアレックスに感心する者は誰もいなかった。アレックスは科学やエレクトロニクスについて少しでも知っている人―例えばジョージ・マーティンなぞには、決して自分のアイディアを話そうとしなかった。ジョンになぜ発明が実現不可能か説明してしまう可能性があるからだ。マイルズは自著に、アレックスは『ポピュラー・サイエンス』〔通俗科学雑誌〕を定期購読していた可能性が高いが、ビートルズは購読していなかったようだと、かなりの皮肉を込めて記している。(10)

技術的未来だけが、アレックスがビートルズに取り入ることができた理由ではなかった。彼には他にも使い道があった。ジョンが強く夢想していたものの1つに、ビートルズが友人やスタッフと共に、みんなで孤島のセキュリティの高い複合型居住施設に外界から邪魔されず住む計画があった。ブラウンによれば、ある晩ビートルズがいつものように、ロンドンのセレブリティ生活に心底うんざりすると愚痴を言い合っていたところに、マジック・アレックスが居合わせた。ジョンがそこで突然、ややドラマチックに、全てから逃げて島に小さな王国を築くことを提案した。そこに美しい個別の家を全員に建て、金で買える限り最高のスタジオを建設する。学校もあり、ジュリアンが1部屋だけの校舎で学び、ディランの子供たちも招かれて一緒に学ぶことができる。

アレックスがこの機を逃すなとばかり話に飛びつき、ギリシャ沖にちょうどいい場所があり、ビートルズが「タダ同然」で買える島が何千とあると言う。早速次の日、ブラウンがマジック・アレックスとオフィス・マネージャーで、ボーイズの代わりに様々な雑用をしていたアリステア・テイラーをギリシャに送り、格好の島を探すよう依頼した。二日後アレックスが、神がビートルズのためだけに作ったような場所を見つけたと電話をよこす。それは、エーゲ海25マイル沖に、100エーカーに渡って散らばる小さい島々だった。中心となる大きな島には人気の無い4つのビーチがあり、付属する5つの小さな島に囲まれていた。100エーカーの土地には16エーカーの豊潤なオリーブ畑があり、アレックスの主張では、七年もすれば、オリーブの収穫で6島の購入代金が戻ってくるとのことだった。アレックスは全てを格安価格の九万ポンドで購入できるよう手配していた。

もちろんアレックスは、当時ギリシャが世界で最も圧政的な軍事政権の1つに抑圧されていたことを、ビートルズにあえて伝えるようなことはしなかった。この軍事政権支配下では、長髪とロック・ミュージックは禁じられており、ギリシャにロックンロールのグループが引っ越せば、ヒッピーがアテネ経由でイスタンブールからハッシシを密輸入するのと同様の嫌疑をかけられた可能性がある。軍事政権下では、軽犯罪でも独断で無期懲役を含む長期の有罪判決が下されており、ビートルズがいつもの量のドラッグをギリシャに持ち込んで空港で税関職員に発見された場合、深刻な危険にさらされる可能性があった。

ブラウンの説明では、アレックスは予防策のために、政府のかなり高い地位にある人物―後に彼が「ギリシャの副大統領」と明かす―にコンタクトを取っていた。ビートルズが空港で手荷物検査を受けない特別措置を受けられるのであれば、いかにギリシャが慈善的であるかを証明する観光局用の宣伝写真の撮影に何枚か応じる条件で、アレックスは政府役人と取引を結んでいた。言うなれば、外交特権と引き換えに、ビートルズが軍事政権を支持することになったのだ。

ジョンがイギリスを出発する前に、アレックスは電話で、アテネでもロンドンでも報道陣の前で軍事政権を批判しないこと、ギリシャでは議論を呼ぶようなコメントや行動を控えるよう彼に注意した。残念ながらジョンは、ミリタリー・ジャケットを着て完全な酩酊状態で出てきて、目に入った全ての軍人に敬礼。アレックスは誰かを怒らせる前に、大急ぎでジョンを空港から出すことになんとか成功した。だがすぐに、ジョンはまた危機を呼ぶ―ロンドンにアシッド錠剤を置いてきてしまって、誰かに取ってきてほしいと言い出したのだ。生涯忠実なビートルズのローディ、エヴァンスが任務遂行のためにロンドンから引っ張り出され、かろうじて税関の厳しい検査を通過できたのは、アレックスがギリシャ政府の権力者を裏で操作したおかげだ。

これらの代償に、ビートルズはギリシャ政府に容赦なく利用される。地中海の熱い太陽の下、彼らは休憩無しの一四時間ぶっ通しで、ロケ地からロケ地へと車で連れ回される。ビートルズの写真は、世界中の通信社を通して配信された。ビートルズが突然ギリシャを支持したことに、友人やファンは当惑したが、バンドが釈明することはなかった。[11]

＊＊＊

マジック・アレックスの手を借り、ギリシャの島にビートルズのコミューンを作るジョンの壮大な計画は立ち消えとなり、取引は白紙に戻された。それでもアテネ出身のアレックスは、ギリシャの島の一件で、自分にネットワーク作りと取引の才能があり、バンドに役立つ男であるところを証明してみせた。ジョンはますます彼を好きになり、信頼を寄せるようになる。

ショットンはある晩―それはアレックスと初めて出会ってから数度の週末を経た後だった―ジョンとくつろいでいた際に、ジョンが突然、ギリシャ人アレックスの誕生日が翌日であることに気づく。ショットンの記憶によれば、わざわざ誰かの誕生日を祝うことなどほとんど無かったジョンが、アレックスを高く評価するあまり、彼の誕生日だけは祝う気になったという。

「やっちまった。明日マジック・アレックスが来るんだけど、何も用意していない。何をあげたらいいと思う？　ピート」とジョンは言う。僕が「さあ。どんなものが好きなの？」と聞くと、彼はしばらく考えてから「ええと。イソ・グリフォはすごく好きみたい」と言った。[12]

ショットンはそれが、ジョンが最近アールズ・コート・モーターショーで大金をつぎ込んで買ったイタリアのスポーツカーであると説明する。実のところジョンは、当時イギリス全体で唯一のイソ・グリフォ・オーナーだった。それでジョンは、アレックスに車を贈ることにしたのだ。彼はリボンを何巻きもかき集めてから、ショットンに車寄せに来るよう手招きし、2人でイソ全体の周りにリボンをかけ、巨大なリボンを屋根に乗せたと、ショットンは回想する。

翌朝やって来たアレックスに、ジョンが「あそこにあるのが誕生日プレゼントだ」と素っ気なく言うと、バースデイ・ボーイは言うまでも無く、期待通りの反応をした。[13]

ブラウンによれば、シンシアはマジック・アレックスを見た瞬間から、ぞっとする思いをしたそうだ。アレックスはトラブルを起こす予感で満ちあふれていた。シンシアは、発明が約束する素晴らしい未来を信じていなかったのではなく、アレックスがジョンに異常に執着する点に不安を覚えた。ジョンの歓心を買う獰猛な競争相手として認識するのに、シンシアほどの適任はいなかった。

会ってすぐにアレックスを嫌いになったシンシアであったが、制御不能なくらいにドラッグを摂取し続けるジョンにストップをかける点では、アレックスに味方になってもらえることを知る。アレックスの方にも、彼なりの理由があった。ブラウンの指摘では、マジック・アレックスにとって、サンルームの棚に置かれた（ジョンが日々ドラッグの混合物を作っていた）すり鉢とすりこぎは、ジョンを不幸にする最大の要因であり、ジョンをコントロールできなくなる原因でもあった。ドラッグの影響下にあるジョンは、アレックスの影響下にあるジョンではなかった。[14]

アレックスはジョージにもつきまとったが、ジョンほどの成果は得られなかった。ビートルがパティと一緒に、世界のサイケデリック・カルチャーの中心ヘイトアシュベリーに行き、ヒッピーと対面してがっかりした際にも、アレックスは同行している。ジョージがその後でハード・ドラッグをやめる決意をすると、ジョンもそれにならうことを期待したアレックスは、大いに歓迎する。

興味深いことに、マハリシと会うことをビートルズが初めてアレックスに伝えた時には、彼は大喜びして、間髪入れず、超越瞑想のことを何でも知っていて、数年前にアテネ大学で行われたマハリシの講義に参加したことがあると主張した。実際、バンドのメンバーらが初めてグルと会った際、アレックスは「覚えてないかも知れませんが、ギリシャで一度お会いしています」とマハリシに言い、マハリシの方は彼を覚えていなかったことが伝えられている。

ロンドンで開催されたマハリシの講義にビートルズが出席した際、アレックスは同行するのを忘れず、翌日もボーイズと一緒にバンガーの瞑想キャンプに電車で向かった。エプスタインの死の知らせを受けた後も、バンドと一緒に馳せ戻り、ビートルズの大きな支えとなり、超越瞑想を続けながらマハリシとコンタクトをとり続けた。

ジョンはマジック・アレックスを気に入るあまり、彼に映画『マジカル・ミステリー・ツアー』でちょっとした役を与える。YouTubeで、アレックスがツアーバスのなかで音程をやや外しながら黒人霊歌“Joshua Fit the Battle of Jericho”を歌い、ビートルズや他の人々が声援を送る映像を見ることができる。映画が公開されてすぐ後でビートルズはリシケシュに向かったが、エヴァンスやアスピノールといった他のビートルズ・チームの仲間が、支援業務や旅の手配のためにビートルズに同行するなかで取り残されたアレックスは、ショックを受けたに違いない。ジョンは当てつけがましくアレックスにリシケシュへの同行を依頼せず、マハリシはアレックスの存在をほとんど認識していなかった。アレックスの良き助言者であったジョンは、ジョージと一緒に、突然他の世界に興味を向けたようだった。自分の成功をかけていた、世界一有名なロックスターたちとの関係が絶たれそうになっていることで、このギリシャ人がパニックに陥ったとしても驚くにはあたらない。

マジック・アレックスの内なる恐れが、邪悪なヘビのようにゆっくりと、とぐろを解き始めるなか、マハリシはアシュラムで、有名人ゲストの誕生日パーティを次々と開催するのに忙しかった。三月の中旬にラヴが二七歳になり、数週間前のジョージの時と同じような誕生日パーティが催された。パーティのハイライトは、その場で特別に作られたやや面白い曲で、ジョージとポールとドノヴァンが歌った。ビーチ・ボーイズのヴォーカリストの誕生日を祝いつつ、マハリシの精神復活運動を讃え、スワミ・ブラフマナンダ・サラスワティに敬意を表する曲だ。ビーチ・ボーイズのヒット曲“Fun Fun Fun”をベースに、2人のビートルズとドノヴァンがアコースティックギターをロックンロール・レジェンドのチャック・ベリーのように弾いた、変わっているがとても軽快な曲で、後に“Spiritual Regeneration/Happy Birthday Song”の名で知られるようになる。歌詞でアルファベットの文字がすらすらと読み上げられる箇所の最後では、ジャイ・グル・デヴが登場する。グル・デヴのコーラスが数度繰り返された後、突然曲は通常のハッピー・バースデイの歌に変わる。ビーチ・ボーイズのスター歌手はまた、誕生日プレゼントとしてジョージからグル・デヴの肖像画をもらった。

マハリシからラヴへの誕生日プレゼントは、1対1のプライベート・イニシエーションで、彼を超越瞑想の教師の位に上げるものだった。マハリシのバンガローの地下にある、祈祷と瞑想のためのヨーギーのプライベート・ルームにラヴは連れて行かれる。マハリシはろうそくに火をともし始め、香を焚き、グル・デヴに米と花と果物を供えた。その間、大柄なカリフォルニアンのラヴは床にひれ伏した。マハリシは古代ヒンドゥー教の経典をサンスクリット語で朗唱し、意識を超越させ、精神を物質世界に完全に一体化させるため、ラヴにそれを覚えるように言う。マハリシに強烈な献身の思いを覚えたラヴは、儀式の終わりには、感情が高まり過ぎて起き上がることさえもできなかった。「マハリシは左手を伸ばし、僕の首を3度ぽんぽん叩きました。彼の言葉は一生忘れません―『あなたはいつも私とともにある』」(15)。

二日も経たないうちに、また盛大な誕生祝いがアシュラムで開かれた。今度はパティとホーン2人の誕生日だ。パーティで演奏するよう、またしてもシンが呼ばれた。今回シンは、近くのドゥーン・スクールで一時的に教えていた、若いイギリス人のニック・ニュージェントを同行させた。彼は、後にBBCワールド・サービスのシニア・エディターになる。2人は、プラタープ・ミュージック・ハウスの職人が作った、ホーンからパティへの誕生日プレゼントを持ってきたのだ。それは、美しいディルルバだった―パティがロンドンで学んだヒンドゥスターニー古典音楽の楽器だ。

ニュージェントは、そのパーティを素晴らしく詳細に描写している。[16] 彼によれば祈りが捧げられるなか、マハリシの到着でパーティは始まり、みなが立ち上がって静かにマハリシのチャントを聞いた。その後で、ニュージェントの記憶によれば、形式張ったことは全て忘れられ、舞台の上でケーキの後ろに足を組んで座るパティとホーンに向けて、みんなが「ハッピー・バースデイ」を歌った。

金の縁取りをした藤色のバナラシ織のサリーを着て、インドの花嫁のように花で飾られたパティは、息をのむほど美しかった。ホーンはゆったりとしたインドのクルタを着ており、前には「ポール」、背中には「ジャイ・グル・デヴ」と書かれていた。ポールとジェーンからのプレゼントで、名前をペイントしたのも彼らであった。

ディルルバは舞台上で正式にパティに手渡され、彼女は大喜びするが、試し弾きするまで待たなければならなかった。なぜなら、ジョージとポールがその楽器を独占し、聴衆の前で弾き方を披露したからだ。やっとポールが「たぶん僕には無理」と言いながら、パティにディルルバを渡した。

それから音楽が奏でられ、よその国から来たロックスターと地元のインド人音楽家が、様々な楽器で腕前を披露した。ジョージが妻の二四歳の誕生日を祝い、シタールの調べに乗せて彼女にセレナーデを捧げたのが、その晩の演奏のハイライトとなった。ラーガをいくつか演奏した後で、ジョージは“God

Save the Queen"を演奏し、みんなをあっと驚かせたが、聴衆から拍手喝采を浴びる。ポールは、ドノヴァンが入手したばかりのタンプーラで、ジョージに伴奏を付けていた。英国国歌がシタールとタンプーラで演奏されたのは、おそらく初めてのことだったであろう。ニュージェントによれば、ジョンは演奏に加わらず、アメリカ人と瞑想について議論するのに夢中になっていた。

演奏会に続いて、華々しい花火大会が始まった。ジョージとラヴの時に先立って催された花火大会とほぼ同様のもので、明らかにヨーギーは花火好きであった。

その晩のパーティは、ぴかぴかの赤いスーツを着た手品師によるマジック・ショウで締めくくられた。シャーハンシャー〔「王の王」の意味〕と、やや大げさな肩書きを持つ手品師は、デヘラードゥーンから来ていた。ニュージェントが思わず吹き出したそうになったのは、催眠術をかけられる手品師のアシスタントの代わりに、助手としてドノヴァンが手品の舞台に上がった時だ。スコットランド出身のバラッド歌手は一心不乱に役に入り、聴衆は笑いが止まらなくなる。ある髭を生やしたサドゥーなどは、ドノヴァンがおかしくてたまらず、爆笑していた。「あんなに激しく笑う僧は見たことがなかった」と、ニュージェントは振り返る。

ホーリーは春の到来を告げるヒンドゥー教の色の祭りで、アシュラムはまたしてもお祭り騒ぎになる。ポール、ジョン、ジョージと、そのパートナーは、他の有名人ゲストらと共に、お互い色粉や色水を浴びせ合った。ジャーナリストのナクヴィは、ビートルズとホーリー遊びをしたのを覚えていて、ポールが特に夢中になっていたという。大人が子供のように大暴れできる、ヒンドゥーの祭りで最も騒々しいホーリーに、ビートルズとその仲間が参加するのは初めてだった。誰に聞いても、全員がこの上なく祭りを楽しんでいたという。

五〇年後にパティは、のんびりしたり、ぼんやりしたり、大騒ぎしたアシュラムでの生活を懐かしく思い出す。ジョージと結婚してからの彼女の人生で、珍しく自分の時間が余るほど持てた期間であり、人里離れた美しい景色が、思い出を一層楽しいものにしていた。[17] ジョージが1人幸せに瞑想する間、パティは近郊の町マスーリーやデヘラードゥーンを訪れる。彼女は後に自伝でこれらの町をチベットの交易拠点と間違って記しているが、チベット難民が様々な工芸品やアクセサリーを売る店が増殖していたからかもしれない。パティはマニ車や美しいチベットのビーズをはじめとする、たくさんの工芸品を購入した。

パティによれば、友人とガンガへ歩いて向かう途中、以前であればショックを受けていただろう光景を目にしても、リシケシュにいる間は大丈夫だったそうだ。川向こうではハンセン病患者が物乞いをしていて、尖った岩の上に乗って瞑想する男もいた。「オックスフォード・ストリートでハンセン病患者を見たら動揺していたかもしれませんが、インドでは、岩に乗った男同様、景色の一部にしか過ぎませんでした」。

時が経つにつれ、パティのアシュラムの外での冒険は大胆になっていく。インドの夏に向かって三月も終わりに近づくと、次第に暑くなり、ガンガの流れの速い冷たい水がパティには「楽しそう」に見えてしまう。彼女によれば、川の流れが速いので、文字通り座って、滑り台のようにどこかへ運んで行ってくれるように見えたそうだ。ジョージは、何の根拠もないと反論する。ある日パティは、結婚指輪を川でなくしてしまう。ジョージが激怒するのではないかとパニックになったが、幸いなことにミアの弟ジョニーが一緒だった。2人で二〇分ほど探し回り、探しても無駄だとパティが諦めかけた時、奇跡的にジョニーが指輪を見つけた。[18]

冷たい水に誘われたのはジョンとポールも同じで、2人は何度か川で水浴びをしている。静かに服を脱ぎ、全裸で川に歩いて入ったこともある。一度はナクヴィも一緒に素っ裸で泳ぎ、カメラマンがこっそりヌードで水に入っているジョンを撮ることに成功したが、写真が公にされることはなかった。

マハリシに最大級の畏敬の念を抱いていたジョージと異なり、ジョンとポールは2人共、無礼に近いほどの親しみでマハリシに接した。ドノヴァンの記憶する、彼がアシュラムに到着して間もない頃のエピソードが好例だ。ドノヴァンがマハリシ、ビートルズ、その妻たち、ミア、ラヴと一緒に座っていると、次第に会話が途絶え、気まずい沈黙が流れる。ドノヴァンが驚いたことには、ジョンが突然立ち上がり、足を組んで座っていたマハリシのところに行き、頭をぽんぽんと叩いてから「グルのいい子ちゃん！」と叫んだ。マハリシも含めて全員が、思わず爆笑した。[19]

マハリシの信奉者のほとんどは、手を合わせてマハリシにお辞儀をし、グルや聖職者が通常弟子から受けるフォーマルな敬意を払っていた。ところがビートルズ—とりわけジョンとポールは違った。マハリシは彼らが馴れ馴れしくすることを許し、友人やパートナーのように彼らと会話をした。

ポールは、マハリシが彼らに助言を求めた会話を次のように振り返っている。

「どんな車を使ったらいいかマハリシが聞くから、『メルセデスは実用的でいい車です。派手過ぎず、でもちゃんと派手で、故障はあまりせず、目的地にたどり着けます』と言うと、『必要なのはこの車だ！』となる。いつもこんな感じで、『マハリシ、ロールス・ロイスはすごくいい。あなたの稼ぎなら、何台か買えますよ』ではなく、もっと実用的だった。彼はどの車が一番頑丈で壊れず、使い倒せるか知りたがっていた[20]」

ビートルズがスピリチュアルな至福を得るためにアシュラムに瞑想に来たと、大々的に宣伝されたにも関わらず、ポールとジェーンはリシケシュ旅行を、異国情緒溢れる場所でのリラックスした休暇のように捉えていたように見える。ポールは自分たちは皆、つまるところイギリスから来たのだから、マハリシがガイド役となり、通常の観光客が楽しむようなインドの観光地や体験を案内してくれることを望んでいた。

「僕らが『人は飛べるのですか？　空中浮遊できるのですか？　全部本やらなんやらで見たんです』とマハリシに聞くと、彼は『もちろんです。できます、はい』と答えた。僕らが『あなたもできるのですか？』と言うと、彼は『できません。私はこの技術を習得したことがありません』と言う。僕らは『それなら誰が？』と聞くと、彼は『ここから3つ先の村に出来る人がいるはずです』。と言う。僕らは『ちょいと呼んでこれませんか？』と聞いた。『何だかんだ言っても、僕らは休暇中な訳だし。遠くからわざわざ来たのだから、空中浮遊を見せてもらえませんか？　実際にやっているところを見ることができたら、最高なんです』――みたいな気持ちがあったんだろうね。マハリシは半分実行に移そうと思ったみたいだけど、結局やらずじまいに終わった[21]」

ポールは、もっと典型的なインドのエキゾチックなものを、しつこくマハリシにせがんだことを記憶している。

「『スワーミ、そんなら、ヘビ使いとやらは用意できるんですか？　インドのロープ・マジック〔空中に立てた縄を登る奇術〕は？』――僕らは、ただのリヴァプールから来た青年だった。考えてもみてよ。大陸間のアフロ・アジアン研究のチームでも、考古学者の集団でもないんだから」[22]

アシュラムでの生活にも慣れてきたビートルズは、瞑想キャンプの規則を破りたい誘惑に駆られるようになる。例えば規則では、卵を含むベジタリアンでない食品、飲酒、喫煙、マリファナは厳しく禁じられていた。また、許可無くアシュラムの敷地外に出ることも禁止だった。ところが、ルール破り――とりわけ喫煙とキャンプ脱出は、定期的に行なわれるようになった。ポールはマイルズに、アシュラムの掟破りは、ティーンエイジャーの頃に学校でいたずらをしかけていたのを思い出すと語っている。

「マハリシの所に行ったら、ちょっと抑圧気味になったから、どうにかキャンプを抜け出すようになった。外に出て行っちゃいけない、許可を得なければならないと言われたから、いいや、ずる休みしてしまえ、となった。それで何度が、午後にガンガに行った。ガンガの川縁で子供のように遊んだのを覚えている。天気が良くて、すごく気持ちよかった。ただの休暇の方がいいなと思った」

ドノヴァンもマイルズに、中学生のようなビートルズの様子を話している。

「一日の瞑想が終わると、マハリシの夜の講義のために集まった。ある晩ポールと僕は、違法な巻きタバコを講堂の横で吸っていた。マハリシが、いつもの取り巻きに囲まれて近づいてきた。ポールはそれを見て、『野郎ども、早くタバコを消せ。先公がやって来るぞ!』と言った[23]」

スコットランド出身のフォーク・シンガーは、タバコを特別に変な名前で呼んでいた。ナンシーにタバコをもらおうとして、顔を近づけてから「お姉さん、咳持ってない?」とささやいたこともある。ミアもアシュラムで、こっそりタバコを吸うのを楽しんでいた。ナクヴィによれば、彼女は毎晩きっちり、大胆にもコテージ後方の同じ場所―マハリシの側近で瞑想キャンプの運営を担うスレッシュ・シュリーヴァスタヴァの、オフィス兼自宅のある場所にやって来た。グルがどれだけ自分のことを気に入っているか知っていたから、喫煙しているところを見つかっても、許される自信があったのだろう。

ヨーギーは自分の背後で何が起きているか―有名人ゲストたちが喫煙し、許可無しに時折アシュラム外に抜け出していたこと―をほぼ間違いなく把握していただろう。しかし、彼らがタバコだけでなくマリファナも吸い、大量のアルコールを摂取していたことは知らなかったかもしれない。ナンシーはアシュラムの回想録に、何度か自分の部屋にアルコールを何本も持ち込んで飲酒パーティをしたことを記している。

ナクヴィは、有名人だけでなく多くの瞑想者がマリファナを自由に吸い、夕食後に酒を飲んでいる間に、夜の講義が終わったと断言している。彼自身も毎晩自室で飲酒・喫煙し、誰にもとがめられなかった。

映画『ワンダーウォール』の監督マソットは、ポールがいなくなったすぐ後にアシュラムに到着した時のことを、こう暴露している。

私が到着した頃には、ビートルズでいたのはジョンとジョージだけだ。リンゴは食べ物が嫌で、彼の奥さんは蠅が嫌で、あそこは間違いなくポールがつるむような場所ではなかったから、彼らはみんな飛行機で自分の国に帰っていた。白い綿のゆったりした服を着て、サンダルを履いたジョンが、屋上でメロディオンを弾いていた。後で彼は、瞑想しながら喫煙する難題をどうやって解決したか見せてくれた。ジョンは木に寄りかかりながら目をつぶり、自分の内に深く入りつつ、ポケットから取り出したタバコに火を付けた――「ほら、瞑想したままだろ？」[24]。

それから後、マソットを部屋に案内しながらジョンは、彼がフィリップスのポータブル・カセット・デッキを持っているのを見て、どんな音楽を持ってきたのか尋ねる。

オーティス・レディング最後の録音で、リリースされたばかりの"(Sittin' on) the Dock of the Bay"と、ハッシシを少しと答えた。ジョンが声を低くして、リシケシュにはマリファナが無いこと、誰にもこのことを言わないこと、特にジョージには、と言った。どうやらジョージは、どちらが強い人間か、レノンと瞑想対決のようなものを繰り広げているらしかった。

その晩、夕食の後で、みんなでマリファナを全部吸い、"Dock of the Bay"を最低20回は聴いた。

菜食以外の食品を禁ずる規則に関しては、最初から無理な話で、エヴァンスはリンゴに料理してあげるために定期的に卵を密かに持ち込んでいた。ナンシーでさえも、味気ないベジタリアン料理に飽きた瞑想者のために、ゆで卵を何パックもこっそり仕入れていた。ビートルズとその取り巻きは、もっと味わいのある非菜食料理を食べに、時折デヘラードゥーンに行った。それでもそのような機会は多くなく、間隔も空いていたので、ベジタリアンでない食品はタバコや酒と共に、アシュラムのコテージの四方に囲まれた壁の内側で消費されていたであろうと、ナクヴィは推測する。

最も不謹慎なことをしでかしたのは、通常は瞑想を至極真面目に捉えていたラヴだ。牛・羊・鶏から成る米西海岸の食生活から、アシュラムでの完全な菜食生活に変わることに怖じ気づいた彼は、極めて重要な食品を持ち込む。それはビーフ・ジャーキーで、菜食以外の食べ物を食べたい誘惑に負けそうになった時に、口にしようとアシュラムに持ち込んでいたのだった。牛の肉を食らうことに対する罪深さを考慮すると、彼の秘密が知られたら大騒ぎになっていたに違いない。多くのヒンドゥー教徒にとって牛は、聖なる母であり、聖者の谷でもそれは同じことだった。リシケシュでこのような思いも寄らないことをやってのけたのは、ビーチ・ボーイズのヴォーカリストが初めてだったかもしれない。皮肉なことに、超越瞑想とますます関わるようになるラヴは、食事制限の無い西洋に戻った後で、完全なベジタリアンになる。(25)

ラヴは自身の誕生日のすぐ後――一人前の超越瞑想の指導者としてイニシエーションを受けた後で、アシュラムを去った。マハリシは瞑想キャンプ終了までいるよう促したが、ビーチ・ボーイズの大きなアメリカ・ツアーが始まろうとしており、ラヴはバンドから戻るように言われたのだ。ラヴはグルに、連絡を取り続けることと、彼の主催する瞑想コースやキャンプに参加することを約束する。約束を守ったラヴは、精神復活運動とますます行動を共にし、その後も他のイベントに参加するようになった。実にビーチ・ボーイズは、全米中を廻る次のツアーにマハリシを連れて行くことになる。

他のセレブリティも、アシュラムを去り始める。ミアは映画撮影のためにロンドンに飛ぶことになった。その頃にはミアを積極的に嫌いになっていたナンシーは、女優が猫なで声で「あなたと、ここにある豊富な知識を置いて去るのは忍びないです」と、愛のこもった別れをマハリシに告げた時のことを、たっぷりの皮肉を込めて振り返っている。ミアは大きく美しい目をぱちくりさせながら、夏の後半にグルが別のキャンプをカシミールで開催する際は、参加することを約束した。

この感動的な別れを目撃しながらナンシーは、アシュラムにいるどれだけの人にミアが、以前マハリシに言い寄られた件のゴシップ話をしたかに思いを馳せ、不安に襲われる。2人は仲直りしたように見え、マハリシについての映画を作る際はジョニーを監督にすると、ミアはヨーギーに約束させた。女優はまた、依然として1人コテージで瞑想と叫び声を交互に繰り返すプルーデンスの世話を、ヨーギーに任せていた。ナンシーによれば、ミアは金を置いていかず、妹プルーデンスがアメリカに戻る際は、マハリシの精神復活運動が旅費を払うことになるのであった。

ドノヴァンもまた、予定されていた複数のコンサートのために帰国しなければならなかった。ドノヴァンの出発を多くの者が惜しんだ―穏やかな口調の、豊かな黒い巻き髪をしたチャーミングなスコットランドのシンガーは、ビートルズだけでなくキャンプの他の人々にも人気があった。ドノヴァンのいなくなったアシュラムは、以前とは違うものになった。

それから、三月の四週目になり、リシケシュで五週間弱過ごしたポールとジェーンが、帰国を決める。ジェーンはどうしても出席しなければならない、演劇関係の重要な任務があると言う。ポールもビートルズの新しい会社アップルが始動したばかりということもあり、これ以上ロンドンを留守にする訳にはいかないと感じていた。ポールはマハリシの前でひざまずきながら、大げさな別れのスピーチをした。言葉とジェスチャーの才能に長けたポールにしかできない技だ。

ナンシーはリックと一緒に、ポールとジェーンをアシュラムの門に停められた車まで見送った際の、感動的な別れを振り返る。ポールは自分のカメラの三脚をリックにあげながら、母ナンシーに「私は新しい人間としてここを去ります」と告げた。ナンシーによれば、ジョンが門でギターを弾きながら、仲間に別れを告げていたそうだ。(26)

ポールとジェーンのカップルは、デリーから出発する際に騒ぎ立てられないように用心した。翌朝到着したロンドンの空港では、アシュラムでの体験を直接聞こうと報道陣が大勢集まっており、2人は少しの間対応せざるを得なかった。その時空港でメディアに語った次の発言から、議論を呼ばないように2人が慎重に言葉を選んでいたことが分かる。

ポール：(瞑想について)「座って、リラックスして、それからある音を自分で繰り返す。ばかげて聞こえるかもしれないけど、リラックスするための手順で、それだけのこと。全部で一日五時間ほど瞑想した。午前中二時間、夕方三時間くらい。それから残りの時間は寝たり食べたり、日光浴して、楽しかった」

Q：「インドには極度の貧困があると聞きましたが、目にすることもあったのではないでしょうか？」

ポール：「貧困は根元から断ち切るべきだ。ただ施しをしても、1日か1週間そこいらの解決にしかならない。インドにはすごく大勢の人がいて、インドの貧困を解決するには、アメリカの持っている金を全部使わなくちゃいけないくらいだけど、次の年に行ってみてごらん、みんなだらだらしているだけかもしれないよ。だから原因を特定して、インド人全員に働くよう―何かするよう説得するしかない。彼らの宗教はとても宿命論的で、みんな座りながら『神がこれを定めたのだから、どうにかするのは悪いことだ』と思っている。マハリシは彼らに、今の状態を変えることが〝できる〟と説得しようとしている[27]」

空港の記者会見では論争を招かないよう慎重にしていたポールだが、インドについての発言から、彼がヒマラヤの村に長期滞在したにも関わらず、インドとその文化に対する一般的な西洋のステレオタイプな見方を、何一つ払拭できなかったことは明らかだ。さらに重要なのは、マハリシがビートルズに本物のインドを紹介する代わりに、実際は、古くからの偏見―インド人が怠惰で、運命論者であり、定められた自分の人生を良くすることに関心が無く、ヨーギーに気質を変えてもらう必要がある―を強化した点だ。

ブラウンのようなビートルズと親しい人間は、ポールとジェーンがマハリシやアシュラムでの瞑想キャンプに対して、巧妙な態度を装い続けたと主張している。「マハリシの見せかけの重々しさや、退屈な瞑想」は、ポールにとってまるで学校のようであり、この「神秘主義のでたらめ」のなかに置かれるには、自分とジェーンが洗練され過ぎていると感じていたと、ブラウンは言う。(28) ジェーンとポールがマハリシの講義を聞いている最中に撮られた写真で、ジェーンが疑い深い顔をしていると、マイルズは指摘する。ジェーンは全てを怪しく思っていたのではないかと、マイルズは感じたという。(29)

何年も経ってからポールは、マイルズにこう言う「四、五週間経ってから―それが自分に与えられた時間だと知っていたから、戻って来た。決して僧として世に出るつもりは無かったが、すごく面白かったし、瞑想を続けるつもりだし、とても有意義な体験だったと思っている」。

ポールとジェーンのアシュラム滞在で犠牲となったのは、2人の関係だ。両者共、大体において心地よい、リラックスした休暇を過ごすことはできたが、一緒に時を過ごしたことにより、数ヶ月前にロンドンで、もうすぐ結婚すると発表したのは時期尚早だったと気づく。2人共感情を表に出さないことに長けていたため、誰も彼らの数年に及ぶロマンスが終わろうとしていることに気づかなかった。1つヒントとなったのは、日帰りでもいいからタージ・マハルに行きたいというジェーンのリクエストを、ポールが頑なに拒んだことだ。デリーから遠くない場所にあるタージ・マハルは、恋人同士に人気のデート・スポットだ。帰国してから1ヶ月も経たないうちに、ポールとジェーンが別れたことは、驚くに値しない。

ビートルズの伝記作家フィリップ・ノーマンは、アシュラム滞在をよく映像に収めていたポールが、本来の自分たちでないカップルのように振る舞っていたのではないかと、ほのめかしている。ノーマンは、ポールが後にジョンに言った言葉を引用する。「僕らは個性を隠していたように思っていたけど、実際は誠実じゃなかっただけだ。君がマハリシの横を歩いているロングショットがあるが、『尊師様、教えてください』と言っているみたいで、全く本来の君じゃない[30]」。

ノーマンは自著に、ポールとジェーンが去った後から、ジョンが落ち着きを失い始めたと記す。ノーマンはロンドンとリシケシュを絶えず行き来していたアスピノールの言葉を引用する。「ジョンはマハリシに授けてもらわなくちゃいけない何か秘密があり、それをもらえたら家に帰れると思っていた。彼はマハリシが自分に出し渋っているのではないかと思い始めた。『彼と一緒にヘリコプターに乗れば、自分だけに答えを教えてくれるかもしれない[31]』とジョンは言った」。しかし、答えをもらうことがなかったジョンは、次第に落ち着きを失っていった。

ヒンドゥーの信仰と文化に熱心に取り組んでいたジョージさえも、アシュラムのなかで軽い閉所恐怖症に襲われ始め、本物のインドを見せないように、マハリシがビートルズの周りを壁で囲んでいることに違和感を覚え始める。ある日、ジョージはナンシーの宿舎にふらっと現れ、特別な依頼をする。自分たちだけでクンブ・メーラに行く許可を与えるよう、マハリシを説得してくれと言うのだ。クンブ・メーラは、一般のヒンドゥー巡礼者だけでなく、あらゆる宗派に属する僧やサドゥーの聖者が数年に一度、北部インドの聖なるガンガ沿いの様々な場所（アシュラムの隣のハリドワールを含む）に、特別に集まる集会だ。残念なことにマハリシは、ビートルズとその取り巻きが、象に乗って行くのなら許可すると言う。ジョージはナンシーにこう言った「ビートルズでいること自体既に、象の背中から人生を見るようなものだ。僕らは群集に混じりたいんだ。木の下に座るババジ（有名なインドの聖人）を見つけることができるかもしれない」[32]。

インドの聖人と交流もできず、アシュラムでの軟禁状態から解放されたくてうずうずするジョージとは異なり、ジョンが落ち着きを失っていった原因は全て、内なる葛藤から来ていた。この頃までにジョンは、ヨーコに首っ丈になっていた。ヨーコから何千マイルも離れ、数ヶ月も会えない状態は、ロンドンに置いてきた魅惑的な日本人アーティストを忘れさせるどころか、かえって彼女を恋い慕う気持ちを強めさせたのであった。

ジョンとヨーコは、奇妙な形で長距離恋愛を進めていた。ヨーコはジョンに、華やかな手書きの文字でたった1行「空を見上げて　雲が見えたら　私を思い出して」と書かれたようなハガキ何枚も送っていた。ジョンはヨーコから、暗号のようなハガキがアシュラムの敷地内の郵便受けに届くのを今か今かと待ち受けた。返答として熱情を明らかにした、長ったらしいジョンの手紙が、ヨーコのロンドンのフラットに積み上がっていった。

「彼女から手紙が来ると大喜びしてね」と、後にジョンは語っている。「妻や義母が理解できるようなものは何も書かれていなくて。インド滞在から、彼女のことをただの知的な女性ではなく、女として見るようになった」。

一方でシンシアは、ジョンがますます内にこもっていくのを実感するようになる。コテージのなかの別室で過ごす時間が増えた彼は、瞑想するふりをしながら、実際は故郷にいるヨーコに手紙を書いていた。それでもシンシアは、夫婦関係がアシュラムで魔法のように元に戻るのではないかと、淡い期待を抱いていた。彼女のうぶな楽観主義は、ジョンの感情の起伏の激しさにあおられていた。例えば、ジュリアンの五歳の誕生日が両親のリシケシュ滞在期間に訪れた際に、マハリシが彼に送るよう可愛いベルベットのスーツをくれた時などは、ジョンは愛情一杯の家庭人のように見えた。

ガンガ沿いを散歩しながら、ジョンはシンシアの手を取り、マハリシがいかに気前が良く、王子様にあつらえたようなスーツを、自分たちの息子がどれほど気に入ってくれるか述べたのであった――「ああ、シン。ジュリアンとまた会える時は、どんなに素晴らしいだろうね！　全てがまたファンタスティックになるよね。そうだろ？　待ちきれないよ。シン、君は？」。シンシアにとって不幸なことに、ジョンは翌日、鍵のかかるコテージの自室に戻って行った。ジョンの親としての思いやりと家族への献身は、突然現れた時と同じくらい、あっという間に消えてしまったのだ。

サルツマンはジョンと交わした会話で、彼が含みのある発言をしたのを覚えている。サルツマンはビートルに、失恋したこと、瞑想の奇跡でそれを癒やせないかと思っていることを告白する。しばらく黙って話を聞いてからジョンは、「そうだ。愛は時々とても辛いものになるよな？」と言った。2人は静かに座ったままでいた。まるで時が止まったかのようだった。鷹が一羽、2人の頭上を旋回してから、川の方の空に飛んでいった。あまりに近くを飛んでいたので、かぎ爪さえも見ることができた。しばらくしてからジョンが、ややいたずらっぽく微笑みながら、「それでもいいのは、いつかは別のチャンスがやって来るってことだよな！」と言った。それから数ヶ月もしないうちに、ジョンとヨーコのことを色々読んだサルツマンは、ジョンが失恋のアドバイスをしながら、自分自身のことを語っていたことに気づく。(33)

ジョンがヨーコから数千マイル離れた、ヒマラヤ山脈の麓のガンガの川辺の瞑想キャンプで、彼女を恋い慕った思いは、“India India”という曲（ジョンがそれから数年後に書いた曲で、数十年の時を経て正式にリリースされる）に率直に表現されている。印象的なヴァースは、スピリチュアルな探求と、イギリスにいる愛しい人に引っ張られる思いの間で揺れ動く、内なる葛藤を反映している。これは、ビートルズのリシケシュ物語のドラマチックなエンディングの、1つの側面に光を与えるものであることは、間違いない。

それから数年して、ブラウンはアレックスに七時間半にわたり、ビートルズやマハリシと過ごした時のことを聞き、残り2人のビートルズが最後の数週間をアシュラムでどう過ごしたか、突然の出発にはどんな意味があったのかを貴重な証言を詳細に記している。アレックスをリシケシュに呼んだのはジョンであるとブラウンは確信している。アレックスが突然アシュラムに現れたことは、恋に悩むビートルが、（歌詞の最後の1行に書かれているように）自分の心に従い、愛する人のいる故郷に帰りたく思っていたことと関連する可能性は高い。

ブラウンの説明によれば、アレックスは最初からマハリシと喧嘩するつもりだったようだ。アレックスは、当地の雰囲気が瞑想のための聖なる場所としては全く不適切だったと言う。「四柱式寝台のあるアシュラム？」とアレックスはあきれたふりをしながら言い、「マッサージ師、水を運んでくる召使い、バス・トイレ付きの部屋、会計士―簿記係のいる聖職者なんて見たこともない！」と指摘した。

アレックスはまた、外国から集まった瞑想者もあざ笑った。アレックスは彼らを、「マハリシに金を預けた精神病の年取ったスウェーデン人女性」と称し、他にも「二流のアメリカ人女優が何人か」いた。「多くの人々がインドに来たのは、自国で見つからなかったもの―迷子の美しい女の子たちなど―を見つけるためだ」と彼は言う。マハリシが彼らをクラス写真のような集合写真のために集め、宣伝に使うのを見て吐き気がするとも言った(34)。

アレックスはブラウンに、ジョンが完全にマハリシにコントロールされていたと言う。アレックスは、尊敬するジョンがドラッグとアルコールから離れ、この何年で最も健康的に見えたことは認めている。それでもマハリシが、与えるよりも多く奪い、ビートルズが年間収入の一〇から二五パーセントをヨーギーのスイスの銀行口座に入れるよう要請されたことを聞き、激怒した。ビートルズに金目当てで近づいているのではないかとマハリシに詰め寄ると、ヨーギーはアレックスを買収しようとした、と彼は主張する。どうやらマハリシは、自分の聖なるメッセージを放送するための大電力ラジオ放送をアシュラムの敷地内に建設する仕事を、アレックスに与える申し出をしたようだ。

しかし他の証言でアレックスは、自分がゴミ箱の蓋より小さいサイズになると約束した電気製品を作るために、ジョンとジョージにアシュラムに呼ばれたと主張している。地元のラジオシャック〔家電量販店〕のような店で買える、つまらない電子部品で作ることができるその電気製品を組み立てると、世界の果てまでマハリシの瞑想と愛と平和のメッセージを届ける、巨大なラジオ局に電気を供給できるだけでなく、地域全体の灯りをともすに余りある電力も供給できると、アレックスは控えめに言った。驚くべきことに、ただ部品を組み立て、ガンガの特定の場所に置くだけでそれらが可能になるのだ。どうやらマハリシは、このやや空想的なプロジェクトが実現する見込みは薄いと判断したようだ(35)。

パティの妹ジェニーは、アレックスと短い間フラットをシェアしていたが、後に振り返り「彼が来たのは、ビートルズが瞑想するのを好まず、ジョンを取り返したかったから」と言っている(36)。

アレックスは明らかに、アシュラムでのマハリシの影響力を弱体化させようと躍起になっていた。近隣の村の店や行商人から集めた地元の酒を、アレックスは敷地内にこっそり持ち込むようになる。それまでもアルコールの供されるパーティはたまに行われていたが、毎晩定期的に飲み会が行われるようになった。アレックスがブラウンに伝えたところによれば、ジョンとジョージは飲まなかったが、女性たちは飲み、2人のビートルズが忙しく曲作りをする間、アレックスは女性に酒を配って回った。興味深いことに、数年後にマハリシの弟子のディーパック・チョプラが、グルとビートルズの間のトラブルは、ビートルズの一団がアシュラムで飲酒と喫煙をすることに腹を立てたことから始まったと証言している。[37]

ブラウンによれば、夜遅くの秘密の飲み会で、ある晩、カリフォルニアから来たブロンドの美しい看護師が、ショッキングな告白をする。個別相談のためにマハリシの所に行ったら、夕食として鶏肉が出てきたと言うのだ。若い女性をそそのかして打ち明け話をさせたであろうアレックスは、それをマハリシに対する武器として使う好機を見逃さなかった。マハリシが菜食主義のコミュニティに鶏肉を密かに持ち込んだらしいと、翌週はマハリシが何を食べているのかという噂で持ちきりになった。ブラウンは多少の皮肉を込めて、不思議なことに誰もアレックスがアシュラムにワインをこっそり持ち込むことをとがめなかったと指摘する。それでも菜食の規律を破ったのではないかというゴシップが、マハリシの地位を揺るがすことはなかった。キャンプのほとんど人にとり、マハリシが時折こっそりと少しばかりのチキンを食べようが、どうでもいいことであった。[38] 明らかにギリシャ人は、インド人グルに対する別の手を考える必要があった。

アレックスがマハリシを罠にはめる策略を立てる間、ヨーギーの面前には、爆発の瞬間を待つ別の爆弾があった。それは、マハリシと、彼の精神復活運動、マハリシ自身のグル、スワミ・ブラフマナンダ・サラスワティの人生と教えを描いた映画にまつわるものだ。『グル・デヴ』のタイトルが付けられたこの映画には、ビートルズやドノヴァンのような他のミュージシャンが目立つようにフィーチャーされ、ラヴやホーンだけでなくミアが瞑想するシーンも出てくる。映画がヒットすることは間違いないように思えたが、1つだけ問題があった。理由は不明ながら、マハリシは同時に2つの全く異なる組織と映画の契約の交渉をしていたのだ。

片方の交渉を担ったのは、マハリシの精神復活運動のトップで、西洋で最初期の弟子であるリューツだ。交渉相手は、デヴィッド・ニーヴンやシャルル・ボワイエといった有名ハリウッド俳優により一九五〇年代初期に設立された、フォー・スター・プロダクション。交渉は最終段階に入っており、リューツは間もなく契約を締結できると確信していた。マハリシは既に、一番のお気に入りであるミアがアシュラムを去る前に、彼女の弟ジョニーに映画の監督をさせることを約束していた。

同時にマハリシは、ビートルズが新しく始めた事業アップル・コアとの交渉を進め、映画の著作権をアップルに帰属させることを約束していた。アップルの取締役アスピノールは、契約に向けての調整のため、ロンドンとリシケシュのアシュラムの間をかなり頻繁に飛行機で行き来していた。金銭的な詳細に関心を向け、値切り交渉に持っていこうとするマハリシに、アスピノールは驚かされる。

「バンガローでミーティングをしました」とアスピノールは振り返る。「ローブを着た小さな男が突然、聖職者であるはずなのに、自分の2・5パーセントの分け前について話し始めるのです。ちょっと待てよ、と私は思いました。この男は私よりも契約交渉の知識があるぞ、と。マハリシは勝つことに目がないようでした」[39]。

ナンシーのようなマハリシの側近は、グルが二重に取引をしていて、双方との交渉がかち合うことは不可避であることを知っており、その行方を心配していた。しかし、彼女が話を向けると、ヨーギーは特段心配する様子を見せず、メッセージが良いから、皆が映画に協力するだろうと信じているようだった。ナンシーは、リューツがアシュラムに来た際に、事態を収拾してくれることに望みをかける。

その間ナンシーは、ビートルズが近い将来の壮大な計画をマハリシと立てていることに驚かされる。彼女によれば[40]、四月の第一週、ジョンとジョージと妻たちが、マハリシと『グル・デヴ』のミーティングを持った。映画はグル・デヴとマハリシと、精神復活運動に焦点を当て、アシュラムとカシミールで撮影されることになった。ジョージが次々とアイディアを出し、それにジョンが反論したり賛同したりした。ジョンはその晩、珍しく機嫌が良く、歌や撮影シーンのアイディアが彼から湧き出てきた。

ナンシーによれば、話し合いはとてもくつろいだ雰囲気のなかで行われた。マハリシは自分のベッドの上で上体を起こしながら、言いたい点を強調するために手にした花をぽんぽん叩いた。他の者は床のクッションに座り、壁にもたれかかっていた。ジョンはギターを傍らに置き、もはや手放せなくなった白くゆったりとしたインドのズボンを履き、刺繍の施された白いクルタと、袖なしの長いベストを着ていた。ジョンはとてもリラックスしており、瞑想の効果がすごく出ていると、ナンシーは感じた。

「マハリシ、我々がニューデリーで大きな音楽のイベントをやるのはどうですか？」とジョージが聞いた。「これだけのアーティストがここにいるのだから、すごいショウが開催できるはずです。ラヴィ・シャンカルもすごく我々と一緒にやりたがっています」――この言葉にマハリシはつばを飲み込んだ。「ポールとドノヴァンは2人共、何かやるのであれば戻ってくると言っています。マイクも、ビーチ・ボーイズの残りのメンバーも協力するはずだと言っています」とジョージは付け加えた。この先の壮大な計画についての話し合いが始まると、マハリシが今や起き上がり、絶え間なく自分の腕をカーネーションで叩いているのをナンシーは目にする。すぐにその花は粉々になり、花びらがベッドや床に散乱した。「イエス、イエス。全力で取り組み、誰でも人生を二〇〇パーセント楽しめると、大きな一撃で世界に宣言しよう」と、グルは言い放った。

アメリカ人社交家のナンシーは、夜が深まるにつれ、部屋が熱気を帯びていくように感じた。「お金をたくさん稼いで、あなたが提案したようにテレビ局をここで始めて、世界中に我々のメッセージを発進しましょう」。

「そうこなくっちゃ、マハリシ」とジョンは言った。

ナンシーがテレビ事業の話を聞くのは初めてだったが、明らかにそれ以前にも話題に上っていたようだった。彼女は、テレビ局とはどういうことかと聞いた。

ジョンは答えた。「マハリシの知恵を世界のあらゆる地域に向けて放送できるくらい、強力なテレビ送信機を建設する―ここリシケシュに」。ナンシーは計画の大きさに関心するが、ビートルズのコテージをなんとか整えるだけでも大変な思いをしたのに、そんな偉業のための労働力をどこで確保するのか、不思議に思った。しかし、現実的なことを言って水を差してはいけないと、黙っていた。

その間ジョンは、問題の核心に迫っていた。「映画が完成したらこれに取り組む。いいか、無駄にできる時間はあまりないぞ。カシミールの前にアシュラムで撮影するなら、クルーと機材をここに集め始めた方がいい」。

マハリシが同意した。「その通り。カシミールから戻った後では、ここは暑過ぎます。五月はとても悪い月です―全員、洞穴で瞑想した方がいい」。

「オーケー。必要な物を書き出し、今晩アップル・コアに電報を打とう」とジョンが言った。

ナンシーは翌朝打つことを勧めたが、彼らはすぐにでも伝言を送った方がいいと言い張った。三〇分後、彼女はアヴィと電話で繋がり、専門的な事柄が詳細に書かれた2ページに及ぶメッセージをアスピノールに宛てて送るよう依頼した。彼女が電話する間、ジョージとマハリシは2人きりで話すため、別室に入って行った。ジョンと残りの者は自室に戻っていった。真夜中を優に過ぎていた。マハリシと一言交わすために1時まで待っていたナンシーであったが、現れなかったので、おざなりになっている点を話し合うために早朝ミーティングを開くよう依頼したメモを残した。

なんとか朝六時にマハリシと会うことができたナンシーは、不安な点を指摘した。「マハリシ、心配なんです。ジョンとジョージの前では言いたくなかったのですが、フォー・スター・プロダクションと交渉する権利をチャーリーに与えましたよね。契約締結を目前に控えたチャーリーがとても乗り気になっていると、トニーの手紙にありました」。

マハリシは彼女の言葉を熱心に聞き、発言を包み込むかのように腕を前に出しながら、「チャーリーが契約するなら、みんなでグル・デヴの栄光のために一緒に働いたらいい。全員に行き渡るような仕事量ですから」と言った。

それでも、他の映画会社と取引が成立したのに、ビートルズが撮影のための機材とクルーを呼び入れ始めたら、とんでもないことになるとナンシーが指摘すると、リューツが来週到着するまで待った方が良さそうだとマハリシは同意した。残念なことに、ナンシーが再びアヴィに連絡する頃には、手遅れであった。遅れがちなインドの電報サービスの通例に反し、電報は滞りなく届いていたのだ。彼女は急いで別の電報を打ち、マハリシから再び連絡があるまで待つよう伝えた。

数日も経たぬうちにリューツが、署名済みの映画の契約書を持ち、準備万端のフォー・スター・プロダクションの弁護士を伴い到着する。2人を迎えにホーンと一緒にデリーまで行ったナンシーは、取引の初期段階に関わったジャズ・フルート奏者のホーンが、弁護士に次のように言うのを聞いた「自分がどんな契約を前にしているか分かる？　すごいぞ、これは。ビートルズ、ドノヴァン、ビーチ・ボーイズ、ミアでさえも、映画のために戻ってくると約束している。一〇〇万ドルの契約を君は勝ち取ったんだぞ！[41]」。

映画のプロデューサーとしてアップルに雇われたジーン・コーマン（ハリウッド映画の監督ロジャー・コーマンの弟）が、アシュラムにたどり着くと、映画にまつわる混乱は一層深まる。ジョージに『グル・デヴ』の撮影を依頼されていたマソットは、契約締結次第リシケシュで撮影開始するため、プロの撮影クルーの一団がデリーで待機しているとコーマンが言ったのを記憶している。

アップルと同時に取引されている事実を知ったら、フォー・スター・プロダクションがどのような反応をするかナンシーがリューツに聞くと、彼は映画を他の会社と共同で請け負うことはしないと、はっきり言った[42]。

リューツとフォー・スターの弁護士がスーツを着てアシュラムに現れたことで、2人のビートルズは激怒したに違いない。身だしなみの整ったアメリカ人ビジネスマン風情を己のイデオロギー上の敵とみなしていたジョンは、とりわけ嫌悪を露わにした。ビートルズと彼らのスピリチュアル・グルの間で計画を進めている映画を乗っ取ろうと脅すなど、彼にとっては個人的な侮辱以外の何ものでもなかった。幅広い階級の信奉者にスピリチュアリティを勧める課程で、マハリシが占領した2つの異なる世界が、今にも衝突しようとしていた。

その間にもマジック・アレックスは、マハリシ反対キャンペーンを強化していた。マハリシにチキンを食べさせられたことを告白した看護師を使い、彼はさらにショッキングな告白をさせる。今度は、個別相談でマハリシに性的に誘惑されたと主張し出したのだ。

その若い女性の話を、ブラウンは卑猥に解説している。どうやらマハリシは手始めに、2人の間にスピリチュアルな力が流れるよう、手を繋ごうと誘ってきた。マハリシが流れを通す方法には、もっと手の込んだ、古くからあるやり方もあることが、すぐに判明。それぞれ別の日に5回、ことは行われた。偉大なる師を喜ばせたい一心で、女性は仰向けになって目を閉じ、グルが彼女の肉体に奉仕する間、カリフォルニアに思いを馳せたと、ビートルズのマネージャーはややスパイスを加えて自著に記す。

マハリシが女性に欲情した話をキャンプですると、当然のことながらみんな震え上がったとアレックスはブラウンに言う。しかしビートルズの妻は誰もこの話を信じなかったようだ。例えばシンシアは、何一つ真実でないと思っていた。ジョンの関心を引く人に対しては、アレックスが誰であれ嫉妬することを彼女はよく分かっており、自分の尊敬するジョンに対するマハリシの支配力を払拭できるのなら、アレックスは嘘をつくのもいとわないと確信していた。シンシアは、アメリカ人看護師の証言も嘘ではないかと疑っていた。その若い女性がある晩、アレックスの部屋で彼と一緒にいるところを見た覚えがあるからだ。アレックスの邪悪な姿をシンシアは受け入れるつもりでいたし、「黒魔術」を使って看護師を操っているのではないかとさえ感じていた。[43]

「アレックスがそこを出たがっていたのは明白で、何よりもビートルズに脱出してほしいと思っていました」とシンシアは後に語る。[44]

パティもまた、ギリシャ人を信用していなかった。「すごく邪悪な人！　嘘つきイタチ！」と彼女は五〇年経ってから言い、「必要の無い、不幸な騒動」を残念がる。[45]

マハリシが性的に不品行であるとの噂がアシュラムで広まったのは、初めてではなかった。マハリシのバンガロー地下の祈祷室で彼に妙なことをされた体験を、ビートルズや他の人にミアが伝えた可能性は高い。ラファムによれば、彼がアシュラムを去った二月の最終週に早くも、マハリシが禁欲主義者であるか疑わしく、少なくとも他に2人の瞑想に来た女性―オーストラリア人とカリフォルニア出身者―に言い寄った噂を耳にしたそうだ。[46]だが以前は、ゴシップの域を出ず、証拠が無ければ信じられない話ばかりだった。

ビートルズと妻たちを確信させるためなら、マハリシに罠をしかけて罪の確たる証拠を得るつもりだとアレックスは言った。ブラウンの記すアレックスの立てた計画は、奇怪なものだ。次に看護師がマハリシの家に行く際、数人の「目撃者」が窓の外の茂みに隠れる。マハリシが性的なアプローチを始めたら彼女が叫び声をあげ、全員が出てきて現場でマハリシをつかまえる手はずになっていた。ブラウンによれば、この計画を告げられたビートルズと妻たちは、アレックスの策略に強く反対し、全く関わりを持ちたくないと言った。

それでもアレックスは、計画を実行に移した。面白いことに、ブラウンの説明では、計画はうまくいかなかったようだ。戻って来たアレックスは、奇妙な話をした―女性はまたチキンを出され、その後でマハリシが性的なアプローチをし始めたが、なぜか彼女は、計画通りに助けを求めることをしなかった。窓の外から見守っていたアレックスが音を立てたため、すぐにマハリシは衣服を整え、女性を帰してしまった。

不思議なことに、話に信憑性がほとんど無かったにも関わらず、アレックスはジョンとジョージと一緒に一晩中起きていて、何が起きたかを話し合った。ブラウンによれば、ジョージは何一つ信じず、アレックスに激怒していたそうだ。だがジョンの方は、マハリシが結局、皆と同じように世俗的で金銭に卑しい人間であることが分かったと言い、マハリシに強い疑いを向けるようになった。平安へのチケットを手にすることを期待したが、小さなＬＳＤの錠剤を家でかじる方が、長い目で見て効果的だとビートルは不満を述べた。ブラウンは数ヶ月後にジョンから、「マハリシがあの若い女とやったのは本当だと知っていた」と言われたと記す(47)。

シンシアは事態が変化したことに驚愕する。

「マハリシがある若い女性と不謹慎な関係を持ち、彼がとんだ悪党であるとするアレックスの証言は、あっという間に勢いを持ちました。私からすれば、その証言には何一つ証拠も正当な理由もありませんでした。マハリシは、自己弁護をする機会を与えられないまま、告発され、判決をうけたのです。私たちがしていることは間違っている―とても、とても間違っていると感じました」[48]

その後何が起こったか、何年か後にジョンは自分の見解を述べている。

マハリシがミア・ファローをレイプしようとしたか、ミア・ファローや他の数人の女とやろうとしただのなんだの、大騒ぎになった…僕らは一晩中起きて、それが本当か嘘か話し合った。ジョージがもしかしたら本当かもしれないと思い始め、「それなら本当だ。ジョージが疑っているのなら、何かあるに違いない」と僕は思った。それで翌日、仲間全員でマハリシの宿舎―山の見える、すごく金のかかったようなバンガローだ―に突撃した。[49]

ジョンは、他の人々が望んだことを先導したに過ぎないと主張する。

それで僕がスポークスマンになった―いつものことさ。汚い仕事が来ると、リーダーをやらされる。それで言った。「出て行くぞ」。「なぜですか？　ヒーヒー」だのなんだのクソみたいなことを言われたから、「お前がそんなに宇宙的なら、理由は分かるだろ」と言った。彼は「分かりません。教えてくれなければ」と言った。それで僕は「理由は知っているだろう」と言い続けた。すると彼は、「この野郎殺してやる」といった目を向けてきた。その目がすごくて、こっちを見た時に感づいた―おそらく彼の正体を暴いたんだろう。少しやり過ぎたかもしれない。

なぜビートルズがアシュラムを去るのかと質問したマハリシに対し、ジョンは答える代わりに怒りと辛辣な言葉を浴びせた。「真実は氷河のようです。一〇パーセントしか表面に現れないのです」――グルはいつものスピリチュアル格言で元弟子を落ち着かせようとしたが、ジョンの決心は固く、徒労に終わった。[50]

マハリシがマジック・アレックスにはめられたことを確信していたシンシアは、夫の反応に驚愕した。後に彼女は次のように記している。

マハリシに自己弁護の機会を与えず、ジョンとジョージはアレックスを信じる方を選び、全員がアシュラムを出て行くことを決めました。アレックスとその女性が一緒にいるところを見ました。彼女は若く、影響を受けやすい人物のように見え、アレックスが――彼が瞑想をする姿を一度も見ませんでした――悪影響を及ぼしているのではないかと思いました。ジョンとジョージの両方がアレックスを信じたのには驚きました。後でジョンと話した時に初めて、彼はマハリシの行いに幻滅し始めたことを告白してくれました。スピリチュアルな人間にしては、マハリシが名声やセレブリティや金銭に興味があり過ぎると、ジョンは感じていました。[51]

マハリシと喧嘩するもっともな理由がジョンにあったとしても、なぜジョージがジョンに思い直すよう働きかけず、独自の立場を貫いてアシュラムに残らなかったか、何十年と経った今でもはっきりしない。クワイエット・ビートルが、バンド仲間の気性—ジョンは感情的な怒りや、多くの場合理不尽な怒りを爆発させることで有名だった—をよく知っていたから、という可能性はある。マハリシが映画に関するアップルとの交渉で、ビートルズをだましたことに、ジョージがやや立腹していた可能性もある。アメリカ人（リューツとフォー・スター・プロダクション）がヨーギーの許可を得て、ビートルズの映画の権利をかっさらったのと同じ日に、両方のビートルが怒りながらアシュラムを出て行ったのは、偶然の一致ではないだろう。それから、アシュラム内に隔離され、今や自分の国のように感じていたインドと、その人や文化を探検することも許されず、ジョージ自身が落ち着きを失っていたことも理由の1つかもしれない。しかし、決め手となったと考えられるのは、出て行く前の晩にパティが見た、マハリシにまつわる恐ろしい悪夢だ。過去三年にわたり、バンドのメンバーをリシケシュへ向かう道程に導いてきたビートルは、次に移るべき時が来たと悟ったのかもしれない。

それでも、彼らの出発は無秩序以外の何ものでも無かった。ブラウンの説明によれば、マハリシがアシュラムからの交通手段を探す手助けを拒否することで、行く手を阻むのではないかとアレックスは心配していた。被害妄想に陥ったアレックスは、積もり積もったお土産を全て置き去りにし、持てるだけの物を急いでスーツケースに詰めるよう、シンシアとパティに命令した。

早朝アレックスは近隣の町デヘラードゥーンに急ぎ、タクシーをつかまえた。しかし、彼がブラウンに話したことによれば、町に着くと、恐れていたことが現実になっていた。マハリシがビートルズの脱出の手助けをしないよう、町に触れ回ったとアレックスは言う。手助けすればマハリシに呪いをかけられると、町の住人に告げられたのだ。タクシー2台を買収するのに失敗し、最終的にはボロボロの個人所有の車を運転手付きでなんとか見つけることができた。[52]

ジョンはマハリシに対する発作的な怒りを静められないままだった。アレックスが交通手段と一緒に戻るのを待つ間、常に感情を歌にする傾向のあったジョンは、彼の元スピリチュアル・グルに対するひどく不快で悪意のある歌を作り始める。「マハリシ、このまんこ野郎！／何様のつもりだ？　てめえ／何様のつもりだ？　てめえ／おまんこ野郎！」―当初ヴァースには、これらの言葉が並んでいた。[53]　この曲は、ジョージの助言により下品さを無くし、大幅に書き換えられ、曲名を"Sexy Sadie"と名付けられた。ジョンはまた、自分の部屋に、半分に切り裂かれたマハリシのポスターを置き去りにした。ナンシーとリックがそれを発見し、ビートルズに悪い「カルマ」がもたらされるのではないかと心配した。[54]

少し前までは有意義に思えた冒険物語の、誠に悲しい結末であった。渋々姉と義兄と一緒に出て行こうとしていたジェニーは、ぞろぞろと荷物を手にアシュラムの門を通り過ぎる一行の横で、とても小さく見え、しょんぼりしたマハリシが、なすすべも無く立ち尽くす姿を覚えている。「待って。話し合いましょう」とマハリシが懇願するのをジェニーは聞いている。

「出て行こうとする瞬間に、マハリシは最後の一撃を受けました。みんな突っ立ったまま、何も言わずに彼の横を一列に通り過ぎました。ジョンは私ほど浮かない顔はしていませんでしたが、不安は感じていました。できるだけ早く故郷に帰りたがっていました」とシンシアは振り返る。[55]

彼らは、去る悲しみよりも、アシュラム脱出を阻害されると確信していたマジック・アレックスの焚き付けた恐れと猜疑心で一杯だった。マハリシに対する歌を書いた時のアシュラムの混乱状態を説明するのに、ジョンは次のように語っている。

あの曲はまさに出て行こうとした時、荷物を積み込むはずのタクシーを延々と待たされる間に書いた。「この狂人キャンプから脱出させないように、わざとタクシーを捕まえられないようにしている」と思った。それと、鬼のような被害妄想に陥っていた、気の触れたギリシャ人も一緒だったから。「黒魔術だ、黒魔術だ。みんなここに一生閉じ込められる」と彼は言い続けた。今ここにいるんだから、魔術から逃れられたんだろう。(56)

数キロ毎に車が故障し、遂にジョンとシンシアの車がパンクし、しばらく立ち往生する。皆、マハリシが何らかの呪いをかけたのだろうと思った。アレックスが急いで手配したボロボロの古い車には、スペア・タイヤが乗っていなかったので、彼らは深刻な窮地に立たされる。パティとジョージが助けを求めに行き、ジョンとシンシアと運転手は、うだるような夏の暑さのなか、人気の無い道で待った。マハリシが黒魔術を使って追いかけて来ると、何度も何度もわめくアレックスにより、事態は一層辛いものになった。

ジョンとシンシアが望みを失い、アレックスが完全に発狂しようとしたその時、通りすがりの見知らぬ親切な人が、車に乗せてくれると申し出てきた。やっとデリーに着いた頃には、疲労と怒りで一杯だった一行はオベロイにチェックインし、あっという間に身元がばれてしまった。すぐにあらゆる通信社の海外特派員とレポーターが、なぜアシュラムを出たのかビートルズから声明を得ようと、ホテルのロビーをうろつき始めた。

オベロイには、ジョージの友人で映画監督のマソットがいた。アシュラムで一ヶ月過ごした後、マハリシの映画を撮らないことが分かったため、前日に戻って来ていたのだ。ヒマラヤ山脈の静養所で数週間、缶詰のマッシュルームとスパゲッティで食べしのいでいたマソットは、ホテルの豪華なスイートルームとちゃんとしたシャワー、シャンパンと美味しいディナーを楽しんでいた。「翌朝ロビーに降りると、ジョンとジョージがいた。ビートルズとマハリシの間に何かあったようだ。はっきりと何が起きたか知ることはなかった。2人共私と同じことをしたようだ―シャワーを浴び、髭を剃り、リシケシュの匂いを消した」[57]。

ブラウンによれば、インドにいる間は、何が起きたか一切言わない取り決めになっていたそうだ。ジョンとジョージは、ロンドンで急ぎの仕事があったので出発し、マハリシが撮影を予定している映画に出演する気は無いことを報道陣に伝えた。ロンドンに戻っても、引き続きビートルズは事件について黙していることにした。全貌を明らかにしても、自分たちが悪く見られるだけだと判断したのだ。

アシュラム滞在中は大体においてアルコールから遠ざかっていたジョンは、オベロイに着いた途端、一番好きな酒、スコッチ・コークを飲み始める。シンシアと飛行機に乗るまで飲み続けた彼は、機上ではさらに杯を重ねた。するとジョンは突然、地上から数千マイルの空を故郷ロンドンに向けて飛ぶ機内で、シンシアの隣に座りながら、結婚後の不貞を酔った勢いで妻にぶちまける決心をした。自身もスコッチ・コークをかなり飲んでいたシンシアが苦しみでのけぞるなか、結婚以来ずっと不倫を重ねたとジョンは言った。

「そんなこと聞きたくない」と言いながら、シンシアは悲しい目で飛行機の窓から遠くを見た。「知るより知らない方がましだ」と彼女は言った。シンシアはまた、ジョンが突然告白の必要性に駆られたのは、もっと悪いことが起こる前兆ではないかと心配した。「それでもちゃんと聞くんだ、シン」とジョンは言いながら、彼女の腕に手を置いた。

「ずっと何年もツアー中に何をやっていたと思ってるんだ？　くそ。女の子たちがわんさかいた。ハンブルグでは…」。「そう、知ってた」とシンシアはジョンの言葉を遮った。「リヴァプールだってそうさ！　何十人も、何十人も。一緒に付き合っていた間ずっと」。シンシアの目が涙で一杯になり、頬を伝って流れ落ちた。彼女は1本の指で眼鏡の下を拭った。「数え切れないくらいいた」―ジョンは言い張った。「世界中のホテルの部屋でだ！　分かったか！　でも、君に知られるのが怖かった。誰も歌詞を理解できなかった"Norwegian Wood"は、全部それだ。君に知られないよう、不倫のことをちんぷんかんぷんな言葉で書いた。僕がツアー中に、誰かさんが泣きじゃくる妻を連れて家に来たのを覚えているか？　あの女もそうだ」。

「もう聞きたくない」―シンシアは懇願し続けた。それでもジョンは、残忍なほどに正直であろうとした。他にも有名なイギリス人ジャーナリストや、アメリカでフォーク・シンガーのジョーン・バエズと浮気したことを告白し続けた。さらに、イギリス人女優とも断続的な関係を持った事実だけでなく、一夜限りの相手もリストアップし、その中には、ロンドンの友人宅に出張手配されたプレイボーイ・バニーも含まれた(58)。

浮気性の夫が、長い間耐えてきた妻に酔った勢いでぶちまけただけのことかもしれない。しかしジョンの場合は、何事も単純にはいかなかった。ひょっとしたら、シンシアとの間にあった残り少ない感情を壊し、磁石のように彼をロンドンに引き戻したヨーコのために道を空ける、計算が働いたのかもしれない。

ジョージの方は故郷に戻る動機があるどころか、ジョンとは全く反対の状態だった。突然リシケシュを去ったジョージではあったが、インドと決別するつもりは全く無かった。本当のグルが待つマドラスに、パティやジェニーと一緒に向かう予定になっていた。パティは次のように回想する。

ジョージは、二ヶ月間の瞑想から、イギリスで彼を待つカオス—新しい事業、新マネージャーを探すこと、ファンやマスコミ—のなかにまっすぐ戻る気はありませんでした。それよりも私たちは、ラヴィ・シャンカルに会いに行き、音楽に我を忘れることにしたのです。[59]

しかしパティの方も、恐らく当時は気づかぬまま、夫と歩む旅路の果てに到達しようとしていた。彼女はシンシアと違い、結婚の繋がりから必死で抜け出そうとする夫から侮辱を受けることは無かったのだが。それでも次第にジョージはパティから離れ始め、最後に夫と心を通わすことが出来たのは、もの悲しくも美しいジョージの写真をマドラスで撮った時—裸でベッドに横たわる彼の顔には、窓からの日差しが当たっていた—だと、後から彼女は振り返っている。「その後彼は着実に自分の殻に閉じこもるようになり、最後には彼を見失ってしまうのです」とパティは五〇年後に回想する。[60]

その間ポールは、バンドが元に戻るのをロンドンで待っていた。ビートルズとそのビジネス王国（アップル）が、自分の指揮の下で花開くと彼は信じていたのだ。リシケシュ滞在の期間を経て、自分が求めていたものは、ガールフレンドでも物質的繁栄でもスピリチュアルな至福でも無かったと悟ったポール。ジョージのスピリチュアルな激しさも、ジョンの情熱も持ち合わせなかった彼を突き動かしたのは、ビートルズを用いた傲慢な野望だった。

リンゴに関して言えば、彼はまだ本物のプロフェッショナルだった。世界最高のバンドでドラムをプレイすること以外には関心が無かった。

ビートルズがリシケシュに向けて宇宙を渡《across the universe》ったビートルズの冒険物語は、遂に終わりを迎えようとしている。望んでいたスピリチュアルな至福を手にすることはなく（全員がその後ずっと、瞑想を生活の一部に取り入れていると証言することになるのだが）、その代わりに物語の結末にあったのは、ぶざまな思いだった。マハリシとの奇怪な争いと、聖職者に呪いをかけられるのではないかと、ヒステリー状態に陥ったなかでのアシュラム脱出のごたごたは、どれも映画『ヘルプ！４人はアイドル』で、ヒンドゥー教の女神カイリを崇める悪漢どもがボーイズを追いかけた状況を不気味なほどに思い起こさせる。ビートルズがインドを恋い慕うようになったのは、この映画の撮影からだった。実に輪は一巡したのであった。

インドへの道のりとインド国内の旅路で、多くの運命の皮肉や矛盾に見舞われたにも関わらず、この驚くべき旅はまた、ビートルズがキャリアの頂点に到達するのを助け、他のものではなし得なかった、各人の創作意欲を解き放つことを成功させた。ボーイズが古くからの個人的な繋がりを絶ち、バンドの解散に繋がる種をまく結果になったのは事実だが、リシケシュがビートルズに与えたのは、自分自身を取り戻し、過去の人生やバンドのアイデンティティを離れ、次なるステージへと移るための一息つく時間であった。頭上にヒマラヤ山脈がそびえ立ち、眼下にはガンガが流れる――ビートルズは天国を手に入れ、天国を失った—リヴァプールからやって来たボーイズのおとぎ話は、最終章にさしかかっていた。

アンド・イン・ジ・エンド…

ティーンエイジャーの頃にビートルズ・ファンだったインド人の日記

私のビートルズ物語は、悲しい終わり方をしました。夫が数年前に癌で亡くなった時、彼の持っていたビートルズにまつわる物を全て、娘たちが誰かにあげてしまいました。私は止めようともしませんでした。ビートルズを思い出させる物には、全員が耐えられなかったのです。レストランに入り、ビートルズの曲がかかっていると、私たちは店を出ます。どっちみちビートルズの方も変わってしまったのです。あの愚かな女ヨーコ・オノがジョンの人生に登場し、バンドの他のメンバーから彼を切り離しました。それからジョンは、狂人に撃ち殺されてしまいました。ポールはまだ生きていますが、新聞で顔を見ても、昔の彼とは似ても似つきません。年取って変な風だし、不幸そうに見えます。醜い離婚話や、他の女性との話も聞きます。時の経過とは恐ろしいものです。

大昔にジョン・レノンのせいでできたかさぶたは、誰かが私の戸棚を掃除中に捨ててしまいました。私の撮ったジョン・レノンのヌード写真も紛失しました。美術館に売れるかどうか、海外にいる友人に送ったら、戻って来なかったのです。その後できた友達は、誰も私がビートルズに2度も会ったことが信じられないようです。

一度、ビートルズの曲名から各章のタイトルを付けた、『ルーシー・イン・ザ・スカイ・ウィズ・ダイアモンズ』と名付けた小説を書こうとしました。ビートルズは、誰の人生にでも起こりうる、あらゆる感情やあらゆる事柄を、全て歌っているからです。

ビートルズがリシケシュのアシュラムにマハリシを置き去りにしたことで、マジック・アレックスは黒魔術を恐れ、リックは「悪いカルマ」が起きるのではないかと言った。それから数ヶ月の間、グルの「呪い」がボーイズにまとわりついたかのように見えた—ロンドンに戻ってバンドを立て直そうとする間、驚くべき速度で関係がほころび始めたのだ。バンドのメンバー全員が完全にビートルズを諦めるまでには、さらに二年要するが、ジョンがヨーギーを彼自身の砦で侮辱してから数週間も経たないうちに、内なる悪魔に祟られたかのように、彼らは争い始めた。

だが妙なことに、マハリシもバンドのメンバーも（ジョンを含む）、ビートルズ一行のアシュラム退去を早めた、見苦しい出来事の数々を忘れることに最善を尽くしていた。争いを続ける動機も意思も、ヨーギーの方には無かった。マハリシは、「彼らはあまりにも不安定でした[1]」と弟子のイギリス人コリン＝スミスに不平を漏らすことはあったが、ビートルズと決別したことを気にとめていないかのように、表向きは振る舞った。

「ビートルズは瞑想に関してはとても優秀でした。しかし、指導者として卒業させる70人の信奉者のうちの40人には選びませんでした[2]」と、マハリシは角の立たないように言った。性犯罪を犯したとマハリシを責めたジョンが、瞑想キャンプから風のように去ってから間もなくのことだ。

ロンドンに戻ったジョンの方も、礼を失しない程度の発言に留まった。

「瞑想コースは我々にとても良い効果をもたらした。色々学んだよ。日々の瞑想を続けているが、義務感からではなく、実際に役立つからだ。瞑想の先生になるつもりはない。何かの先生になるには、ビートルズとしてやることが多過ぎるからだ。インドにいる間20曲以上書き、新しいＬＰ１枚分を上回る曲数を書いた。すぐにでもレコーディングを始める予定だ(3)」

ビートルズがリシケシュに来たことにより、世界的に大きな宣伝効果を得ることが出来たため、マハリシ及び彼の精神復活運動の団体は、ロックバンド、ビートルズのことも、彼らと一緒に数ヶ月前に発表した壮大な計画のことも、突然言及を避けるようになる。代わりに団体は、他のロックバンドを探すようになった。ビートルズに捨てられたグルは、ジョンとジョージがリシケシュを去ってから一ヶ月も経たないうちに、ビーチ・ボーイズの全米ツアーに同行して出演するよう招待され、飛びつく。残念ながらツアーは惨敗に終わり、アメリカを象徴するバンドに莫大な損失を与えた。ステージ上のロックスターと並び、奇妙なサーカスの出し物のように登場するスピリチュアル・グルを観客が受け入れられない理由は、１つではないだろう。しかし、後にラヴ自身が認めたように、オーディエンスが敵意を持ったのは、ビートルズがマハリシから離れたと口コミで広まったからだ(4)。

ジョンは帰国後、大分気を落ち着けたように見えた。恐らくバンドの他のメンバーと話したからで、特にポールは、リシケシュでジョンとジョージが過剰反応したように感じていた。インドから帰って最初にジョンに会った時の印象を語るポールの言葉が、示唆に富んでいる。

アシュラムを去ったのは、マハリシが「他のみんなと同じただのエロおやじ」だったからだとジョンが言い、ポールはショックを受ける。ポールは、マハリシが一度も彼を神のように扱うよう命令したこともなければ、女性を触れてはいけない掟もなかったことを指摘する。

「瞑想センター全部を捨て去る十分な理由にはならないと思った。恐らく彼らは、人間以上のものを彼に求め、彼が神でないと悟ったんだろう。僕の方は彼が、『私はあなたに瞑想の仕組みを授けます』と言っているに過ぎないと知っていた(5)」

ジョンと一緒にアシュラムの門を出て行ったジョージは、以前のようなマハリシに対する情熱を失ってはいたが、リシケシュから突然去ったことでゴシップが起きるのを、回避することに躍起になっていた。彼はこれまでも、仲間の書いたヨーギーに対する敵意むき出しの曲をトーンダウンさせる（ヨーギーを名指しする曲名と、1番目のヴァースに含まれた卑猥な言葉を取り下げさせた）のに重要な役割を果たしている。

マハリシとの争いから一ヶ月強経ち、初めて公の前で事態の釈明した際に、ジョージは次のように説明している「言ってみれば僕らは、彼に対する興味を失ったんだ。瞑想を広めるのには反対しない。今まで以上に心から瞑想の効果を信じている。でも、マハリシは変な方向に行き始め、全てが魅力的でなくなった」。彼はまた、マハリシがビーチ・ボーイズのコンサート・ツアーに同行することにも批判的だった。「宇宙意識を大量生産することはできない。マハリシの一番の問題点は、繊細なものをグロテスクなやり方で広める傾向にあるところだ」。それでもジョージは、良き助言を与え、「とても素晴らしい」瞑想の技術を授けてくれた点において、マハリシを讃えた。(6)

最も寛大だったのはリンゴで、インド人グルがビートルズを利用して金を奪うつもりだったのではないかと非難されているが、そのようなことは無かったと強調した。「僕らは実際に利用されそうになったことはない。何も彼のためにやったことは無い。1銭も彼にあげなかった。お金を使ったのは、インドに行く航空券を買った時だけだ。彼には何もあげなかった(7)」。

リシケシュから戻っておよそ一ヶ月経った一九六八年五月一四日、ニューヨークで行われた記者会見の席上、ポールの横で久しぶりにマスコミと大々的なやりとりをしながら、ジョンは自制しているように見える。

リポーター：「なぜマハリシの元を去ったのですか？」
ジョン：「間違いだったから」
リポーター：「他の人も間違った判断をしていると思いますか？」
ジョン：「人それぞれだ。僕らも人間に過ぎない」
リポーター：「間違いだったとは、どういう意味ですか？」
ジョン：「他に意味は無い」
ポール：（口を挟みながら）「実際以上のことを彼に期待してしまったんだ。彼はただの人間だったけれど、しばらくの間、そうでないと思ってしまった[8]」

同じ日の遅く、ビートルズのコンビは、アメリカのベースボール・チャンピオン、ジョー・ガラジオラと、ベテランのハリウッド女優タルラー・バンクヘッドの司会で、NBCの有名な番組『ザ・トゥナイト・ショー』に出演した。再びマハリシの話題が上ると、2人のビートルズは、気の利いた言葉を乱発しながら論争を招かないよう努める。

ジョー：「聞いて下さい。私はあなたがた2人と共通点があります。グルのマハリシと会ったことがあるんです。そして彼がビーチ・ボーイズとツアーをして失敗に終わったことも知っています。ヨーギーを出し物としてツアーに迎える気はありますか？」

ジョン：「ええと、僕らは間違いだったと気づいた。瞑想を信じているが、マハリシと彼の運動は信じていない。公衆の面前で我々が私的な判断ミスをしただけだ」

ジョー：「間違いであると気づいたのはいつですか？」

ジョン：「インドでだったな。瞑想はいいものだし、期待通りのものをもたらしてくれる。体操や歯磨きと同じだ。分かるだろう？　効果がある。だが、もう気が済んだ」

ジョー：「彼は変わってしまったのですか？」

ジョン：「いや。彼の全体像がつかめるようになっただけだ。みんなと同じように僕らも騙されやすい」

ポール：「そういったものに乗らされやすいんだよ。分かるよね。僕らは彼を『すげー、魔法みたいだ』と思った。浮かんだり何だの、飛んだりできるみたいに」
タルラー：(それまでずっと黙っていた)「やっぱり彼は、クスクス笑い続けるんですか？」
ジョン：「まあ、その時の自分の状態によって見方は変わる。彼にいらついていなければ、『ああ、なんてハッピーな男だ』と思える。彼を見る時の自分の気持ち次第だ」
ジョー：「彼が番組に出てくれた時は、ずっとただクスクス、クスクス笑っていました。私のネクタイがおかしいのか、ネクタイが緩んでいるのかと思いました。それで、今はもう電車から降りたのですか？」
ジョン：「そうさ！　いい旅だった。どうもありがとうございました！」(観客の笑い声が大きくなる)(9)

その月の後半、バンドがEMIスタジオに集まると、マハリシや、リシケシュで起こったことについて話す時間はほとんど無かった。ポール、ジョージ、リンゴは新しい問題を抱えていた―今度はインド人グルではなく、全てをめちゃくちゃにする恐れのある、日本人前衛芸術家だった。ビートルズがスタジオに集まったのは、ニューアルバム（『サージェント・ペパーズ』以来初のアルバムだ）に取り組むためで、新曲の数々―その多くは戻って来たばかりのインド旅行で書かれた―をレコーディングすることになっていた。その時だ―世界でこれ以上当たり前のことはないという顔をして、ジョンがヨーコを腕にスタジオに入って来た。ジョンと並び決然とスタジオの床に座ったヨーコを、バンド仲間の3人はあぜんとしながら黙って見守った。

それまでビートルズは、神聖な場であるスタジオにゲストが入るのを許可することはほとんど無く、妻やガールフレンドでさえも例外ではなかった。彼らがもっと耐えられなかったのは、レコーディング中に邪魔をされ、アドバイスをされることだった。制作過程に関わっているエンジニアやプロデューサーからの技術面でのアドバイスであれば別だが。ジョンが見知らぬ東洋の女性を連れてきたのは、たまたま見学させるためではなく、本格的にコラボレーションするためであることが分かると、バンド・メンバーは恐れおののいた。ヨーコが初めて口を開いてジョンに意見を言った時には、スタジオにいる全員が仰天したが、ポールは怒りに燃えた。「くそったれ！　誰かしゃべったか？　どこのどいつだ？ジョージ、何か言ったか？　ああ、お前の唇は動いてなかったな！(10)」。

ビートルズのように結束力の高いグループにヨーコが強引に入って来たことは、明らかなトラウマを生み出すことになる。バンドの他のメンバーに毛嫌いされていることが分かると、ヨーコはジョンの近くにうずくまり、ひっきりなしに彼の耳元でささやいた――バンドがスタジオでのレコーディングを開始してからも。彼女はジョンにどこにでも着いていき、保護してくれる人がいなければ、1人で他の人に傷つけられると恐れているかのように、男子トイレにまで入った。ジョンが視界から消えるのを偏執的に恐れたヨーコは、ニューアルバムのレコーディングがまだ進行中に具合悪くなった時など、ハロッズからスタジオにベッドを運び入れるように依頼した。彼女がレコーディング中にコメントしたくなった場合に備えて、ベッドの上にマイクが設置された(11)。

「メンバーの妻がレコーディング中に体調を崩して寝ているなど、他のビートルズや、誰とであれ、ああいったことで人間関係が良くなることはあり得ない」と、ビートルズの音楽のチーフ・プロデューサーであるジョージ・マーティンは言い切る(12)。

バンドと非常に仲の良かったジョンの子供時代の友人ショットンは、こう指摘する「『ホワイト・アルバム』制作中に起こった、純粋な音楽面での意見の相違をヨーコ・オノのせいにするのは、彼女に不公平だ。それでも、表に現れないままで済んだか、平和的に解消されたはずの緊張関係が、彼女が絶えずいたことで高まってしまった[13]」。

ヨーコを5人目のビートルにしようというジョンの不可解な主張に反駁する者には誰でも、彼は食ってかかった。もはやジョンは皆の知っているビートルではなくなっていた。バンドのメンバーはヨーコに対する不快感と怒りで一杯になり、彼女が自分たちのリーダーに魔術をかけたのではないかとさえ思うようになった。ボーイズとマネジメント・チーム、プロデューサーやアシスタントらは、日常的に摂取するドラッグの混合物が引き起こすジョンの悪い部分を、些細なものとして何年にもわたり容認してきた。例えばジョンは、リシケシュから帰国後のある日、「幻覚剤を摂取した一夜が明け、親友を何人かアップル・レコードに集め、啓示を受けたと宣言。自分が地球に戻って来たイエス・キリストであり、その事実をプレスリリースすることを要求した[14]」。ジョンの友人とスタッフは、当惑しつつも、その程度の奇行に対処するのはいとわなかった。しかし、断固としてファブ・フォーをファブ・ファイブ、またはファブ・フォー半にしようとするジョンの要求は承認できるようなものではなく、彼の奇行が限度を超えてしまったと、周りの全員が感じていた。

それでもショットンの言うように、ビートルズ解散の原因がヨーコであるとするのは間違いだ。ポールと他の3人のボーイズの間の、醜い実権争いにより引き起こされたバンド内の根本的な緊張状態に、彼女が火をくべる結果になってしまったに過ぎないのだから。ポールがグループをコントロールしようとするのは、今に始まったことではなかった。多産なソングライターで、新鮮なアルバムや新感覚のプロジェクトのコンセプトを思いつくことに長けたポールは、一九六六年の後半にツアーを止めてから――とりわけ一年後にエプスタインの死によりバンドが孤児になってから、ビートルズを両肩に背負ってきたのは自分であるとの自負があった。発案した『マジカル・ミステリー・ツアー』が一九六七年の終わりにコケ、翌年の初めにみんなでリシケシュに向かった時は、一歩退かざるを得なかった。しかし、リシケシュ探検が主なシェルパ〔ヒマラヤ登山の案内役〕であるはずのジョージとジョンの面前で大惨事を引き起こしたのだから、期待通りのしおらしい態度で戻って来て、次なる一歩では自分にもっと頼ってほしいとポールは考えていた。性的不品行の疑いのあるマハリシに過剰反応したジョンとジョージを叱りつつも、ビートルズ・ブランドを強化・増幅するために自分の考えた、まずやるべきことに集中せず、2人の仲間がスピリチュアルな探求に流されているとした自分の指摘が正しかったことに、ポールは密かにほくそ笑んでいた。

事態の収拾と次に進む助けをする自分に、他の人が感謝すべきとポールが感じる一方で、バンド仲間は権威を振りかざすためにあれこれ指図しようとするポールを、偉そうで無神経だと思っていた。優しいリンゴでさえも、辛辣で恩着せがましい口調のポールにイライラした。それが無ければ、彼はやっとバンドが新しいアルバムのために集まったことで、大喜びしていたのだ。一九六八年の八月には早くも(レコーディング・セッションが開始して数ヶ月も経っていなかった)、“Across the Universe”を何テイクも録音する最中にポールに怒られたことで、ドラマーは出て行く。リンゴは最初からポールとジョンの両方に偉そうにあれこれ言われるのには慣れていたが、今回は、ドラムの腕が問題になり、リンゴの存在自体が矮小化されたのだ。

僕が去ったのは、2つのことを感じたから―自分のプレイが良くないと思ったこと、それから他の3人がとても幸せそうにするなか、自分が部外者のように感じたからだ[15]。

それでリンゴは、ケンウッドを出て自分のモンタギュー・スクウェアのアパートに引っ越したジョンに会いに行く。

僕は言った「バンドを脱退する。上手い演奏ができないし、愛されていると思えず、君ら3人がとても仲良くて、部外者のように感じているから」。するとジョンは「君ら3人こそ仲いいと思ってたよ!」と言う。

それでポールの所に行き、扉を叩いた。同じことを言った「バンドを脱退する。君ら3人がとても仲良くて、中には入れないように思えるから」。するとポールは「君ら3人こそ仲いいと思ってたよ!」と言った。

それでもうジョージの所に行っても無駄だと思った。僕は言った「バケーションに行くぞ」。子供を連れてサルデーニャに行った[16]。

リンゴのユーモアたっぷりの正直な発言から、バンドのメンバーそれぞれが強迫観念に襲われていたことが分かる。

ビートルズは、「世界最高のドラマー」と讃える電報を送ってリンゴに戻るよう懇願した。彼を取り戻すのに時間はかからなかった。リンゴが折れてスタジオに戻って来ると、ドラムは花で飾られていた。

だが、バンド内のストレスと緊張感は積もるばかりで、翌年の一月に今度はジョージが出て行く。彼はポールとジョンの両方ともめており、前者の高圧的な態度に息の詰まる思いをし、ヨーコの登場で自分のバンド内の存在がより小さくなるように感じていた。ジョージの音楽的貢献をないがしろにするポールに対し、苛立つ思いを持ち続けて来たジョージではあったが、ここのところジョンがジョージよりも部外者を重宝することで事態を悪化させていることに、彼は今まで以上に動揺していた。一年弱前には、シーク教徒のヴィーナ奏者シンに、ヒマラヤ山脈の麓のコテージで一緒に音楽を奏でる親友と見られていたジョンとジョージの関係が、一触即発状態になるまでに時間はかからなかった。2人は怒りの拳を振りながら、醜い呪いの叫びを浴びせ合った。[17] 間もなくしてジョージが出て行った。2週間も経たないうちに彼は戻ってくるが、不吉なことが間もなく起ころうとしているのは明白だった。リシケシュから戻って一年以内に、ビートルズの叫び声以外は、全て終わろうとしていた。

逆説的としかいえないが、バンドが消滅するまでの最後の苦しい期間（一九六〇年代という重要な一〇年間の終わりと、偶然時期が重なった）、ビートルズの創造力は最盛期を迎えていた。険悪な雰囲気の中でレコーディングを進めなければいけないことは、日々苦痛でしかなかったが、『ホワイト・アルバム』（ジョンの付けたあだ名は「ストレス・アルバム」）は、ビートルズのキャリア全体の中で作り出された、最良の歌詞とメロディの宝庫だ。イアン・マクドナルドが「無秩序スタイル」と称した、ビートルズ唯一の2枚組アルバムは、バンドのディスコグラフィの中でユニークな位置を占めている。音楽評論家のマクドナルドは、歌詞のいくつかを「甘やかされた世捨て人が、だらだらと1人で考え込んでいるのを、ややましにしたくらい」と簡単に片付けたが（明らかにヒマラヤの静養所でビートルズがのんびりしたことに乗っ取っている）、彼はアルバムの何曲か（特筆すべきはジョンの至極政治的な"Revolution"で、異なるバージョンにも触れている）には何ページにも及ぶ分析を施している。マクドナルドは、自著の書名を『レボリューション・イン・ザ・ヘッド』と名付けるまでに至っている。

『ホワイト・アルバム』と、リシケシュ後に出された他のアルバム『アビイ・ロード』や、突然変異した『レット・イット・ビー』（混乱のゲット・バック・セッションにより生み出されたアルバム）は、バンドとメンバーの一生に訪れた大きな変化と激動のなかで書かれ、レコーディングされた様々な曲から成る。それまでのアルバム『ラバー・ソウル』『リボルバー』『サージェント・ペパーズ』に比べれば、均整美には欠けるかもしれないが、自由気ままで獰猛なまでの個人主義が、インド体験後のビートルズの音楽には表れている。この事実は、息を引き取ろうとあえぐなかでも傑作を創り出す、驚くほど革新的で多様なバンドに、まだ別の一面があったことを証明するものである。

最終的には、金と支配をめぐる神聖さを欠いた諍いにより、バンド内で言い争う4人に結末が訪れる。ポールはビジネス帝国アップルを、「西洋コミュニズム」スタイルの事業としてやや大仰に始め、ふさわしい人々が「美しいものを創る」ために金を与えた。[18] ジョンはこの会社の目的は、「銀行に金歯を積み上げる」ことではないと宣言した。[19] しかし、組織全体が数年以内に経理上の不手際と主導者欠如のために崩れると、この頃までには強烈な敵対関係にあった2人は、激しく争い、お互いを背信と不実の罪で糾弾し合った。これにより間違いなく終焉の時期は早まった―バンド解散への道のりを整備する、企業や法律専門の乗っ取り屋を呼び寄せることになったからだ。

後にジョンはアップルについて次のように言う「ビートルズの純朴さの発露だ…最も分かりにくいレベルでも、最も露骨なレベルでもだまされた。一番いいアーティストは僕らの所に近づかなかった。代わりにそこら中から能なしがやって来た。イギリス中から会いに来る大勢の乞食やハンセン病患者から身を守るため、自分たちの周りに別の壁を立てなければならなかったんだ！」[20]

その間、ファブ・フォーの私生活は、仕事上のキャリアと同様に崩壊する。リシケシュから帰国後数週間も経たないうちに、ジョンはヨーコと寝て、情け容赦なく人生からシンシアを消し去った。ポールとジェーンの場合は、ポールが他の女性とベッドにいるところをジェーンが見つけてしまう。ベッドにいたのは、ポールがその時実際に好きだった女性とは別の女性だった。ジョンとポールがそれぞれのパートナーと手を取り合いながら、リシケシュの川沿いを歩いてからちょうど一年の一九六九年三月には、2人は他の女性と婚姻関係を結ぶ。なんとそれぞれの結婚式の日は、一週間も離れていない。ジョージとパティ、リンゴとモーリーンは、別離までにもう少し時間を要した。ジョージが何かとんでもない間違いを犯したのではないかと思われるのは、彼がモーリーンと何の気なしに浮気をしたことだ。そのせいでパティは夫の元を去り、彼の親友のエリック・クラプトン（有名なギタリストでシンガー）と同棲し、後に結婚する。ビートルズ全員が日常的に妻やパートナーを裏切っていたにも関わらず、彼らは大きな1つの家族として一緒に居続けたのだが、リシケシュ滞在が、何か不思議で理解しがたい方法で、これらの個人的な繋がりを断ち切ったように見える。

皮肉なことに、ビートルズが仕事上でも私生活の上でも、リシケシュを去ってから間もなくバラバラになったのに反し、マハリシの方はそれから何年も、何十年も、驚くほど好調だった。有名人ゲストを迎えたインドでの瞑想キャンプが物議を醸して終わってから数ヶ月後、マハリシは活動の場のほとんどを海外に移し、故郷を振り返ることは二度となかった。翌年、創造的知性の科学（SCI）のコースを開始。当時アメリカの25校の大学で、このコースは履修可能だった。マハリシはまた、超越瞑想のコースを軍人に学ばせるようアメリカ陸軍を説得する。一九七一年までに彼は、世界ツアーを13回行い、50カ国を訪問した。

一九七五年一〇月にマハリシは、『タイム』誌の表紙を飾る。同年、彼が「悟りの時代の夜明け」と名付けた5大陸を訪れる旅に出発。マハリシはこのツアーでオタワを訪れ、カナダ首相のピエール・トルドーと個人的に会っている。

ファブ・フォーに捨てられた後のマハリシの活躍ぶりに感心しながら、ビートルズの専門家ビリー・ハリーは次のように記す。

改宗者が増えると共に、金がどんどん入ってきて、マハリシは間髪入れずに土地を購入した。イギリスだけでも彼は、バッキンガムシャーのメントモア・タワー、メードストンのロイドン・ホール、ピーク・ディストリクトのスワイトヘムリー・パーク、サフォークにあるジョージア様式の教区牧師館を購入した。(21)

アメリカでは、リゾートやホテル（その多くは町中にある）を、トレーニング・センターとして使う目的で購入。マハリシは本部をスイスに置き、一時は月に六百万ポンド（一千二百万米ドル）の収入があり、世界中に２００万人の信奉者がいたと報告されている。[22]

一九九二年にマハリシは国際的な政治政党を設立するまでに至り、イギリスの選挙で自然法党と名付けられたその政党の議員に立候補するよう、既に解散していたビートルズのメンバーに呼びかけた。その頃までにはジョージ、ポールとリンゴはグルと良い関係にあり、唯一警戒気味だったジョンは亡くなってから大分経っていた。ビートルズのメンバーでマハリシの政党から立候補する者はいなかったが、莫大な金をつぎ込んだ一九九二年の選挙キャンペーンには、皆協力した。無論、全ての候補者が供託金を没収された。

一方インドでは問題が勃発―マハリシのニューデリーのオフィスが、税務当局に強制調査されたのだ。ヨーギーと彼の団体は、経費と株・定期預金・現金・貴金属の価値の虚偽報告の疑いをかけられた。[23]その頃までには、インド首都の政治権力との繋がりもほとんど無くなっていたため、マハリシは事業のほぼ全てをインド国外に移した。マハリシのアシュラムのあったリシケシュの土地の借地契約の期間も切れ、荒廃するままになった。コテージが崩れ、建物が崩壊するなか、ガンガを臨むマハリシのバンガローだけは外観を失わないままだった。二〇〇八年、マハリシは遠く離れたスイスで九〇歳の高齢で亡くなる。ゆっくりと周りのジャングルに溶け込んでいくアシュラムを気にかける者はいなかったが、近年、廃墟となったアシュラムを観光スポットとして蘇らせる動きが出始めている。既にインド中だけでなく海外から、様々な年齢と国籍の観光客が、世界で最も有名なロックバンドが古代の知恵を授かりに来た場所を見に訪れている。

リシケシュまでの道のりでビートルズが出会った、もう1人のインド人指導者ラヴィ・シャンカルは、ビートルズ解散後も長い間、彼ら（中でも生徒であり弟子であるジョージ）と親しい交流を続けた。シャンカルが年老いてから新しい妻スカンヤと娘アヌーシュカ（後に父同様、有名なシタール奏者になる）を迎える間も、シャンカルとの繋がりを深めたジョージは、シャンカル家の一員同然になる。ジョージは華々しくインド人音楽家とコラボレーションし、一九七一年ニューヨークのマディソン・スクエア・ガーデンで行われたラヴィ・シャンカルのバングラデッシュのためのコンサートに、ディランらロックスターの友人の協力を仰いだ。様々な国籍のミュージシャンが大きな政治目的のために協力した歴史的なコンサートとして、今でも語り継がれている。特筆すべきは、クワイエット・ビートルが最後にテレビに生出演した際に、ラヴィ・シャンカルとスカンヤが横にいたことだ。ジョージの死後、シタールのレジェンドはポールとリンゴと親しい関係を結ぶ。インドだけでなく世界中で尊敬されていたラヴィ・シャンカルが九二歳で亡くなった際は、大量の追悼記事に、以前ジョージが称したように「ワールドミュージックの生みの親」と記されていた。

ビートルズ滞在中にリシケシュを訪れたミアとプルーデンスとジョニーは、それぞれの軌跡を年月と共に歩んで来た。アシュラムでドラマを引き起こしたミアは、その後も騒動のまっただなかに居続けた。女優として成功し、有名なアメリカ人監督ウディ・アレンの映画に何本か出演した彼女は、監督と結婚するに至ったが、後に2人で迎えた養子にアレンが性的虐待を加えた疑いで醜いスキャンダルに展開する。(24) ミアは今でも有名人であり、活動家である。アシュラムで激しい困難に直面したプルーデンスは、奇跡的に精神のバランスを取り戻す。瞑想の先生として成功し、作家、映画プロデューサーにもなった。兄弟のジョニー（パティがガンガの水で一緒にはしゃいだ男だ）の人生は順調とは言い難く、二〇一三年にワシントンの法廷で、メリーランド州で2人の男の子を虐待したかどで二五年の刑期が確定し、服役中だ。[25]

ラヴはビーチ・ボーイズのリーダーとして、良いことも悪いことも経験した。マハリシの熱心な信奉者だった彼は、ビートルズに去られたマハリシを助けようとして、そのすぐ後に全米ツアーに連れて行った。ツアーは興行面で惨敗を喫し、それから復活し後年、数曲のヒット曲に恵まれたビーチ・ボーイズではあったが、ラヴはもう1人のリーダー、ブライアン・ウィルソンとの度重なる意見の相違に見舞われた。ラヴはマハリシが死ぬまで、ヨーギーと親しい間柄にあった。聖者の谷でビーフ・ジャーキーにかぶりついたこの男は、今では厳格なベジタリアンで、超越瞑想を実践し、教え、インドのアユルヴェーダの指輪をし、伝統的なヒンドゥー教の儀式に参加している。[26]

ドノヴァンもまた、マハリシと彼の瞑想運動を支持し続け、超越瞑想を教える大学をスコットランドに設立した。ビートルズに特別なギター奏法を教えたこのスコットランドのバラッド歌手は、実り豊かな音楽活動を続け、二〇一二年にはロックンロールの殿堂入りをしている。

リシケシュの園で邪悪なヘビの役割を果したマジック・アレックスはといえば、マハリシから特権を剥奪して以降、着実に悪い方へ向かって行った。ロンドンに戻ると、アップル・エレクトロニクスでのアレックスの金がかかるばかりで無能な働きぶりにより、母体の経営状況が深刻なダメージを受ける。彼が約束した未来を予感させる最新鋭のスタジオは、単なるでっちあげであることが分かり、そのせいで一九六九年初頭のゲット・バック・プロジェクトを完全に中断させてしまい、ビートルズ内に一層対立と混乱を引き起こした。アレックスは首になり、その直後にエレクトロニクス部門は閉鎖された。彼の無計画で実現不可能なエレクトロニクスのプロジェクトは、バンドに三〇万ポンドの損失を与えた。当時の価値からいえば莫大な金額で、今日の五〇〇万ポンドに相当する。[27]ビートルズのチームから放り出された後で、このギリシャ人は防犯機器の起業家になろうとしたが、オマーン国王に提供した防弾車が使い物にならないことが分かり、事業は挫折。[28]後に彼はペテン師呼ばわりされたことで、それらを報じた様々な出版物相手に訴訟を起こす。

ジョン、ジョージ、ポールとリンゴは、ソロの音楽アーティストとして実り多いキャリアを歩む（ジョン以外の3人のキャリアはかなり長い）。それぞれ光り輝く瞬間があり、名曲も何曲か作ったが、個別のミュージシャンとしては、ビートルズの天賦の才能の足下にも及んでいない。ビートルズは全盛期に、お互いに激しくライバル争いをし、親しい友人でもあったジャガーに「4つの頭を持つモンスター」と呼ばれたが、ビートルズが解散してから二〇年近く経ってから、彼は有名なロックンロールの殿堂入りの式典で同じ言葉を繰り返した。[29]ファブ・フォーが音楽で表現した、様々な技や個性を明確にするような言葉だ。さらに驚嘆すべきは、4人が仲良かった時だけでなく、憎しみあったグループ末期の頃も、4人の才能の集合体から、取り出し共有し合っていたことだ。これこそ、ビートルズが歴史上最も特別で偉大なロック・ミュージシャンであるが所以だと思う。

さらに言えば、ビートルズの冒険物語にあったのは音楽だけではない。だからこそ、バンドの解散をもってしても物語は終わっていないのだ。バンドの形成と消滅の大きな一因となったジョンの機知に富んだ個性により、ビートルズの記憶を生かし続けるのは郷愁だけではない。ジョンはスポットライトを浴び続けた―同時にいくつもの闘いに挑みながら。元バンド仲間や元スタッフも焚き付けるヨーコに対する世間の侮辱やいじめ、手に負えないポールとの法廷闘争、そして奇妙なことに、ビートルが自分たち同様に過激になることを望むイギリスのマルクス左派との争いもあった。常に闘い好きだったジョンは、リシケシュから帰国後に積極的に政治的発言をするようになり、ヨーコと2人で創り出す音楽が投影するよりも、ずっと大きな人物像を獲得することになる。それでも彼は、ますます暴力に支配される世界にあって平和を切望する人々のためのアンセムであり続ける"Imagine"と"Give Peace a Chance"を生み出した。最終的にジョンが最もアイコニックで最も愛されたビートルになったのは、一九八〇年の終わりに彼が迎えた劇的な死に方によるところが大きい。四〇歳の誕生日を祝ってから二ヶ月後、ニューヨークのアパートメントに入ろうとしたジョンは、狂った1人の犯罪者によって撃たれてしまう。それ以前もそれ以降も、あれほど1人のミュージシャンの死が広く世界で悼まれたことはない。

解散後に4人のメンバーの中で間違いなく一番稼いだポールは、名誉の点では、おそらく最も失うところが大きかった。ビートルズが一緒だった頃、ずば抜けて雄弁でチャーミングだった彼は、公の場でバンドについて話す際は、会話を独占することが多かった。その後の年月で、ポールはカリスマ性の多くを失い、特にジョンが死により神格化されて以降は顕著だった。ジョンが亡くなる前に2人は仲直りしていたにも関わらず、仲違いした事実は何年もポールに付いて回り、クリエイティブな芸術家よりも、欲深く計算高い人物のイメージで見られるようになってしまった。特筆すべきは、ビートルズがロックンロールの殿堂入りを果たした式典で、その場にいるジョージとリンゴとの間の法的問題により出席を見送ったポールを、ラヴがわざわざなじったことだ。ビートルズがツアーを止めた後の、難しくも最もクリエイティブな時代に、ポールがバンドを良き方向に導く重要な役割を果たした事実を軽視したラヴの主張は、明らかにポールに対し不公平だ。ジョンとジョージが個人の興味を優先する間も、ポールの多作なソングライティングの腕と、コンセプトを編み出す優れた能力がバンドを前進させ続け、今日の音楽集合体としてのビートルズをビートルズたらしめたのだ。しかし近年は、多くの音楽ライターやビートルズの伝記作家が、ポールに正当な評価を与えようとし、なかにはノーマンのように、ビートルズについての自身の論調を再考し、以前に比べてポールの良い面を描くようになった著者もいる。ポールがジャーナリストの友人マイルズとおしゃべりしながらビートルズ時代を振り返った文も、洞察力に富んでいる。例えば、ポールは他の誰よりも、リシケシュでの経験に生き生きとした寸描を加えており、彼が帰国後にアシュラムがドラマチックな展開を迎えたことは、残念でならない。

最もミステリアスなビートル、ジョージの音楽的な深さと複雑な性格は、知らずのうちにバンドに重みを与えていた。「ジョージ自身は謎めいた男ではない。彼が少しずつ謎を明かしていくのを見るのは、面白くて仕方ない」[30]。ジョージの内にある謎は莫大だ。「ジョージ自身は謎めいた男ではない」――一九六八年のジョンの言葉だ。「それでも、ジョンの言うとおり、ジョージの個性と音楽は花びらが一枚一枚開くように、年々開花した。2人のリーダー、ジョンとポールに、ギターを持って後からついて行く弟分としてのジョージの役割は、バンドを支える原動力に着実に変化し、送り出した曲数に反して大きなインパクトをビートルズに与えた。人としてもミュージシャンとしても著しく成長した彼は、ビートルズがバラバラの道を歩むことになった時も、一番動揺せずに解散を受け入れることができたように見えた。ミカル・ギルモアは、素晴らしいエッセイ『ザ・ミステリー・インサイド・ジョージ・ハリスン』でこう指摘する「ビートルズが終わりを迎えた時、メンバーの中で最初にソロで最も大きな成功を収めたのは、ハリスンだった。彼はビートルズ解散後の熟達した愛すべき最高傑作を作り、続いてロックンロールの歴史で最も並外れたコンサートを世に出した」[31]。バンドがバラバラになって間もなく、ジョージは「ビートルズの解散は、僕のキャリアで最も満足した出来事だった」と得意そうに言った。[32] バンドにとって絶対に欠かせない存在だった男が、ビートルズ時代を徹底した憎しみで振り返るのは、ファンにとっては受け入れ難い。別の機会にも彼は、「ビートルズの一員だったのは悪夢みたいで、ホラーのようだった。思い出したくもない」と言い放った。[33]

ビートルズ時代がどれほど嫌だったかとジョージが主張しても、彼がバンドに生き生きとした立体感を与え、バンドを音楽だけでなく哲学の新しい影響に導いたことは間違いない。その点でジョージは正当な評価を与えられたことは今もってなく、その一因はジョンとポールの2人がアルバム毎の収録曲をほぼ独占しているからなのだが、思いも寄らなかった新しい領域を切り開くことを2人に強制したのは、ジョージに他ならない。彼が取り憑かれたようにインド音楽とスピリチュアリティに興味を向けたことは、本書でこれまで見てきたように、ビートルズが『ラバー・ソウル』以降に歩んだ道程で主要な役割を果たし、リシケシュへの旅を先導したのもジョージであった。インドへのスピリチュアルな旅は、ジョージの思い描いていた結末を迎えなかったかもしれないが、それでもヒンドゥー哲学に対する彼の深い信頼は揺らぐことはなかった。ジョージが自身の信仰から大いなる内面の強さと慰みを得ていたことは、一九七〇年、死の床にあった愛する母親のルイーズに向けて彼が『バガヴァッド・ギーター』を読んだことからも分かる。[34]

労働者階級の物の見方を捨てなかったジョージは、多くの点でヒンドゥー信仰を知的概念としてではなく、生き抜く上での戦略として受け入れた。「ヒンドゥーの教えを信じることにより、彼はこの世に存在すると同時に、遁世することもできた。苦痛を味わいながらも、別の角度からそれを見つめることを可能にしたのだ。つまり、ハリスンの信仰は、ビートルズのコミュニティにいながらもビートルズでいることに耐える手段を与え、バンドの在籍期間次第で、解散後に出すことになる全ての作品と公演の陰を薄くする可能性があることを教えた」―これらを信じることにより、ジョージが必ずしも「良い」人間―平安な人間や自然に善行を行える人間―になった訳ではないとギルモアは感じている。「むしろハリスンは信仰により、人生があまりに地獄のようで無益であると確信しているにも関わらず、どうにか歩みを止めないで済んだ(35)」。奇妙なことに、インドの文化と宗教を愛していたにも関わらず、ジョージはさほどインドで人気が無く、おそらく最もインドで愛されるビートルはジョンだ。

ビートルズ伝説の四大元素の一つであるリンゴに関しては、プリマドンナや目立ちたがり屋で混み合うバンド内にあって、献身的なプロフェッショナリズムと有り難い気取りの無さを貫いた。解散も得意の勇敢さで乗り越えた―バンドが一緒にいることに一縷の望みをかけていたのは想像に難くないが。リンゴはいつもバンド内の自分の立ち位置に正直で、前例の無い歴史的現象の一部を担ったことを誇りに思っている。基本的に謙虚で率直なため、他のメンバーにとても好かれ、バンド内の関係がこじれた後も同様であった。他の3人がいがみ合った最後の方では、おそらく唯一冷静な意見を言える人物だった。

インドにビートルズがやって来てから半世紀が経っても、彼らの思い出とレガシーは、他の国同様、強く残っている。ポピュラー・ミュージックが、ボリウッドと、地域ごとの似たようなジャンルに独占されているインドで、ビートルズが未だに文化的に重要な存在であり続けているのは、驚くべきことだ。とりわけ西洋化したミドルクラスの人々―英語で教えられる学校や大学に通っていたか、現在通う人々―にとっては、世代を超えて、名前を言った瞬間に分かるロックバンドの筆頭だ。ニューデリーで人気のあるロックカフェ、ターコイズ・コテージを何年か営んでいる、音楽家で起業家のカラン・クラーナは、ビートルズの曲をかけるといつも大きな反応があると言う。「ロックを好きでなかった人も、かけた瞬間分かるんですよ」と彼は言う。

『インディア・サイケデリック』の著者で、五〇年来のビートルズ・ファンであるバティアは、「ビートルズは音楽だけじゃないんです。自由と理想主義と平和と、インドを含む世界中の若者にとって大切だった価値観を体現しているんです。彼らの曲は世代を超えてアンセムになっています」と指摘する。世代や職業を超えてインドで人々を魅了していることは、最近行われた、インド北東部メーガーラヤ州の州首相の娘の婚礼晩餐会が良い例だ。中年の政治指導者がステージで感情を込めて歌い、野党の党首がギターで伴奏を弾き、閣僚や地元の政治家が全力で歌に加わった。彼らが歌っていたのは、ビートルズの色あせないヒット曲“All My Loving”だ。

面白いことに、インドの現在の一〇代の間では、新たにビートルズが大きな称賛を受けているようだ。今はビートルズの記念館として復興が進むリシケシュにあるアシュラムの廃墟では、一七歳の娘に聖者の谷のヒンドゥー寺院のツアーから引っ張って連れてこられたと、四五歳の母親が不満を口にする。前世紀のグループの何がそんなに特別なのかと聞かれ、一〇代の娘はしばらく考えてから「曲が心に訴えかけるのです」と言った。

注

インドとビートルズ

1. Author's interview with Jug Suraiya, September 2017.
2. Sidharth Bhatia, India Psychedelic: The Story of a Rocking Generation (Noida:HarperCollins, 2014).
3. Biddu, Made in India: Adventures of a Lifetime (Mumbai: Read Out Loud Publishing, 2015).
4. Bhatia, India Psychedelic.
5. Author's email interview with Mike Kirby, October 2017.
6. Ibid.
7. Bhatia, India Psychedelic.
8. Author's telephonic interview with Susmit Bose, September 2017.
9. Bhatia, India Psychedelic.
10. The Statesman, 'Beatles, Hippies and Yogi Figure in Lok Sabha', 13 March 1968.
11. Ibid.
12. UNI, 'Mahesh Yogi Denies Harbouring Spies', 21 March 1968.
13. PTI, 'Beatles Leader Denies Spying', 18 March 1968.
14. Edward Griffin, 'Interview with Yuri Bezmenov: Part Two', http://uselessdissident.blogspot.in/2008/11/interview-with-yuri-bezmenovpart-two.html, 25 November 2008.
15. 'The Maharishi Plans to Rope in Russians', March 1968, retrieved from https://beatlesindianpress.wordpress.com/part-4-rishikesh-as-spycentre/#jp-carousel-222.
16. 'Transcendental Meditation a "Tranquiliser"', 19 March 1968.
17. The National Herald, 'Strict Security Steps around Yogi's Ashram', 20 March 1968.
18. Ibid.
19. Associated Press, 'Swami's Charge against Yogi', 19 February 1968.
20. Author's interviews with Shankarlal Bhattacharya on telephone, and Arun Bharat Ram and Vinay Bharat Ram in Delhi, July 2017.
21. Ravi Shankar, Raga Mala: An Autobiography (London: Genesis Publications, 1997).
22. V. Patanjali, Ravi Shankar Speaks: 'I Am Responsible to My Teacher', The Times of India.
23. Ibid.
24. K.C. Khanna, 'Beatniks Hail the Master of the Sitar', The Times of India (London Fortnight).
25. 'People in the News', Headline Series, retrieved from https://beatlesindianpress.files.wordpress.com/2012/11/dsc08067.jpg?w=370&h=.
26. Hindustan Times, 'Magnificent Obsession Our Critic', 1 April 1968.
27. Author's telephonic interview with Sukanya Shankar, July 2017.

シタールには弦がたくさんある

1. The Beatles Bible, 'Filming Help!', 6 April 1965, www.beatlesbible.com/1965/04/06/filming-help-32/.

2. John Lennon in The Beatles Anthology, 1995/2000, retrieved from www.wingspan.ru/bookseng/ant/08.html.
3. George Harrison in The Beatles Anthology, retrieved from www.wingspan.ru/bookseng/ant/08.html.
4. Pandit Shiv Dayal Batish, 'My Episode with the Beatles and George Harrison', Raga Net, http://raganet.com/Issues/3/beatles.html.
5. Lennon in The Beatles Anthology.
6. Jeffery D. Long, 'A Tale of Two Georges (Hindu Themes in Western Popular Culture)', Embodied Philosophy, 5 September 2017, www.fivetattvas.com/blog/a-tale-of-two-georges.
7. Lennon in The Beatles Anthology.
8. Peter Brown and Steven Gaines, The Love You Make: An Insider's Story of the Beatles (New York: Penguin, 2002).
9. Peter Ames Carlin, Paul McCartney: A Life (New York: Touchstone/Simon & Schuster, 2009).
10. Jann S. Wenner, 'John Lennon, The Rolling Stone Interview', Part 1, 21 January 1971.
11. Jann S. Wenner, Lennon Remembers: The Full Rolling Stone Interviews from 1970 (London: Verso, 2000).
12. Hal Leonard Corporation, George Harrison: The Anthology (Milwaukee: Hal Leonard Corporation, 1989).
13. Wenner, Lennon Remembers.
14. Ibid.
15. Cynthia Lennon, John (London: Hodder and Stoughton/Hachette, 2005).
16. Graeme Thomson, George Harrison: Behind the Locked Door (New York:Overlook, 2015).
17. Gary Tillery, Working Class Mystic: A Spiritual Biography of George Harrison (Wheaton: Quest Books, 2011).
18. Author's interview with Pattie Boyd, London, May 2017.
19. Brown and Gaines, The Love You Make.
20. Ibid.
21. Author's comment.
22. The Beatles Bible, 'The Beatles to Be Awarded MBES', 11 June 1965, www.beatlesbible.com/1965/06/11/beatles-awarded-mbes/.
23. Elizabeth Thomson and David Gutman, eds., The Lennon Companion: Twenty-Five Years of Comment (New York: Schirmer Books, 1987).
24. The Beatles Bible, 'Press Conference about the MBE Announcement', 12 June 1965, www.beatlesbible.com/1965/06/12/press-conference-mbeannouncement/.
25. Keith Badman, The Beatles: Off the Record (London: Omnibus Press, 2008).
26. Lennon in The Beatles Anthology.
27. The Beatles Bible, 'Live: Shea Stadium, New York', 15 August 1965, www.beatlesbible.com/1965/08/15/live-shea-stadium-new-york/.
28. Ibid.
29. Lennon in The Beatles Anthology.
30. Brown and Gaines, The Love You Make.
31. Wenner, Lennon Remembers.
32. Harrison in The Beatles Anthology.
33. Wenner, Lennon Remembers.
34. Brown and Gaines, The Love You Make.

35. Alan Clayson, Ringo Starr: A Life (London: Sanctuary, 2003); Hunter Davies, The Beatles: The Authorised Biography (London: Heinemann, 1968); Bob Spitz, The Beatles: The Biography (New York: Little, Brown and Co., 2005).

36. Ibid.

37. Legs McNeil and Gillian McCain, 'The Oral History of the First Two Times the Beatles Took Acid', 5 December 2016, www.vice.com/en_au/article/ppawq9/the-oral-history-of-the-beatles-first-two-acids-tripslegs-mcneil-gillian-mccain.

38. Ibid.

39. Ibid.

40. Rolling Stone, Interview with Joan Baez, 14 April 1983.

41. The Beatles Bible, 'The Beatles and Drugs', www.beatlesbible.com/features/drugs/5/; McNeil and McCain, 'The Oral History'.

42. Dean Nelson, 'Beatles Introduced to Ravi Shankar's Music at LSD Party, Byrds Singer Reveals', The Telegraph, 19 April 2010, www.telegraph.co.uk/culture/music/the-beatles/7603772/Beatles-introduced-to-Ravi-Shankars-music-at-LSD-party-Byrds-singer-reveals.html.

43. Author's research.

44. Nelson, 'Beatles Introduced to Ravi Shankar's Music at LSD Party', The Telegraph.

45. Ibid.

46. Harrison in The Beatles Anthology.

47. Thomson, George Harrison.

48. John Kruth, This Bird Has Flown: The Enduring Beauty of Rubber Soul,Fifty Years On (Milwaukee: Backbeat Books/Hal Leonard Corporation,2015).

49. Brown and Gaines, The Love You Make.

50. The Beatles Story, 'Rubber Soul: Celebrating 50 Years of the Beatles' Album', December 2015, www.beatlesstory.com/news/2015/12/03/rubber-soul-celebrating-50-years-beatles-album/.

51. Craig Cross, Beatles-Discography.com: Day-By-Day Song-By-Song Record-By-Record (Lincoln, Nebraska: iUniverse, 2005).

52. Ian MacDonald, Revolution in the Head: The Beatles' Records and the Sixties (New York: Henry Holt, 1994).

53. Pattie Boyd, Wonderful Tonight: George Harrison, Eric Clapton, and Me (New York: Crown/Archetype, 2008).

54. MacDonald, Revolution in the Head.

55. Badman, The Beatles.

56. Ibid.

57. Ibid.

58. MacDonald, Revolution in the Head.

59. Ray Newman, Abracadabra! The Complete Story of the Beatles' Revolver (Creative Commons Attribution).

60. Ibid.

61. Ibid.

62. Ibid.

63. Ibid.

64. Ibid.

65. Ibid.

66. Batish, 'My Episode with the Beatles and George Harrison', RagaNet.

67. Barry Miles, Paul McCartney: Many Years from Now (New York: Henry Holt, 1998).
68. Tillery, Working Class Mystic.
69. Author's comment.
70. Barry Miles, London Calling: A Countercultural History of London Since 1945 (London: Grove Atlantic, 2010).
71. Ibid.
72. Timothy Leary, Richard Alpert and Ralph Metzner, The Psychedelic Experience: A Manual Based on the Tibetan Book of the Dead, 1964.
73. Author's comment.
74. George Martin in The Beatles Anthology, retrieved from www.wingspan.ru/bookseng/ant/08.html.
75. Ibid.
76. MacDonald, Revolution in the Head.
77. Ibid.
78. Peter Lavezzoli, The Dawn of Indian Music in the West: Bhairavi (London: Continuum International Publishing Group, 2006).
79. Ibid.
80. Anil Bhagwat, in Martin Lewisohn, The Complete Beatles Recording Sessions: The Official Story of the Abbey Road Years 1962-1970 (London: Hamlyn, 1988).
81. Miles, Paul McCartney.
82. Ibid.
83. Ibid.
84. Ibid.
85. Ibid.
86. The Beatles, Ringo Starr's quote, www.thebeatles.com/album/revolver.
87. The Beatles, Paul McCartney's quote, www.thebeatles.com/album/revolver.
88. Maureen Cleave, 'How Does a Beatle Live? John Lennon Lives Like This', Evening Standard, 4 March 1966.
89. Thomson, George Harrison.

カルマの繋がり

1. Ravi Shankar, Raga Mala: An Autobiography (London: Genesis Publications, 1997); Ravi Shankar with Shankar Lal Bhattacharya, Raag Anuraag (Calcutta: Ananda Publishers); Ravi Shankar with Shankar Lal Bhattacharya, Smriti (Calcutta: Sahitya Akademi, 1992).
2. Ibid.
3. Ibid.
4. Ibid.
5. Hunter Davies, The Beatles: The Authorised Biography (London: Heinemann, 1968).
6. Ravi Shankar, Raga Mala.
7. David Dalton, 'My Walk-On in the Life of George Harrison', in Gladfly, 12 March 2002, www.gadflyonline.com/home/12-3-01/music-lifeofgeorge.html.
8. Ravi Shankar, Raga Mala.
9. Graeme Thomson, George Harrison: Behind the Locked Door (New York: Overlook, 2015).
10. Ravi Shankar, Raga Mala, Introduction by George Harrison.
11. Gary Tillery, Working Class Mystic: A Spiritual Biography of

George Harrison (Wheaton: Quest Books, 2011).
12. Author's interview with Vivek Bharat Ram, July 2017.
13. Author's interview with Arun Bharat Ram, July 2017.
14. Author's comment.
15. George Harrison in The Beatles Anthology, 1995/2000.
16. Joshua Greene, Here Comes the Sun: The Spiritual and Musical Journey of George Harrison (Hoboken, New Jersey: John Wiley and Sons, 2006).
17. Simon Leng, While My Guitar Gently Weeps: The Music of George Harrison (Milwaukee: Hal Leonard Corporation, 2006).
18. Author's comment.
19. Ravi Shankar, Interview to The Beat, KRLA edition, 1967.
20. Keith Badman, The Beatles: Off the Record (London: Omnibus Press, 2008).
21. Author's comment.
22. Ibid.
23. Ibid.
24. Ibid.
25. Maurice Hindle, Interview with John Lennon, 1968.
26. Ian MacDonald, Revolution in the Head: The Beatles' Records and the Sixties (New York: Henry Holt, 1994).
27. Harrison in The Beatles Anthology.
28. Ibid.
29. The Beatles Bible, 'The Beatles Go sightseeing in Delhi', 7 July 1966, www.beatlesbible.com/1966/07/07/the-beatles-go-sightseeing-in-india/.
30. Peter Lavezzoli, The Dawn of Indian Music in the West: Bhairavi (London: Continuum International Publishing Group, 2006).
31. www.rikhiram.com/gallery05.php.
32. S. Sahaya Ranjit, 'Note Worthy', India Today, 14 January 2012.
33. Ringo Starr in The Beatles Anthology 1965.
34. The Times of India, 'The Beatles Gives Slip to Admirers', 6 July 1966.
35. Starr in The Beatles Anthology.
36. Harrison in The Beatles Anthology.
37. Ibid.
38. Peter Brown and Steven Gaines, The Love You Make: An Insider's Story of the Beatles (New York: Penguin, 2002).
39. Author's interview with Pattie Boyd.
40. Lavezzoli, The Dawn of Indian Music in the West.
41. The Beatles Bible, 'George and Pattie Harrison Travel to India', 14 September 1966, www.beatlesbible.com/1966/09/14/george-pattieharrison-travel-to-india/.
42. Author's interview with Pattie Boyd.
43. Harrison in The Beatles Anthology.
44. Pattie Boyd, Wonderful Tonight: George Harrison, Eric Clapton, and Me (New York: Crown/Archetype, 2008).
45. Ravi Shankar, Raga Mala.
46. Interview with George Harrison, in Mumbai newspaper column 'In Person', September 1966.
47. Ravi Shankar, Raga Mala.
48. Interview with George Harrison, 'In Person'.
49. Retrieved from https://beatlesindianpress.wordpress.com/part-2-thebeatles-and-india/#jp-carousel-127.

50. The Times of India, September 1966.
51. 'Indians Neglect Their Own Culture, Feels Beatles', retrieved from https://beatlesindianpress.wordpress.com/part-2-the-beatles-and-india/#jpcarousel-98.
52. Retrieved from https://beatlesindianpress.wordpress.com/part-2-thebeatles-and-india/#jp-carousel-102.
53. The Times of India, September 1966.
54. Ibid.
55. Badman, The Beatles.
56. Author's interview with Pattie Boyd, London, May 2017.
57. Ibid.
58. Ibid.
59. Harrison in The Beatles Anthology.
60. Author's interview with Pattie Boyd.
61. Ravi Shankar, Raga Mala, Introduction by George Harrison.
62. Ibid.
63. Harrison in The Beatles Anthology.
64. Author's interview with Gauri Charatram Keeling, London, May 2017.
65. Author's interview with Pattie Boyd.
66. Ravi Shankar, Raga Mala; Ravi Shankar with Shankarlal Bhattacharya, Raag Anuraag.
67. Author's interview with Pattie Boyd.
68. Ibid.
69. Thomson, George Harrison.
70. Ibid.
71. Pattie Boyd, Wonderful Tonight.
72. Badman, The Beatles.
73. Ibid.
74. Ibid.

セックス、ドラッグ&ロックコンサート

1. Peter Brown and Steven Gaines, The Love You Make: An Insider's Story of the Beatles (New York: Penguin, 2002).
2. Ibid.
3. Howard Sounes, FAB: An Intimate Life of Paul McCartney (Cambridge, Massachusetts: Da Capo Press, 2010).
4. Brown and Gaines, The Love You Make.
5. Barry Miles, The Beatles Diary, Volume 1: The Beatles Years (London: Omnibus Press, 2001).
6. Beatles press conference in Hamburg, Germany, 26 June 1966, www.beatlesinterviews.org/db1966.0626.beatles.html.
7. Brown and Gaines, The Love You Make.
8. BBC HistoryExtra, The Beatles' Tumultuous World Tour, 1966.
9. Brown and Gaines, The Love You Make.
10. Simon Demissie, 'The Beatles—Big in Japan', The National Archives, 30 April 2012, http://blog.nationalarchives.gov.uk/blog/the-beatles-bigin-japan/.
11. Brown and Gaines, The Love You Make.
12. Ibid.
13. Beatles Press Conference: Tokyo, Japan, 30 June 1966, Beatles Interview Database, The Beatles Ultimate Experience, www.beatlesinterviews.org/db1966.0629.beatles.html.
14. Ibid.
15. Brown and Gaines, The Love You Make.

16. Ibid.
17. George Harrison in The Beatles Anthology, 1995/2000, retrieved from www.wingspan.ru/bookseng/ant/08.html.
18. Ibid.
19. The Beatles Bible, 'The Beatles Arrive in Manila, Philippines', 3 July 1966, www.beatlesbible.com/1966/07/03/beatles-arrive-in-manilaphilippines/.
20. Harrison in The Beatles Anthology.
21. Brown and Gaines, The Love You Make.
22. Ibid.
23. Lisa Waller Rogers, 'Imelda Marcos: 2000 Shoes', Lisa's History Room, 12 March 2009, https://lisawallerrogers.com/2009/03/12/imelda-marcos-2000-shoes/.
24. Ringo Starr in The Beatles Anthology 1965, retrieved from www.wingspan.ru/bookseng/ant/08.html.
25. Ibid.
26. Tony Barrow, John, Paul, George, Ringo & Me: The Real Beatles Story (Sydney:ReadHowYouWant, 2012).
27. Ibid.
28. Brown and Gaines, The Love You Make.
29. Ibid.
30. Oliver X.A. Reyes, 'The Beatles' Worst Nightmare in Manila', Esquire, 24 March 2017, www.esquiremag.ph/long-reads/notes-and-essays/remember-the-beatles-nightmare-in-manila-a1542-20170524-lfrm10.
31. Ibid.
32. Ibid.
33. Ibid.
34. Barrow, John, Paul, George, Ringo & Me.
35. Brown and Gaines, The Love You Make.
36. Reyes, 'The Beatles' Worst Nightmare in Manila', Esquire.
37. Ibid.
38. Reyes, 'The Beatles' Worst Nightmare in Manila', Esquire.
39. Brown and Gaines, The Love You Make.
40. Ibid.
41. Ibid.
42. Barrow, John, Paul, George, Ringo & Me.
43. The Beatles Bible, 'Datebook Republishes John Lennon's "Jesus" Comments', 29 July 1966, www.beatlesbible.com/1966/07/29/datebookrepublishes-john-lennons-jesus-comments/.
44. Maureen Cleave, 'How Does a Beatle Live? John Lennon Lives Like This', Evening Standard, 4 March 1966.
45. The Beatles Bible, 'Brian Epstein Holds a Press Conference', 6 August 1966, www.beatlesbible.com/1966/08/06/brian-epstein-pressconference/.
46. Ibid.
47. Ibid.
48. Brown and Gaines, The Love You Make.
49. Ibid.
50. Jordan Runtagh, 'When John's "More Popular than Jesus" Controversy Turned Ugly', Rolling Stone, 29 July 2016, www.rollingstone.com/music/features/when-john-lennons-jesus-controversy-turned-uglyw431153.
51. Ibid.
52. Barrow, John, Paul, George, Ringo & Me.

53. Ibid.
54. Ibid.
55. John Lennon in The Beatles Anthology 1965, retrieved from www.wingspan.ru/bookseng/ant/08.html.
56. Judith Sims, 'Four Who Dared: Backstage with the Beatles on Their Last Tour', Los Angeles Times, 3 August 1986, http://articles.latimes.com/1986-08-03/magazine/tm-925_1_beatles-tour.
57. Starr in The Beatles Anthology.
58. Graeme Thomson, George Harrison: Behind the Locked Door (New York: Overlook, 2015).
59. Brown and Gaines, The Love You Make.
60. The Beatles Bible, 'John Lennon Flies to Hanover, Germany', 5 September 1966, www.beatlesbible.com/1966/09/05/john-lennon-flies-to-hanovergermany/.
61. Brown and Gaines, The Love You Make.
62. Ibid.
63. Ibid.
64. Ibid.
65. Ibid.
66. Barry Miles, Paul McCartney: Many Years from Now (New York: Henry Holt, 1998).
67. Ibid.
68. Ian MacDonald, Revolution in the Head: The Beatles' Records and the Sixties (New York: Henry Holt, 1994).
69. Ibid.
70. Miles, Paul McCartney.
71. Jordan Runtagh, 'Beatles' "Sgt. Pepper" at 50: How George Harrison Found Himself on "Within You Without You"', Rolling Stone, 25 May 2017, www.rollingstone.com/music/features/sgt-pepper-at-50-inside-withinyou-without-you-w483668; Brian Matthew, John Lennon and Paul McCartney Top of the Pops interview, The Beatles Ultimate Experience, 20 March 1967, www.beatlesinterviews.org/db1967.0320.beatles.html.
72. Runtagh, 'Beatles' "Sgt. Pepper" at 50', Rolling Stone.
73. Matthew, John Lennon and Paul McCartney Top of the Pops interview.
74. Keith Badman, The Beatles: Off the Record (London: Omnibus Press, 2008).
75. Author's comment.
76. Gary Tillery, Working Class Mystic: A Spiritual Biography of George Harrison (Wheaton: Quest Books, 2011).
77. Thomson, George Harrison.
78. Ibid.
79. Ibid.
80. Ibid.
81. Ibid.
82. Ibid.
83. Harrison in The Beatles Anthology.
84. Barry Miles, 'George Harrison Interview', Fifth Estate, vol. 33, 1-15 July 1967.
85. Ibid.
86. The Guardian, 'What Was the Summer of Love?', 27 May 2007, www.theguardian.com/travel/2007/may/27/escape.
87. Louis Menand, 'Acid Redux: The Life and High Times of Timothy Leary', The New Yorker, 26 June 2006, www.newyo-

rker.com/magazine/2006/06/26/acid-redux.

88. Brown and Gaines, The Love You Make.
89. Ibid.
90. Miles, Paul McCartney.
91. Ibid.
92. Author's comment.
93. Pattie Boyd, Wonderful Tonight: George Harrison, Eric Clapton, and Me (New York: Crown/Archetype, 2008).
94. Badman, The Beatles.
95. Boyd, Wonderful Tonight.
96. Brown and Gaines, The Love You Make.
97. Rolling Stone, Interview with John Lennon, 1970.
98. Author's comment.
99. Ibid.
100. Thomson, George Harrison.
101. Ibid.

マハリシ登場

1. Premendra Agrawal, 'Mahesh Yogi, Sun of Chhattisgarh, Shined in the West', newsanalysisindia.com, www.newsanalysisindia.com/211022008.htm.
2. Paul Mason, 'Introduction to Lifestory and Teachings of Guru Dev Shankaracharya Swami Brahmananda Saraswati', 2014, www.paulmason.info/gurudev/introduction.htm.
3. Ibid.
4. Charles F. Lutes, as told to Martin Zucker, 'From the Himalayas to Hollywood: A Personal Account of Maharishi's Early Days', www.maharishiphotos.com/mem2a.html.
5. Personal interview with Jerome Jarvis, 21 August 1998, quoted in Thomas A. Forsthoefel and Cynthia Ann Humes (eds.), Gurus in America (New York: SUNY Press, 2005).
6. Maharishi Mahesh Yogi, Thirty Years around the World: Dawn of the Age of Enlightenment (Vlodrop, The Netherlands: MVU Press, 1987).
7. Ibid.
8. Paul Mason, Introduction, Guru Dev.
9. Maharishi Mahesh Yogi, 'Beyond the TM Technique', in Forsthoefel and Humes (eds.), Gurus in America.
10. Maharishi Mahesh Yogi, Thirty Years around the World.
11. Lutes, 'From the Himalayas to Hollywood'.
12. Paul Mason, Introduction, Guru Dev.
13. 'David Frost Interviewing Maharishi Mahesh Yogi, John Lennon and George Harrison', http://tfnt.21fx1.top/gXuN1Y-6vaUY/David_Frost_ interviewing_Maharishi_Mahesh_Yogi_John_Lennon_and_George_Harrison/vde.html.
14. Ibid.
15. Paul Mason, The Maharishi: The Biography of the Man Who Gave Transcendental Meditation to the World (Bramshaw, England: Evolution Publishing, 2005).
16. Beacon Light of the Himalayas: The Dawn of a Happy New Era in the Field of Spiritual Practices, Mind Control, Peace and Atmananda, Souvenir of the Great Spiritual Development Conference of Kerala, October 1955.
17. Ibid.
18. Lutes, 'From the Himalayas to Hollywood'.
19. Ibid.

20. Ibid.
21. Theresa Olson, Maharishi Mahesh Yogi: A Living Saint for the New Millennium (Fairfield, Iowa: 1st World Library, 2000).
22. Maharishi Mahesh Yogi, 'Beyond the TM Technique'.
23. Lutes, 'From the Himalayas to Hollywood'.
24. Nancy Cooke de Herrera, All You Need Is Love: An Eyewitness Account
of When Spirituality Spread from the East to the West (San Diego: Jodere, 2003).
25. Ibid.
26. Ibid.
27. Peter Brown and Steven Gaines, The Love You Make: An Insider's Story of the Beatles (New York: Penguin, 2002).
28. Ibid.
29. Barry Miles, Paul McCartney: Many Years from Now (New York: Henry Holt, 1998).
30. Brown and Gaines, The Love You Make.
31. Keith Badman, The Beatles: Off the Record (London: Omnibus Press, 2008).
32. Brown and Gaines, The Love You Make.
33. Hunter Davies, The Beatles: The Authorised Biography (London: Heinemann, 1968).
34. Brown and Gaines, The Love You Make.
35. Ibid.
36. Ibid.

エプスタイン後の人生

1. Paul McCartney, interview to BBC, December 1997.
2. Peter Brown and Steven Gaines, The Love You Make: An Insider's Story of the Beatles (New York: Penguin, 2002).
3. Hunter Davies, The Beatles: The Authorised Biography (London: Heinemann, 1968).
4. Author's interview with Pattie Boyd, London, May 2017.
5. Brown and Gaines, The Love You Make.
6. Author's interview with Pattie Boyd.
7. Barry Miles, Paul McCartney: Many Years from Now (New York: Henry Holt, 1998).
8. Ibid.
9. Ibid.
10. Keith Badman, The Beatles: Off the Record (London: Omnibus Press, 2008).
11. Ibid.
12. Brown and Gaines, The Love You Make. Across
13. Graeme Thomson, George Harrison: Behind the Locked Door (New York: Overlook, 2015).
14. Badman, The Beatles.
15. Ibid.
16. Ibid.
17. Brown and Gaines, The Love You Make.
18. Christopher Scapelliti, 'The Beatles on the Road to "Magical Mystery Tour"', Guitar World, 15 December 2012, www.guitarworld.com/features/beatles-road-magical-mystery-tour.
19. Badman, The Beatles.
20. Brown and Gaines, The Love You Make.
21. Ibid.
22. George Harrison in The Beatles Anthology, 1995/2000, re-

trieved from www.wingspan.ru/bookseng/ant/08.html.
23. Scapelliti, 'The Beatles on the Road to "Magical Mystery Tour"', Guitar World.
24. Badman, The Beatles.
25. Spencer Leigh, Love Me Do to Love Me Don't: The Beatles on Record (Carmarthen, Wales: McNidder & Grace, 2016).
26. Ibid.
27. Joyce Collin-Smith, Call No Man Master (Bath, Gateway Books, 1988).
28. Ibid.
29. Ibid.
30. Miles, Paul McCartney.
31. Richard Goldstein, 'Maharishi Mahesh Yogi: The Politics of Salvation', The Village Voice, 25 January 1968, vol. xiii, no. 15, www.villagevoice.com/2010/04/07/the-maharishi-makes-the-scene/.
32. Miles, Paul McCartney.
33. Brown and Gaines, The Love You Make.
34. Ibid.
35. Miles, Paul McCartney.
36. The Art Story, Yoko Ono biography, www.theartstory.org/artist-onoyoko.htm#biography_header.
37. Jann S. Wenner, Lennon Remembers: The Full Rolling Stone Interviews from 1970 (London: Verso, 2000).
38. Badman, The Beatles.
39. Ibid.
40. David Sheff, All We Are Saying: The Last Major Interview with John Lennon and Yoko Ono (New York: St. Martin's Griffin, 2000).
41. Brown and Gaines, The Love You Make.
42. Wenner, Lennon Remembers.
43. Pete Shotton, Cynthia Lennon quoted in Badman, The Beatles.
44. Thomson, George Harrison.
45. William F. Buckley, 'The Beatles and the Guru', National Review, 12 March 1968.

リシケシュ到着

1. The Statesman, 'Strict Security Steps around Yogi's Ashram', 20 March 1968.
2. Keith Badman, The Beatles: Off the Record (London: Omnibus Press, 2008).
3. Mia Farrow, in Paul Saltzman, The Beatles in India (San Raphael, California: Insight Editions, 2006).
4. Keith Deboer, 'Dear Prudence: Won't You Come Out to Play', Transcendental Meditation Blog, 12 April 2010, www.tm.org/blog/people/dear-prudence/.
5. David Chiu, 'The Real "Dear Prudence" on Meeting Beatles in India', Rolling Stone, 4 September 2015, www.rollingstone.com/music/news/thereal-dear-prudence-on-meeting-beatles-in-india-20150904.
6. Nancy Cooke de Herrera, All You Need Is Love: An Eyewitness Account of When Spirituality Spread from the East to the West (San Diego: Jodere, 2003).
7. Ibid.
8. Ibid.

9. Ibid.
10. Ibid.
11. Ibid.
12. Ibid.
13. Ibid.
14. Mia Farrow, What Falls Away: A Memoir (New York: Bantam Books, 1998).
15. Herrera, All You Need Is Love.
16. Ibid.
17. Badman, The Beatles.
18. Ibid.
19. The Statesman, 'Two of Beatle Group in Rishikesh', 16 February 1968. Across
20. Herrera, All You Need Is Love.
21. Hindustan Times, 'Luck Eludes Beatles Fans', 18 February 1968.
22. Associated Press, '"Sound Word" Given', retrieved from https://beatlesindianpress.wordpress.com/part-5-the-yogis-finest-hour/#jpcarousel-300.
23. Badman, The Beatles.
24. Ibid.
25. Mark Edmonds, 'Here, There and Everywhere', Mal Evans's Diaries, The Sunday Times, 20 March 2005.
26. Hindustan Times, 'Meditation Won't Affect Beatles' Career', New Delhi, 20 February 1968.
27. Barry Miles, Paul McCartney: Many Years from Now (New York: Henry Holt, 1998).
28. Ibid.
29. Herrera, All You Need Is Love.
30. Hindustan Times, 'The Yogi's Finest Hour', 20 February 1968.
31. Paul Saltzman, The Beatles in India (San Raphael, California: Insight Editions, 2006).
32. Badman, The Beatles.
33. Edmonds, 'Here, There and Everywhere', Mal Evans's Diaries.
34. Herrera, All You Need Is Love.
35. Badman, The Beatles.
36. Quoted by V.R. Bhatt, 'UK Publicity on Beatles Meditation', Hindustan Times, 19 February 1968.
37. Herrera, All You Need Is Love.
38. Ibid.
39. Ibid.
40. Ibid.

フール・オン・ザ・ヒル

1. Pattie Boyd, Wonderful Tonight: George Harrison, Eric Clapton, and Me (New York: Crown/Archetype, 2008).
2. Keith Badman, The Beatles: Off the Record (London: Omnibus Press, 2008).
3. Ibid.
4. Mark Edmonds, 'Here, There and Everywhere', Mal Evans's Diaries, The Sunday Times, 20 March 2005.
5. Paul Saltzman, The Beatles in India (San Raphael, California: Insight Editions, 2006).
6. Lewis Lapham, With the Beatles (Hoboken: Melville House,

2005).
7. Saltzman, The Beatles in India.
8. Lapham, With the Beatles.
9. Leslie Camhi, 'Chatting Up Marisa Berenson', The New York Times, 27 September 2011.
10. The Daily Telegraph, Review, 'I Wish Dali Had Painted Me Nude', Marisa Berenson, 30 July 2016.
11. Lapham, With the Beatles.
12. Nancy Cooke de Herrera, All You Need Is Love: An Eyewitness Account of When Spirituality Spread from the East to the West (San Diego: Jodere, 2003).
13. Lapham, With the Beatles.
14. Barry Miles, Paul McCartney: Many Years from Now (New York: Henry Holt, 1998).
15. Ibid.
16. Author's interview with Saeed Naqvi, New Delhi, June 2017.
17. Saeed Naqvi, 'Rishikesh—Recollected in Tranquillity', The Statesman.
18. Ibid.
19. Author's interview with Aruna Naqvi, Delhi, August 2017.
20. Lapham, With the Beatles.
21. Badman, The Beatles.
22. Miles, Paul McCartney.
23. Mike Love and James S. Hirsch, Good Vibrations: My Life as a Beach Boy (London: Faber & Faber, 2016).
24. Herrera, All You Need Is Love.
25. Author's interview with Naqvi.
26. Herrera, All You Need Is Love.
27. Joe Massot, 'Identity Crisis', Mojo, October 1996, issue 35.
28. Lapham, With the Beatles.
29. Ibid.
30. Author's interview with Ajit Singh, Dehra Dun, July 2017.
31. Ibid.
32. Ibid.
33. The Times of India, 'Beatles Are Picking Up Meditation Well', 27 February 1968.
34. Herrera, All You Need Is Love.
35. Edmonds, Mal Evans's Diaries, The Sunday Times.
36. Michael Seth Starr, Ringo: With a Little Help (Milwaukee: Hal Leonard Corporation, 2015).
37. Edmonds, Mal Evans's Diaries, The Sunday Times.
38. The Times of India, 'Beatles May Leave Ashram Long before Course Ends', 3 March 1968.
39. Hindustan Times, 'Maharishi Denies Ringo Disillusioned', 4 March 1968.
40. Badman, The Beatles.
41. Ibid.
42. Herrera, All You Need Is Love.
43. Lapham, With the Beatles.
44. Ibid.
45. Herrera, All You Need Is Love.
46. Boyd, Wonderful Tonight.
47. David Marchese, Interview with Donovan, 'Donovan on the Time He Helped Write a Beatles Classic and Then Watched John Lennon Chase a Paparazzo into the Jungle', Vulture, 9 November 2016, www.vulture.com/2016/11/donvan-on-helping-

the-beatles-write-a-classic.html.

48. Lydia Eastman, Interview with Donovan, 'Performing Songwriter Be Heard', 10 May 2013.

49. Saltzman, The Beatles in India.

50. Rolling Stone, Donovan studio chat, 30 April 2012.

51. Miles, Paul McCartney.

52. Ibid.

53. Love and Hirsch, Good Vibrations.

54. Miles, Paul McCartney.

55. Badman, The Beatles.

56. Ibid.

57. Miles, Paul McCartney.

58. Badman, The Beatles.

59. Bill Harry, 'The Abbey Road to Rishikesh', Open, 7 November 2009.

60. John Lennon in The Beatles Anthology, 1995/2000, retrieved from www.wingspan.ru/bookseng/ant/08.html.

61. Miles, Paul McCartney.

62. Ibid.

63. Steve Turner, A Hard Day's Write: The Story behind Every Beatles Song (London: Carlton Books, 2010).

64. Miles, Paul McCartney.

65. Chris Douridas, Interview with Paul McCartney, KCRW, 25 May 2002.

66. Miles, Paul McCartney.

67. Ian MacDonald, Revolution in the Head: The Beatles' Records and the Sixties (New York: Henry Holt, 1994).

68. Author's interview with Ajit Singh, Dehra Dun, July 2017.

69. Miles, Paul McCartney.

70. Ibid.

失楽園

1. John Lennon in The Beatles Anthology, 1995/2000.

2. Barry Miles, Paul McCartney: Many Years from Now (New York: Henry Holt, 1998).

3. Peter Brown and Steven Gaines, The Love You Make: An Insider's Story of the Beatles (New York: Penguin, 2002).

4. Ibid.

5. Ibid.

6. Miles, Paul McCartney.

7. Ibid.

8. Ibid.

9. George Harrison, I Me Mine (New York: Chronicle Books, 2007).

10. Miles, Paul McCartney.

11. Brown and Gaines, The Love You Make.

12. Pete Shotton and Nicholas Schaffner, John Lennon: In My Life (New York: Stein and Day, 1983).

13. Pete Shotton and Nicholas Schaffner, The Beatles, Lennon and Me: The Intimate Insider's Book (Toronto: Madison Books, Incorporated, 1984).

14. Brown and Gaines, The Love You Make.

15. Mike Love and James S. Hirsch, Good Vibrations: My Life as a Beach Boy (London: Faber & Faber, 2016).

16. Author's interview with Nick Nugent, London, May 2017.

17. Author's interview with Pattie Boyd, London, May 2017.

18. Pattie Boyd, Wonderful Tonight: George Harrison, Eric Clapton, and Me (New York: Crown/Archetype, 2008).
19. Keith Badman, The Beatles: Off the Record (London: Omnibus Press, 2008).
20. Miles, Paul McCartney.
21. Ibid.
22. Ibid.
23. Ibid.
24. Joe Massot, 'Identity Crisis', Mojo, October 1996.
25. Love and Hirsch, Good Vibrations.
26. Nancy Cooke de Herrera, All You Need Is Love: An Eyewitness Account of When Spirituality Spread from the East to the West (San Diego: Jodere, 2003).
27. The Beatles Bible, 'Paul McCartney Leaves Rishikesh', 26 March 1968, www.beatlesbible.com/1968/03/26/paul-mccartney-leaves-rishikesh/.
28. Brown and Gaines, The Love You Make.
29. Miles, Paul McCartney.
30. Philip Norman, Shout! The Beatles in Their Generation (New York: Touchstone, 2003).
31. Ibid.
32. Herrera, All You Need Is Love.
33. Paul Saltzman, The Beatles in India (San Raphael, California: Insight Editions, 2006).
34. Brown and Gaines, The Love You Make.
35. In the Life of . . . The Beatles, 'Magic Alex—A World of Inventions', 22 September 2006, http://lifeofthebeatles.blogspot.in/2006/09/magicalex-world-of-inventions.html.
36. In the Life of . . . The Beatles, 'The Many Faces of "Magic" Alex Mardas', 2 June 2006, http://lifeofthebeatles.blogspot.in/2006/06/many-faces-ofmagic-alex-mardas.html.
37. David Orr, 'Beatles Spiritual Guru "Never Made a Pass at Mia Farrow"', The Telegraph, 19 February 2006, www.telegraph.co.uk/news/worldnews/asia/india/1510913/Beatles-spiritual-guru-never-made-a-pass-at-Mia-Farrow.html.
38. Brown and Gaines, The Love You Make.
39. Norman, Shout!
40. Herrera, All You Need Is Love.
41. Ibid.
42. Ibid.
43. Brown and Gaines, The Love You Make.
44. In the Life of . . . The Beatles, 'The Many Faces of "Magic" Alex Mardas'.
45. Author's interview with Pattie Boyd.
46. Lewis Lapham, With the Beatles (Hoboken: Melville House, 2005).
47. Norman, Shout!
48. Badman, The Beatles.
49. Jann S. Wenner, Lennon Remembers: The Full Rolling Stone Interviews from 1970 (London: Verso, 2000).
50. Brown and Gaines, The Love You Make.
51. Cynthia Lennon, John (London: Hodder and Stoughton/Hachette, 2005).
52. Brown and Gaines, The Love You Make.
53. Mark Lewisohn, The Complete Beatles Recording Sessions: The Official Story of the Abbey Road Years (London: Hamlyn,

1988).
54. Herrera, All You Need Is Love.
55. Badman, The Beatles.
56. Lennon, The Beatles Anthology.
57. Massot, 'Identity Crisis'.
58. Brown and Gaines, The Love You Make.
59. Pattie Boyd, Wonderful Tonight.
60. Author's interview with Pattie Boyd.

アンド・イン・ジ・エンド

1. Joyce Collin-Smith, Call No Man Master (Bath, Gateway Books, 1988).
2. Keith Badman, The Beatles: Off the Record (London: Omnibus Press, 2008).
3. Ibid.
4. Mike Love and James S. Hirsch, Good Vibrations: My Life as a Beach Boy (London: Faber & Faber, 2016).
5. Barry Miles, Paul McCartney: Many Years from Now (New York: Henry Holt, 1998).
6. Badman, The Beatles.
7. Ibid.
8. Ibid.
9. NBC Tonight Show, 14 May 1968.
10. Mikal Gilmore, 'Why the Beatles Broke Up', Rolling Stone, 3 September 2009, www.rollingstone.com/music/news/why-the-beatles-brokeup-20090903.
11. Badman, The Beatles.
12. Ibid.
13. Ibid.
14. Mikal Gilmore, 'The Mystery inside George Harrison', Rolling Stone, Special Edition: George Harrison, 2001.
15. Ringo Starr in The Beatles Anthology, 1995/2000.
16. Ibid.
17. Philip Norman, John Lennon: The Life (New York: HarperCollins Publishers, 2008).
18. Peter Ames Carlin, Paul McCartney: A Life (New York: Simon and Schuster, 2009).
19. Badman, The Beatles.
20. Ibid.
21. Bill Harry, The Ultimate Beatles Encyclopedia (New York: Hyperion, 1992).
22. Ibid.
23. David Devadas, 'Tax Raids Put a Spoke in Maharishi Mahesh Yogi's Ambitious Plans', India Today, 19 November 2013, www.indiatoday.in/magazine/religion/story/19880131-tax-raids-put-a-spoke-in-maheshyogi-ambitious-plans-769037-2013-11-19.
24. 'Dylan Farrow Details Accusations of Sexual Abuse against Woody Allen', The Guardian, 2 February 2014, www.theguardian.com/film/2014/feb/02/dylan-farrow-child-sex-abuse-allegations-woody-allen.
25. Rachel Quigley, 'Mia Farrow's Brother Sentenced to 25 Years in Jail for Sexually Abusing Two Young Boys over a Period of Eight Years', Daily Mail, 28 October 2013, www.dailymail.co.uk/news/article-2478439/John-Villers-Farrow-Mia-Farrows-brother-jailed-sexually-abusing-2-boys.html.

26. Jason Fine, 'The Beach Boys' Last Wave', Rolling Stone, 21 June 2012, www.rollingstone.com/music/news/the-beach-boys-last-wave-20120621; Michael Edward Love Biography, Mount Vernon and Fairway, www.mountvernonandfairway.de/mike.htm.
27. Duncan Campbell, New Statesman, 3 August 1979.
28. Ibid.
29. Kurt Loder, 'Rock and Roll Hall of Fame', Rolling Stone, 10 March 1988, www.rollingstone.com/music/features/rock-n-roll-hall-offame-19880310.
30. Gilmore, 'The Mystery inside George Harrison', Rolling Stone. Across
31. Ibid.
32. Geoffrey Giuliano, Dark Horse: The Life and Art of George Harrison (New York: Da Capo Press, 1997).
33. Gilmore, 'The Mystery inside George Harrison', Rolling Stone.
34. Ibid.
35. Ibid.

解説

藤本国彦

二〇二二年は、多くのビートルズ・ファンにとって「ビートルズとインド」を強く意識させられた、それこそ一九六八年以来の一年になったのではないだろうか。

その大きなきっかけとなった映像作品が二つある。一月にNHK‐BSで2回に分けて放送された『ビートルズとインド』（原題：The Beatles and India／二〇二一年 イギリス）と、九月から上映が始まった『ミーティング・ザ・ビートルズ・イン・インド』（原題：Meeting The Beatles in India／二〇二〇年 カナダ）だ。さらに、一〇月に出た『リボルバー』の記念盤も、インド音楽的効果が随所にまぶされたアルバムだったことをこれまで以上に実感させられる内容だった。

本書は、映像作品『ビートルズとインド』の原書であり、「ビートルズとインドの年」の最後を飾るにふさわしい一冊でもある。そもそもインドでビートルズがどのように認知されていたのか、インド側から見たビートルズについて書かれた本は、これまでにほとんどなかった。

全体の流れを大まかにたどると、映画『ヘルプ！4人はアイドル』の撮影時にシタールを目にしたジョージが“Norwegian Wood”のレコーディングで初めてシタールを弾き、ラヴィ・シャンカルと出会い、その一方で六五年以降ドラッグにはまった4人は、ドラッグの代わりにマハリシ・マヘーシュ・ヨーギーの超越瞑想にのめりこみ、インドのリシケシュに行き、そして…という、シタールとドラッグとマハリシを中心にビートルズとインドにまつわる深い繋がりを緻密に鋭い筆致でまとめた労作だ。インドをめぐるビートルズのアナザー・ストーリーとも言える本書について、もう少し具体的に見てみる。

まずドラッグについては、六五年八月の歴史的なシェイ・スタジアム公演後、五日間の休暇中にLSDパーティをやった時の描写が凄まじい。また、ドラッグ仲間でもあり、インド音楽に触発されたきっかけともなったザ・バーズのデヴィッド・クロスビーとロジャー・マッギンとの六五年のやりとりで、「ビートルズはインド音楽の話には熱心だったのに、話題が宗教に及ぶと興味をなくした」とマッギンが回想しているのも、特に六七年以降のマハリシへの傾倒を思うと、その転身ぶりが実に興味深い。シタールについては、"Norwegian Wood"を演奏中にシタールの弦が切れたのがきっかけとなり、ジョージがアジアン・ミュージック・サークルのメンバーと親しくなったという逸話や、"Norwegian Wood"のシタール演奏についてのラヴィ・シャンカルの酷評、六六年の日本公演後のインド滞在時の詳細をはじめ、聞いたことのない話が次々と出てくる。

そうしたビートルズの活動歴を追いながらも、本書の主役は、なんと言ってもマハリシである。カリスマ的存在になった人物の中には、どういう生い立ちや経歴や交友があって現在に至るのか、「素顔」が不明の人も数多い。マハリシなどはその典型だろう。本書では、著名な宗教家になるまでのマハリシの足跡についても詳述されているが、著者は明らかに「ニヤけた宗教家」に懐疑的・否定的である。

五九年四月にロスに到着してからマハリシが世界的に知られるようになったことや、リシケシュにそもそもアシュラムが建てられたのは多額な献金によって実現したことなど、多くの宗教が「巨大化」していく過程と同じ流れにあることが明かされる。しかもその背景に、かの「バンガロー・ビル」の母親ナンシーが関与していたことも、だ。ビートルズ物語には、キャラの立った登場人物が多数登場するが――マハリシももちろんその代表的な一人だが――ナンシーもこれで仲間入り、である。

とはいえ、六七年八月にロンドンでマハリシと出会ったビートルズが、いかに瞬時に虜になったのかが伝わってくるし、スピリチュアルにはまる4人の様子が手に取るようにわかる描写も刺激的だ。マハリシと出会った直後にマネージャー、ブライアン・エプスタインの訃報が届くというのも、まるで嘘のような話だが、実際、マハリシがその場にいたから特にジョンが救われたのは間違いない。「マハリシはブライアンの代わりとなりました」とパティが語っているのも象徴的だし、バンガーに同行したミックとマリアンヌの、ブライアンの訃報を耳にした時のビートルズやマハリシへの見立ても面白い。

六七年までの流れだけでも十分に引き込まれるが、本書のハイライトは、やはりリシケシュでの日々だ。果たして「現場」ではどんな出来事があったのか？　マハリシの元を離れるきっかけはどのようにして生まれたのか？　ここまで詳細に書かれたのは、本書が初めてだろう。

まるで一〇代の頃にリヴァプールやハンブルクでしでかしたヤンチャな時代を彷彿させるようなやりとり――煙草を講堂の横で構わず吸っていたポールが、マハリシを見て「野郎ども、早くタバコを消せ。先公がやって来るぞ！」と叫ぶ場面――なども愉快だし、ジョンがドノヴァンに習ったアコースティック・ギターのスリーフィンガー奏法を使って最初に書いたのが“Julia”で、ドノヴァンが“Seashell eyes, Windy smile”の一節を手伝ったという曲作りの話も貴重だ。同じくドノヴァンに、長いあいだ歌詞のなかった“I Will”を手伝ってもらったと語るポールと、それに対して別の見解を述べるドノヴァンとのやりとりも、リシケシュでの曲作りにまつわる話として見逃せない。マハリシと並んでキャラが立ちまくりのマジック・アレックスについての描写も楽しい。とりわけ、ジョンの気持ちが自分から離れないようにと立ち居振る舞うマハリシとアレックスとシンシアの三つ巴の争いも、ジョンとの距離感が絶妙で面白い（面白すぎる！）。

マハリシのグル（スワミ・ブラフマナンダ・サラスワティ）の人生と教えを描いた映画『グル・デヴ』制作の裏話も、初登場のエピソードである。ニューデリーで音楽イベントをやる案をジョージが出していたなんて、全く聞いたことがなかった。映画『ワンダーウォール（不思議の壁）』の監督のジョー・マソットがフィリップスのポータブル・カセット・デッキをリシケシュに持参し、オーティス・レディングの“The Dock of the Bay”をジョンと一緒に聴いたというエピソードも最高だ。

こうした刺激的なエピソードも含め、インド人ジャーナリストが緻密に掘り下げた本書を読み進めていくと、六五年から六八年のインド行きを経て、4人がどんどん「個」になっていく過程が浮き彫りになる。言うなれば、「ビートルズの4人」から「4人でビートルズ」への変化が、本書では丹念に描写されているわけだ。

『ミーティング・ザ・ビートルズ・イン・インド』の監督もつとめたカナダ生まれの二三歳のポール・サルツマン（リシケシュで偶然ビートルズに会い、写真も多数撮影）への言及（ほとんど辛口）もあるので、冒頭で触れた二つの映像作品をぜひ見比べてみてほしい。リシケシュでのエピソードこそどちらも豊富に登場するものの、マハリシの捉え方が全く異なるからだ。

訳者あとがき

本書は*ACROSS THE UNIVERSE* by Ajoy Bose（Penguin Random House India 2018）の全訳である。ロックスターの破天荒な生活を表すのによく使われるフレーズが「セックス、ドラッグ&ロックンロール」だが、本書の副題「シタール、ドラッグ&メディテーション」（※メディテーションは瞑想のこと）は、アイドルからアーティストへと変化を遂げた六〇年代後半のビートルズに、音楽・生活・精神の面で大きな影響を与えたインドへと彼らを導いた文化的な要素を表している。

著者アジョイ・ボースのジャーナリストならではの鋭い分析と、インド人でなければ入手困難であろう六〇年代の現地の報道を含む貴重な資料により、本書では知られざる事実が次から次へと明らかになるが、恐らく著者の意図とは無関係に、ビートルズの4人と、彼らが遭遇した人々があまりに個性的なため、笑える場面も頻繁に登場する。膨大に引用される各人の発言からは、マスコミに対して昔ながらのエンターテイナーとしてプロ根性を発揮するリンゴ・スターや、物見遊山でインドを訪れたリヴァプールの若者を気取るポール・マッカートニーなど、一筋縄ではいかない多面的な個性に光が当たり面白い。

翻訳していて楽しかったのは、超越瞑想の教祖マハリシの発言だ。ユニークな口調はそのままに、活動初期と西洋に進出して何年も経ってからでは、格段に伝わりやすい英語に変化しており、言葉の才能に長けた頭のいい人物であったことが分かる。また、ビートルズがマハリシを気に入ったのは、ユーモアのセンスによるところが大きいのではないかと想像する。

インドで眠れない夜にジョージ・ハリスンの義妹に優しくするジョン・レノンや、本書の主役ともいうべきジョージと彼の良き指導者ラヴィ・シャンカルとの強い絆など、心温まるエピソードも満載だ。そして何と言っても、旧植民地であったため、日本よりも早くビートルズの音楽が上陸したインドで、若者が新たな見方と自由を求める気風を得ていく様が感動的だ。貴重な来日公演の衝撃が現在も続くこの日本で、同じビートルズを通し、インドがより身近に感じられる一冊でもある。

なお、本文中〔〕で囲んだ部分は訳者による補足である。

二〇二二年一二月二日

インドとビートルズ
　シタール、ドラッグ&メディテーション

2022年12月25日　第一刷印刷
2023年 1 月10日　第一刷発行

著　者　アジョイ・ボース
訳　者　朝日順子

発行者　清水一人
発行所　青土社

〒101-0051　東京都千代田区神田神保町1-29　市瀬ビル
［電話］03-3291-9831（編集）　03-3294-7829（営業）
［振替］00190-7-192955

印刷・製本　ディグ
装丁　松田行正
Cover Illustration by Jit Chowdhury

ISBN978-4-7917-7530-9　Printed in Japan